ATLAS OF FINANCE
Mapping the Global Story of Money

金錢大地圖

100張彩圖，掌握錢規則，綜覽世界大局

DARIUSZ WÓJCIK

達里烏什·沃伊西克◎著

JAMES CHESHIRE 詹姆斯·契爾夏
OLIVER UBERTI 奧利佛·伍博帝 ◎製圖　　耿存濬◎譯

獻給　安妮亞、瑪麗亞和
　　　茲比格涅夫

ATLAS OF FINANCE

Mapping the Global Story of Money

作者

達里烏什・沃伊西克
Dariusz Wójcik

Dariusz Wójcik

與

帕那約提斯・伊利奧普洛斯
Panagiotis Iliopoulos

Panagiotis Iliopoulos

斯特凡諾斯・伊安努
Stefanos Ioannou

Stefanos Ioannou

連恩・基南
Liam Keenan

Liam Keenan

朱利安・米戈齊
Julien Migozzi

Julien Migozzi

提莫西・孟提斯
Timothy Monteath

Timothy Monteath

弗拉迪米爾・帕日特卡
Vladimír Pažitka

Vladimír Pažitka

莫拉格・托蘭斯
Morag Torrance

Morag Torrance

麥可・厄班
Michael Urban

Michael Urban

製圖

詹姆斯・契爾夏
James Cheshire

James Cheshire

奧利佛・伍博帝
Oliver Uberti

Oliver Uberti

明白

目錄

歷史與地理 7

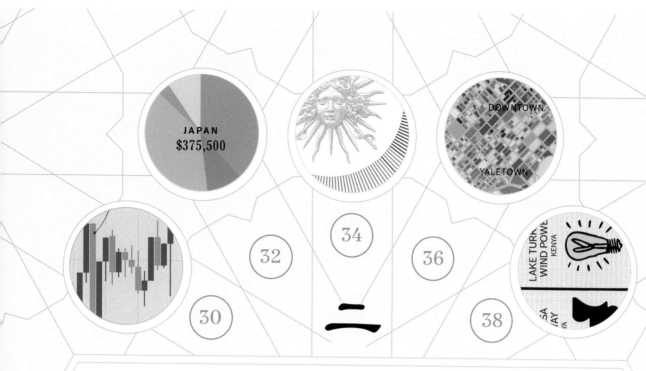

二

資產與市場 ₂₉

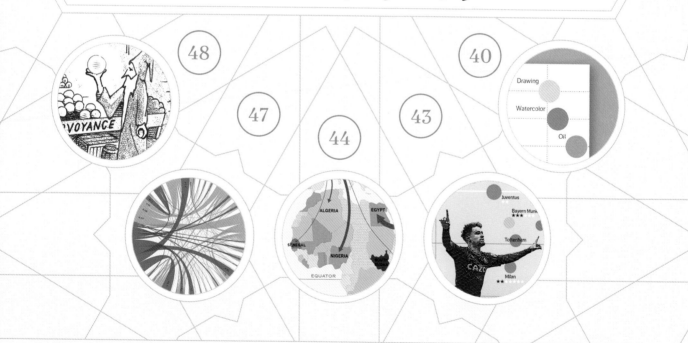

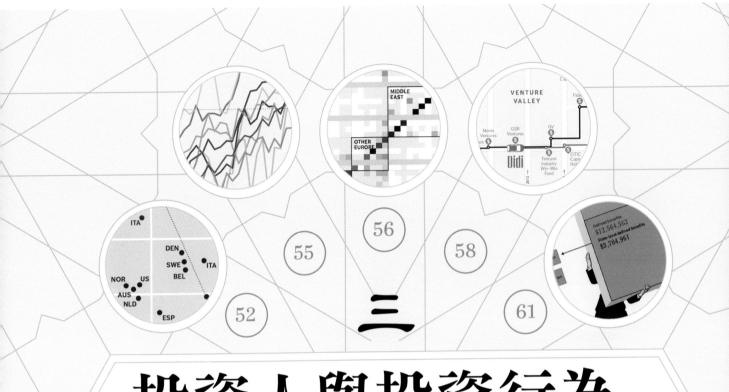

投資人與投資行為 ₅₁

三

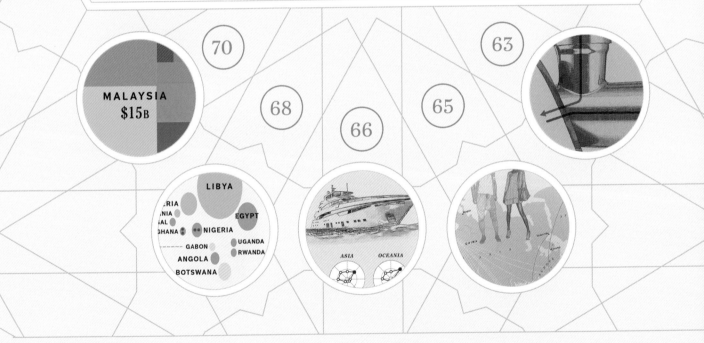

四

金融服務與科技 73

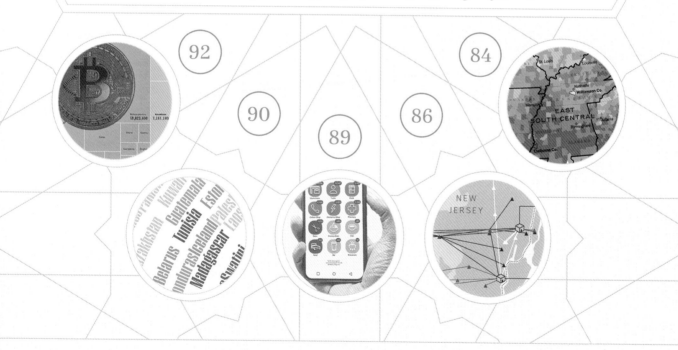

五

城市與金融中心 95

六

泡沫與危機 117

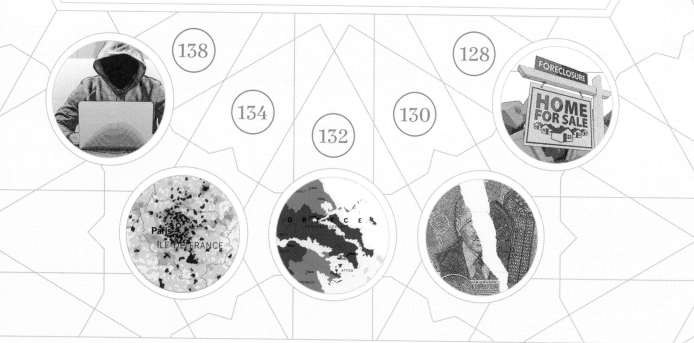

七
管制與治理 ₁₄₁

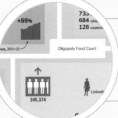

八

社會與環境 165

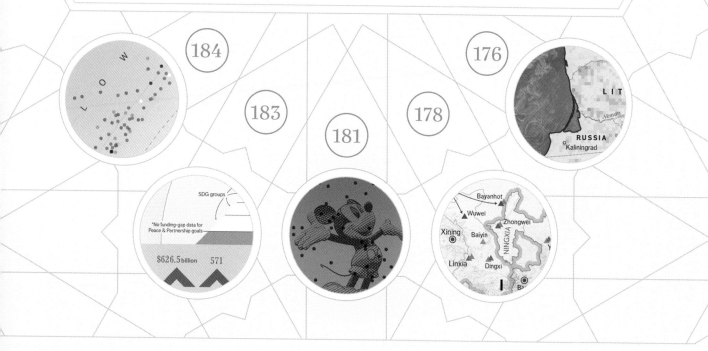

金錢大地圖

前言

揭開金融的神秘面紗

金融的本質是矛盾的。錢既抽象，具可替代性，又日益電子化，瞬間就能被輕易轉手，但同時，金錢也會留下笨重、具體又持久的足跡。世界上的每個國家、每座城市、每條街道，甚至是每座建築物和每條管線的建造和維護，都與錢脫不了關係；每家企業和非營利組織，也都遵循著金融計算規則來運作。正因為這種矛盾的特質，多數人會認為金錢與金融深奧難懂，自己不該輕易涉足，而必須交由專家、技術官僚、經濟學家和銀行家們來處理。但這種想法不僅有害，還充滿危險。早在 1920 年，德國經濟社會學家馬克斯・韋伯（Max Weber）就將金錢比喻為「經濟生存鬥爭中的武器」。如果我們想在經濟鬥爭中生存下來，或是爭取更好的未來，就必須先瞭解金錢與金融。

首先，讓我們先定義一些專有名詞。我們可以將金融廣義定義為「人類與環境之間的關係系統」，在這個系統中，人們以金錢為媒介，認知彼此和環境，並進行互動。在過去數千年間，金錢以多種形式出現過，從貝殼到穀物、硬幣，再到紙鈔。而今天，金錢也以電子貨幣的形式存在。總的來說，只要同時兼具「交易媒介」、「計價單位」和「價值儲存」功能的任何東西，都可以用來當作「金錢」。檢驗一個物品能否被當成金錢，也取決於它是否能穩定執行上述三項功能。

一幅名畫雖然可以保值，但很少人會把畢卡索的畫作當成貨幣使用，況且，名畫也不能直接用來購買食物。換句話說，畫作不具流動性，難以輕鬆快速地交換其他物品。與名畫相反的例子則是「虛擬貨幣」，它使用起來既快速又方便，但卻因價格波動性太高，保值效果相對不佳。為了能有效執行三項基本功能，金錢必須值得被「信賴」才行。

作為一種「關係系統」，金融的力量大到足以改變世界。我們可以透過它來募集私人和公共資源，開發新型疫苗以對抗疫情。同樣地，金融也能夠讓一個富豪掌控整個科技平台，影響數十億人的人際關係。在日常生活中，金融負責將「工作」轉換成「勞動」，並以工資、薪資和獎金等方式計價（對少數特權人士來說，計價方式

常是股票或其他金融工具）。當住家變成了不動產，伴隨而來的就是繳稅義務和修繕費用。整個自然環境變成了一套資產系統，它的保護或毀滅，都由經濟價值和成本效益分析來驅動。生活變成一種資產與債務的平衡關係，就連「時間」也能透過投資的獲利和虧損，被換算成相應的經濟價值。「未來」變成了一種金融風險與財富收益的計算，可以透過保險和金融風險管理技術來管控。金融架起了時間與空間的橋樑，不僅連結了不同地點，也把過去、現在與未來統統串連起來。

金融改變世界的力量，在人類從「狩獵採集」發展到「農耕聚落」的過程中，即扮演了重要角色。有些農耕聚落後來發展成都市、國家或殖民地，甚至還進一步演化成全球網絡和數位網絡。但是，這並不代表人類的生存必須完全依賴金融。澳洲在西方掠奪者入侵前，曾由原住民建立起一套橫跨整個澳洲大陸的「以物易物」交易網絡，在不使用金錢的情況下，維持了5萬年的繁榮。這種沒有金融做為交易媒介下的人類與環境關係，被澳洲小說家穆德魯魯（Mudrooroo）形容為是「一種人類與自然、生物、各種生命形態的結合。」正因如此，金錢和金融弔詭地變成一把剪刀，剪斷了人類與自然之間的臍帶。就像希臘神話中眾神賜予米達斯（Midas）點石成金的能力，金融也讓人類可以把萬事萬物都轉化為「錢」來計算，但也因此，當我們使用金融工具時，同樣也嘗到神話中米達斯手指碰觸之處盡變黃金的苦果──連食物都不能用手拿來吃。從這個角度來看，人類在利用金錢和金融的同時，也正在破壞種族存續所需要的各種自然資源。

我們該如何記取米達斯的教訓，有效駕馭和善用金融的力量，讓人類邁向繁榮呢？答案是必須將地理學、製圖學、數據視覺化三大領域的智慧結合起來。我們稱呼這種統整出來的智慧為「金融視覺化」（finviz）。長期以來，金融經濟學和金融產業太執著於研究浮動價格報表，忽視更全面性的金融趨勢與影響，如今我們必須以創新和批判的角度製作新地圖，把各種人類遭遇的衝擊視覺化，才能看出所有問題的所在。

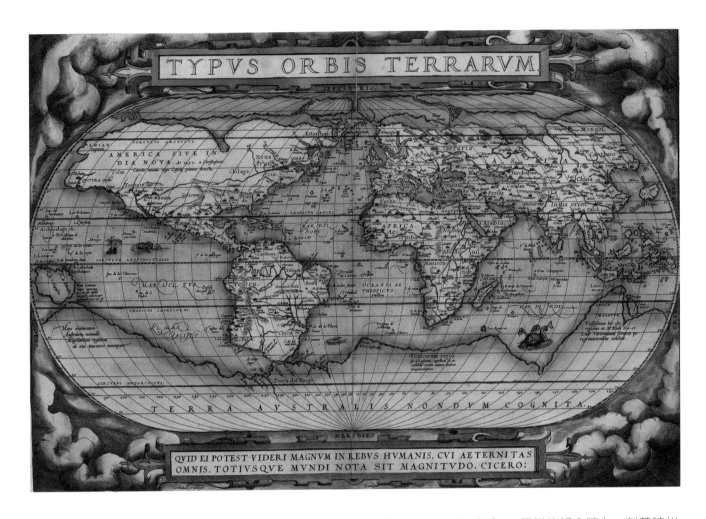

金融視覺化簡史

「金錢」和「地圖」在歷史上長期交互影響。過去，人們為了前往新大陸貿易，製作出航海圖；現在，Google Maps 則為新開幕的餐廳提供導航。反過來看，地圖也會出現在紙鈔、股票或金融憑證上，這種作法有時是為了彰顯國家、區域或在地認同，有時則是代表支撐特定證券發行的計畫。因為硬幣太小了，刻有地圖的硬幣倒是比較少見。古希臘硬幣上面常出現一些地方特產，包含米洛斯島（Melos）的蘋果，及羅德島（Rhodes）的玫瑰。古羅馬硬幣則常刻有神廟、紀念碑、羅馬競技場、馬克西穆斯競技場（Circus Maximus）等城市地標。另外，有兩個人類文明的硬幣上還曾經出現象徵地球的球體。人類最古老的硬幣製造於公元前 300 年，在希臘北部的烏拉諾波利斯（Uranopolis）被發現。時至今日，在阿爾及利亞、尼泊爾、土庫曼流通的硬幣上，也都可以看到地圖。此外，在美國 50 州所發行的

25 分紀念幣中，有高達 15 個州的紀念幣上，刻著該州的輪廓。

十五至十七世紀，歐洲最有名的製圖師全都活躍於當時的國際經貿重心，這並非單純的巧合。毛羅修士（Fra Mauro）在威尼斯（Venice）畫下了《世界地圖》（mappa mundi），上面鉅細靡遺地記載著 1450 年代大部分已知的地理知識（見第 XIV 頁）。亞伯拉罕·奧特柳斯（Abraham Ortelius）在 1570 年於安特衛普（Antwerp），繪製了第一組現代地圖集《寰宇全圖》（Theatrum Orbis Terrarum，上圖）。休昂·布勞（Joan Blaeu）則在 1662 年於阿姆斯特丹（Amsterdam），以《寰宇全圖》為基礎，繪製了更大、更全面的《大地圖集》（Atlas Maior，見第 3 頁）。雖然這些城市都不是當時最強盛、人口最多的都市，它們的人口也都只在 10 萬上下而已，但是這三座都市都位於歐洲貿易或金融的交通要道上。 在這裡，貿易商會帶來各種貨物，

也會帶來世界另一頭的新聞。例如，毛羅修士的地圖上就畫出日本的樣子；奧特柳斯的地圖集有澳洲大致的輪廓；布勞的地圖出現南美洲南端的火地群島（Tierra del Fuego）。威尼斯、安特衛普和阿姆斯特丹這三個城市，提供商人、金融家、金融交易所和銀行機構各式各樣的情報；人人都想要掌握最新訊息，在商業競爭中搶得先機。有了來自世界各地的資訊、錢財和人才作為養分，再加上城市中蓬勃的印刷產業，科學家和藝術家得到暢所欲言的環境，這裡也變成孕育製圖師的搖籃。舉例來說，安特衛普既是港都，又是金融重鎮，所以亞伯拉罕·奧特柳斯能夠輕易募集資金，蒐羅各種地圖，並學習格拉杜斯·麥卡托（Gerardus Mercator）發明的製圖數學，再從阿爾布雷希特·杜勒（Albrecht Dürer）和老彼得·布勒哲爾（Pieter Breugel the Elder）等藝術家身上汲取靈感。

我們可以在 1720 年荷蘭出版的《蠢事照妖鏡》（The Great Mirror of Folly）中找到一個想像力十足的金融製圖學實例。書中有一張虛構島嶼的地圖，島嶼輪廓像是小丑的「瘋狂腦袋」（crazy head，見第 4 頁）。小丑帽邊緣是塞納河（River Seine），島嶼中間腦袋瓜的位置則是一個叫做「昆克姆普瓦」（Quinqempoix）的小墨點。這個小墨點與歷史上著名的巴黎街道同名，投機客們曾在那裡交易密西西比公司（Mississippi Company）的股份。密西西比公司是壟斷型貿易商，經營位於北美洲和西印度群島的法國殖民地，公司股價因被大肆炒作而突破天際，並在隔年徹底崩跌至谷底。這座「瘋狂腦袋」島嶼上，還有像是「欺騙之都」的地方。旁邊的小島則分別叫做「絕望」、「貧困」和「悲傷」。這張地圖所表現的寓意，即是在諷刺金融史上著名的「密西西比泡沫事件」。

當代的金融產業也同樣形塑著全球金融版圖。舉例來說，把金磚五國（巴西、俄羅斯、印度、中國、南非）

視為全球經濟成長動力的概念，還有「新興經濟體」和「已開發市場」這類詞彙，都將世界地圖以時間軸切割為「已經」、「尚未」、「即將」等分類。然而，我還有一個親身經歷的例子可以說明金融和製圖之間的關係。

大地圖的金融基礎

1998 年，我以波蘭訪問學生的身分，來到英國牛津大學聖彼得學院（St Peter's College at the University of Oxford）。這個學院位於紐因毫街（New Inn Hall Street），同時也是舊牛津造幣廠（Oxford Mint）原址。1644 年，國王查理一世（Charles I）向國會宣戰，並將朝廷從倫敦遷移到牛津，因當時需錢孔亟，特別建立這座造幣廠，還把牛津和劍橋學院的銀製餐盤和餐具全都熔解，鑄造成錢幣。當年最早被鑄造出來的便是牛津王冠幣（Oxford Crown，見右側）。在王冠幣上，您可以看到一處坐落著教堂、學院、博得利圖書館（Bodleian Library）的市景；而博得利圖書館，正是保存近兩百萬張地圖和兩萬本地圖集的知識寶庫。它蒐藏了包羅萬象

的地圖集──鐘的地圖集、恐龍冒險的地圖集、不存在國家的地圖集、幻影地圖集、啤酒地圖集，還有咖啡、巧克力、紅酒的地圖集，甚至來有各種奇觀的地圖集、怪物的地圖集，眼花撩亂，無奇不有，但是卻獨缺以金融為主題的地圖集。我能找到最相近的，也僅止於記載百餘國家鑄幣歷史的硬幣地圖集。可惜的是，硬幣僅能反映金融現象的一小部分。

我在步行於牛津大學地理暨環境學院（School of Geography and the Environment）周邊時，想起了當年查理一世缺錢的窘境。2010 年，我第一次與導師高登・L・克拉克（Gordon L. Clark）構思如何製作一部金融地圖集，但是要出版考究徹底且全彩繪製的地圖集，所費不貲。就如同毛羅修士、奧特柳斯和布勞所面臨的處境一樣，足夠的資金是製作全彩地圖集的基本條件。向學院申請補助並不是好選項，所以這個計畫多年來都只是個未能實現的懸念。

直到 2016 年，我得到歐洲研究院（European Research Council）的補助，計畫名稱叫做「全球金

融網絡中的城市：二十一世紀的金融與商業服務發展」（Cities in Global Financial Networks: Financial and Business Services and Development in the 21st Century），簡稱為「城市網絡」（CityNet）。來自歐盟的資助，讓我們的懸念有了成真的可能性，也讓我有足夠的資源招攬博士後研究員一起編寫本書。我還特別邀請了著名製圖學者詹姆斯・契爾夏（James Cheshire）和奧利佛・伍博帝（Oliver Uberti）參與。在城市網絡計畫中，我們分析數百萬個資訊庫，也邀請全球數百位金融從業人員進行會談。我們發表了一些研究論文和書籍。所有參與成員的研究背景橫跨地理學領域（連恩・基南〔Liam Keenan〕、朱利安・米戈齊〔Julien Migozzi〕）、經濟學領域（斯特凡諾斯・伊安努〔Stefanos Ioannou〕、弗拉迪米爾・帕日特卡〔Vladimír Pažitka〕）、政治經濟學領域（帕那約提斯・伊利奧普洛斯〔Panagiotis Iliopoulos〕）、社會學領域（提莫西・孟提斯〔Timothy Monteath〕），還借助了金融部門（麥可・厄班〔Michael Urban〕、莫拉格・托蘭斯〔Morag Torrance〕）的實務經驗。擁有充足的人力與物力資源，我們終於準備好製作一部能夠將金錢、地圖、金融及地理全部串連在一起的地圖集，填補出版市場和書櫃上的那個空缺了。

因此，我非常榮幸能夠向您呈現《金錢大地圖》——全球第一本蒐羅相關地圖和影像資料的地圖資料集專書，首次揭開金融世界的神秘面紗。在這本專書中，我們會先從金融的起源和歷史切入，解釋為何金融和人類文明歷史、經濟、政治、思想、文化息息相關。第二章至第五章則透過「資產與市場」、「投資人與投資行為」、「金融服務與科技」、「金融的地理足跡」四個角度，將金融的演變、架構和機制圖表化。第六章透過「金融不穩定」、「金融泡沫」、「金融危機」等現象，深入探討金融的毀滅性力量；第七章討論監管和治理的有效方法，設法駕馭金融的毀滅性力量。最後，我們探究金融對社會和環境造成的長期衝擊，當作是本書的結論。整體來說，《金錢大地圖》是一部結合數據科學、數位人文、經濟、社會科學和設計的金融地理學宣言。

在我們揭露金融如何改善生活並解放人類潛能的同時，我們也不避諱談論金融與文明之間既複雜又充滿問題的關係，並深入探討金融導致的不平等、不穩定和環境劣化。

這本地圖集反映了撰寫當下的時代和環境背景。我們的確受到了歐洲和北美觀點的影響，也不可避免地談及 2020 年代前半炙手可熱的金融話題，例如金融科技（fintech）和比特幣（Bitcoin）。

但是，我們仍致力於跨越這些偏見，關注各種現象的歷史和地理差異。我們盡可能地涵蓋多元金融議題、歷史時期、地理範圍，並且以地圖投影、顏色和各種視覺化圖形，把成果呈現出來。希望本書的豐富內容，足以傳達金融為何能無孔不入地滲透到世界的每一個角落和縫隙。

您手上的這本書是一部超過 12,000 個小時的心血結晶，也是我們專業生涯中最費工夫，也最具創意的成果。除了我和共同作者們，這本書還動用近 200 位牛津大學實習生協助進行資料蒐集、編碼、分析和文獻回顧。他們都為這本地圖集做出了貢獻，並拓展了自己的金融研究視野。因此，這本地圖集也為教育做出貢獻。事實上，本書每一頁內容背後都是千辛萬苦研究後的智慧結晶。這些研究結晶也將為未來的金融不平等和多元性、全球金融治理和科技，以及永續金融等研究出版物打下基礎。

正如同現代解剖學為人體結構製圖奠定基礎，加速了現代藥學的發展，我們希望本書地圖中所描繪的趨勢能激發金融思考的嶄新思維。我們希望這本地圖集能為不同領域的學生和學者提供靈感，並為公領域或私領域的金融專家、監管機構人員和政策制訂者提供寶貴參考。最後，我們希望這本《金錢大地圖》能以獨特的規模和涵蓋範疇，深遠地改變您看待金錢的方式，以及提供您觀看世界的嶄新視野。

達里烏什・沃伊西克
雪梨、布羅德海灘

金錢大地圖

就算讓世界上所有經濟學家聚在一堂，他們也無法得出任何結論。

蕭伯納（George Bernard Shaw）

歷史與地理

金錢與金融的歷史，最早可以追溯至美索不達米亞文明的古老城邦。在經歷過貿易、征伐、全球化、殖民等人類文明的洗禮之後，金錢與金融也一同演化和發展，而這些演化也反映了當時的時空背景。十八、十九和二十世紀最偉大的經濟學家都受到當時的金融發展的影響。雖然現代金融系統正朝著全球化的方向邁進，但是金融科學的成果卻仍然集中在特定地區，並且存有偏歧。

蘇美人的會計系統

歐迎來到公元前 3200–3000 年的烏魯克！我們將引領您認識世界上最古老的金融文物。

實際大小：67 公釐 x 76 公釐

古美索不達米亞平原的蘇美文明位置

土耳其

幼發拉底河

敘利亞

底格里斯河

美索不達米亞

伊朗

地中海

巴格達 ★

伊拉克

札格洛斯山脈

敘利亞沙漠

蘇美

約旦

烏魯克

沙烏地阿拉伯

推定的古代海岸線 —

波斯灣

科威特

```
0        200 公里
地圖上標有現代國界
```

▲ 歷史遺跡位置
〰️ 相關古代河川流域

數量

在蘇美人的數字系統中，這樣的紅色標記代表 28,086 單位（約 134,813 公升）的大麥。如此龐大的數字，反映了烏魯克城的規模和需求，也證明烏魯克的生產和供給系統能夠滿足實際需求。一絲不苟的數字紀錄，則可看出蘇美人行政管理的嚴謹和效率。

9000　900　300　30　5　1

會計週期

為配合行政需求，蘇美人使用一年有 12 個月，每一個月有 30 天的曆法。這樣做有利於財務計算，因為 360 這個數字可以被很多數字整除，方便各種金融計算。為了讓曆法與回歸年一致，他們通常每 3 年就會多一個閏月，閏月的存在解釋了為何這塊泥板上的會計紀錄是以 37 個月為一個週期。

10 個月　1 個月　10 天　1 天

簽章

目前世上所發現最古老的簽章是庫西姆（Kushim）所擁有，他是伊南娜神廟（Temple of Inanna，右上圖）的住持。烏魯克受到伊南娜女神的庇佑，而庫西姆則管理大麥與釀酒用小麥的生產和運送。正如蘇美俗諺所說：「恩利爾（Enlil）的神廟是由數字堆砌而成，而神廟住持就是工程的監工。」

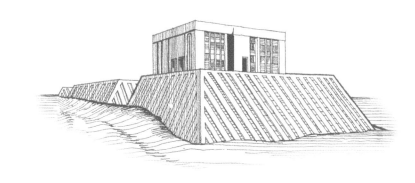

產品

大麥是古代美索不達米亞地區的主要作物，原始楔形文字通常也被用來記錄大麥的產量。除了使用進口的白銀作為交易媒介之外，蘇美人也會把大麥當成交易媒介，並通過計量容量或重量來結算賬目。硬幣則要等到公元前約 600 年才會被發明出來。那時烏魯克城早已沒落，幾乎要被掩埋於沙土之下了。

功能

由於這個部分原本的符號經過塗改，因此很難辨認。一個比較著名的說法是：若將這個符號順時針旋轉 90 度，就能看出是一個有煙囪的建築物，象徵釀酒廠。另一個說法則認為，它表示交易的最終賬目，泥板上的線條是蘇美人的會計系統，有點像是古代的Excel 試算表。

大麥的運用

原始楔形文字中並沒有動詞的概念，因此很難解讀這個符號和這份文件的功能。有些人聲稱若將這個圖示順時針旋轉 90 度，就能看到裝有大麥的瓶子，這代表啤酒。啤酒是蘇美人所發明，他們經常飲用啤酒。啤酒的發酵過程讓它在飲用上比水更加安全。若將這六個圖示一起解讀，則這塊泥板記錄的便是：「庫西姆確認將 37 個月內生產的 28,086 單位大麥送到釀酒廠，釀成啤酒。」

泥板智慧

古代美索不達米亞在計量、書寫和會計上的革新，成為人類文明和金融發展的基石。

　　金融的起源可追溯到公元前 4,000 年的蘇美文化（Sumerian culture）。適宜的氣候環境，讓兩河流域物產豐饒：沼澤中充滿了魚群、野禽和建築材料，肥沃的沖積土壤適合栽培園藝作物，而易於灌溉的平原適合種植穀物，周邊的廣闊腹地則方便飼養牲畜。河流與平原，結合了蘇美人所發明的車輪，使得貨物和人員的運輸暢行無阻。拜上述條件之賜，蘇美農夫的作物產量遠大於生存所需。豐饒的物產促進了都市、社會階級、貿易以及勞動分工的形成。在公元前 3100 年左右，烏魯克城（Uruk）約有 40,000人居住，是當時世界上最大的都市。

　　然而，要維持如此複雜的社會結構並不容易，蘇美人於是發明了計數、計時和代表事物的符號，這些也是人類歷史上最古老的文字。他們用蘆葦筆在柔軟的泥板上畫記，並透過日曬或烘烤使泥板硬化。這些符號如左圖所示，到了公元前 3000 年發展成「楔形文字」（cuneiform）的書寫系統。蘇美貴族幾乎只將原始楔形文字用於會計，以便管理他們的城邦，例如將用於釀造啤酒的穀物運輸方案記錄在泥板上。

　　蘇美人運用文字來命名、計數、記錄和規劃，也因此為估價、財產認定、稅務、投資、借貸和保險等概念奠定基礎。左圖顯示的這塊泥板是在2020 年的拍賣會上以 22.9 萬美元拍出，而它正是金融概念的原形，也是本書所聚焦的龐大金融體系始祖。

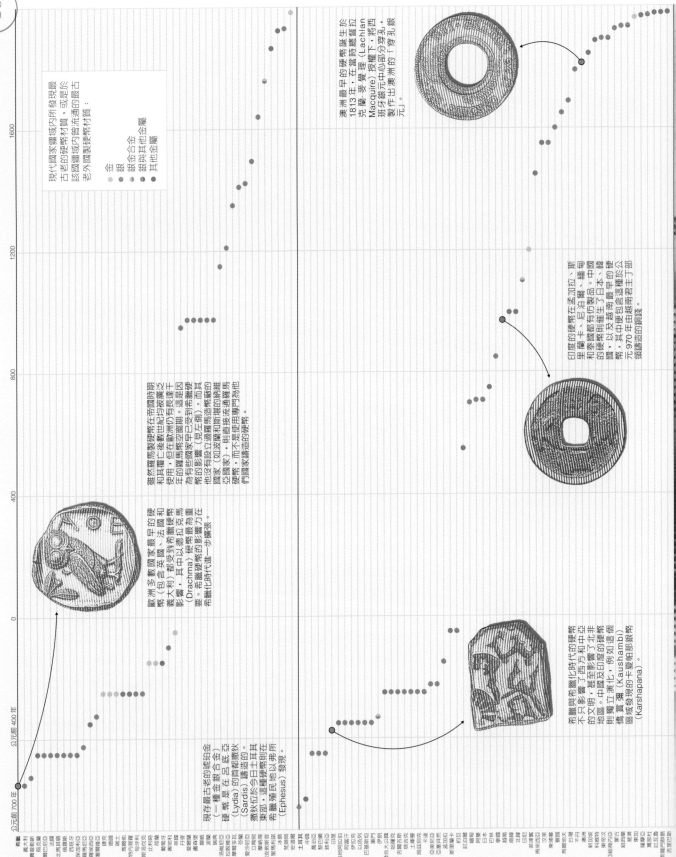

現代國家疆域內所發現最
古老的硬幣材質，或是於
該國疆域內曾流通的最古
老外國製造硬幣材質：

● 金
● 銀
● 銀金合金
● 銀與其他金屬
● 其他金屬

1600　　1200　　800　　400　　0　　公元前 400 年　　公元前 700 年

雖然羅馬製硬幣在帝國時期
和其實體亡後數世紀均被廣泛
使用，但在歐洲空國期，近千
年的羅馬幣空圈期。這是因
為有些國家早已受到希臘硬
幣的影響（見左相）。而其
他沒有設立過羅馬造幣廠的
國家（如波蘭和斯堪地維亞
亞國家），則直接流通羅馬
硬幣，而不是使用有專門為他
們國家鑄造的硬幣。

歐洲多數國家最早的硬
幣（包含英國、法國和
義大利）都受到希臘硬幣
影響，其中以德拉克馬
（Drachma）錢幣最為重
要。希臘硬幣的影響力在
希臘化時代進一步擴張。

現存最古老的琥珀金
（一種金銀合金）
硬幣是在呂底亞
（Lydia）的首都撒狄斯
（Sardis）鑄造的。
撒狄斯位於今日土耳其
東部，這種硬幣則在
希臘殖民地以弗所
（Ephesus）發現。

歐洲

澳洲最早的硬幣誕生於
1813 年，在當時總督拉
克蘭·麥覺理（Lachlan
Macquire）授權下，將西
班牙銀元中心部分穿孔，
製作出澳洲的「穿孔」銀
元。

印度的硬幣都在孟加拉、斯
里蘭卡、尼泊爾、緬甸
和泰國都有仿製品。中國
的硬幣則催生了日本、韓
國，以及越南最早的硬
幣，其中便包含這種於公
元 970 年由越南某丁部
領鑄造的銅錢。

希臘與希臘化時代的硬幣
不只影響了西方和中亞
的文明，甚至影響了北非
地區。中國及印度的硬幣
則獨立演化，例如這個
僑賞彌（Kaushambi）
區域發現的卡夏帕那銀幣
（Karshapana）。

亞洲

金屬錢幣

錢幣通行全球，見證人類的文明史。

自從發明金融系統以來，人們曾將貝殼、穀物、金屬等各種物質拿來當作錢幣。在所有材料中，又以金屬為大宗，尤其是稀有金屬，因為金屬具有可塑性、耐用度、以及固有價值（就像珠寶一樣）。人們利用秤重、標記以及衡量純度等方式，為金屬錢幣訂定使用標準，這些標準促成了硬幣的誕生。硬幣透過打擊、衝壓、以及金屬鑄模等方式成形，過去硬幣主要被用於批發交易、之後漸漸在零售交易及日常生活中普遍使用，徹底改變人類經濟和社會。

雖然目前找不到最早將稀有金屬當成錢幣使用的例子，是古代美索不達米亞文明和埃及，但最古老的硬幣卻是在現今土耳其附近的小亞細亞被發現。以小亞細亞為起點，銀成為主的金屬硬幣開始擴散，直到地中海一帶的古希臘和羅馬地區，再橫跨歐洲、西亞及北非。有別於歐洲的發展，在中國則發現鑄錢銅錢幣，在印度發現了衝壓銀幣，然後這些硬幣被後來也傳播到東亞及南亞地區。另外，以西班牙人為首的殖民者在十六世紀將鑄幣技術引入美洲，並以當地開採的金、銀作為素材。其他來自英國和法國的殖民者，則將他們的硬幣引進非洲撒哈拉以南地區、澳洲以及大洋洲。雖然大多數地區最早使用的是銀製硬幣，但是自十九世紀中葉開始，鋁、銅、錫、鎳等這些金屬的合金，取代了金、銀等貴金屬硬幣。在那之後，更大面額的紙鈔則取代了金、銀等貴重金屬硬幣。

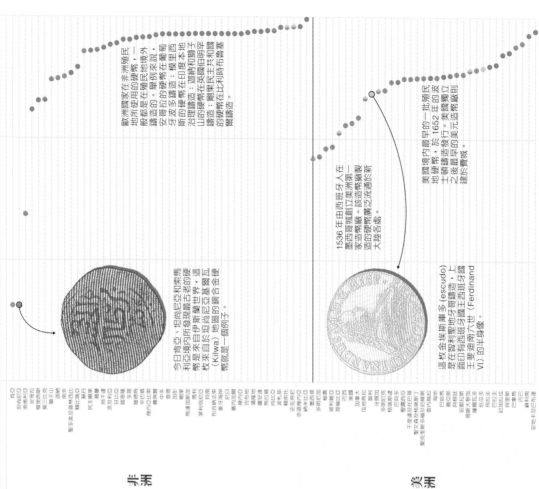

非洲

今日肯亞，坦尚尼亞和索馬利亞境內所發現最古老的硬幣是來自伊斯蘭世界，這枚來自坦尚尼亞的基爾瓦（Kilwa）地區的銅幣就是一個例子。

歐洲國家在非洲殖民地所使用的硬幣，一般都是在殖民地境外鑄造的。舉例來說，安哥拉的硬幣在葡萄牙鑄造；迦納和獅子山的硬幣在英國伯明罕鑄造；剛果民主共和國的硬幣在比利時布魯塞爾鑄造。

美洲

這枚埃斯庫多（escudo）金幣是在智利聖地牙哥鑄造，上面印有西班牙國王斐迪南六世（Ferdinand VI）的半身像。

1536年由西班牙人在墨西哥城創立美洲第一家造幣廠。該造幣廠嚴造的硬幣廣泛流通於新大陸各處。

美國境內最早的一地殖民地硬幣，於1652年在波士頓鑄造。美國獨立之後美元的硬幣廠則建於費城。

古希臘時期　希臘化時代　羅馬帝國　中古時期　殖民時代

公元前700年　公元前400年　0　400　800　1200　1600　2000

羅馬帝國的硬幣寶藏
公元前 30 年－公元 400 年

● 25 以上
● 21-25
● 16-20
● 11-15
● 6-10
● 1-5

重要歷史貿易路線

••••• 陸路
——— 海路　　🔺 重要寶藏埋藏地

公元 117 年的帝國疆域

0　　　　　500 公里

圈形網格的寬度約為緯度 0.25 度

15°w　　　0°　　　斯堪地

喀里多尼亞
鄧托徹

哈德良長城

北海

特里爾寶藏
此處埋藏超過 2,500 枚金
幣，它們被使用於尼祿到
塞普蒂米烏斯·塞維魯斯
（Septimus Severus）統治
期間，其價值足以支付 100
名羅馬士兵一年的薪水。

海伯尼亞

日耳曼尼亞

不列顛尼亞

萊茵河

倫蒂尼恩

奧古斯都·特里沃魯姆

英吉利海峽

高盧

雷蒂亞

加龍寶藏
在法國加龍河底的一艘沈
船中尋獲了將近 4,000 枚
銅幣。

阿爾卑斯山

義大利

加龍

科西嘉

羅馬

西班牙

薩丁尼亞

地中海

托馬雷斯

凱撒里亞

迦太基

西西

大西洋

托馬雷斯寶藏
尋獲 19 個裝滿硬幣的雙耳
瓶，重達 600 公斤。這些
硬幣來自公元 300 年代。

茅利塔尼亞

阿非利加

45°

30°N

跟著錢走

羅馬硬幣的影響力，遠超過羅馬帝國本身。

拉丁文俗諺「跟著錢走」（*Sequere Pecuniam*）告訴我們，若要徹底瞭解事情的發展經緯，就必須先瞭解金錢的流向和影響。順著這個道理，我們可以透過研究羅馬寶藏的分布位置，來瞭解羅馬帝國的金融史。

羅馬共和國拿下義大利南方的希臘殖民地後，開始採用了希臘式硬幣。自從羅馬人在第二次布匿克戰爭中擊敗迦太基，硬幣產量也開始增加，並以第納里烏斯銀幣（denarius）為主要貨幣。羅馬帝國的幣制則包含了金、

銀和銅製硬幣的混合使用。面額最高的奧雷烏斯金幣（aureus）與面額最低的夸德倫銅幣（Quadrans），價值相差 1,600 倍，不同的面額造就了使用上的彈性。錢幣由國家統一管理，而皇帝則是整個國家中最富有的人。羅馬硬幣花了超過 500 年才取代其他地區各自的硬幣，整個羅馬世界到了公元 290 年代才終於使用統一標準的帝國硬幣。

此地圖顯示，埋藏於大城市及重要貿易路線附近的寶

波羅的海

齊赫博日寶藏
2019 年，一名農夫於自家田地中尋獲 5.5 公斤的第納里烏斯銀幣。這些銀幣很可能是公元 200 年逃離哥德人入侵的汪達爾人所埋藏起來的。

齊赫博日

薩爾馬提亞

喀爾巴阡山

多瑙河

伊利里古

達契亞

多瑙河

默西亞

馬其頓

色雷斯

拜占庭

黑海

比提尼亞與本都

亞細亞

加拉太

亞該亞

雅典

以弗所

呂底亞

奇里乞亞

卡帕多西亞

亞美尼亞

高加索山

斯基泰

克里特

賽普勒斯

安條克

幼發拉底河

敘利亞

地中海

大馬士革

伯賽達

猶太

昔蘭尼加

亞歷山卓

阿拉伯

埃及

尼羅河

紅海

南亞地區的羅馬硬幣寶藏
公元前 30 年－公元 400 年

巴克特里亞

中國

喜馬拉雅山

印度

阿馬拉瓦蒂

15°N

阿拉伯海

60°E

90°

由於奧雷烏斯金幣的價值很高，羅馬帝國常將金幣用於長程貿易。隨著帝國在三世紀開始衰弱，奧雷烏斯金幣也不斷貶值。起初，奧雷烏斯金幣每枚含金量約為 7 到 8 公克；到了公元 260 年，奧雷烏斯金幣的含金量平均只剩下 3.5 公克。各地均有發現哈德良皇帝（Hadrian）時期的奧雷烏斯金幣，包含蘇格蘭的鄧托徹、加利利海北方的伯賽達，以及印度的阿馬拉瓦蒂。

藏比較多，也有不少寶藏在萊茵河和多瑙河等疆域邊界上，或是政治動盪的猶太地區。歐洲西北地區擴大使用羅馬硬幣，則強化了地中海地區和溫帶歐洲的聯繫。

羅馬寶藏的分布遠超羅馬帝國的政治版圖，甚至遍及波羅的海、烏克蘭和印度地區。硬幣可能因各種原因離開帝國領土，包含戰爭掠奪、軍事薪餉、外交花費，以及貿易。義大利中南部地區的寶藏分布密度較低，可能

稍微令人意外。雖然古時候人們常常將寶藏埋在泥土之下，但只有那些沒被取回的寶藏，才能保存到現代，被人們發現。由於埋藏在和平地區的寶藏較能被主人取回，因此在相對和平的帝國核心地區所發現的寶藏也通常較少，而在動盪的帝國邊疆地區則較多。在解讀地圖上的藏寶分布時，我們也需要注意因地區差異所造成的數量差異和偏誤。隨著更多文物出土以及資訊數位化，隱藏在這張地圖內的資訊也會持續更新。

歐 洲

威尼斯

羅馬

伊斯坦堡

黑 海

裏海

巴庫

布哈拉－
撒馬爾罕

大布里士

11

德黑蘭

巴格達

大馬士革

買

正如其他金融相關詞彙，中文的「買」字是由一種帶有條狀殼紋和兩根觸角的貝類形象發展而來。

重要歷史貿易路線
····· 陸路
····· 海路

0   500 公里
標示疆界為現代疆界

阿拉伯海

非 洲

海貝

元以及其祖先

中國的金錢影響了世界超過千年。最初是硬幣，然後是紙鈔。

雖然今日中國貨幣國際化和國際影響力的議題正熱門，但中國貨幣的歷史卻鮮少被提及。從海岸到絲路，這張地圖標示了 11 處中國貨幣演進的歷史和影響。

中國人最早以商品為貨幣，例如絲綢和海貝。這些商品在公元前 1000 年中期硬幣發明後，仍然持續流通。世界最早的紙幣則要再過好幾個世紀，到公元 1000 年左右才會出現。隨著中國人開始深入思考錢幣在經濟和社會系統的作用，長達千年的金融革新也開始了。周朝古城臨淄發現的《管子》便曾提到：「三幣，握之則非有補於煖也，食之則非有補於飽也，先王以守財物，以御民事，而平天下也。」

中國的紙幣隨著蒙古帝國征伐而擴散，馬可‧波羅的親身經歷也有助於紙幣的概念向西傳播至歐洲。事實上，《馬可波羅遊記》（*The Travels of Marco Polo*）第二十四章的標題就叫做「可汗如何將樹幹化作紙張，作為錢幣，並在帝國間流通」。

中國硬幣主宰了東亞及南亞大部分的貿易，日本政府甚至因此在公元 958 到 1635 年間停止鑄製自己的硬幣。雖然以現在來說，越南、韓國或日本都不太可能以「元」（Yuan）取代本國貨幣，但這種事的確曾經在歷史上發生過。

貝殼

朝代   商周

中國金融史上最古老的文物，來自商朝女性將軍婦好的墓葬。這些貝殼發現於安陽(1)。它們輕便又耐用，而且來自印度洋，所以數量稀少，價值珍貴。貝殼在商朝前後的古代中國被廣泛使用。事實上，它們在雲南一直被使用到公元 1300 年代。最早明確記錄使用貝殼做為貨幣的是，洛陽出土的周代酒器「何尊」裡面的銘文(2)。

商	周
SHANG	ZHOU
1	2 3

公元前2000 年   公元前1000年

絲綢

朝代　　　　　　　　　唐

唐朝首都長安（4）是絲路上的經濟重鎮。金融家在長安兌換貨幣、存款和借貸。這個時代的絲綢既是貿易商品，也作為貨幣，與硬幣和其他商品一起被運用。一份公元661年吐魯番（5）的合約就曾記錄，一筆30疋漂白絲綢的借貸，利息為每個月4疋。

硬幣

朝代　　　　　周唐宋元大明大清

中國最古老的硬幣發現於齊國首都臨淄。「刀幣」為銅製，形似短刀，刻有「齊建邦」三個字，象徵其作為國家建設基礎的定位。中國硬幣向東、向南擴散。在公元1100年前，韓國境內所有的硬幣（6）都是中國鑄製的。日本在公元708年左右鑄造的第一批硬幣（7）也參考了中國硬幣。在東南亞的貿易中（8），中國硬幣更是扮演了重要角色。在越南，中國錢與當地貨幣一同流通。它們也出現在更南方，例如棉蘭、淡馬錫，以及在印坦發現的一艘10世紀的沈船之中。東亞和東南亞最常見的中國硬幣是唐朝的「開元通寶」。

紙張

朝代　　　　　　宋元大明大清

在宋朝時，現今的四川地區因鑄幣過多導致通貨膨脹，一磅鹽的價格高達一磅半的鐵幣。這引發了公元993年的一場叛亂，叛軍佔領成都（9），並關閉造幣廠。當宋朝奪回成都時，硬幣缺乏，導致當地交易主要是藉由私人發行的交易券「交子」來進行。宋朝政府後來接管了交子的發行。元朝開國君主忽必烈，將中國統一，納入蒙古帝國的統治之下，以大都（北京）為首都（10），並開始使用「寶鈔」。蒙古人也將寶鈔傳播到西亞。公元1294年，大布里士（11）也開始印製模仿元朝的紙鈔。

刀幣

日本錢

太平洋

交子

寶鈔

南海

開元通寶

印度洋

昇龍（河內）

棉蘭

淡馬錫

印坦（10世紀）

唐	宋	元	大明	大清
TANG	SONG	YUAN	MING	QING

00年　　　　　　公元500年　　　　　　　　　　　1000　　　　　　　　1500　　　　　　　　2000

波托西的輸入和輸出
⟶ 輸入波托西
⟶ 自波托西輸出

西班牙美洲

木材	企業家與商人	人
棉花	礦產與建築材料	
巴拉圭冬青	紡織品與奢侈品	貨物
騾子	農業食品與飲品	
	畜牧產品	科技
	礦材與金屬	人
	企業家與商人	
	礦場與工廠勞動力	

安地斯地區

鋼鐵
水銀
木材
當地服裝
羊毛製品
奇恰酒（玉米酒）
辣椒
古柯
水果
穀物
皮斯可酒（白蘭地）
紅酒
乳製品
皮豆
大羊駝
肉品
魚

礦產與建築材料
紡織品與奢侈品
農業食品與飲品
畜牧產品
企業家與商人
礦山排水

貨物
科技
貨物

太平洋
歐洲
亞麻
羊毛製品
玻璃製品
絲綢
水銀
紡織品與奢侈品
礦產與建築材料

聖爾蘭
法國
荷蘭
英國
法國
法蘭德斯
荷蘭
義大利
斯洛維尼亞

阿卡普爾科　往歐洲
往亞洲

大西洋

南美洲

利馬

今日的
玻利維亞

阿里卡　波托西

因投影方法關係，
距離比例可能不同

波托西至利馬的
直線距離為 1,468 公里

太平洋
安地斯山
布宜諾斯艾利斯
往非洲

馬尼拉大帆船航線將波托西與
亞洲連結在一起（以澳門為終
點站），跨大西洋航線則連結
歐洲（塞維亞）和非洲（盧安
達）。

世界的寶庫

最早的全球化並非是從歐洲開始的，而是從世界上海拔最高
且最孤立的城市展開。

　　1545 年，安地斯山脈當地的礦工迪亞哥‧瓜爾帕
（Diego Gualpa），在現今玻利維亞波托西省超過海拔
4,000 公尺的偏遠山區，發現世界上最大的銀礦礦脈。數
千名礦工進駐別稱「富貴山」的里科山（Cerro Rico），
這裡原為印加人的領土，此時則在西班牙帝國的掌控之
下。1561 年，西班牙國王腓力二世（Philip II）將波托西
（Potosí）列為帝國直轄城鎮。接下來的一個世紀，全世
界約有一半的銀都是來自里科山，波托西也成為美洲地
區最大的城市，人口數接近 15 萬。神聖羅馬帝國皇帝兼

西班牙國王查理五世（Charles V）將波托西稱為「世界
的寶庫」。

　　受惠於取之不盡的銀礦，波托西成為了貿易網絡的中
心，其規模更是世界前所未見。波托西吸引了來自各大
陸的人才和貨物，出產的銀礦也讓西班牙銀圓成為第一
個真正的全球通用貨幣。除了供給西班牙帝國外，波托
西也刺激了全球經濟活動。波托西的案例促成多個殖民
企業誕生，其中便包含了英國南海公司（British South
Sea Company）。該公司直到 1720 年宣告破產前，都還

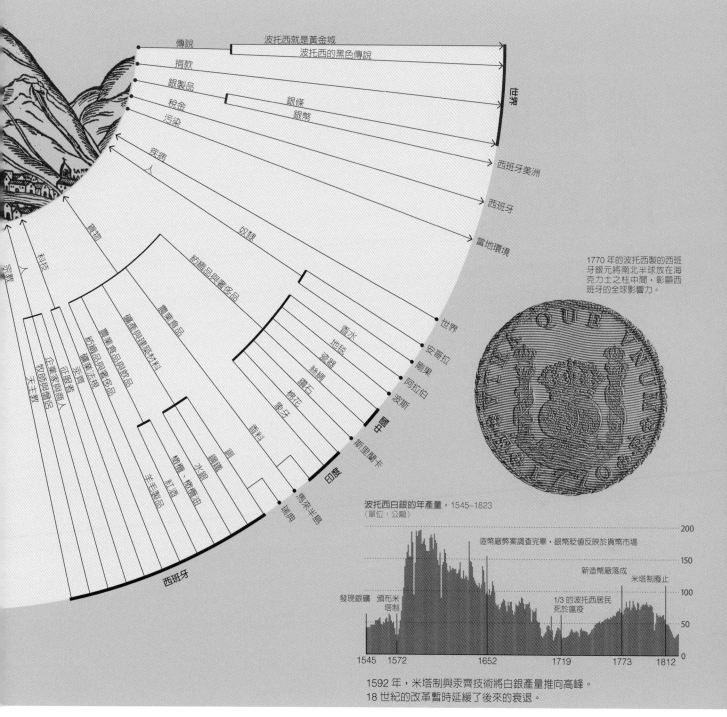

1770 年的波托西製的西班牙銀元將南北半球放在海克力士之柱中間，彰顯西班牙的全球影響力。

波托西白銀的年產量，1545–1823
（單位：公噸）

造幣廠弊案調查完畢，銀幣貶值反映於貨幣市場

新造幣廠落成

米塔制廢止

發現銀礦　頒布米塔制

1/3 的波托西居民死於瘟疫

200 / 150 / 100 / 50 / 0

1545　1572　1652　1719　1773　1812

1592 年，米塔制與汞齊技術將白銀產量推向高峰。
18 世紀的改革暫時延緩了後來的衰退。

在尋找傳說中的黃金城（El Dorado）。

　　然而，這一切都建立在龐大的人力和環境成本上。1572 年，西班牙總督法蘭西斯科·德·托雷多（Francisco de Toledo）在安地斯村莊創建「米塔制」（mita）。「米塔制」是一種強制輪值的勞役制度，每年從村莊徵召至多 15,000 名男性勞動力。有些人被迫攜家帶眷，遷徙數百甚至數千公里到波托西。數千名年輕人死在波托西的礦坑和工廠中。托雷多也引進了汞齊技術，利用水銀來精煉銀礦。汞齊技術雖然為白銀生產帶來劃

時代的改變，卻也徹底污染了水源、空氣和土地。汞污染造就了波托西的黑色傳說：人們稱里科山為「血山」和「會吃人的地獄大口」。波托西的繁盛，建立在安地斯內陸的痛苦之上。波托西最後因為銀礦的枯竭和西班牙帝國的衰亡而沒落。

　　1825 年，西蒙·玻利瓦爾（Simón Bolívar）於里科山宣告玻利維亞獨立。歷史學家克里斯·萊恩（Kris Lane）表示：「如果波托西是環境浩劫和歷史的焦油坑，那麼它也同時是人類智慧和生存的紀念碑。」

誰為此付出代價？

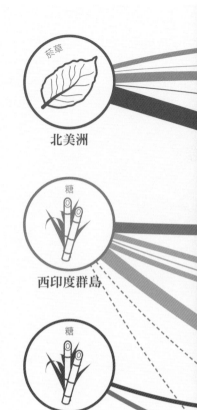

看似開創性的帳務審計紀錄，揭露格拉斯哥市議會、格拉斯哥大學和奴隸制度之間的關聯。

　　1556 至 1810 年間，英國人運送超過 300 萬名非洲人到美洲去。被奴役的非洲人首先是被法律視為動產（個人財產），後來又為了永久與農莊綁定，被改成不動產。國家背書的奴隸制度構成一整個橫跨大西洋的貿易系統。貿易促進了英國都市地區的經濟發展，尤其是像格拉斯哥這樣的西岸港口。

　　在 1700 至 1815 年間，約有 9 萬蘇格蘭人移民至北美洲，尤其是維吉尼亞、馬里蘭，以及北卡羅來納等由奴隸制度所支撐的煙草生產地區。格拉斯哥的主要商人被稱為「煙草領主」，他們從美洲進口煙草，然後出口到全世界。美國獨立戰爭之後，這些商人轉而進口砂糖。砂糖來自西印度群島（主要是牙買加，但也包含安地卡、巴貝多、格瑞那達、聖文森、千里達與托巴哥）、英屬蓋亞那，以及南美洲的巴西。很多格拉斯哥人都是奴隸主和莊園主，還有一些人負責運送被奴役的非洲人。來自奴隸制度所產生的財富，大多能追溯到砂糖貿易，並由該市的「砂糖貴族」所主導。格拉斯哥商人也進口非洲奴隸生產的棉花，並向世界出口棉花和亞麻織品，為蘇格蘭地區的工業革命提供運轉動力。

　　自 2018 年以來，用來證明格拉斯哥兩個重要組織和奴隸經濟有關的歷史帳務審計檔案，被公諸於世，而這兩個組織分別就是格拉斯哥市政府和格拉斯哥大學。格拉斯哥市政府投資了蘇格蘭公司（Company of Scotland），該公司經營印度洋地區的奴隸貿易，並在解散的時候收到了補償金。該公司曾向奴隸主及當時居住於傑米斯頓莊園（Germiston House）的維吉尼亞總督勞倫斯・汀維迪（Laurence Dinwiddie）融資，也接受來自西印度、北美洲和南美洲奴隸事業的捐贈，這些捐贈款項流向學校、房屋和圖書館。雖然許多著名廢奴主義者都是格拉斯哥出身，但格拉斯哥大學可能收受了大量來自於奴隸貿易獲利的捐款。1860 年代後期，這些捐款幫助格拉斯哥大學從舊校址搬遷，並建設新校區。搞清楚到底「誰為此付出代價」，是還原和修復歷史的重要步驟。

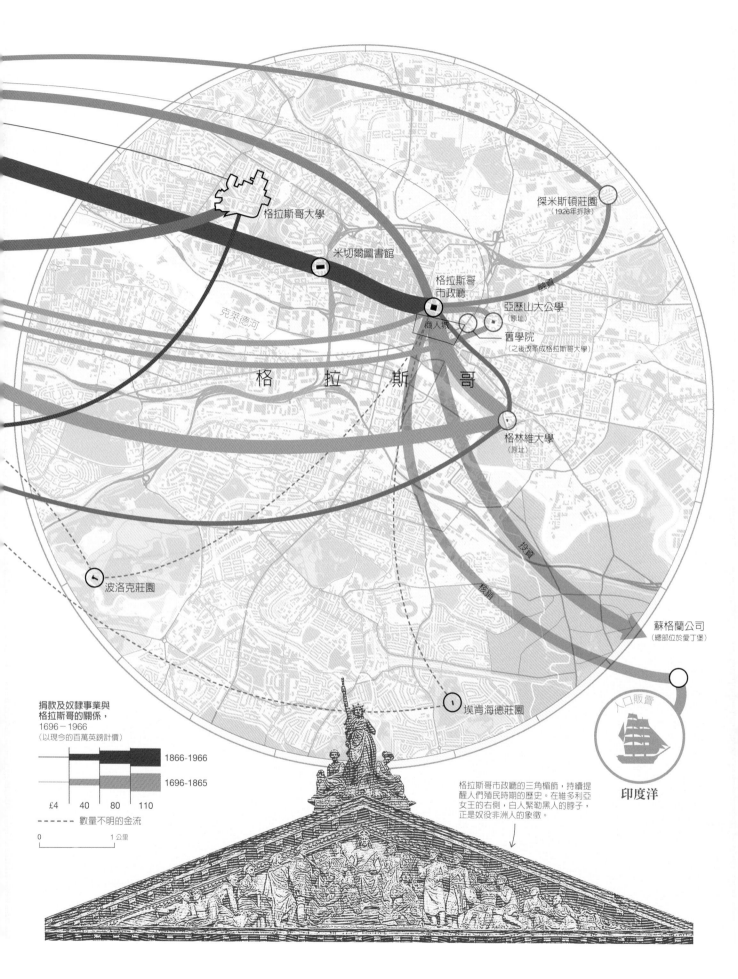

捐款及奴隸事業與
格拉斯哥的關係，
1696－1966
（以現今的百萬英鎊計價）

| | | | | 1866-1966 |
| | | | | 1696-1865 |

£4　40　80　110

－－－－ 數量不明的金流

0　　　　　1公里

格拉斯哥大學

米切爾圖書館

克萊德河

傑米斯頓莊園
（1926年拆除）

鐵路

格拉斯哥
市政廳

亞歷山大公學
（原址）

舊學院
（之後改革成格拉斯哥大學）

商人城

格 拉 斯 哥

格林維大學
（原址）

投資

移動

蘇格蘭公司
（總部位於愛丁堡）

波洛克莊園

埃肯海德莊園

入口販賣

印度洋

格拉斯哥市政廳的三角楣飾，持續提
醒人們殖民時期的歷史。在維多利亞
女王的右側，白人緊勒黑人的脖子，
正是奴役非洲人的象徵。

在阿姆斯特丹，沒有哪個信條
比這一點更肯定，即每一個作
為銀行貨幣流通的荷蘭盾，都
有等價的黃金或白銀存放在銀
行金庫中。

Adam Smith
1723 - 1790

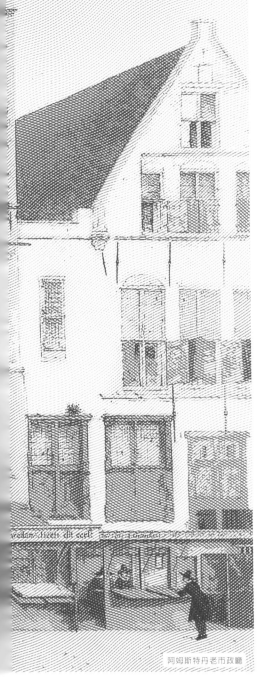

阿姆斯特丹老市政廳

金融地理學家 亞當‧斯密

亞當‧斯密既是現代經濟學之父，也是研究金融和金融中心的先驅。

　　談論金融歷史的時候，就必須講到最重要的三個思想家：亞當‧斯密（Adam Smith）、卡爾‧馬克思（Karl Marx）和約翰‧梅納德‧凱恩斯（John Maynard Keynes）。在接下來的數頁中，我們將討論他們的思想如何改變整個金融世界。亞當‧斯密（1723—1790）最著名的思想，便是他對勞動分工的分析，以及他主張市場是由一隻「看不見的手」所指引。很少人真的把他當成金融學家，把他當成地理學家的人就更少了。但是，當我們仔細閱讀《國富論》（The Wealth of Nations），也能找到金融學和地理學的觀點。

　　亞當‧斯密相信競爭有助於金融市場發展，也支持商業銀行發行自己的錢幣，無須經由政府擔保。但是他的理論主張，自由經濟市場的好處並非是自動產生的。當他談及將紙張化為金錢所需的「某位銀行家的幸運、清廉以及謹慎」時，也強調了金融中信任的重要性。亞當‧斯密也反對過度印鈔，認為鈔票就像「戴達羅斯的翅膀」，永遠不會如同真金純銀那樣可靠。他也對股份能被公開交易的公司抱持懷疑，因為在股票市場中，企業主與經理人是被區分開來的，這讓經理人能夠占企業主與投資人的便宜。依他的看法，經濟穩定需要依靠一定程度的銀行和市場管制。在亞當‧斯密之前，未曾有人能將自由金融市場的經濟和社會因素分析得如此徹底。

　　在亞當‧斯密的時代，阿姆斯特丹作為金融中心的地位，尚未被倫敦取代。為深入瞭解國際金融的運作，他找上了亨利‧霍普（Henry Hope）。霍普創立了霍普公司（Hope & Co.），這是一間在十八世紀舉足輕重的銀行。亞當‧斯密也如外界稱呼他「金融地理學家」一般，詳細分析了造就阿姆斯特丹金融實力的各種要素，其中包含：地理位置、情報、專業、外匯、各類機構品質，以及信任。舉例來說，無論是波羅的海地區進口穀物的商人，或是從葡萄牙引進紅酒的商人，都認為阿姆斯特丹是他們理想的轉運和金融中心。他也將阿姆斯特丹銀行形容為「發行政府認證貨幣的先驅」，就像是現代的中央銀行。左邊的這句引言，強調的正是阿姆斯特丹必須仰賴銀行所提供的信任基礎，才能夠引領金融業界。雖然阿姆斯特丹作為金融中樞的地位已經不如從前，亞當‧斯密的思想卻仍然經得起時代的考驗。

矛盾世界中的金錢

對馬克思而言，金錢是他分析資本主義的核心議題，他也把廢除錢幣當成他的理想。

卡爾·馬克思（1818—1883）在其代表作《資本論》（*Capital*）中，將資本主義形容為「利用金錢足使市場無限擴張」。在這個可怕系統的正中心，是一個能藉由錢購買一切生產工具（means of production）的循環。此處的生產工具包含土地、勞力及原物料，這些工具會被用來生產產品和服務，並獲取利潤，利潤最終會回到循環之中，賺更多的錢。

馬克思的《資本論》成書於倫敦。右邊的引用說明了馬克思對於金融權力集中於城市的看法。雖然當時北方的城市，包含伯明罕、格拉斯哥和曼徹斯特，都是當時的製造中心，但倫敦身為資本主義的重鎮是無庸置疑的，因為它同時兼具政府、帝國和資本中心的角色。馬克思將擁有生產工具的資本家視為統治階級，他們與政府合作，透過保護私有財產等方式支持獲利的累積。有了政府的助力，資本家就能夠進一步剝削勞工和自然環境。馬克思思想最重要的部分，便是指出資本主義本身就是自我矛盾的。雖然資本主義鼓勵改革和經濟成長，卻也造就了自身的危機：一味地著眼於獲利，將導致過度生產；被剝削的勞工買不起過度生產的產品，資本家卻坐擁暴利。錢以貸款的形式出現在這個循環中，只會加劇資本主義的災難。因此，閱讀馬克思的著作，能夠幫助我們批判現今日常生活的系統，以及系統中的金融集中化現象。假使馬克思今天還活著，對於倫敦如何影響英國其他地區發展的辯論，也不會感到驚訝。過度金融集中化的問題，至今仍然影響著許多國家。

馬克思希望他對資本主義的診斷能夠改變世界。他與弗雷德里希·恩格斯（Friedrich Engels）合著的《共產黨宣言》（*Manifesto of the Communist Party*），出版時間早於《資本論》，書中將金錢當作是一個社會必須克服的問題。在他的書中，就連家庭關係都被化約成「單純的金錢關係」，並同時呼籲「國家應透過中央銀行、國家資本，集中控管金錢和貸款，並且應減少私人銀行和銀行家的數量。」他預言共產黨革命將讓錢幣毫無用武之地。雖然目前沒有任何國家成功將全國金融系統國營化，但馬克思針對於金錢能讓人與人、人與環境彼此疏遠的警告，仍是警世金句。

當鄉村的存戶把錢存入銀行時，他以為自己只是將錢存進銀行，並認為銀行家放貸時，是將錢借給他們所熟知的其他人。他全然不會懷疑，其實銀行家是把存款交給了一位倫敦的證券商，而無論是存戶還是銀行家，都無法干涉這位證券商的業務運作。

倫敦皇家交易所

在這個紙造的世界中，看不到真正的價格和真實要素，只能看到金條、硬幣、鈔票、匯票和證券。這種扭曲在匯聚舉國經濟事業的金融中心倫敦尤其明顯。

Karl Marx
1818~1883

在一個生產體系中，整個再生產過程的相互聯繫，完全受到信貸的控制。當信貸被突然抽離，並且只接受現金交易時，那麼災難將會無可避免降臨……整個危機的源頭正是〔交易票券〕的擴張超過了社會的需求。

顯著的事實是，我們對未來收益的估算，所依據的知識基礎是非常不穩定的……老實說，我們必須承認，對於未來十年之後的鐵路、銅礦、紡織廠、專利藥品的商譽、大西洋航班，或是倫敦市一棟建築的收益估算，其實根本沒有什麼可靠的知識基礎可做為依據。

精明投資的社會性目的，其實是在對抗時間的黑暗力量，以及籠罩著我們未來的無知。然而，今日最精明的私人投資目的，卻是如同美國人所說的「搶得先機」——擊敗群眾，並將沒人要，或正在折舊的半皇冠幣（Half-crown）轉賣給其他人。

John M. Keynes

1883–1946

當美國人投資時，他所寄託的希望不是在預期收益上，而是希望傳統估值基礎產生有利的變化。也就是說，他們其實是投機者。投機者在穩定的企業運作中，可能不會造成什麼危害，但當企業變成投機漩渦中的泡沫時，事情就嚴重了。

1931年的紐約

金融就如同選美比賽

凱恩斯的《就業、利息與貨幣的一般理論》出版於 1929 年股市崩盤之後，精準針砭由金融規則主導的資本主義和華爾街。

如果說亞當・斯密捕捉到資本主義的精神，馬克思深究資本主義的黑暗面，約翰・梅納德・凱恩斯（1883─1946）則看出資本主義走向混沌，並想辦法為其解套，同時還積極參與那個時代的重大事件。

凱恩斯初次活躍於國際舞台，是在 1919 年一戰之後的巴黎和會。但因為他反對和平協議對德國提出大量求償，最後選擇退出英國代表團。根據凱恩斯本人的說法，對德國求償不僅會傷害德國經濟，還可能會醞釀仇恨，進而導致另一場戰爭。歷史證明凱恩斯是對的。

在見證 1929 年的股市崩盤後，凱恩斯將股市比喻為「賭場」，由短期投機所主導。換句話說，相較於缺乏金融知識的一般股市投資人，專業的金融投資者花費大量精力試圖賭贏市場，卻弔詭地不檢視投資真正帶來的長期報酬。對凱恩斯來說，金融投資者的心態就像是選美比賽中的評審，不自己直接選出哪位參賽者最美，反而猜測其他評審的意見，臆測選美皇后最後由誰摘元。因此，他認為金融市場的價值觀已經嚴重偏離初衷。試著想像一下，有些人會花大筆金錢購入加密貨幣和加密資產，並不是預判加密貨幣真正的價值，單純就只是他們認為其他人也會跟著買進，於是最後落得輸光光。

凱恩斯的《就業、利息與貨幣的一般理論》（General Theory of Employment, Interest and Money），出版於 1929 年經濟大蕭條之後，解釋了為何政府必須干預經濟。凱恩斯認為，過分樂觀的「動物本能」（animal spirts）是投資和經濟的原動力，但當公眾的情緒被不確定性壓倒時，政府就必須介入，並出資維持產品需求和服務需求，以避免大量裁員發生。如果必要的話，政府干預時也要考慮是否以「增印鈔票」為手段。

凱恩斯在世期間，國際社會的重心從大不列顛帝國轉移到美國。二戰終結時，他也曾提案成立世界中央銀行，作為國際貨幣發行機構，發行新的國際通用貨幣。後來國際間會成立世界銀行和國際貨幣基金組織，都是受凱恩斯所影響。但凱恩斯主張建立一個不以美元作為中心的國際貨幣體系，因為過於激進，而未能實現。雖然美國的美元與金融實力，最後已遠勝過了凱恩斯的政策建議，但凱恩斯的思想影響力仍無遠弗屆。

芝加哥大學
FRIEDMAN 1976　MILLER 1990　FAMA 2013　HANSEN 2013　THALER 2017　DIAMOND 2022

史丹佛大學
SHARPE 1990　SPENCE 2001

哥倫比亞大學
MUNDELL 1999　STIGLITZ 2001

耶魯大學
TOBIN 1981　SHILLER 2013

金融科學
生產階梯

19 位因金融研究貢獻，而榮獲諾貝爾經濟學獎的得主，都曾是在美國取得博士學位、並於獲獎時仍在美國工作的白人男性。

諾貝爾經濟學獎得主，1969–2023
金融經濟學領域貢獻
● 美國出生
● 美國境外出生
○ 其他領域貢獻

共同獲獎

1969

2 ── 3 ── 2023
3 ── 3
3

MODIGLIANI 1985　MARKOWITZ 1990　MERTON 1997　SCHOLES 1997　AKERLOF 2001　BERNANKE 2022　DYBVIG 2022
麻省理工　紐約市立大學　哈佛大學　長期資本管理公司　加州大學柏克萊分校　布魯克林大學　華盛頓大學

截至 2021 年 3 月，20 位排名前十的金融期刊主編中，只有 5 位是女性，而且只有 3 位在美國境外服務（分別是倫敦商學院［LBS］、都柏林聖三一學院［Trinity College Dublin］和烏特勒支大學［Utrecht University］）。

金融學領域中最常被引用的 10 位主編，依其性別和所屬單位區分

美國　英國 愛爾蘭尼德蘭
賓州大學　華盛頓大學　羅徹斯特大學　麻省理工　其他　倫敦商學院　三一學院　烏特勒支

截至 2021 年 3 月，金融學門中最常被引用的 100 篇論文發表，總計有 195 位作者，其中只有 11 位作者是女性，並且有 172 位都在美國境內服務。光是在芝加哥大學服務的作者，就比美國境外作者全部加起來還多。

金融學領域中最常被引用的 100 項研究發表，依其發表時所屬單位區分

芝加哥大學　哈佛大學　羅徹斯特大學　美國　其他　歐洲
麻省理工　耶魯大學　美洲（美國除外）
1 位女性　賓州大學　華盛頓大學　亞洲　大洋洲

從作者所屬單位來看，美國在經濟學領域的研究發表量最多，但美國以外的發表數量也在快速增加。中國的發表量於 2012 至 2019 年間就增加了兩倍，但北美和西歐的發表總數仍占了 2019 年研究出版的半數以上。

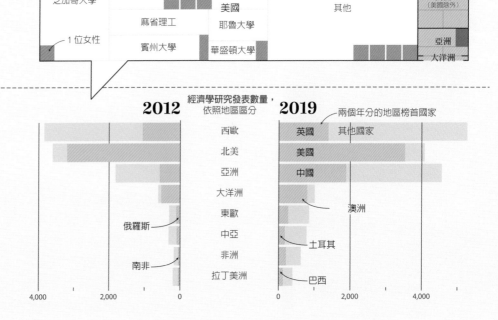

經濟學研究發表數量，依照地區區分

2012　　2019
兩個年分的地區榜首國家

西歐　　英國 其他國家
北美　　美國
亞洲　　中國
大洋洲　　澳洲
東歐
中亞　　土耳其
非洲
拉丁美洲　　巴西

俄羅斯
南非

4,000　　2,000　　0　　0　　2,000　　4,000

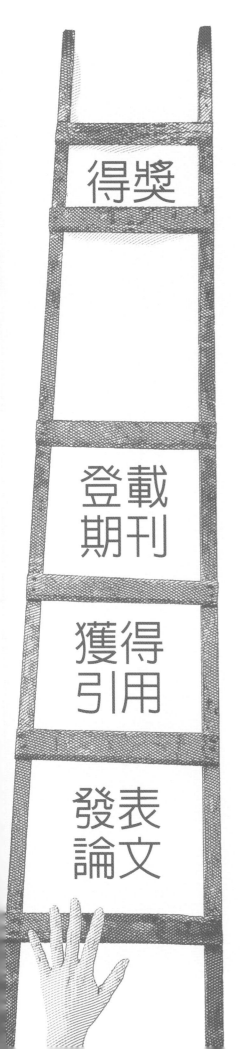

得獎

登載
期刊

獲得
引用

發表
論文

美國的研究發表

雖然世界各地的金融研究成果發表正持續增長，但美國仍然稱霸金融經濟學界。

在科學領域進行研究，就好比攀爬一座高聳的階梯，把研究成果出版出來，是階梯的第一階。學術界有句名言：「不發表，即死亡。」研究者若想要獲得學術聲望，他的學術作品就必須被其他人引用。其他研究人士會在在閱讀後，判定該作品足夠重要，然後引用在自己的論文中。期刊編輯在出版過程中扮演重要角色，他們對投稿作品進行學術審查，或是安排相同領域的學者審查，然後決定是否刊登或退件。有些期刊具有極高的聲望，競爭相當激烈，撰稿人投稿的作品只要獲得刊登，就足以讓他得到工作機會或終身教職。在學術研究階梯的頂端，則是拿到論文、書籍和終身成就的相關獎項，其中最令人嚮往的是諾貝爾獎。換句話說，在競爭如此激烈的情況下，大部分的研究者終身都不會有機會擔任期刊編輯，研究成果能夠獲獎的人也非常少。

左側的圖表顯示，金融科學的學術表現主要集中在美國和男性，尤其是階梯的上層。2012 到 2019 年間，在美國從事研究工作的主要作者比例從29% 降到 20%。2021 年，最常被引用的前 100 篇研究論文中，有 88% 的論文是由美國作者撰寫。另外，前十大金融期刊的主編有 85% 都是任職於美國的研究者。而最常被引用的研究論文中，僅有 6% 是女性作者、25%是由女性主編。

在階梯的最頂端，諾貝爾經濟學獎在 1969 到 2023 年間，總共頒出 55個獎項給 93 位獲獎人，其中共有 19 位因其對金融科學的貢獻而獲獎。這19 位得獎人全部都是美國白人男性，或在美國境內服務的白人男性。只有三位不是美國本土出生（麥倫・舒爾茲〔Myron Scholes〕和羅伯特・孟德爾〔Robert Mundell〕均是加拿大人，法蘭戈・莫迪利亞尼〔Franco Modigliani〕則是義大利人）。有部分得獎人任職於金融機構，例如舒爾茲就曾設立一項避險基金，該基金最後在亞洲金融風暴中倒閉。

由此可見，金融學研究可能是所有學術領域中最受美國與白人男性主導的領域，很難再找到另一個領域有如此嚴重的性別和地理偏見。這種缺乏多元性的系統所產生的研究，自然會對開發中國家和社會弱勢產生偏見，並影響教育、公共政策以及商業策略。另外，由於諾貝爾獎的獎項不包括社會科學領域（經濟學獎除外），也不包含人文領域（文學獎除外），這使得具多元性的金融研究，被學術階梯的頂端排拒在外。

二

一件物品的價值，取決於他人願意支付的價格。

塞內卡（Seneca）

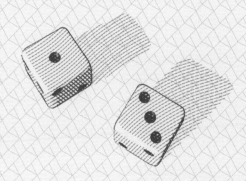

資產與市場

從金融的角度來看，能夠在市場上購買和銷售的一切事物，都是潛在資產。金融注重價格、指標和匯率，但金融體系包含股票、貨幣、保險、不動產、公共建設、匯款、投資銀行服務等各種不同類型的金融市場。而這些市場產品不僅僅只有「價格」而已，透過財富和權力的分配，還能獲利。透過金融服務，你不僅可交易到有技能的人才，還可以銷售不屬於你自己的東西。

最高價
開盤價
收盤價
最低價
■ 陽線
■ 陰線

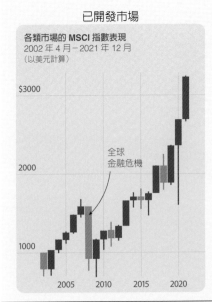

已開發市場

各類市場的 MSCI 指數表現
2002 年 4 月－2021 年 12 月
（以美元計算）

全球
金融危機

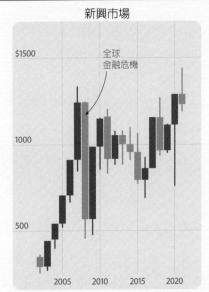

新興市場

全球
金融危機

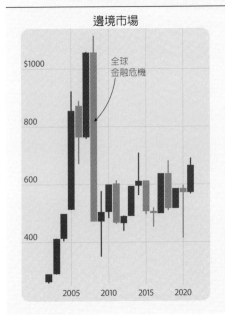

邊境市場

全球
金融危機

股市面面觀

看懂股價指數，就能理解世界經濟與市場動態。

　　股價指數能夠追蹤特定國家市值最高的數檔股票。指數提供一個簡單明瞭的數字，可以讓人直接掌握該國市場的現況。一些著名的股價指數，如標準普爾 500 指數（S&P 500）、日經指數（Nikkei 225）和富時 100 指數（FTSE 100），都經常出現在商業報紙的頭條，但這些股價指數分別代表什麼意思呢？我們又可以從中看出什麼呢？

　　股價指數的市值，就是該指數中所有公司的總價值，通常包含該國的前二十五到五百家市值最高的上市公司。你無法購買一整個股價指數的股票，單單購買指數中每家公司的單一股票，就非常複雜和昂貴了。然而，有一種叫做「被動式指數股票型基金」（passive exchange-traded funds）的金融產品，可以透過持有指數中股份的組合，按股份的市值比例來模仿股價指數的變動。被動型基金不僅可以追蹤不同產業、國家、不同市場的整體趨勢，投資管理人在操盤「主動式管理基金」時，也會把「被動型基金」當作是挑選股票的基準。

　　交易員經常透過摩根士丹利資本國際公司（Morgan Stanley Capital International, MSCI）的「已開發市場」、「新興市場」和「邊境市場」三個分類指標，掌握全球經濟動向。這些分類指標，依據投資某國股市的穩定性、安全性、風險，對國家做出分類。從右邊的 K 線圖可以看出，三大分類市場在 2008 年全球金融危機中所受到的衝擊和恢復的速度。已開發市場恢復得相當快速，2014 年就超過了他們在 2007 年時的市值高峰，之後甚至還翻倍。新興市場損失的市值較多，直到 2020 年才恢復到金融危機前的水準。邊境市場損失最大，至今仍未恢復。股市的產業結構可以幫助我們了解這一切。

　　過去十年間，股市的復甦都是由科技公司主導，舉凡荷蘭、香港、美國（見圓環圖）。這些已開發市場均以科技產業的占比為最大。科技產業（以紫色標示）在部分新興市場也是最大產業類別，例如台灣和南韓。其他包含中國、印度和南非在內的國家，科技產業也占有可觀的比例。不過在邊境市場，科技產業占比通常較低。相較之下，許多新興市場和邊境市場都以金融產業（以淺綠色標示）為主力，但金融產業自 2008 年以來就長期表現不佳。

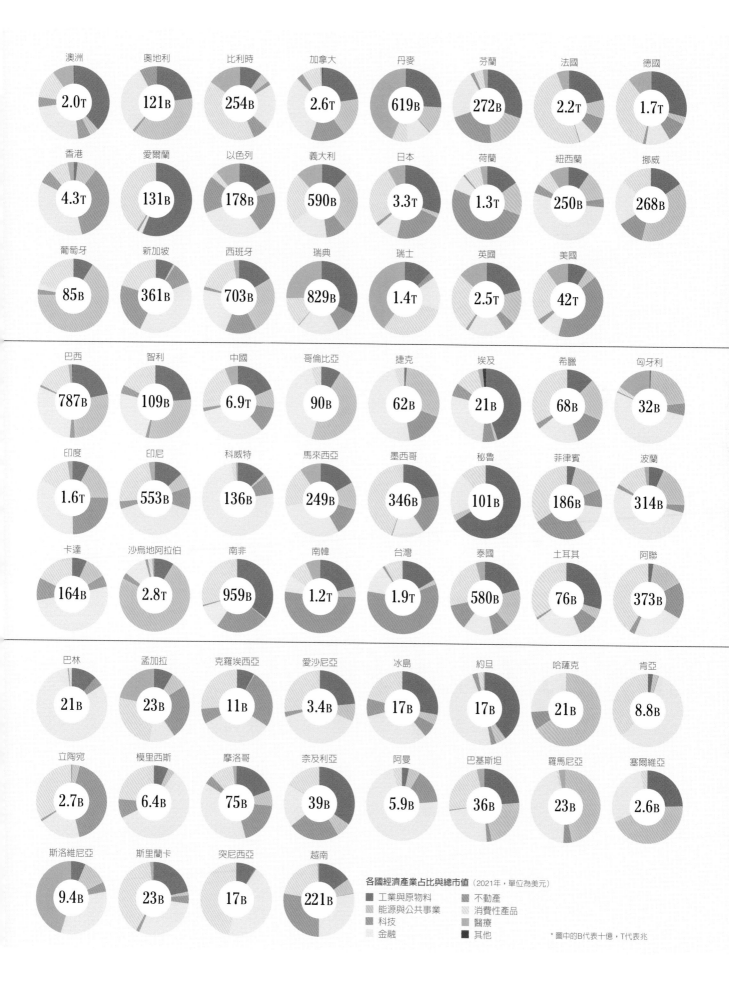

各國經濟產業占比與總市值（2021年，單位為美元）

- 工業與原物料
- 能源與公共事業
- 科技
- 金融
- 不動產
- 消費性產品
- 醫療
- 其他

* 圖中的B代表十億，T代表兆

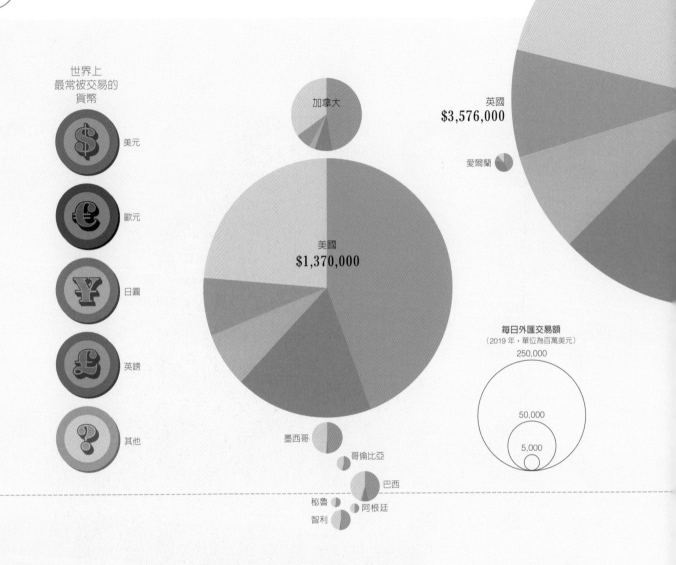

世界上
最常被交易的
貨幣

美元

歐元

日圓

英鎊

其他

加拿大

英國
$3,576,000

愛爾蘭

美國
$1,370,000

每日外匯交易額
(2019 年,單位為百萬美元)

250,000

50,000

5,000

墨西哥

哥倫比亞

巴西

秘魯　阿根廷

智利

無法撼動的貨幣

外匯市場的增長速度比實體經濟還快,但外匯交易的貨幣種類和地點,仍然
保持著相當的穩定性。

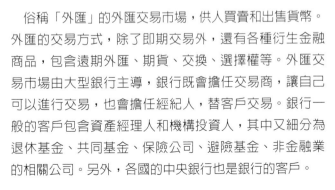

全球每日外匯交易額
(1995－2019 年,
單位為十億美元)

6,600

1,180

1995　　　　　2019

　　俗稱「外匯」的外匯交易市場,供人買賣和出售貨幣。外匯的交易方式,除了即期交易外,還有各種衍生金融商品,包含遠期外匯、期貨、交換、選擇權等。外匯交易市場由大型銀行主導,銀行既會擔任交易商,讓自己可以進行交易,也會擔任經紀人,替客戶交易。銀行一般的客戶包含資產經理人和機構投資人,其中又細分為退休基金、共同基金、保險公司、避險基金、非金融業的相關公司。另外,各國的中央銀行也是銀行的客戶。

　　外匯市場就像貨幣一樣古老,但隨著 1970 年代美元取消金本位制,美元價格進入浮動狀態,外匯市場的新時代也隨之來臨。全球大部分的主要貨幣都隨著美元浮動,且交由外匯交易市場來決定貨幣的價值。如折線圖所示,在 1995 到 2019 年間,外匯交易成長了近乎 6 倍,這全歸功於避險基金的參與和交易數位化。到了 2019 年,全球每日外匯交易額,已經是每日 GDP 的 27 倍、商品貿易的 96 倍。這樣的差距顯示,外匯的交易額僅有少部分

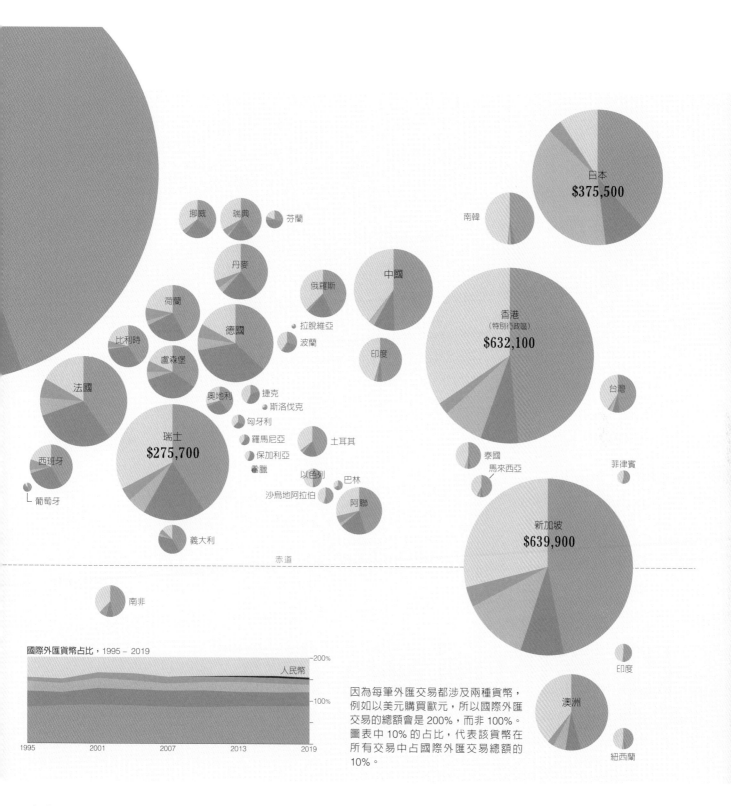

日本
$375,500

挪威　瑞典　芬蘭

丹麥

俄羅斯

荷蘭

拉脫維亞

比利時

波蘭

盧森堡

德國

南韓

中國

香港
（特別行政區）
$632,100

台灣

印度

法國

奧地利

捷克
斯洛伐克
匈牙利

瑞士
$275,700

羅馬尼亞　土耳其

保加利亞

希臘

泰國
馬來西亞

菲律賓

西班牙

以色列

巴林

沙烏地阿拉伯

葡萄牙

阿聯

新加坡
$639,900

義大利

赤道

南非

印度

澳洲

紐西蘭

國際外匯貨幣占比，1995 – 2019

人民幣

-200%

-100%

1995　2001　2007　2013　2019

因為每筆外匯交易都涉及兩種貨幣，例如以美元購買歐元，所以國際外匯交易的總額會是 200%，而非 100%。圖表中 10% 的占比，代表該貨幣在所有交易中占國際外匯交易總額的 10%。

與生產和商品貿易有關，其他大部分來自投資、避險、投機等金融服務。

外匯市場是一個高度集中化的市場（見圓餅圖）。英國是世界外匯中心，占 2019 年世界外匯交易額的 43%，幾乎所有交易都在倫敦進行。真的很難想像，有一個城市能在所有經濟活動中占據這麼重要的地位。現在幾乎全球所有主要貨幣的交易中心都設在倫敦，而非使用發行貨幣的各國所在地。美國的外匯交易額位居全球第二，中心就設在紐約，占 2019 年世界外匯交易額 17%。

外匯交易高度集中化，組成也相當穩定（見堆疊面積圖）。自 1995 年後，80% 以上的外匯交易都以美元計價，歐元則位居第二，且自歐債危機後，歐元占比還稍稍滑落。日圓和英鎊，分別位居第三和第四。近年，人民幣也開始出現在圖表上。若不考慮中國經濟體大小，因中國金融市場的開放程度有限，人民幣挑戰美元的能力也受到限制。

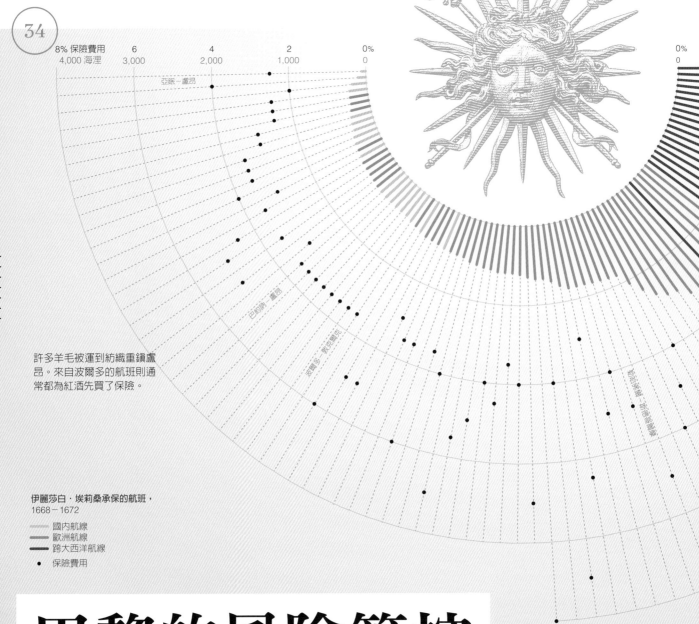

8% 保險費用　6　　4　　2　　0%　　　　0%
4,000 海浬　3,000　2,000　1,000　0　　　0

亞眼－盧昂

巴莉勇－盧昂

反德多－敦克爾克

斯拉華德－新喬治羅斯

許多羊毛被運到紡織重鎮盧昂。來自波爾多的航班則通常都為紅酒先買了保險。

伊麗莎白·埃莉桑承保的航班，
1668－1672

――――　國內航線
―――　歐洲航線
――　跨大西洋航線
•　保險費用

巴黎的風險管控

海上保險市場的出現，促進了國際貿易，也強增強法國的國家實力，使巴黎的菁英階層致富。

1672 年，伊麗莎白·埃莉桑在法荷戰爭中承保了一艘從勒哈佛爾航向斯德哥爾摩的船隻。這艘船此行的目的是運送戰爭物資給法國在法荷戰爭中的盟友，瑞典國王查理十一世（Charles XI）。

　　自古以來，船東就蒙受各種風險，比方說船隻可能會擱淺、進水、被劫持、報廢、失火、延誤，甚至在戰爭中被擊沈。為了讓海上貿易有保障，船東們都想給自己的船隻買個保險。

　　提起海上保險市場，就不能不提到讓－巴提斯特·柯爾貝（Jean-Baptiste Colbert）這個人。著名的保險傳奇人物愛德華·勞埃德（Edward Lloyd），曾在英國開了一家咖啡館，這間咖啡館還兼營海上保險，這讓愛德華成為倫敦保險業鉅子。不過，早在愛德華開咖啡館的 18 年前，也就是 1668 年，柯爾貝擔任法國太陽王路易十

四世（Louis XIV）的首相時便在巴黎設立了王家保險廳（Royal Insurance Chamber），這項創舉，成為全球保險業歷史的重要里程碑。

　　王家保險廳既是一個私人保險業者俱樂部，也是一個商人和船員的社交場所。保險業者承諾為航程中貨物的損失和船隻的傷害，提供賠償作為擔保。如果是高風險的航程，就會由多家保險業者共同承保風險。光是在王家保險廳設立的第一年內，它所承保的航程就有將近 400 趟。不久之後，保險廳立下保險相關標準，包括訂定承保流程和行政表格，也發展出仲裁手段，並擬訂規範船

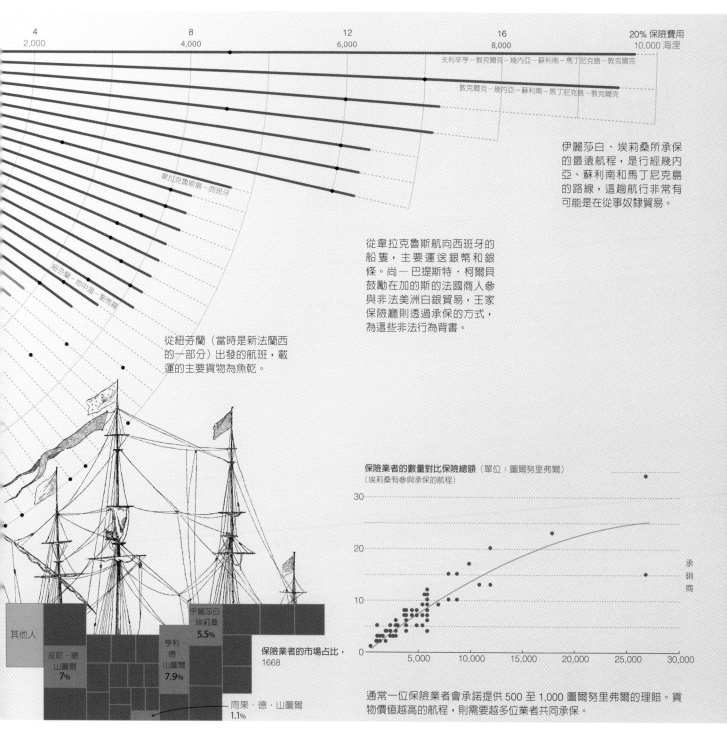

天利辛亭－敦克爾克－幾內亞－蘇利南－馬丁尼克島－敦克爾克

敦克爾克－幾內亞－蘇利南－馬丁尼克島－敦克爾克

伊麗莎白・埃莉桑所承保的最遠航程，是行經幾內亞、蘇利南和馬丁尼克島的路線，這趟航行非常有可能是在從事奴隸貿易。

韋拉克魯斯島－西班牙

從韋拉克魯斯航向西班牙的船隻，主要運送銀幣和銀條。尚－巴提斯特・柯爾貝鼓勵在加的斯的法國商人參與非法美洲白銀貿易，王家保險廳則透過承保的方式，為這些非法行為背書。

紐芬蘭－地中海－聖馬羅

從紐芬蘭（當時是新法蘭西的一部分）出發的航班，載運的主要貨物為魚乾。

保險業者的數量對比保險總額（單位：圖爾努里弗爾）
（埃莉桑有參與承保的航程）

30

20

10

0
　5,000　10,000　15,000　20,000　25,000　30,000

承銷商

通常一位保險業者會承諾提供 500 至 1,000 圖爾努里弗爾的理賠。貨物價值越高的航程，則需要越多位業者共同承保。

其他人

皮耶・德・山圖爾 7%

亨利・德・山圖爾 7.9%

伊麗莎白・埃莉桑 5.5%

雨果・德・山圖爾 1.1%

保險業者的市場占比，1668

隻登記和交易事宜。

　　最早活躍於保險廳的私人保險商，是于格・德・桑圖埃爾（Hugues de Santuel）和他的兄弟亨利（Henri）與皮耶（Pierre）。在于格死後，事業交由妻子伊麗莎白・埃莉桑（Elisabeth Hélissant）接手。埃莉桑很快就便成為法國首屈一指的保險業者。她承保的貨物五花八門，包含運往荷蘭的鹽、來自加勒比海的糖。上方的放射圖，記載了她所參與承保的 86 趟航程，並依照距離長短排列。圖上黑色的點，則是她的保險費用。埃莉桑為短程國內航運訂定的保費最低，歐洲區域航運保費高一點，

跨大西洋航運的保費則最高。保費也會因為一些條件而調整，包括船隻的狀況、船長人選、季節性風險等。埃莉桑從這些航程中，總共收到古法幣 3,188 圖爾努里弗爾（livres tournois）的保費，換算成現代幣值，總共超過 100 萬美元。

　　海上保險壯大了法蘭西殖民帝國的實力，不僅讓權力集中，也讓財富更集中。巴黎因擁有一整個俱樂部的保險業者，而得以取代馬賽（Marseille）、盧昂（Rouen）等港都，成為法國的保險業中心。巴黎的菁英們掌握了保險事業，這也為他們提供了好幾個世代的財富和權力。

新興都市

來自國際的投資，會使一座都市的房地產價格高漲，也讓當地人買不起房子。

對想要置產的有錢人來說，「海外資產」是一個非常具吸引力的投資標的。其中，豪華住宅具有全球化資產的屬性，就像可靠的撲滿一樣。豪華住宅是有形資產，買賣相對容易，保值性佳，而且就定著在它的所在地。另外，對政治不安定或高壓國家的有錢人來說，海外不動產也兼具「避難所」的功能。

加拿大溫哥華（Vancouver）是二十一世紀海外投資客的首選，而投資客又以亞洲人為大宗。溫哥華的房地產需求太大了，讓市區整體房價急遽攀升。2000 年的溫哥華平均房價約當地人平均年收入的 6 倍，但到了 2018

溫哥華

放大區域

2006

每平方公尺房價
（以加元計算）

- 超過 20,000
- 10,001 – 20,000
- 5,001 – 10,000
- 2,501 – 5,000
- 1,001 – 2,500
- 751 – 1,000
- 501 – 750
- 251 – 500
- 50 – 250
- 低於 50

溫哥華的房價漲幅並不平均。最大漲幅區域主要在市中心及福溪（False Creek）沿岸地區，然後漸漸向外輻射。從市中心開始連漪般輻射的房價漲幅，使得全城在 2022 年 9 月的平均房價落在 1,447,800 加元。

洛斯特湖　史丹利森林公園　西端區　溫哥華港　日本城　中國城　市中心　太平洋中央車站　英吉利灣　凡尼爾公園　耶魯城　福溪　錦繡區　市政府

年，已是 12 倍之譜。

　　房價攀升並非是溫哥華才有的現象。事實上，在過去十多年間，多數國家的房價漲幅都大於薪資漲幅。溫哥華之所以特別，乃因該地區的房價漲跌幾乎都是海外熱錢流入所造成。這也使溫哥華的房價與國家經濟現況脫節。溫哥華房價高漲，不只反映在投資客喜歡的豪華住宅，所有的房地產物件全都受到影響。地圖上紅色區域顯示，西端區（West End）、耶魯城（Yaletown）和溫哥華市中心（Downtown）的漲幅尤為劇烈。

　　想證明房價起伏與海外投資客的關係並不容易，就算房產是海外投資客所擁有，房屋也可能被出租給當地居民，或是投資客家庭負責賺錢的成員繼續留在母國工作，房子則由家人前來居住。還有一種情況是，房屋的持有者可能是企業機構，享有稅務優惠，又難以追查資金流向。溫哥華在 2016 年 8 月頒定境外投資稅與 2018 年 2 月頒定空屋稅時，都曾導致攀升的房價反向下跌（見圖表），由此看來，這兩次下跌前的房價漲幅，都極可能是海外投資熱錢所引起。

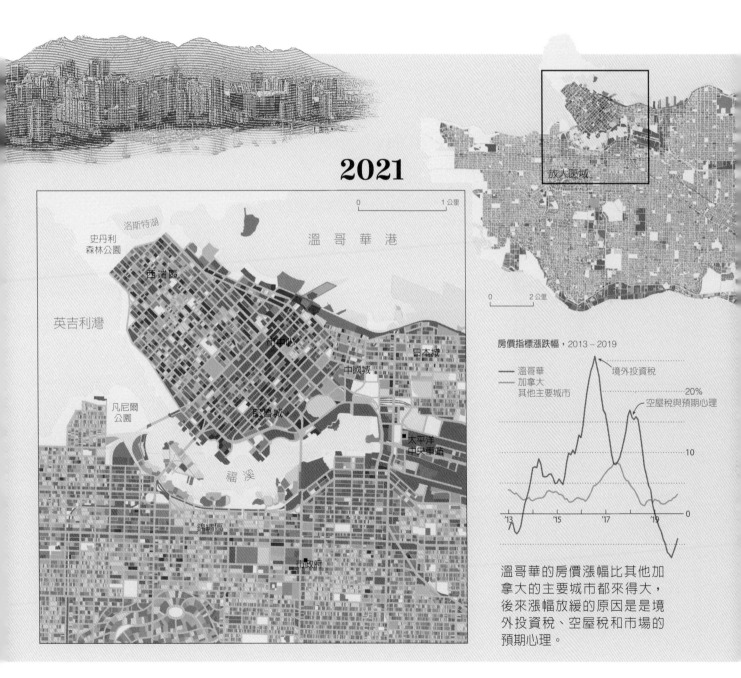

2021

放大區域

房價指標漲跌幅，2013－2019

—— 溫哥華
—— 加拿大
　　其他主要城市

境外投資稅

空屋稅與預期心理

20%

10

0

'13　　'15　　'17　　'19

溫哥華的房價漲幅比其他加拿大的主要城市都來得大，後來漲幅放緩的原因是是境外投資稅、空屋稅和市場的預期心理。

公共建設大富翁

投資公共建設，已變成一場私人化和全球化的大富翁遊戲，由投資人和納稅人輪流擲骰子，賭一賭運氣。

　整個二十世紀，自來水、電力管線、公路、機場等公共建設，都是由各國政府出資興建。1980 年代後期，英國政府率先提出「公營事業私有化」的概念，澳洲也於 1990 年代仿效。此後，世界銀行（World Bank）和國際貨幣基金組織（International Monetary Fund, IMF）則透過以私有化為融資條件，倡導公共建設私有化經營；在新興國家和開發中國家，這兩個組織也鼓吹公私協力的關係。在 1990 年代後期，隨著私人投資戶渴望購買公共建設產權，讓公共建設私有化開始提速。因為公共建設是一項相對安全，又提供長期報酬的投資，對像是退休基金這一類長期負債的投資人來說，特別具有吸引力。在私有化的過程中，公共建設已然從地區或國家資產，轉變為國際金融市場的一部分。

　我們將這個市場描繪成一個大富翁圖版，上頭不同的顏色代表不同地區，綠色方格則標出了所有權類型。你繞著圖版前進，沿途有法蘭克福（Frankfurt）、阿必尚（Abidjan）、曼谷（Bangkok）、奧克蘭（Auckland）的機場；也有法國、南非、加拿大、智利的收費公路；還有英國和澳洲的電網，以及印度的發電廠。在圖版上的每一種私營化公共建設，在全球各地都可以找到數百個類似的案例。

　公共建設私有化的支持者，還主張只要提升營運效能，就可為納稅人節省數

遊戲圖版方格

上排（由右至左）：
- 收費公路　法國　市場價值　480億
- 澳洲鐵路控股　澳洲　北臺電收　110億
- 國家電力公司　印度　電費收　150億
- 南方水務公司　印度　其他費用　70億
- 系統沒檢測　英國　其他費用　60億

左排（由上至下）：
- 繞過地圖　起點　澳洲　GO 200
- 407收費公路　多倫多　加拿大　資產價值　C$ 60億
- 美國鐵路公司　美國　資產價值　US$ 180億
- 德克薩斯中央鐵路　美國　建設花費　US$ 200億
- 坎昆機場　墨西哥　年營收　MXN 60億
- 68號收費公路　智利　年營收　CLP 870億

下排（由左至右）：
- 美洲
- 奧克蘭國際機場　紐西蘭　市場價值　NZ$ 110億
- 澳洲電力網路公司　澳洲　購買價格　A$ 40億
- 城際收費公路網　澳洲　建設花費　A$ 20億
- 墨爾本自來水公司　澳洲　無法購買？
- 墨爾本機場　澳洲　購買價格　A$ 10億

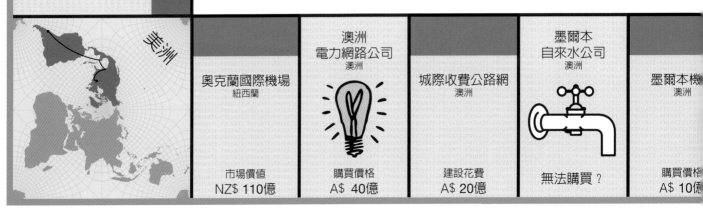

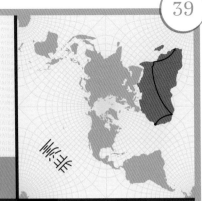
非洲

聯邦州水工
現代海灣
基質對費
€120億

瑞士拉蒙雷
聯邦州水工
企業質值
CHF 60億

爭議
無法購賣？

納米比亞機場
北非洲
建造花費
€10億

德拉凡尼公路
塞內加爾
建造花費
CFA 920億

阿必尚機場
象牙海岸
資本額
CFA 10億

土卡納湖風力
肯亞
建造花費
KES 950億

索洛比—
蒙巴薩鐵路
肯亞
中國資款
US$ 30億

普勒托利亞—
馬布托
N4收費公路
南非與莫三比克
資本額
ZAR 30億

全球營收資料

法蘭克福機場管理公司

2020年營收額（單位：百萬歐元）

原本為了營運法蘭克福機場而設立，法蘭克福機場管理公司現在持有的股份，卻不僅限於法蘭克福機場。

城市	營收額	與2019年相比
西安	174	−35%
聖彼得堡	127	−57%
希臘地區機場	185	−60%
盧比安納	17	−63%
福塔雷薩和阿雷格里港	88	−69%
安塔利亞	110	−73%
布爾加斯和瓦爾那	15	−76%

機會
由於您的鐵路公司表現不佳，被國家收回營運。回到歐洲。

十億美元的負擔。但這是一場相當危險的賭局，因為納稅人能選擇的電力或水源供應商非常有限，甚至水電市場還可能是壟斷性事業，納稅人沒有選擇的餘地。壟斷公共建設事業市場的私人企業，能任意哄抬價格，甚至偷工減料。有鑑於此，或許我們該慶幸供水設施很少交給私人經營。2021年位於英格蘭和威爾斯地區的南方水務公司（Southern Water），是一間成立於1989年的私營自來水公司，該公司承認發生6,971起未經許可的非法排放污水事件，嚴重汙染受保護的河流和沿海水域。從此可見，一旦基礎設施變成私有化經營，無疑就是讓整個社會像拿著未來做冒險賭注。

底部欄

道新幹線
日本
資產價值
9.603兆

香港鐵路
有限公司
中國
資產價值
HK$ 2,630億

素萬那普機場
泰國
資產價值
THB 1,740億

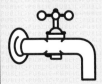
德里供水與
污水委員會
印度
無法購買？

英迪拉·
甘地國際機場
印度
購買價格
INR 15億

亞洲與
大洋洲

一飽眼福

大量藝術品被富豪收購後，無非就是兩種可能性，一種是在黑暗的角落默默消失、無人聞問；另一種是未曾在公開場合或私人領域被展示。

如果今天有一筆可觀的閒錢，你會如何運用？倘若只是為了滿足慾望並且獲得聲望，何不買幅畢卡索的作品呢？可以考慮前往倫敦或紐約這兩個世界上數一數二的藝術拍賣市場收購，或是飛到有「亞洲藝術拍賣首都」之稱的香港，也行。根據資料顯示，2020 年全球藝術拍賣總額高達 208 億美元，而美國、英國和中國正好是領導全球藝術品拍賣趨勢的指標地點。

投資藝術品可以讓你的資產組合更加多元。這些藝術品，尤其是頂尖油畫的收益，表現通常優於傳統投資（例如債券），甚至可以帶來比金條或不動產更加優渥的報酬。參考下方圖表中的資訊，可以幫助你和你的資產管理人物色藝術品。

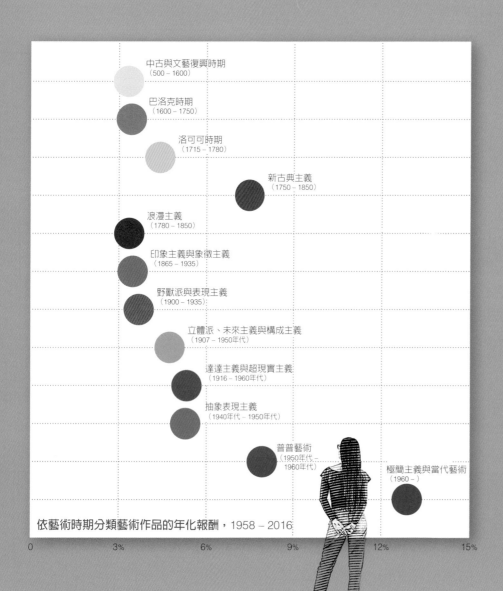

依藝術時期分類藝術作品的年化報酬，1958 – 2016

若要最大化您的投資報酬，請優先考慮當代或現代藝術家，如俄羅斯或西班牙畫家的油畫作品，而且最好是畫家生涯晚期的作品。

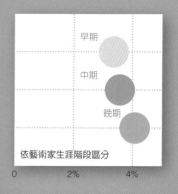

依藝術家生涯階段區分

依媒介區分

或許你也可以考慮再花一筆小錢,使用豪華「自由港」的專屬空間,來典藏你的畢卡索。自由港是十九世紀時,為了促進貿易而被設計出來,專門提供境外存放空間。在法律上嚴格來說,畢卡索的擁有者無須支付任何稅金或承擔其他義務,因為存放在港區內的財產可視為是「運輸中的貨物」。提供存放藝術品的自由港不僅可以輕鬆逃過稅務員的稽查,甚至還能成為洗錢的管道。日內瓦自由港,是世界上最悠久的自由港,曾經存放將近 120 萬件藝術品,相較之下,只有典藏 38 萬件藝術品的法國羅浮宮,真是黯然失色。

另外,你有沒有考慮把藝術品存放在新加坡呢?新加坡自由港能滿足你所有的需求,它目前是免稅的自由貿易園區,園區附近還有國際機場可供私人飛機停靠。而且新加坡是一個成熟且政治穩定的金融中心,再加上交易和運送藝術品的法律相當寬鬆,使得新加坡成為一個正在崛起的藝術拍賣市場。這座面積僅有 2.2 萬平方公尺的自由港,本身既是一座安全的要塞,也是一座美術館。在這裡,私人展示會館和儲藏倉庫均具有嚴密的保護措施,包括生物認證系統、武裝保全、監視攝影機、震動感應科技、氮氣消防器材、7 噸重的大門、3 公尺高的外牆,還外加一層有刺的鐵絲網。不愧是存放藝術品的天堂,對吧?

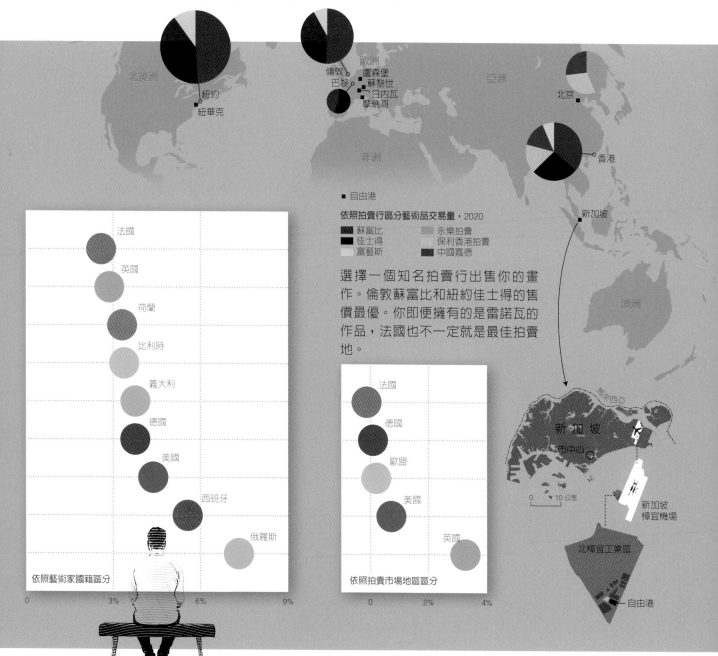

■ 自由港

依照拍賣行區分藝術品交易量,2020
■ 蘇富比　　■ 永樂拍賣
■ 佳士得　　□ 保利香港拍賣
■ 富藝斯　　■ 中國嘉德

選擇一個知名拍賣行出售你的畫作。倫敦蘇富比和紐約佳士得的售價最優。你即便擁有的是雷諾瓦的作品,法國也不一定就是最佳拍賣地。

依照藝術家國籍區分

法國
英國
荷蘭
比利時
義大利
德國
美國
西班牙
俄羅斯

0　　　3%　　　6%　　　9%

依照拍賣市場地區區分

法國
德國
歐盟
美國
英國

0　　　2%　　　4%

切爾西
★★

冠軍聯賽獎盃數量
★ 2000 年以後
☆ 2000年之前

以商業價值計算，前 40 最活
躍的足球俱樂部在球員交易市
場的債務營收比，2000－2022
（單位：百萬歐元）

- 英國
- 法國
- 義大利
- 荷蘭
- 葡萄牙
- 西班牙

球員交易總花費
€2,000　1,000　500

貸款淨額

€75

50

25

0

−25

−50

巴塞隆納
★★★★

皇家馬德里
★★★★★★

馬德里競技

曼徹斯特城

巴黎
聖日耳曼

兵工廠

利物浦
★★☆☆☆☆

拉齊歐　多特蒙德

比利亞雷　瓦倫西亞
列佛庫森　　帕瑪

尤文圖斯
★☆☆

拿坡里

馬賽　　雷恩
南安普敦　佛倫提那
　　　　塞維亞

拜仁慕尼黑
★★★

艾佛頓

紐卡索聯隊

曼徹斯特聯隊
★☆☆☆

托登罕

西漢姆聯隊

米蘭
★★☆☆☆☆☆

國際米蘭
★★

羅馬

營收淨額
−€1,500　　−1,000　　−500　　0

轉會

菲利普・庫提尼歐在巴西開始了他的職業生涯，曾
為 5 個主要的歐洲聯賽中效力。在他的生涯中，總
共被球團交易 4 次，並被出借 3 次，其中一次以
1.35 億歐元被轉到巴塞隆納足球俱樂部。

菲利普・庫提尼歐轉隊史，2008－2022
（單位：百萬歐元）

隸屬　　交易
　　　　租借

倒　田賽　出

巴塞隆納
€135
€20

利物浦
€13

€8.5
拜仁
慕尼黑

國際米蘭
€3.8

瓦斯科達伽馬
（巴西）
2010　　西班牙　　2015　　　　2020　阿斯頓維拉

義大利對上荷蘭

1995 年的《博斯曼法案》讓足球產業變為炙手可熱的全球化交易市
場，球員租借也成為球員轉隊的慣用技倆。對於許多財政困難的義
大利俱樂部來說，球員租借的營收遠大於球員交易的營收。國際足
球協會正在考慮針對這個部分祭出管制。

租借形式的球員轉讓數量，1992－2022

75%

《博斯曼法案》

國際足球協會計劃
由新的球員租借規定

50

25

義大利
西班牙
英格蘭
葡萄牙
法國
德國

荷蘭

0
1995　　2000　　　　2010　　　　2020

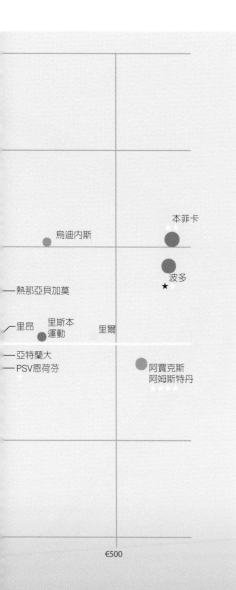

烏迪內斯

本菲卡

—熱那亞貝加莫

波多

—里昂　里斯本
里斯本運動　　　里爾

—亞特蘭大
—PSV恩荷芬

阿賈克斯
阿姆斯特丹

€500

擴大領先

在 2000 至 2010 年和 2011 至 2022 年之間，歐洲聯賽重要足球俱樂部交易球員的價格中位數上漲了 90%，其他隊伍則上漲了 53%。

交易價格
（單位：百萬歐元）

● 核心 14 隊*
· 其他球隊

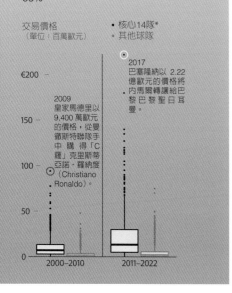

2017
巴塞隆納以 2.22 億歐元讓將內馬爾轉讓給巴黎巴黎聖日耳曼。

2009 皇家馬德里以 9,400 萬歐元的價格，從曼徹斯特聯手中購得「C羅」克里斯蒂亞諾·羅納度（Christiano Ronaldo）。

€200 –
150 –
100 –
50 –

2000–2010　　2011–2022

美麗足球魂

為了能夠奪冠，足球俱樂部必須選用最好的球員，並且使用極富創意的財務管理，來操作整個球隊。

　　三屆金球獎得主的約翰·克魯伊夫（Johan Cruyff），在 1970 年代稱霸阿賈克斯足球俱樂部（Ajax Amsterdam）與歐洲足壇。他曾哀嘆：「現在的足球完全是金錢遊戲。」而現在更進一步，足球已經變成是一種全球化產業遊戲，能透過球隊數據分析，精準預測產業走勢。在過去數十年間，球員交易價格爆發式成長。頂尖球員身價不斐，讓名門俱樂部與一般俱樂部之間的差距日益顯著。

　　正因為球員交易額占了俱樂部收入和開銷很大一部分，球隊也得將球員視為一種「資產」來管理，並且根據球隊資金狀況，進行球員交易。球員的身價也會隨著他們的年齡、才能、表現和市場影響力，有所浮動。雖然有些足球俱樂部，如葡萄牙的本菲卡（Benfica）、義大利的烏迪內斯（Udinese）和法國的里爾（Lille），均藉由「低買高賣」球員策略來獲利，但其他像是英格蘭足球超級聯賽（English Premier League）的隊伍，則會為了聚集明星球員，不惜砸下重金，導致負債。由阿布達比投資人所贊助的曼徹斯特城足球俱樂部（Manchester City），2000 至 2021 年間，在球員交易上就花了 23 億歐元。在歐洲冠軍聯賽（European Champions League）所屬的 80 個足球俱樂部中，只有寥寥幾支重金打造的隊伍能夠奪冠。自從波多足球俱樂部（Porto）在 2004 年奪得冠軍後，只有 9 個足球俱樂部曾經稱霸聯盟，而這 9 隊的交易花費總額，均在聯盟中排行前 15。

　　隨著交易費用持續上漲，球隊經理人也喜歡運用「租借球員」來當作財務管理手段。一方面，租借球員可以讓球隊能夠以較低的價格，簽下未來看漲或經驗老道的球員；另一方面，也能幫助出借的隊伍節省開銷。以巴塞隆納足球俱樂部為例，他們就曾將菲利普·庫提尼歐（Philippe Coutinho）先後出借給拜仁慕尼黑足球俱樂部（Bayern Munich），以及阿斯頓維拉足球俱樂部（Aston Villa），目的是降低菲利普的高薪資對球隊開銷產生影響。這些暫時性轉讓手段，也讓新秀球員有更多上場的時間，培養技能、經驗和市場價值。切爾西足球俱樂部（Chelsea）的手法在足球界非常有名，他們每年靠著租借「一整隊」的球員來獲利。甚至，有些租借球員的手段也能幫助球隊迴避交易規範。2017 年，巴黎聖日耳曼足球俱樂部（Paris Saint-Germain）以前所未有的 2.22 億歐元高價，購得內馬爾（Neymar）。由於歐洲足球總會（European Football Associations）的財政公平競技條例（Financial Fair Play Regulations）為球隊的年度花費設下限制，照理說巴黎聖日耳曼足球俱樂部無法在同一年交易到內馬爾和基利安·姆巴佩（Kylian Mbappé）這兩位球員，但聖日耳曼足球俱樂部堅稱，他們是「先租後買」，姆巴佩先在該年度以 4,500 萬歐元的價碼加盟，隔年才完成交易手續。或許未來某天，這些身價不斐的球員能為巴黎聖日耳曼足球俱樂部奪得第一座聯盟冠軍獎盃吧？不過，這些財務管理手段，也真讓人大開眼界了！

金錢大遷徙

僑匯不僅支撐著許多人的生計，也是全球金融體系的重要支柱。

　　每年都有數千億美元，以僑匯的形式，從一個國家匯入另一個國家。這些款項通常是外籍勞工匯給家鄉親族的生活費。收款人需要這些錢來滿足基本的生活開銷、支付健保、展開新事業，或是支付教育與職業訓練費用。僑匯的高峰出現在 2019 年，當年的國際僑匯總額高達 5,540 億美元。

　　對許多開發中國家來說，這些跨國金流是緩解貧困和經濟發展的重要手段。在某些情況下，開發中的國家透過僑匯所收到的金額，甚至比境外直接投資和海外救助還要多！右側地圖的深色處顯示，2019 年中低收入國家的 GDP 中，僑匯收入占了可觀比例。依靠僑匯的國家則平均分布於美洲、東歐、非洲、亞洲。地圖中的海地和南蘇丹，是最依賴僑匯收入的國家，兩國的僑匯收入都占 GDP 的 30%。

　　那麼這些錢又是從哪裡來的呢？雖然僑匯是國際現象，僑匯的來源和收入卻集中在特定地區，且匯款來源是僑民，因為普通人不會有有足夠財力移居海外撈金。地圖上的箭頭標出了世界上最大的幾個僑匯管道，每個箭頭的大小都代表該管道上金錢流通的量。這些管道通常反映出殖民歷史或地緣政治。舉例來說，美國和墨西哥之間，光是 2017 年的僑匯交易額就超過了 300 億美元。

　　僑匯收入被視為制定國際發展策略的重要決策考量。因此，匯款來源的地理分布差異，也突顯了金融的包容性與排外性問題，也突顯出一個國家並無法長期仰賴僑匯來運作。如果這些國家持續將匯款收入視為國家發展的一環，那麼國家要如何才能支持無法移民的家庭呢？對於那些移居海外的人民來說，又要如何保障他們在海外的人身安全和人權呢？雖然過度依賴僑匯將埋下各種隱憂，僑匯仍然是全球數十億人的重要收入來源。隨著現存的管道持續成長和新的管道出現，當務之急，是確保僑匯對於那些需要幫助的人們來說，是一項公平公正且能夠永續持久的發展關係。

$300億美元

北美洲

美國

墨西哥

海地

瓜地馬拉

巴西

南美洲

僑匯收入的 GDP 占比（%），2019

- 20%以上
- 15% – 19.9%
- 10% – 14.9%
- 5% – 9.9%
- 1% – 4.9%
- 0% – 0.9%
- 沒有資料

主要僑匯通道交易量，2017
（單位：十億美元）

15　　5　　1

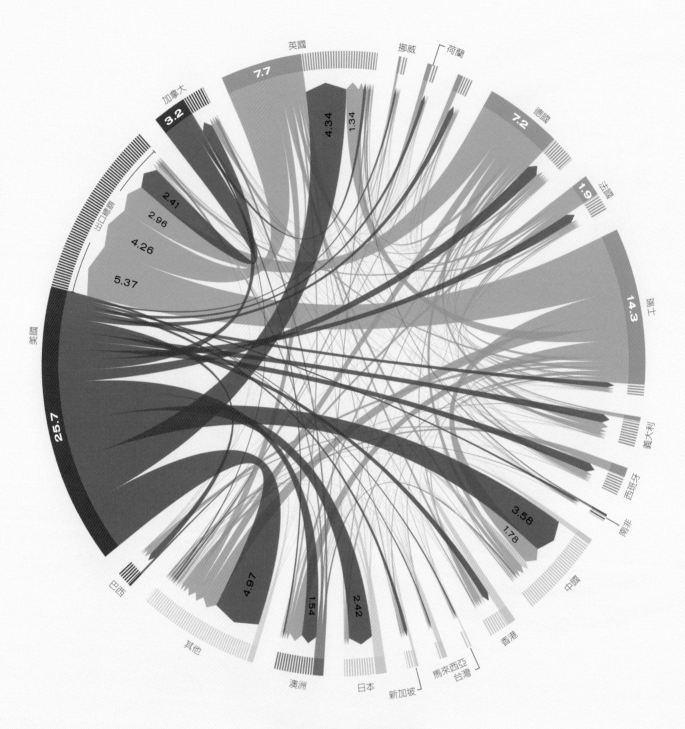

英國
挪威
荷蘭
德國
法國
瑞士
義大利
西班牙
南非
中國
香港
台灣
馬來西亞
新加坡
日本
澳洲
其他
巴西
美國
加拿大
出口總額

7.7
4.34
1.34
7.2
1.9
14.3
3.2
2.41
2.96
4.26
5.37
25.7
4.97
1.54
2.42
3.58
1.78

2008–2015

按證券承銷服務出口量排名前 **20** 的國家（單位：十億美元）

非洲　　美洲　　亞洲　　歐洲　　澳洲

每一個箭頭均從出口國指向進口國。

在 2008 年全球金融危機之前，美國便是最大的證券承銷服務出口國。

金融危機過後數年，美國不僅沒有跌落神壇，還坐穩了寶座。

穩定的趨勢

雖然 2008 年的全球金融危機，造成廣泛性恐慌與經濟衰退，卻未改變國際金融服務的交易版圖。

　　在全球金融危機發生之前，國際金融界是由美國主導，而且美國也是提供海外投資銀行服務業務的主要出口國。右側的弦圖顯示，美國的證券承銷服務出口額高達 224 億美元，瑞士與英國緊跟其後，分別是 155 億美元和 62 億美元。雖然瑞士和英國的金融服務出口總額也很高，但主要對象只有美國單一國家，沒有其他國家。

　　雖然 2008 年的全球金融危機撼動了全球金融體系，但對比這個時間點前後的國際金融服務交易模式，全球金融體系呈現高度穩定狀態。2008 到 2015 年的弦圖顯示，美國不僅沒有失去任何國際交易對象，出口額甚至提升到約 257 億美元；而同時間的瑞士，卻下滑到 143 億美元。從美國金融服務的關鍵出口對象，就可看出美國主導整個市場的趨勢。在 2008 到 2015 年間，英國從美國購入的證券金額約 43.4 億美元，相較之下英國從瑞士購入的證卷金額卻只有 13.4 億美元。在美國主導出口的趨勢下，另外還有一個相似的例子，亦即中國、日本、澳洲都是美國證券的關鍵出口國，這三個國家從美國購入的證券金額，分別是 35.8 億美元、24.2 億美元和 15.4 億美元。

　　這股穩定的趨勢，反映出提供證券承銷服務的國際投資銀行，在全球市場中具有舉足輕重的地位。在 2008 年雷曼兄弟控股公司（Lehman Brothers）倒閉的同時，摩根大通（J. P. Morgan）、高盛（Goldman Sachs）、摩根士丹利及美國銀行（Bank of America）等美國銀行，均維持住國際市場的市占率。美國政府也曾在金融危機期間，提供緊急資金給這些銀行。歐洲主要銀行，包含瑞銀集團（Swiss UBS）、瑞士信貸（Credit Suisse）、德意志銀行（Deutsche Bank）以及英國巴克萊銀行（British Barclays），也曾獲得各自所在國家中央銀行和政府的幫助，因此恢復得相當快速；但速度再快，仍無法恢復到能與美國銀行匹敵的地位。在此同時，新興的亞洲銀行，例如日本三菱日聯金融集團（Mitsubishi UFJ），則以亞洲市場為主。對於世界上仍在成長中，且亟需全球投資銀行服務的企業而言，除了有歐洲銀行支持外，美國銀行具備全球專業性和無可披敵的交易網絡，仍然是主要的仰賴的對象。

2000-2007
證券承銷服務前的三大出口國

美國：**$224** 億

瑞士：**$155** 億

英國：**$62** 億

美國主導了金融服務的出口和進口。
就連瑞士和英國對美國的出口量
都對遠超其他國家的出口量。

當代的金融寓言

做空是一種投資策略，可以銷售不屬於你的東西，但是要付出代價！

要如何銷售不屬於你的東西，光是這一點的確不太好解釋，這時就需要借助寓言故事來說明了。請想像有一個「華爾街巫師」，他想借貸一批自己覺得會貶值的貨物，例如「一整簍即將貶值的木製陀螺」。如果一切順利的話，他可以事先拋售這些陀螺，等到市場需求下降時，再用更低廉的價格買回來，交還給借他陀螺的人。輕輕鬆鬆，馬上賺到了錢，對吧？但是，如果這些陀螺的價格卻出乎他意料，漲價了，那麼這位巫師可就要吃不完兜著走了。

2021 年 1 月，美國遊戲零售業者遊戲驛站（GameStop），也就是我們故事中的「亦展」（Gemma's

Tops），遭到華爾街最大的避險基金做空。在幾位做空賣家在網路上高調公開貼文之後，推特和 Reddit 討論版底下華爾街賭場分板（/r/WallStreetBets）使用者也開始關注整個事件。

很快地，一般投資人——主要是推特使用者和 Reddit 討論版的使用者們——全都湧入羅賓漢（Robinhood）等網路證券交易平台，爭相收購遊戲驛站的股票，意欲促使公司股價上漲，讓避險基金在做空中賠錢，並順道獲利。這項行動，後來導致遊戲驛站的股價在 1 月 27 日攀升到每股 347.51 美元的歷史新高，為該公司月初市值的 20 倍左右。隨著做空風潮過去，幾支禿鷹避險基金的損失竟高達數十億美元，其中光是梅爾文資本管理公司（Melvin Capital）就承受了 45 億美元的資產損失。華爾街巫師居然在自己的主場吃了敗仗！

這場在歷史上留名的「華爾街敗仗」，除了提醒我們做空的危險，我們也不能忘記它所帶來的連鎖效應。當投資人做空一檔股票，其實就是在向市場宣告：他們認為這檔股票太貴了。這樣的訊號會鼓勵持股人拋售，進而導致公司市值下滑，迫使公司改變經營策略，或是改變人力資源配置。無論是想要一攫千金，或是打敗華爾街巨頭，做空，都必須承受真真實實的苦果。

遊戲驛站股價，2021 年
1 月 4 日到 27 日（單位：美元）

三

投資人向學者請益，而被請益的學者不再僅限於經濟學家……終於輪到地理學家了！

約翰‧歐瑟士（John Authers）

投資人與投資行為

若能好好整理出一部投資發展變遷史，對投資人可說是功德一件。雖然多數人長期投資仍以本地和國內市場為主，但跨國投資的步伐也正在加速。無論是日常購物，或退休儲蓄，多數人對投資都展現出濃厚興趣。現在，投資全球化讓富者更富，加劇經濟不平等的現象，而且，跨國投資也化身為政府貫徹外交政策的利器。

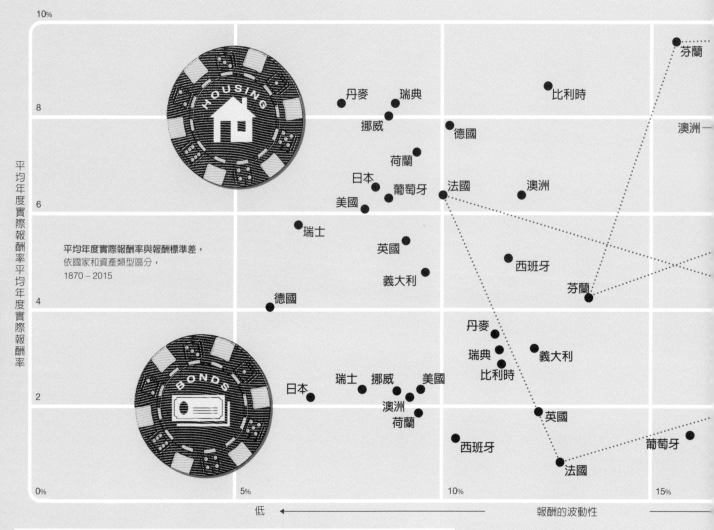

平均年度實際報酬率平均年度實際報酬率

10%

8

平均年度實際報酬率與報酬標準差，
依國家和資產類型區分，
1870－2015

丹麥　瑞典
挪威
荷蘭
日本
葡萄牙
美國
瑞士
英國
義大利
德國

比利時
芬蘭
澳洲
德國
法國
澳洲
西班牙
芬蘭

丹麥
瑞典
比利時
義大利

日本　瑞士　挪威　美國
澳洲
荷蘭
西班牙
英國
法國
葡萄牙

6

4

2

0%　　5%　　10%　　15%

低　←　報酬的波動性

最安全的賭注

從歷史上看，股票的投資報酬率和風險高於債券，而房地產則
提供類似股票的回報和類似債券的風險。

世上最棒的投資是什麼？答案取決於你在何時、何地、問了誰。

一般來說，投資者尋求的是符合自己風險偏好的報酬與風險比率。收益的計算必須包括資本利得，即資產價格變動帶來的報酬，以及股息、債券利息和房地產租金等形式的收入。風險通常會被計算成一段期間內收益的標準差，告訴你每個期間的收益與長期平均值之間的差異有多大。

上方圖中的點，顯示出從 1870 到 2015 年之間，16 個國家上市公司股票、政府債券和房地產的報酬總額和風

險資料。此圖表是根據涵蓋最長歷史記錄的國際投資績效資料所畫，圖表中的資料計算，雖然不包含商業房地產、農地、公司債券、存款、貴金屬等資產，但是「上市公司股票」、「政府債券」與「房地產」，卻已涵蓋了大部分先進經濟體的投資選項。這三個種類也是多數投資人會接觸到的主要選擇。

上市股票（綠色）的國際平均實質報酬率接近每年7%，這個數字雖令人稱羨，但股票市場本身非常不穩定。幾乎有四分之一的年分實質報酬都是負數，其中又以兩次世界大戰、1970 年代的經濟環境不穩定、多次的

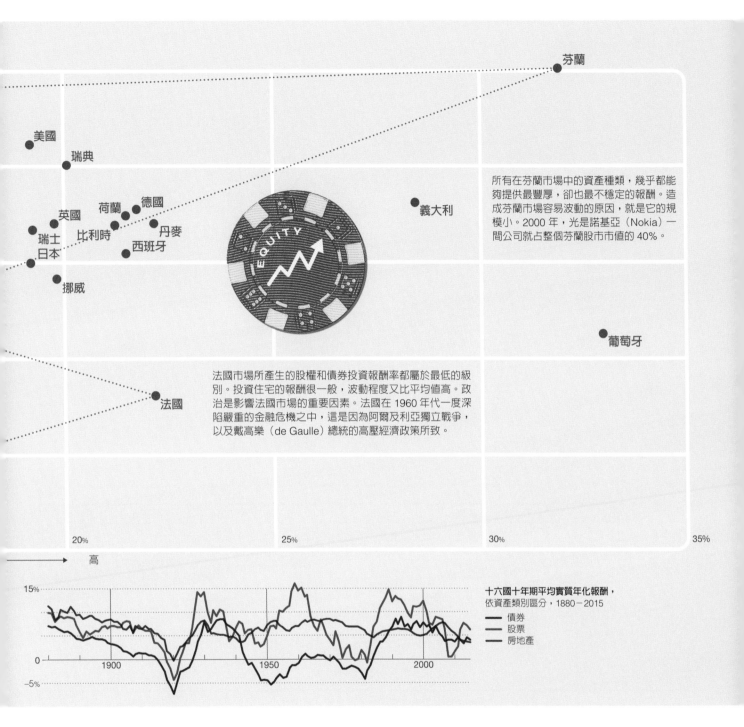

所有在芬蘭市場中的資產種類，幾乎都能夠提供最豐厚，卻也最不穩定的報酬。造成芬蘭市場容易波動的原因，就是它的規模小。2000 年，光是諾基亞（Nokia）一間公司就占整個芬蘭股市市值的 40%。

法國市場所產生的股權和債券投資報酬率都屬於最低的級別。投資住宅的報酬很一般，波動程度又比平均值高。政治是影響法國市場的重要因素。法國在 1960 年代一度深陷嚴重的金融危機之中，這是因為阿爾及利亞獨立戰爭，以及戴高樂（de Gaulle）總統的高壓經濟政策所致。

十六國十年期平均實質年化報酬，
依資產類別區分，1880－2015
—— 債券
—— 股票
—— 房地產

金融危機，為歷史最大重挫點。

　　債券（藍色）的波動較小，但報酬率也比較低，每年只有 2.4%。投資房地產的效益才是最顯著的，每年平均實質報酬率接近 7%，風險等級卻與債券相似。多虧房租這個穩定且可靠的收入項目，投資房地產的報酬幾乎每年都比債券表現優異。身為租屋族的人們，應該對這個發現不會感到特別意外，畢竟我們很少聽到房東告訴我們下個月房租會降。

　　投資報酬也和地理位置有關。從歷史來看，芬蘭在上市公司股票、政府債券、房地產三個資產領域，都能提供優渥報酬，但也承受最大的波動。丹麥、挪威、瑞典等北歐國家也在房地產領域表現優異，風險也更低。美國的股票市場有著相對較低的風險，提供更高的報酬。另一方面，法國和葡萄牙在股票市場和債券方面的風險報酬比，都不怎麼誘人。二戰後的國有化經營，減少了法國市場的獲利空間；葡萄牙的市場則受長年內政不穩摧殘。

　　在圖表上全部的 16 個國家中，投資房地產的風險報酬比，都比股權和債券來得優異。如果你想加入房地產投資市場，在財務配置選項上是非常合理的選擇。

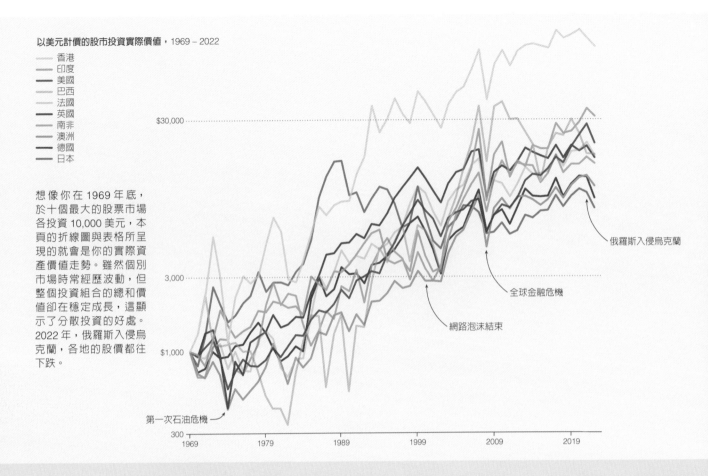

以美元計價的股市投資實際價值，1969–2022

- 香港
- 印度
- 美國
- 巴西
- 法國
- 英國
- 南非
- 澳洲
- 德國
- 日本

想像你在 1969 年底，於十個最大的股票市場各投資 10,000 美元，本頁的折線圖與表格所呈現的就會是你的實際資產價值走勢。雖然個別市場時常經歷波動，但整個投資組合的總和價值卻在穩定成長，這顯示了分散投資的好處。2022 年，俄羅斯入侵烏克蘭，各地的股價都往下跌。

俄羅斯入侵烏克蘭

全球金融危機

網路泡沫結束

第一次石油危機

	1969	1979	1989	1999	2009	2019	2022
香港	1,000	4,890	9,039	45,527	67,589	104,527	87,484
印度	1,000	1,802	3,200	5,860	17,868	25,315	31,241
美國	1,000	891	2,464	9,255	7,370	20,067	21,075
巴西	1,000	525	1,720	6,389	36,436	30,178	17,963
法國	1,000	1,357	4,445	11,259	12,224	18,613	17,474
英國	1,000	1,349	4,889	14,859	13,797	20,553	16,974
南非	1,000	1,997	2,621	4,300	12,520	15,426	15,727
澳洲	1,000	800	1,770	3,246	8,115	11,358	11,272
德國	1,000	1,316	3,438	7,174	7,317	11,549	9,454
日本	1,000	2,422	16,410	11,225	5,721	9,686	8,166
總計	$10,000	$17,350	$49,995	$119,096	$188,957	$267,271	$236,830

右側的折線圖顯示了股票市場之間報酬趨勢的相關程度。在 1980 年代後期到 2008 年全球金融危機之後，都能看到顯著的增長。隨著股票市場之間所表現的相關程度上升，分散投資的好處也減少了。

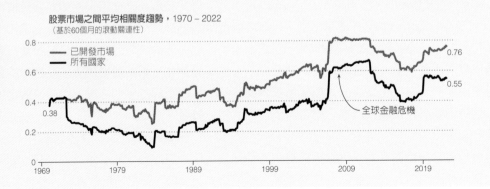

股票市場之間平均相關度趨勢，1970–2022
（基於60個月的滾動關連性）

- 已開發市場
- 所有國家

全球金融危機

0.76

0.55

0.38

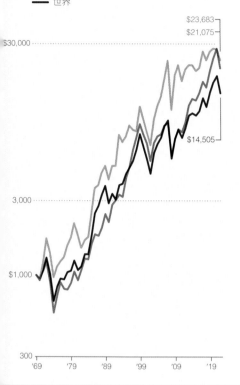

$23,683
$21,075
$30,000
$14,505
3,000
$1,000
300
'69   '79   '89   '99   '09   '19

金融世界中居然有白吃的午餐？

雖然投資組合具地理多元性，不僅能讓投資報酬穩定，並且降低風險，但隨著各地股市走勢趨於一致，投資組合帶來的好處也正在減少。

1894 年，美國作家馬克・吐溫（Mark Twain）曾說：「看啊，笨蛋才會主張『別把雞蛋放在同一個籃子裡』——這等於是說：『你應打散你的錢和注意力』，但聰明人會主張『把雞蛋都放同一個籃子裡，然後看好那個籃子。』」雖然投資人不一定都聽過這句話，但多數人會老老實實地遵循馬克・吐溫的智慧，將自己的投資組合聚焦於特定項目上，而且通常都鎖定所在地市場。

不過，金融科學的發現卻與馬克・吐溫的建議相反。1952 年，哈利・馬可維茲（Harry Markowitz）曾主張「投資組合多元化」，亦即投資大量彼此無相關或低度相關的資產，將有機會獲得更多報酬，並降低整體資產組合承擔的風險。馬可維茲把資產組合多元化稱為「金融決策中唯一一道白吃的午餐」。1974 年時，布魯諾・索尼克（Bruno Solnik）以馬可維茲的研究為基礎，證實跨國投資國際多元化真的有其優勢。馬可維茲對金融科學做出的貢獻，讓他成為 1990 年諾貝爾經濟學獎得主。

早在馬可維茲發表他的投資組合選擇模型之前，波蘭裔英國企業家亨利・羅恩菲爾（Henry Lowenfeld）就已在他的著作《投資：一門精密科學》（*Investment: An Exact Science*）中，利用圖表突顯資本的地理分布和優點。受到羅恩菲爾研究的啟發，左側和左上的圖表，一共整理出 1969 到 2022 年之間，世界上十大股票市場的投資表現。雖然圖中各個市場的股市時有波動，但彼此之間有限的相關程度，則帶來投資組合多元化的好處。在已經考慮通貨膨脹的狀況下，若 1969 年底在這 10 個市場中投資 10,000 美元，預計在 53 年後投資收益會成長到 236,830 美元。

美國股市的表現，會讓地理多元性投資組合的支持者感到困惑。自 2009 年開始，美國股市的表現明顯優於其他市場，甚至比多元化組成所提供的好處還多。它的強勁走勢反映了美國的經濟、資本市場以及貨幣的競爭實力。另一個限制地理多元性優勢的條件，是國際資本市場的整合。如同左下圖表所示，不同股市之間的關聯度正在逐漸上升，尤其以已開發市場最為明顯。或許，馬克・吐溫所言不虛。

上圖比較了以 1,000 美元投資美國股市（橘色），與在左側均勻分配 100 美元於 10 個不同市場（灰色），以及包含了 35 個國家的全球投資組合（黑色）三種投資績效。在 1969 到 2022 年間，投資美國的回報率相較於分布於全球的投資組合還高出將近 50%。
資料來源：艾洛伊・迪姆森（Elroy Dimson）、保羅・馬許（Paul Marsh）和麥克・史陶頓（Mike Staunton）。「2023 年迪姆森 - 馬許 - 史陶頓全球投資報酬資料庫」（the Dimson-Marsh-Staunton Global Investment Returns Database 2023），（DMS 資料庫），晨星公司。

鞭長莫及

就近投資，形塑了投資比例的地理分布。

　　如果你有 100 萬美元投資世界上任何公司，你的投資組合會是什麼樣呢？你會選擇美國的科技巨頭，如蘋果或特斯拉，還是會選擇家鄉的本土企業？根據現代投資組合理論，投資組合的組成分布應該反映各國在國際市場中的組成比例，才能夠讓股票投資達到地理多元性。換句話說，如果你家鄉的股票市值只占全球股市的 5%，那麼其他 95% 的投資資金都該投資外國企業。

　　但是，多數投資人都不會遵照這個金融經濟學的大前提進行投資。根據國際貨幣基金組織所做的股票投資地理分析統計資料顯示，全球各地的投資組合均含有強烈的「地方偏好」。投資人傾向過度投資當地資產，或是位於鄰近國家的資產。背後的原因有很多。有些國家可能為了將資本留在國內，便制定出對境內投資有利的規範，人們通常也會傾向投資他們所熟悉的產業，而且投資鄰近公司或市場所花費的成本通常也較低。有一句古老的丹麥諺語曾如此建議：「就近投資，好控管！」

　　右側世界各地投資熱力圖顯示，2022 年 74 個國家股權投資的地理分布狀況。縱軸標示的是資金來源，橫軸則是投資標的。顏色最深的格子大致上都位於對角線上，顯示投資者對於投資地區的偏好程度。其他深色的格子也大多位於對角線附近，反映出受地緣關係影響的投資行為。舉例來說，歐盟地區的投資人就偏好購買其他歐盟成員國家的股票，尤其是歐元區的股票。在世界其他地方，納米比亞人大量投資南非，紐西蘭人大量投資澳洲，新加坡人則偏好投資中國、印度、南韓和日本。只有四個市場同樣受到當地和外地投資者歡迎：美國、盧森堡、愛爾蘭和開曼群島。投資美國企業，就等於是在投資美元，而美元既是外匯市場最熱門的貨幣，也是一種相對穩定且安全的貨幣。因此，美國不僅是世界最大的外匯市場，美國企業具有一定的國際能見度，充分吸引圖表上來自世界各地的投資人。相較之下。盧森堡、愛爾蘭和開曼群島在賦稅、法律和投資規範方面較為寬鬆，提供了更多元化的投資選項。對於國際投資人來說，這些地方就是海外的家園。

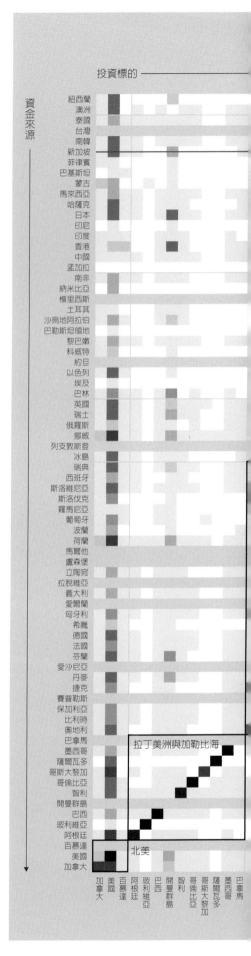

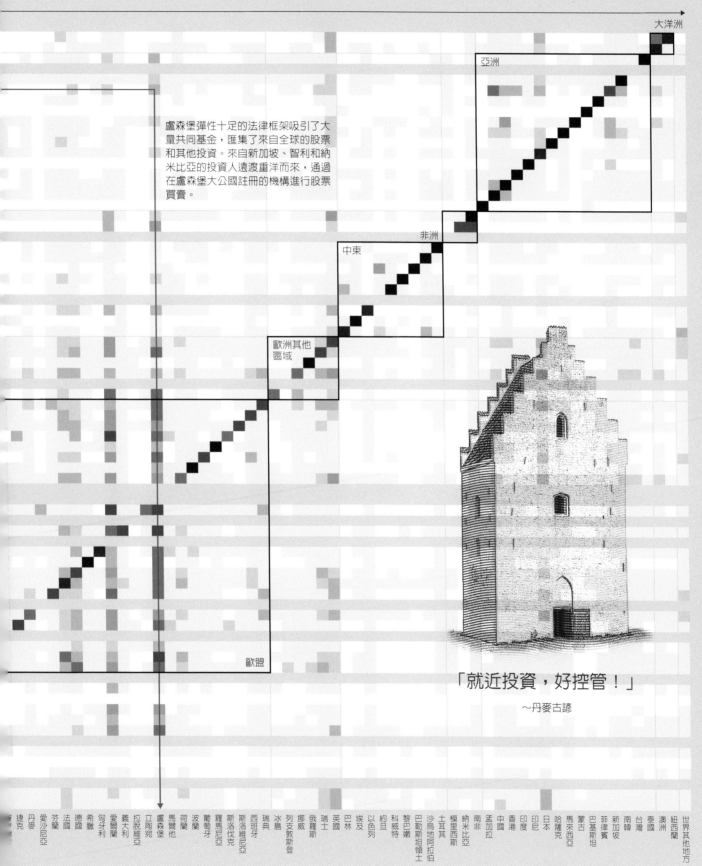

投資百分比，2022　　　0　1　2　5　10　30　50　70%　　　□ 缺乏資料

大洋洲

亞洲

非洲

中東

盧森堡彈性十足的法律框架吸引了大量共同基金，匯集了來自全球的股票和其他投資。來自新加坡、智利和納米比亞的投資人遠渡重洋而來，通過在盧森堡大公國註冊的機構進行股票買賣。

歐洲其他區域

歐盟

「就近投資，好控管！」

～丹麥古諺

捷克
丹麥
愛沙尼亞
芬蘭
法國
德國
希臘
匈牙利
愛爾蘭
義大利
拉脫維亞
立陶宛
盧森堡
馬爾他
荷蘭
波蘭
葡萄牙
羅馬尼亞
斯洛伐克
斯洛維尼亞
西班牙
瑞典
冰島
列支敦斯登
挪威
俄羅斯
瑞士
英國
巴林
埃及
以色列
約旦
科威特
黎巴嫩
巴勒斯坦領土
沙地阿拉伯
土耳其
模里西斯
納米比亞
南非
孟加拉
中國
香港
印度
印尼
日本
哈薩克
蒙古
馬來西亞
巴基斯坦
菲律賓
新加坡
南韓
台灣
泰國
澳洲
紐西蘭
世界其他地方

共乘競賽

優步和滴滴都成功躋身億萬美元企業之列。

深具成長潛力卻尚未能獲利的公司，需要外部資金為它撐腰。但是新創公司，尤其是在公司剛開始營運數年間，可能會面臨巨大風險，使得這些公司很難向銀行爭取到足夠的貸款。「創業投資」可以協助解決這個問題。創業投資一開始挹注少量的資金，用以平衡新創企業的風險，並在公司達成特定目標後提供額外融資。等到這些公司站穩腳步時，新創公司就能從私募股權投資人手上獲得更豐厚的資金。通常，投資人偏好投資正擴大營運規模的新創公司。

右側的圖表顯示，創業投資和私募股權在優步（Uber）和滴滴（Didi）的企業成長階段中所扮演的角色。優步和滴滴均透過手機應用程式經營共乘服務平台，兩間公司分別是美國和中國的業界龍頭手，也皆曾在營運初期有過虧損。為了度過難關、積極持續擴張，這兩家公司都必須透過各種渠道，獲得高達數十億美元的資金挹注。

在下方模擬的城市地圖中，我們畫出他們各自的創業路程，從零大道走到兩百億大街，最後一起抵達紐約證券交易所。在路程前端可發現，這兩公司的初期資金來自於停靠在路邊的創業投資人（地圖上由粉紅色標注），之後由私募股權公司（綠色）和銀行（藍色）幫助他們橫渡金流大河，朝公開上市的目標邁進。優步於 2019 年 5 月在紐約證券交易所首度公開募股的時候，以每股 45 美元的股價，對外募集到 81 億美元，使公司市值成長到 820 億美元。滴滴也依樣畫葫蘆，於 2021 年 7 月在紐約證券交易所上市，市值高達 700 億美元。

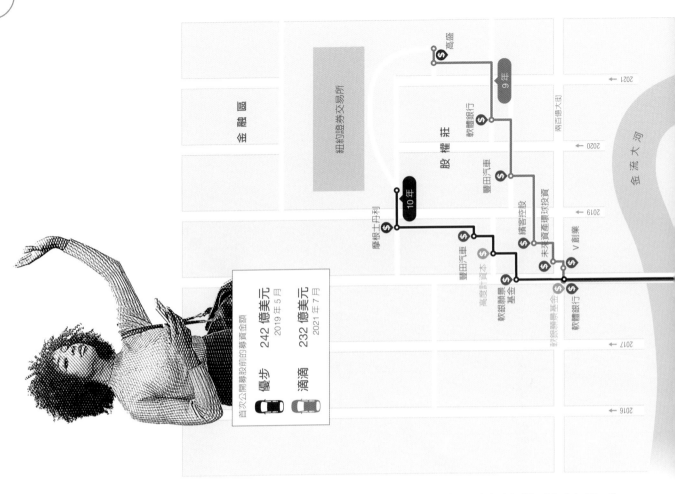

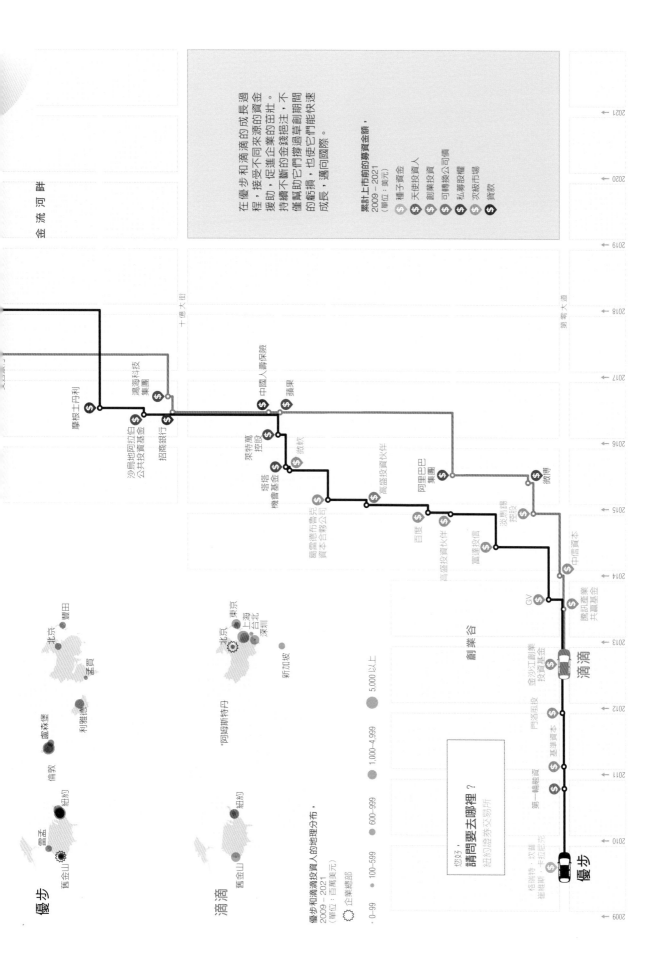

金流河畔

在優步和滴滴的成長過程，接受不同來源的資金援助、促進企業的茁壯。不持續不斷的金錢挹注，不僅幫助它們撐過草創期間的虧損，也使它們能快速成長、邁向國際。

累計上市前的募資金額，
2009－2021
（單位：美元）

- $ 種子資金
- $ 天使投資人
- $ 創業投資
- $ 可轉換公司債
- $ 私募股權
- $ 次級級市場
- $ 貸款

優步

摩根士丹利

沙烏地阿拉伯
公共投資基金

招商銀行

鴻海科技
集團

十億大街

萊特威
控股

塔塔
機會基金

雷德霍爾霍斯兄
資本合夥公司

高盛投資伙伴

微訊

中國人壽保險

蘋果

百度

高盛投資伙伴

富達投資

阿里巴巴
集團

淡馬錫
控股

微博

第零大道

GV

騰訊產業
共贏基金

中信資本

創業谷

滴滴

金沙江創業
投資基金

門洛風投

星準資本

第一輪融資

格瑞洛特·狄豐
墓維斯·卡拉尼克

您好，
請問要去哪裡？
紐約證券交易所

優步
舊金山總部

北京
豐田
孟買
盧森堡
利雅德
倫敦
紐約
雷孟
舊金山

優步和滴滴投資人的地理分布，
2009－2021
（單位：百萬美元）

滴滴
舊金山總部

北京
東京
上海
台北
深圳
新加坡
*阿姆斯特丹
紐約

✴ 企業總部
· 0–99
● 100–599
● 600–999
● 1,000–4,999
● 5,000 以上

2009 2010 2011 2012 2013 2014 2015 2016 2017 2018 2019 2020 2021

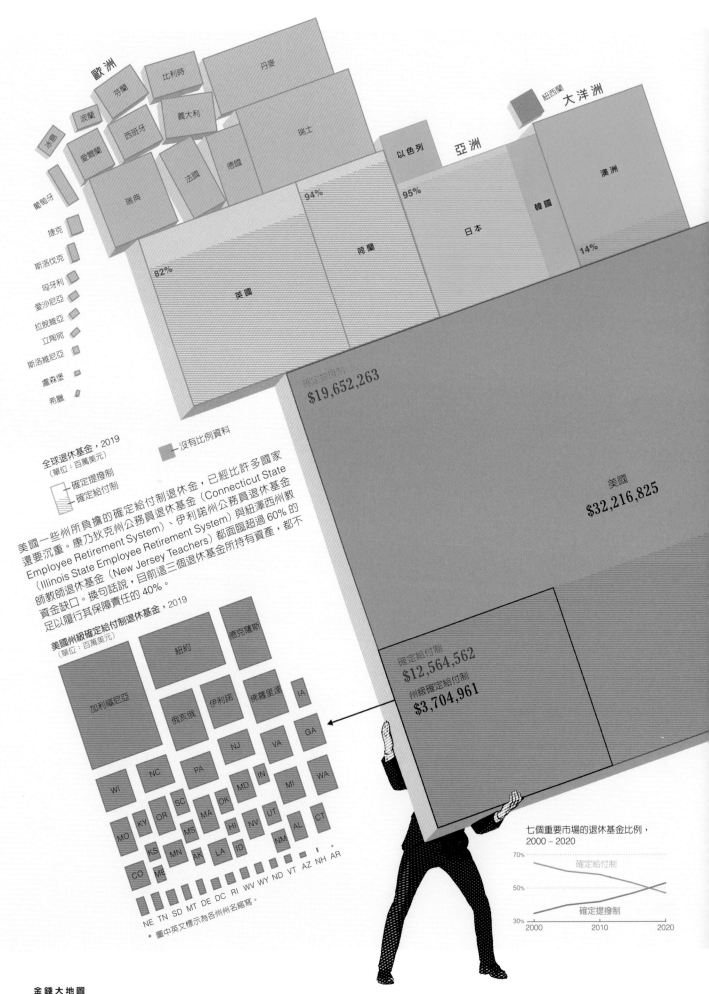

歐洲

芬蘭 比利時 丹麥

波蘭 義大利

冰島

西班牙 瑞士

愛爾蘭 德國

法國

葡萄牙 瑞典

捷克

斯洛伐克

匈牙利 英國 94% 荷蘭 以色列 95% 亞 洲 澳洲

愛沙尼亞 82% 日本 韓國

拉脫維亞 14%

立陶宛

斯洛維尼亞

盧森堡

希臘

紐西蘭 大洋洲

確定提撥制
$19,652,263

美國
$32,216,825

全球退休基金，2019
（單位：百萬美元）

☐ 確定提撥制
☐ 確定給付制

■ 沒有比例資料

美國一些州所負擔的確定給付制退休金，已經比許多國家還要沉重。康乃狄克州公務員退休基金（Connecticut State Employee Retirement System）、伊利諾州公務員退休基金（Illinois State Employee Retirement System）與紐澤西州教師教師退休基金（New Jersey Teachers）都面臨超過60%的資金缺口。換句話說，目前這三個退休基金所持有資產，都不足以履行其保障責任的40%。

確定給付制
$12,564,562
州級確定給付制
$3,704,961

美國州級確定給付制退休基金，2019
（單位：百萬美元）

德克薩斯

紐約

加利福尼亞 伊利諾 佛羅里達 IA

俄亥俄 GA

NJ VA

NC PA VA WA

WI MD IN MI

KY OR SC MA OK UT CT

MO MS HI NV AL

KS MN LA ID NM

CO ME AK

NE TN SD MT DE DC RI WV WY ND VT AZ NH AR

* 圖中英文標示為各州州名縮寫。

**七個重要市場的退休基金比例，
2000 – 2020**

70%
確定給付制

50%

確定提撥制
30%
2000   2010   2020

金 錢 大 地 圖

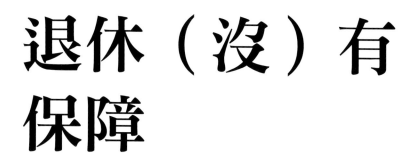

美洲

94%

加拿大

39%

墨西哥　智利

哥倫比亞

退休（沒）有保障

理論上，退休基金是為了確保個人退休後生計所設計的聰明機制，但魔鬼藏在細節中。

2019 年，全球的退休基金資產總額已經超過 50 兆美元。這個金額足以買下當年市面上流通債權和股權的四分之一，但世界上接近 90% 的工作年齡人口卻仍然未獲得足夠的退休金照顧。

為了確保退休生活安全無虞，一般來說，退休金制度會從雇主和勞工所得中扣除，然後把它們投入高度多元化的金融證券投資組合中，藉以保護資本，也從投資中獲得收益。

退休金制度早已存在數千年。羅馬帝國為了提高軍隊的忠誠度，奧古斯都皇帝就曾經承諾：「只要士兵在軍中服役滿 16 年，就能領到年薪 12 倍的退休保障。」這樣的退休金制度，可以保障士兵在退休時領到一筆額外收入，後世將此制度稱作「準備給付制」或「確定提撥制」。雖然這樣的退休金計畫能夠幫助雇主招攬和留住員工，也能保障員工退休生活，但代價卻非常高昂。根據史料顯示，奧古斯都每年把羅馬稅收的一半，都用在士兵的薪水和退休金上面。今日的美國，是「準備給付制」退休金的最大提供者，但美國也必須同時面對每年超過 1 兆美元的財政赤字。赤字正威脅數百萬美國人民的退休金制度，還可能讓好幾個州政府破產。

確定提撥制的退休金，無法真正保障勞工未來是否能夠領受的退休金金額，因為它太依賴投資收益。因此，金融市場的不確定性就轉嫁到退休金提撥計畫的參與人，也就是未來會退休的這些人身上。由於確定提撥制可以將退休金從一份工作帶到下一份工作，隨著產業結構和勞動市場快速改變，勞工轉換工作的職場流動頻率變高，確定提撥制也更加受到勞工的歡迎。退休金制度由認為確定給付制，轉換到確定提撥制，也受到雇主（包含政府機構和私人企業）的支持，這是因為確定給付制的負擔變得越來越沉重。結果，原本確定給付制所形成的「世代社會契約」，變成了個人必須因國際金融市場變化無常，而自行承擔風險。如果國際金融市場在你預備退休時崩盤，會怎樣呢？你該怎麼辦？

有了奧古斯都大帝的前車之鑑，無論公家單位，還是私人企業的雇主，都將退休金制度從確定給付制轉成確定提撥制。在左邊的折線圖中，我們可以觀察到確定提撥制的退休基金比例逐年上升。更準確來說，在過去 20 年間，確定提撥制的比例上升了 18%，並在 2020 年來到了 53%。

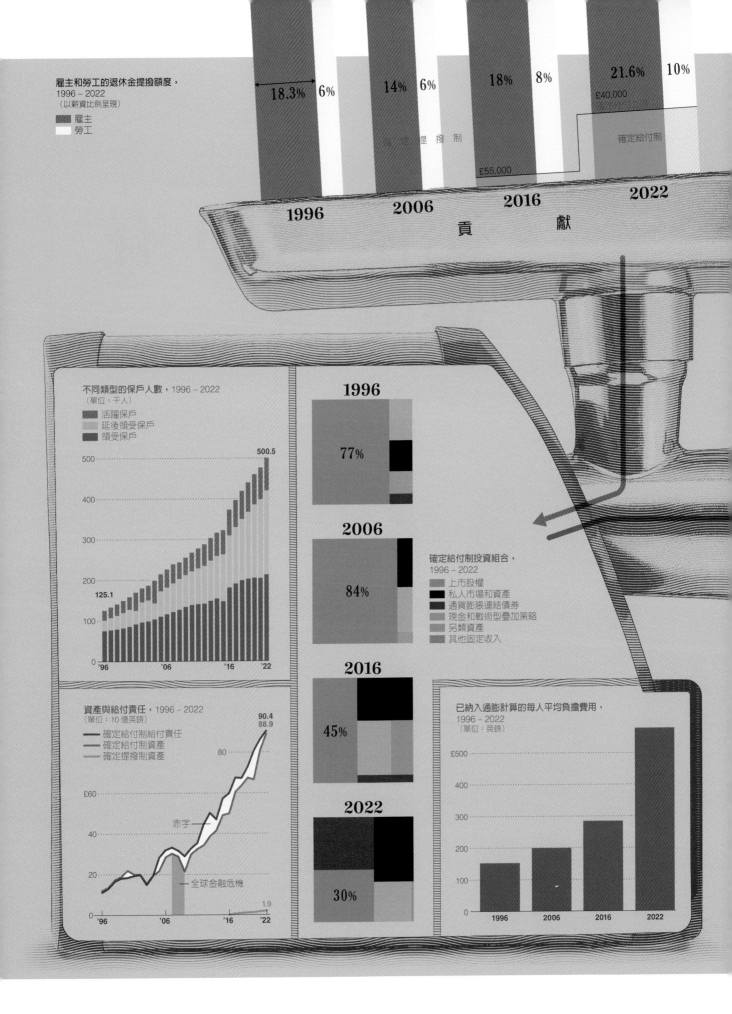

雇主和勞工的退休金提撥額度，
1996－2022
（以薪資比例呈現）

■ 雇主
□ 勞工

18.3%　6%　　14%　6%　　18%　8%　　21.6%　10%

£40,000

勞 　 退 撥 制　　　　確定給付制

£55,000

1996　　2006　　2016　　2022

貢　　　獻

不同類型的保戶人數，1996 － 2022
（單位：千人）

■ 活躍保戶
■ 延後領受保戶
■ 領受保戶

500.5

500
400
300
200
125.1
100
0
'96　　'06　　'16　　'22

1996

77%

2006

84%

確定給付制投資組合，
1996 － 2022

■ 上市股權
■ 私人市場和資產
■ 通貨膨脹連結債券
■ 現金和戰術型疊加策略
■ 另類資產
■ 其他固定收入

2016

45%

資產與給付責任，1996 － 2022
（單位：10 億英鎊）

— 確定給付制給付責任
— 確定給付制資產
— 確定提撥制資產

90.4
88.9
80
£60
40
赤字
20
全球金融危機
1.9
0
'96　　'06　　'16　　'22

2022

30%

已納入通膨計算的每人平均負擔費用，
1996 － 2022
（單位：英鎊）

£500
400
300
200
100
0
1996　2006　2016　2022

退休金絞肉機

英國大學退休方案的成員，每年都眼睜睜看著自己的退休準備金逐年增加，但預期的退休金卻在減少。

你能如願領到你想要的退休金嗎？所謂退休金，是依照生涯總收入或您的職涯最終收入來計算。對不同世代、不同年齡層的人來說，「確定給付制」的退休金理論上會因為投資相對高風險與相對安全的資產組合，有機會在未來領到與給付額一致的金額。但是確定給付制的退休金方案，在金融市場的干預下，增添許多不確定因素。最明顯的便是 2008 年全球金融危機後，政府為了因應危機而調降利率，使得確定給付制方案被迫降低投資風險，並增加債券比例，此舉不僅會降低投資報酬比，也增加雇主和退休金計畫參與者的負擔。

英國最大的私人確定給付制退休金，大學退休計畫（Universities Superannuation Scheme, USS）就是一個很好的例子。英國大學退休計畫在 1974 年創立，取代 1913 年所制訂的確定提撥制退休金，該制度的特點是準備金負擔沉重，退休金又沒保障。目前確定給付制退休金計劃仍持續招收新保戶，若將大學退休計畫想像成是一台絞肉機，平時很難一窺機器內部的運作，不過該計畫在 1996 至 2022 年間卻經歷了巨大改變。

如左圖顯示，絞肉機上方紅白直條所呈現的是退休準備金在薪資中的占比，雇主（紅色）或勞工（白色）的準備金逐年都有顯著的提升，而且準備金確定給付制也有部分增長。至於絞肉機內部發展的情形，左上方的保戶人數中，退休金領受人和延遲領受保戶雖已不再繳費，但正在領受或期望能夠領受退休金的保戶，人數增加的速度遠大於正在繳費的活躍保戶！下方的折線圖顯示，除了 1990 年代後半曾有短期的盈餘之外，負債成長的幅度超越了資產增加的幅度。位於中間的多色塊年代圖顯示，在確定給付制的投資組合中，股權（亮土色）的比例持續萎縮，而私人股權與房地產（黑色）、債券（紅色）的比例持續增加。右下方的直線圖顯示，平均每人的手續費用逐年增加。最後，絞肉機出口的棕色橫條顯示，確定給付制的退休金幾乎被砍半，並漸漸被風險性高且收益不穩定的確定提撥制（淺色橫條）所取代。跨世代的公平和風險共擔，已不再是常態。相反的，現在正在工作、繳費的保戶，必須承擔更多提撥金額，並面對未來退休金縮水的現實！

退休金期望值
（在提撥 40 年退休基金後，預期退休金占最終薪資的百分比）
■ 來自確定給付制的部分
□ 預估來自確定提撥制的部分

50%	**1996**
50%	**2006**
41%	**2016**
26%	**2022**

退
休
金

縮水中的退休金

如果某人於 1990 年代或 2000 年代加入英國大學退休方案，在工作時每年提撥，可望將薪資的 1/80 轉換成退休金。因此，如果他預計工作 40 年，可以領到的退休金額度大約等於最終薪資的一半，再外加一筆一次性的退休給付。

然而，2011 和 2016 年的制度變革，卻讓一位員工即便奉獻了 40 年，預期可以領到的確定給付制退休金下降到最終薪資的 40% 左右。此外，如果該名員工的薪資，在已經考慮通膨的情況下，超過 55,000 英鎊，這些超額的部分會被轉換成確定提撥制，而不是原本的確定給付制。自 2022 年以來，確定給付制的保障比例還在進一步下降，確定給付制的比例則逐年上升。現在，每一年的保費只能夠將一個人生涯平均薪資的 1/85 轉換成退休金。

開普敦
南非
約翰尼斯堡

拉哥斯
阿克拉

非 洲

奈洛比

羅馬
法國 巴黎
倫敦
柏林
蘇黎世
法蘭克福
阿姆斯特丹
伊斯坦堡
奧斯陸
特拉維夫

北 極 海

先鋒集團
美國寶城

挪威銀行
挪威奧斯陸

亞 洲

中 國

曼谷

新加坡

北京
上海
首爾

日 本
東京

印 度 洋

澳 洲

深圳

香港
（放大顯示於上圖）

太 平 洋

2005 年，香港房屋委員
會在經歷一整年的私有
化公共財產訴訟之後，
決心成立不動產投資信
託基金，將轄下的購物
中心上市。

香 港
特別行政區

領展房地產
投資信託基金

香港
國際機場

0　　　10公里

誰是商場霸主？

世界各地的購物商場，把金融投資人與消費者連結往一起

人們常去購物商場消費或與朋友消磨時間，有些金融投資人正到處選找數間商場當作投資標的。因此，你身處的購物中心可能已經易主。

不動產投資信託基金（real estate investment trusts, REIT）專門收購、開發和管理不動產，並從中獲利。但是，要最大化獲利，他們必須盡可能讓業者進駐，並發揮商場本身的吸引力。賽門物業集團（Simon Property Group）是業界領頭羊，他們專注於發展都會與市郊區域的商場。在我們的地圖上，到處都有賽門物業集團的商場（紅色方塊）。除此之外，克萊皮耶（Klépierre）征服了歐洲購物商場市場（紫色），領展房地產投資信託基金以香港為首的亞洲購物商場帝國（金色，見插圖）。發跡於約翰尼斯堡的不動產投資信託基金，包含成長點（Growthpoint）以及玄普洛普（Hyprop），都發展出橫跨非洲東南歐的商場網絡（藍色）。

不動產投資信託基金也有些股東，他們會參與募資，並分攤獲利。基金股東可能包含資產管理公司，例如先鋒集團（Vanguard）、貝萊德（Blackrock），或是設立於奧斯汀的德明信基金（Dimensional Fund Advisors）。我們觀察到退休基金和主權財富基金也對不動產投資信託基金表現出濃厚興趣。負責管理挪威政府退休全球基金（Government Pension Fund Global）的中央銀行——挪威銀行（Norges Bank），它所擁有的投資組合中就包含了上述的領展、賽門物業集團、成長點、玄普洛普和克萊皮耶。

每次你到商場購買一張電影票，或買一支冰淇淋的時候，你的錢都會進入複雜的全球金流循環系統，將消費者、零售商店、不動產投資信託基金，還有投資基金的股東串連起來。阿克拉購物商場所收到的每一迦納基地貨幣（Ghanian cedi），都會通過約翰尼斯堡、連結到紐約、墨西哥購物商場所收到的每一枚披索，也會經過印第安納波利斯，來到奧斯汀。不動產投資信託基金的全球網絡將購物商場轉換成金融資產，而所有使用金融商場的人，就算只是去商場社交，也都是全球金融網絡中的參與者。

貝萊德
美國紐約

貝萊德和先鋒集團是世界上最大的兩間資產管理公司。他們經由多個專門和多元化的基金，投資不動產投資信託基金。2021年，貝萊德與先鋒集團旗下的資產分別為9兆美元和7兆美元。

賽門物業集團是總部設於印第安納波利斯，股票在紐約證券交易所上市的公司。這間公司是賽門兄弟所開設，他們在印第安納波利斯擁有第一座商場。集團旗下擁有分布於北美洲、歐洲和亞洲各地，總計超過230間購物商場，總占地面積190平方公里，相當於約26,000座足球場。

投資者和商場位置
（截至2021年9月）

投資人　商場　REIT　玄普洛普與成長點　克萊皮耶　領展房地產投資信託集團　賽門物業集團　企業總部

0 ——— 2000公里

北美洲　南美洲　大西洋

聖明　邁阿密　墨西哥市　洛杉磯　舊金山　波士頓　紐約　費城　印第安納波利斯　芝加哥　奧斯汀

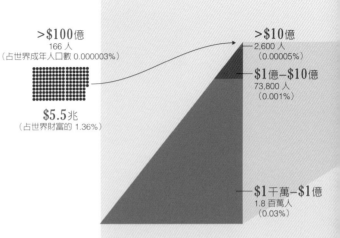

> $100億
166 人
（占世界成年人口數 0.000003%）

$5.5兆
（占世界財富的 1.36%）

> $10億
2,600 人
（0.00005%）

$1億–$10億
73,800 人
（0.001%）

$1千萬–$1億
1.8 百萬人
（0.03%）

按照財富級距和全球財富佔
比畫分的世界成年人口數
（單位：美元）

財富統計均為 2020 年的
資料。身價 1 百萬以上的
富豪除外，這些人的資料
則來自 2021 年。

頭重腳輕的
世界

超級富豪的資產成長速度非常快，世界上最富有的 166 人的
財富總和，比最貧窮的 50% 人口的財富總和還多。

　　自 1995 年以來，全球財富增長幅度呈現出高度不平等的趨勢。對於世
界上大多數的成年人口來說，財富年均增長率大約是 3% 到 4%，如右圖
黃色部分所示。而對於最富有的百分之一人口（紫色和紅色部分）來說，
財富增長率卻是驚人的 9.3%。累計來看，全球最富有的百分之一人口拿走
了過去 25 年經濟成長的 38%，底層 50% 人口卻總共只拿到 2%。

　　無論是在各國國內或國際之間都能觀察到這樣的金字塔分布。最底層
（財產少於 1 萬美元）涵蓋了世界上超過半數的人口，這些人大多居住於
南半球。在這些低收入國家中，多數人口幾乎一輩子無法脫離這個財富等
級。就算是在高收入國家，貧困、失業、年輕和高齡等現象也使得許多人
位於金字塔底層。

　　北美洲和歐洲在富豪人口之中的占比最高，構成了富豪人口的 70%。亞
太地區（除了中國和印度之外）緊跟其後，構成富豪人口的 17%。財富分
配不均不只是整個金字塔的問題，對金字塔頂端的百分之一人口來說，
財富分布同樣也不平均。對比金字塔亮紫色的部分和深紫色的尖端，
雖然這百分之一的富豪之中，財產超過 1,000 萬美元的人只有
3%，他們合計起來卻握有這個族群總財富的 36%。

　　富者更富的現象告訴我們，錢的確可以用來「錢滾錢」。當財富被運用
於投資股票、債券和不動產，這些財富就會產生投資收益，幫助富豪累積
更多財富。相較之下，貧困家庭則必須將月收入用於生活支出，幾乎沒有
能夠作為存款或用於投資的閒錢。甚至，這些家庭可能擁有的資產，例如
車輛，通常只會隨時間推移而貶值。

　　不平等撕裂了社會，並使得它頭重腳輕。同時，這樣的結構是不利於永
續發展。通常，奢侈的生活方式會帶來大量的資源消耗。在全球財富金字
塔中，位於頂端百分之一人口的平均碳排放高出一般的世界公民足足 17
倍。若想要解決愈發嚴重的貧富差距，政府必須要向擁有最多財富和最高
收入的人們課徵更多的稅、重新分配財富，並整治避稅和逃稅天堂。如果
我們不立刻採取動作，就等於是將權力拱手讓給富人。

成年人口百分比（%）

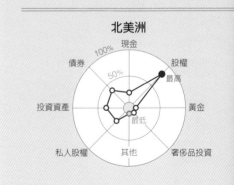

北美洲

現金
債券
投資資產
私人股權
其他
著侈品投資
黃金
股權
最高
最低
100%
50%

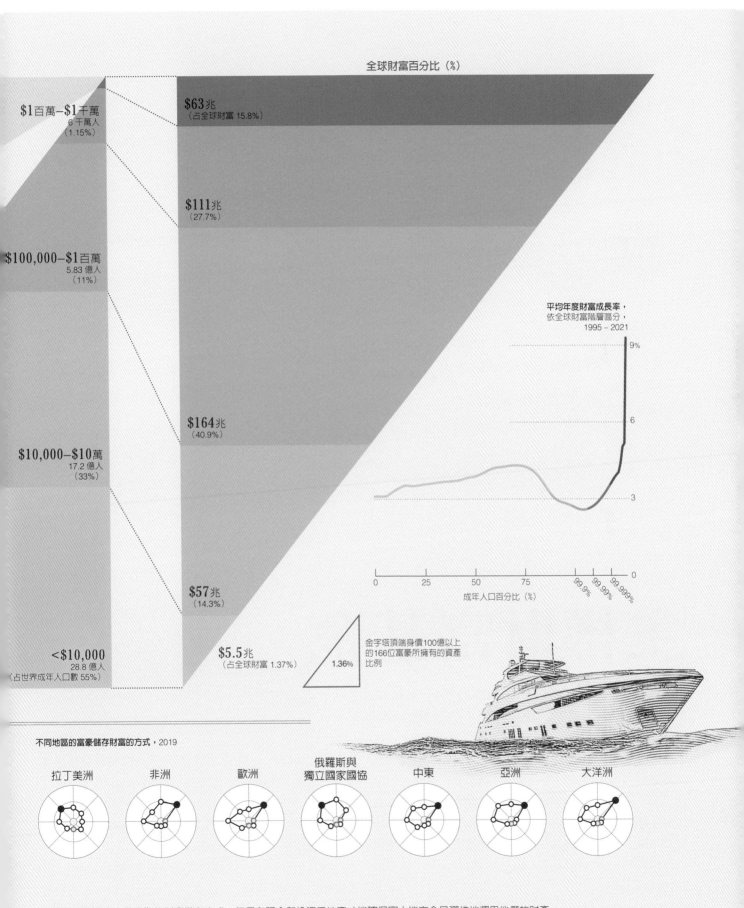

全球財富百分比（%）

$1百萬–$1千萬
6千萬人
（1.15%）

$63兆
（占全球財富15.8%）

$111兆
（27.7%）

$100,000–$1百萬
5.83億人
（11%）

$164兆
（40.9%）

$10,000–$10萬
17.2億人
（33%）

平均年度財富成長率，
依全球財富階層區分，
1995 – 2021

9%

6

3

0

0   25   50   75   99.9% 99.99% 99.999%

成年人口百分比（%）

$57兆
（14.3%）

<$10,000
28.8億人
（占世界成年人口數55%）

$5.5兆
（占全球財富1.37%）

1.36%

金字塔頂端身價100億以上
的166位富豪所擁有的資產
比例

不同地區的富豪儲存財富的方式，2019

拉丁美洲　　非洲　　歐洲　　俄羅斯與
獨立國家國協　　中東　　亞洲　　大洋洲

股票和債券是富人最喜歡的財富儲存方式，但只有現金和投資房地產才能確保富人能安全且彈性地運用他們的財產。

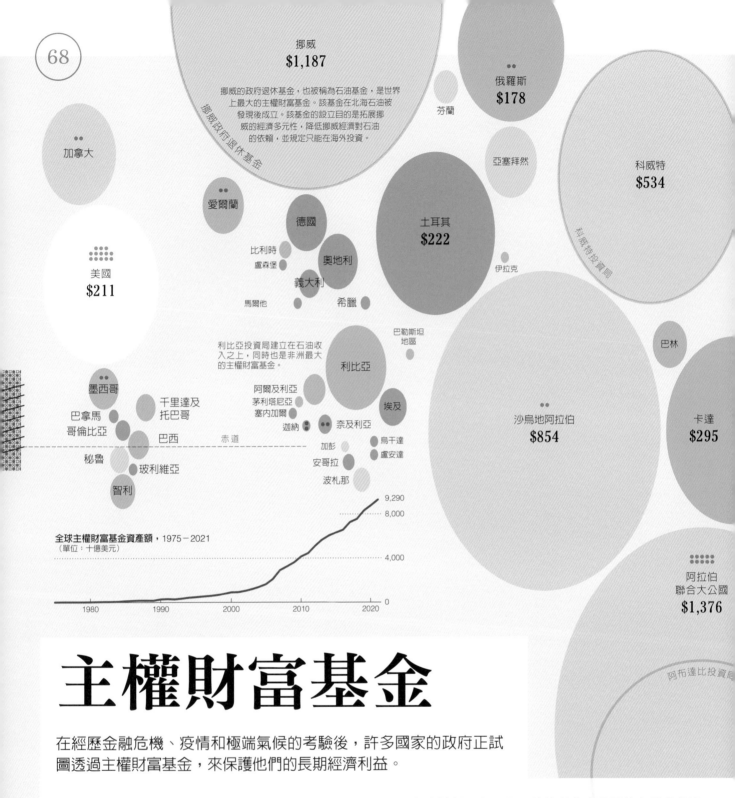

挪威
$1,187

挪威的政府退休基金，也被稱為石油基金，是世界上最大的主權財富基金。該基金在北海石油被發現後成立。該基金的設立目的是拓展挪威的經濟多元性，降低挪威經濟對石油的依賴，並規定只能在海外投資。

挪威政府退休基金

俄羅斯
$178

芬蘭

加拿大

亞塞拜然

科威特
$534

愛爾蘭

德國

比利時
盧森堡

奧地利

義大利

土耳其
$222

拉威特投資局

美國
$211

馬爾他

希臘

伊拉克

巴勒斯坦地區

利比亞投資局建立在石油收入之上，同時也是非洲最大的主權財富基金。

利比亞

巴林

墨西哥

阿爾及利亞
茅利塔尼亞
塞內加爾

埃及

沙烏地阿拉伯
$854

卡達
$295

巴拿馬
哥倫比亞

千里達及
托巴哥

巴西

迦納

奈及利亞

赤道

秘魯

玻利維亞

加彭

安哥拉

烏干達
盧安達

智利

波札那

9,290
8,000

4,000

全球主權財富基金資產額，1975－2021
（單位：十億美元）

0

1980　1990　2000　2010　2020

阿拉伯
聯合大公國
$1,376

阿布達比投資局

主權財富基金

在經歷金融危機、疫情和極端氣候的考驗後，許多國家的政府正試圖透過主權財富基金，來保護他們的長期經濟利益。

　　數十年以來，各國政府都想讓經濟環境更加多元，藉以提高韌性，並確保未來的繁榮。無論他們使用的手段是石油和天然氣收入或外匯存底的盈餘，主權財富基金都是一種能讓政府能使用財政盈餘進行投資的特殊工具。

　　雖然主權財富基金讓政府能像私人投資戶一樣，把投資行為拓展到世界各地，但並不是每一個國家都有這樣的閒錢。

　　上方的地圖將 2020 年世界前百大的主權財富基金比擬成雞蛋，每一個國家的雞蛋大小，代表了該國政府所管

理的資產總額。中國和阿拉伯聯合大公國擁有最多的資產，分別是 1.703 兆美元和 1.376 兆美元，而且二者都操作不止一檔的基金。最大的獨立基金則是挪威政府退休基金，資產價值 1.187 兆美元。

　　我們的地圖也顯示，主權財富基金並不是什麼新發明。每個國家的顏色反映的是該國基金最早出現的時代。美國最早的基金（白色），是德州於 1854 年為教育設立的永續教育基金（Permanent School Fund）。

　　地圖中，大量的黃色和橘色雞蛋，反映了二十一世紀

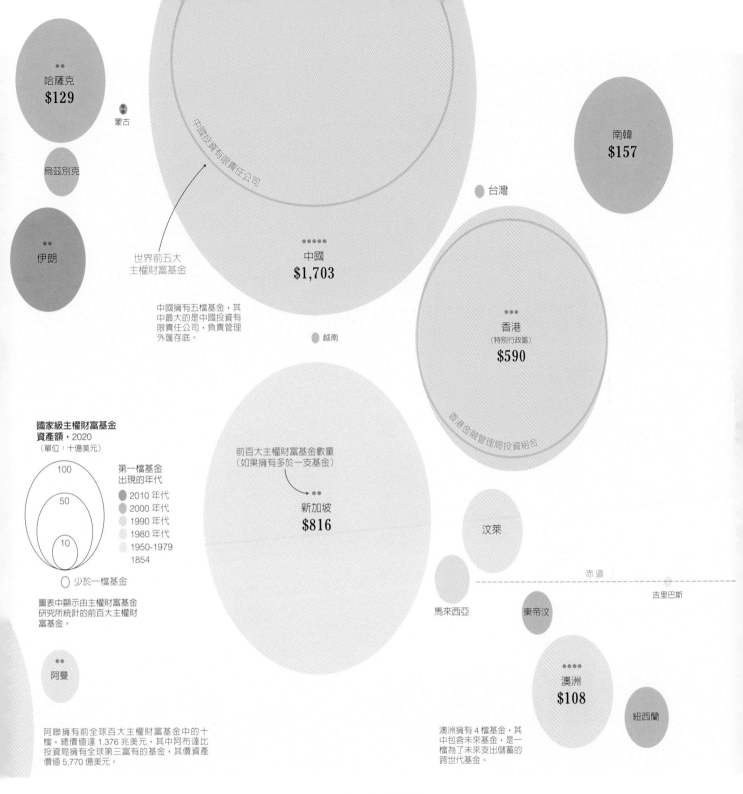

各國政府都想在國際投資機會中分一杯羹，紛紛設立主權財富基金。許多亞洲國家則在 1997 到 1998 年的亞洲金融危機之後，紛紛設立並擴大基金，以減少對外國資金的依賴。

雖然新冠疫情為全球投資人帶來了嶄新挑戰，但主權財富基金仍屹立不搖。各國政府都持續投資主權財富基金，主權財富基金在全球經濟中的地位也逐步提升。雖然英國本身沒有自己的主權財富基金，但卻是一個其他國家資金爭相投資的標的，尤其是波斯灣國家特別喜歡投資英國。

你已經付了門票錢，來到聖詹姆斯公園，觀賞你最喜歡紐卡索聯隊（Newcastle United）的足球比賽嗎？沙烏地阿拉伯正因為你購票進場而受惠。你正帶著你的伴侶到哈洛德（Harrods）百貨購買設計師服飾嗎？卡達正因你的消費受惠。你正乘坐阿提哈德航空（Etihad Airways）追逐盛夏陽光嗎？阿拉伯聯合大公國正喜孜孜地嚐著甜頭。

主權財富基金底下的錢，正流向世界各地。

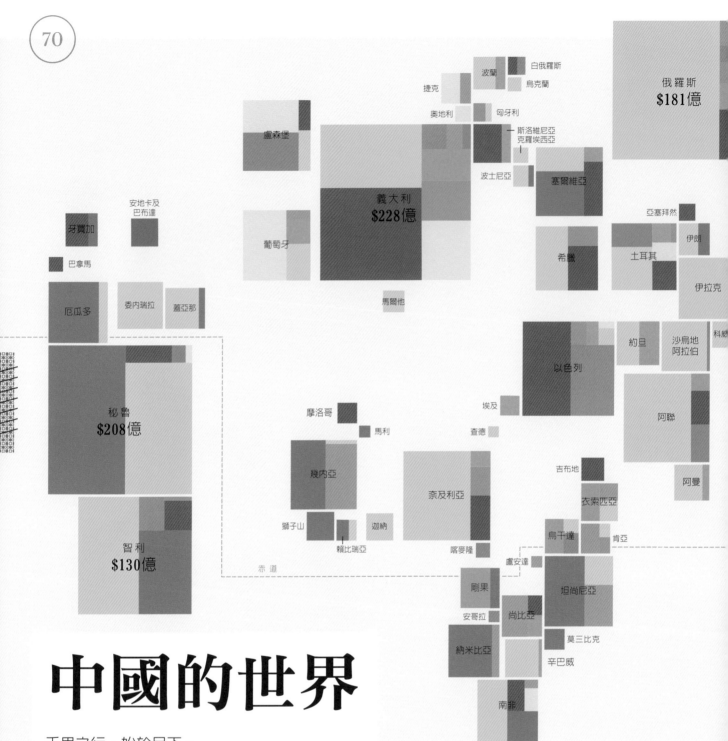

牙買加

安地卡及
巴布達

巴拿馬

盧森堡

捷克

波蘭

白俄羅斯

烏克蘭

奧地利

匈牙利

俄羅斯
$181億

斯洛維尼亞
克羅埃西亞

波士尼亞

塞爾維亞

亞塞拜然

伊朗

義大利
$228億

葡萄牙

希臘

土耳其

伊拉克

馬爾他

厄瓜多

委內瑞拉

蓋亞那

以色列

約旦

沙烏地
阿拉伯

科威特

秘魯
$208億

摩洛哥

馬利

埃及

查德

阿聯

智利
$130億

幾內亞

奈及利亞

吉布地

阿曼

獅子山

迦納

衣索匹亞

賴比瑞亞

喀麥隆

烏干達

肯亞

赤道

盧安達

剛果

坦尚尼亞

安哥拉

尚比亞

莫三比克

納米比亞

辛巴威

南非

中國的世界

千里之行，始於足下。

隨著你搭乘的列車離開位於阿迪斯阿貝巴（Addis
Ababa）的拉布車站（Furi-Lebu Railway Station），你可
能會有些驚訝。畢竟，你可沒有預料到居然會在衣索匹
亞看到中國籍的列車長和中文路標。前往紅海港口吉布
地的旅程途中，又有另一個驚喜出現，原本要花上的三
天的路程，現在居然不用 12 小時就完成，而且乘坐的還
是配備有空調系統的車廂。你問這些驚喜都是誰帶來的？
答案是中國的「一帶一路」倡議。

一帶一路倡議由習近平主席在 2013 年訪問哈薩克時宣

布啟動，它現在已成為中國外交政策的代名詞。一帶一
路建立於政府推動的跨國投資之上，藉由發展陸上和海
洋經貿路線，試圖延續古代絲路的傳奇，並強化中國和
世界其他地區的政治和經濟連結。雖然基礎建設仍是一
帶一路的策略核心，但背後的官方目的實則更包羅萬象。
例如促進他國政策配合中國規劃、基礎建設連結、拆除
貿易壁壘、金融整合，以及加深中國和參與國家的文化
連繫。

我們的地圖顯示，中國對世界的影響力絕不容小看。

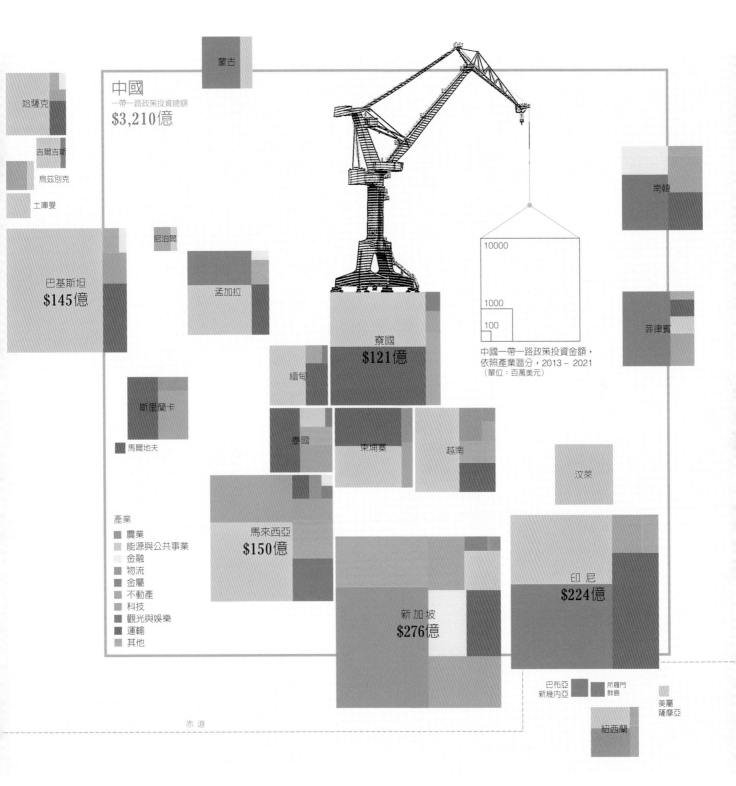

這些方塊顯示中國自 2013 年開始，在 82 個國家、超過 3,210 億美元的投資金額和投資的產業分布，而其中又以新加坡（276 億美元）、印尼（224 億美元）和義大利（228 億美元）為中國投資的大宗。此外，中國也曾為奈及利亞的鐵路、智利的鋰礦、以色列的網路遊戲和馬來西亞的核電廠出資。

我們由中國在能源和公共事業（金色）、金屬（棕色）和不動產（深綠色）產業的顯著投資，可以發現一帶一路政策涵蓋的範圍絕不只是修橋鋪路。

隨著中國逐步放眼世界各地的空間和產業，地緣政治緊張局勢也在升溫。義大利在一帶一路中的重要角色，提醒了我們威尼斯曾是絲路上的重要端點。但是，既然義大利是 G7 國家的一分子，義大利一開始曾參與一帶一路的決定，也備受爭議。西方政府將一帶一路政策視為是一種新型態的全球化發展，以政府決策干預取代原本的自由市場邏輯。無論你在這個議題中選擇站在哪一邊，中國的錢都不會停止流向全世界，而且中國的世界依然不停地運轉著。

金錢大地圖

這世上金錢的總值不可計量，它是無限的。

保羅‧麥肯納（Paul McKenna）

金融服務與科技

金融服務的發展日新月異，金錢通行以後，金融服務也應運而生。長久以來，人們運用多元方法來籌措資金，並進行風險控管。近十年，金融數位化帶來巨大改變，包括重新衡量金融風險、彈指間完成金融交易，或是金融服務手機化。儘管金融系統的服務運作逐漸不露形跡，但它對社會和環境的影響卻顯而易見。

造雨人

與一般人的認知相反，銀行信貸其實是憑空創造出來的。

根據傳統普遍的說法，商業銀行不從事借貸，也非金融服務機構。「借貸」這樣的行為，只能是將已經存在的東西借出去，例如，你把現金借給朋友，對方承諾下星期還錢；或是高利貸業者把錢借給賭徒，讓錢在賭場上輪轉。

不過，商業銀行的實際做法並不是這樣。當商業銀行提供信用貸款的時候，他們並不是將一個人的錢借給另一個人，而是憑空生出這些錢來。要做到這件事，銀行依賴的不是存在金庫裡面的實際資產，而是銀行和債務人之間的「信任」。

信貸是哪裡來呢？

迷思

個人將存款交給銀行保管，銀行使用這些存款來提供貸款。

存款　　　借貸

現實

銀行憑空造出信貸資金。個人和企業使用這些資金消費或投資，然後將餘額存起來。

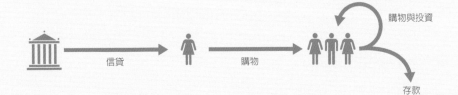

信貸　　　購物　　　購物與投資　　　存款

英國憑空變出來的錢，
1983 年 1 月 – 2022年 3 月
　　銀行貨幣
　　現金

1985　　　　1990　　　　1995　　　　2000

銀行相信債務人能夠還款，債務人則相信銀行會隨時提供現金。要履行這樣的承諾，銀行必須先獲得中央銀行的儲備金，這就像是由中央銀行憑空創造出來一種跨行貨幣，儲備金利率則是中央銀行掌握規則的主要政策工具。可以肯定的是，商業銀行永遠歡迎顧客前來存款，只不過存款並非銀行提供信用貸款與否的先決條件，存款只被銀行當成是一種額外的低成本流動資金來源。

信用的本質是前瞻性的，一切都指望在「未來」。所以，債務人和銀行的期望才是真正驅使信用貸款成立的原因。反過來說，「信用」在運作時所受到的實質限制是，銀行評估自己能獲利的空間和債務人的還款能力、家庭與企業對信貸的需求、銀行相關法律所設下的限制等。

下圖顯示，英國的銀行憑空創造出數兆英鎊資金，但實際流通的現金卻很少。到了財經用語中所說的「雨天」危機時刻，如 2008 年全球金融危機和新冠疫情期間，大幅增加的信用貸款並非來自一般銀行，而是中央銀行施行的刺激經濟措施。

£3兆

2兆

新冠疫情

1兆

2008 金融危機

存款與信貸占英國 GDP 的百分比，1990－2020

國民儲蓄毛額　20%

10

年度信貸成長　0

－10%

'90　　'00　　'10　　'20

證據顯示儲蓄和信貸彼此的相關程度非常低，甚至有時候會轉變成負相關。

2005　　　　　2010　　　　　2015　　　　　2020

操縱市場

首次公開發行，常常帶來豐厚的報酬，享有特權的市場玩家往往能趁機大撈一票。

在 2013 年皇家郵政（Royal Mail）公開上市之前，它的證券承銷商就曾以每股 330 便士的價格提供給一群精心挑選的初始投資人，其中三分之二都是銀行和基金之類的機構。但同一時間，散戶和皇家郵政的 167,000 名員工，卻只能分到圓餅圖上很小的一部分。

如右圖所示，皇家郵政公開交易首日的開盤價是每股 451 便士。在收盤時，它的股價又上漲了 4 便士，讓那些以 330 便士買入的幸運人士獲利 37.9%，但這其中又有多少成分真的是來自於「運氣」呢？

雖然透過首次公開發行（initial public offering, IPO），以低於最終市場價格賣股給特定投資者，看起來像是非法的，但這種作法卻很常見。這種行為稱為「IPO 折價」，目的是刺激需求，好讓股票在上市當天開紅盤，登上頭條新聞。皇家郵政的首次公開募股，是交由一群以高盛和瑞銀集團為首的投資銀行團承銷，這群投資銀行團可以決定誰能買到股份，誰不行。由於 IPO 承銷服務市場高度集中，特別是在開發中國家（見下圖），像皇家郵政這樣的大規模發行，只有幾間銀行可以執行。而投資人只要與這幾間銀行關係良好，就能夠搶先獲得這些獨家且獲利豐厚的投資機會。投資人會付費購買承銷銀行的其他服務（如交易、研究報告），來作為購買股份的交換條件。這整套遊戲規則，其實就是資本市場版本的「裙帶關係」。

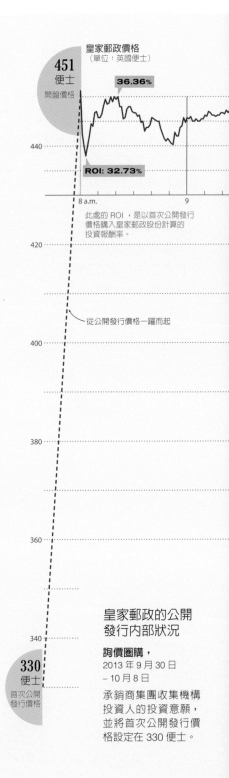

皇家郵政價格
（單位：英國便士）

451 便士 開盤價格

36.36%

ROI: 32.73%

8 a.m.　9

此處的 ROI，是以首次公開發行價格購入皇家郵政股份計算的投資報酬率。

從公開發行價格一躍而起

皇家郵政的公開發行內部狀況

詢價圈購，
2013 年 9 月 30 日 – 10 月 8 日

承銷商集團收集機構投資人的投資意願，並將首次公開發行價格設定在 330 便士。

330 便士 首次公開發行價格

全球前五大 IPO 承銷商的市占率，依照國家區分，2000–2015

非洲　美洲　亞洲　歐洲　大洋洲

底瓜多 | 烏干達 | 巴勒斯坦 | 加彭 | 吉爾吉斯 | 巴貝多 | 列支敦斯登 | 橫里西斯 | 拉脫維亞 | 盧安達 | 斯洛伐克 | 中非共和國 | 剛果民主共和國 | 伊拉克 | 馬達加斯加 | 波札那 | 多哥 | 黎巴嫩 | 牙買加 | 千里達及托巴哥 | 敘利亞 | 卡達 | 約旦 | 烏拉圭 | 蒙古 | 愛沙尼亞 | 巴布亞幾內亞 | 迦納 | 賽普勒斯 | 肯亞 | 斯洛維尼亞 | 克羅埃西亞 | 突尼西亞 | 辛巴威 | 柬埔寨 | 阿曼 | 越南 | 巴拿馬 | 巴哈馬 | 科威特 | 冰島 | 坦尚尼亞 | 斯里蘭卡 | 尚比亞 | 喬納哥 | 巴林 | 日本 | 摩洛哥 | 哈薩克 | 立陶宛

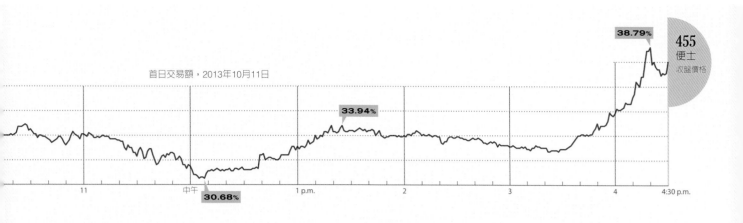

首日交易額，2013年10月11日

38.79%

455 便士 收盤價格

33.94%

11　中午　1 p.m.　2　3　4　4:30 p.m.

30.68%

皇家郵政的股權，2013年10月
（單位：百萬英鎊）

£51　員工優先認股

396　167,000名員工應得免費的股份

員工

728

517

£24億

114　180個　高級投資人

570

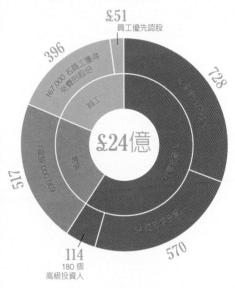

股份分布，
2013 年 10 月 8 日 – 11 日

大部分的股份都由一群特定的機構投資人持有（見圓餅圖）。皇家郵政的 167,000 名員工只分配到股份的 16%，價值 3.96 億英鎊，相當於每名全職員工平均配股約 2,000 英鎊。

100%
75
50
25
0

市占率

賽普勒斯　阿根廷　智利　秘魯　瑞士　菲律賓　捷克　孟加拉　保加利亞　哥倫比亞　澳門特別行政區　盧森堡　巴基斯坦　馬來西亞　烏克蘭　愛爾蘭　德國　羅馬尼亞　瑞典　比利時　荷蘭　芬蘭　墨西哥　加拿大　澳洲　奧地利　新加坡　義大利　美國　俄羅斯　挪威　法國　丹麥　奈及利亞　西班牙　土耳其　南非　阿拉伯聯合大公國　泰國　希臘　英國　印度　葡萄牙　印尼　台灣　波蘭　以色列　香港特別行政區　南韓　中國

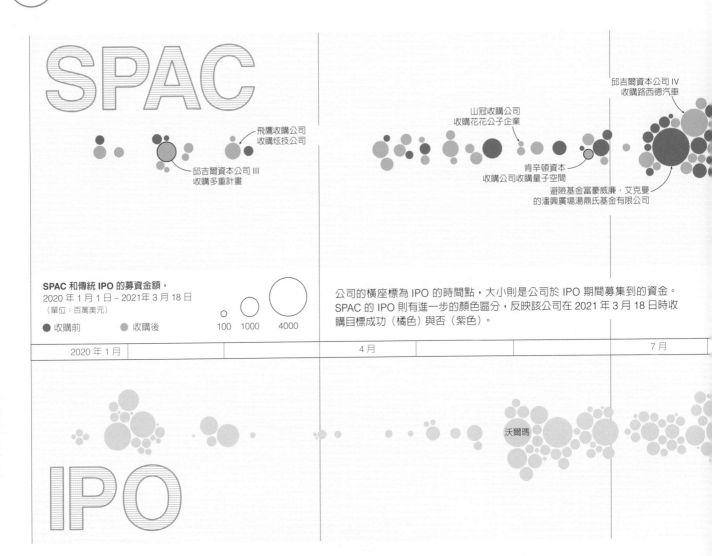

SPAC

IPO

SPAC 和傳統 IPO 的募資金額，
2020 年 1 月 1 日 – 2021 年 3 月 18 日
（單位：百萬美元）

● 收購前　　● 收購後　　100　1000　4000

公司的橫座標為 IPO 的時間點，大小則是公司於 IPO 期間募集到的資金。
SPAC 的 IPO 則有進一步的顏色區分，反映該公司在 2021 年 3 月 18 日時收購目標成功（橘色）與否（紫色）。

| 2020 年 1 月 | 4 月 | 7 月 |

飛鷹收購公司
收購炫技公司

邱吉爾資本公司 III
收購多重計畫

山冠收購公司
收購花花公子企業

邱吉爾資本公司 IV
收購路西德汽車

肯辛頓資本
收購公司收購量子空間

避險基金富豪威廉・艾克曼
的潘興廣場湯鼎氏基金有限公司

沃爾瑪

SPAC 是什麼？

SPAC

紐約
227

特殊目的收購公司，曾經是金融圈最火熱的話題，但現在管制法規、投資風險等等問題卻接踵而至。

一般來說，營運狀況良好且保有獲利紀錄的公司，在正式上市提供一般人認購之前，會先經由投資銀行家、審計人員和律師仔細審查，才進行「首次公開發行」，將股票公開發售。但是，2020 年的情況與過往不同，在數波新冠疫情席捲掃全球之際，投資人見到一波又一波特殊目的收購公司（SPAC）進入市場。這些收購公司是專門為了收購其他公司而設立，IPO 只是他們募集收購資金的前期作法。

上面的氣泡圖展示，在 2020 年 1 月至 2021 年 3 月間

於紐約證券交易所和納斯達克證券交易所（NASDAQ）上市的 SPAC 和傳統的 IPO。右邊密集處顯示，美國 SPAC 的 IPO 在 2021 年第一季中所募集到的資金遠高於傳統的 IPO。

雖然 SPAC 越來越受到歡迎，投資人所面臨的風險卻非完全公開透明。在傳統 IPO 中，潛力投資者會收到一份招股說明書，上面詳細記載上市公司的財務記錄、業務範圍，以及其他可能與未來獲利相關的資訊。

相較之下，SPAC 則缺乏營運或財務記錄，且在 IPO 期

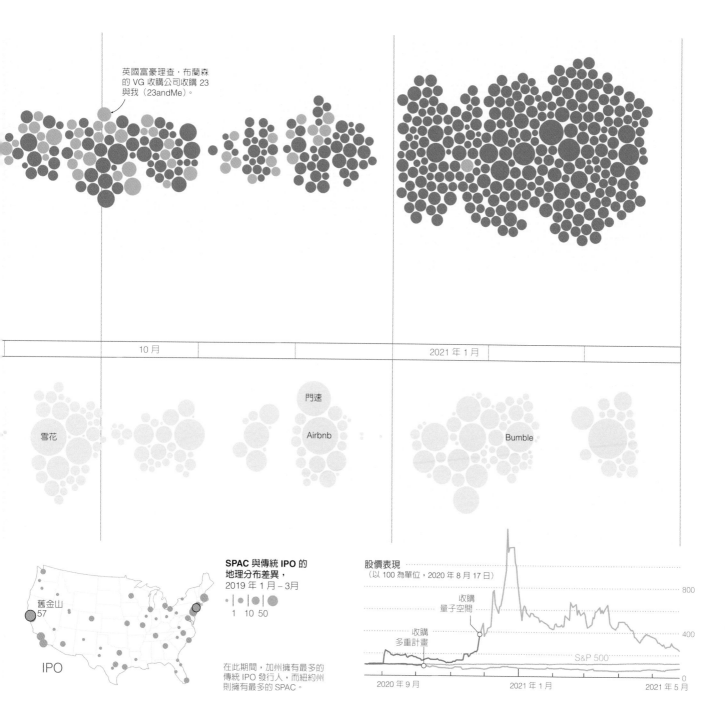

英國富豪理查·布蘭森的 VG 收購公司收購 23 與我（23andMe）。

10 月

2021 年 1 月

門速

雪花

Airbnb

Bumble

SPAC 與傳統 IPO 的地理分布差異，
2019 年 1 月 – 3月

• | ● | ● | ●
1 10 50

舊金山
57

IPO

在此期間，加州擁有最多的傳統 IPO 發行人，而紐約州則擁有最多的 SPAC。

股價表現
（以 100 為單位，2020 年 8 月 17 日）

800

收購
量子空間

400

收購
多重計畫

S&P 500

0

2020 年 9 月   2021 年 1 月   2021 年 5 月

間也無法事先得知它們具體能夠收購到哪些公司。所以，那些投資 SPAC 的人基本上是閉著眼睛押注，將資產賭在後續收購的成功上面。由於 SPAC 的股價反映出它所收購公司的價值，所以若 SPAC 在收購時出價過高，投資人就會承受損失。

我們以多重計畫（MultiPlan）和量子空間（QuantumScape）的狀況為例。2020 年 2 月，一間名叫邱吉爾資本公司 III（Churchill Capital Corp III）的公司，以每股 10 美元的價格進行首次募股。數個月後，

另一間叫做肯辛頓資本收購公司（Kensington Capital Acquisition Corp）也依樣畫葫蘆。到了 10 月，邱吉爾完成對醫療服務供應商多重計畫的收購，並繼承了公司的名稱。肯辛頓也在 11 月收購了電池製造商量子空間，並做了相同的事。在收購完成後，多重計畫的股價立刻探底，量子空間則是先飆升，然後崩跌（見折線圖）。這兩間公司後來都被投資人以「提供誤導性情報」為由，告上法院。2022 年，美國證券交易委員會對 SPAC 頒定新的規範，讓投資人擁有更多保障。

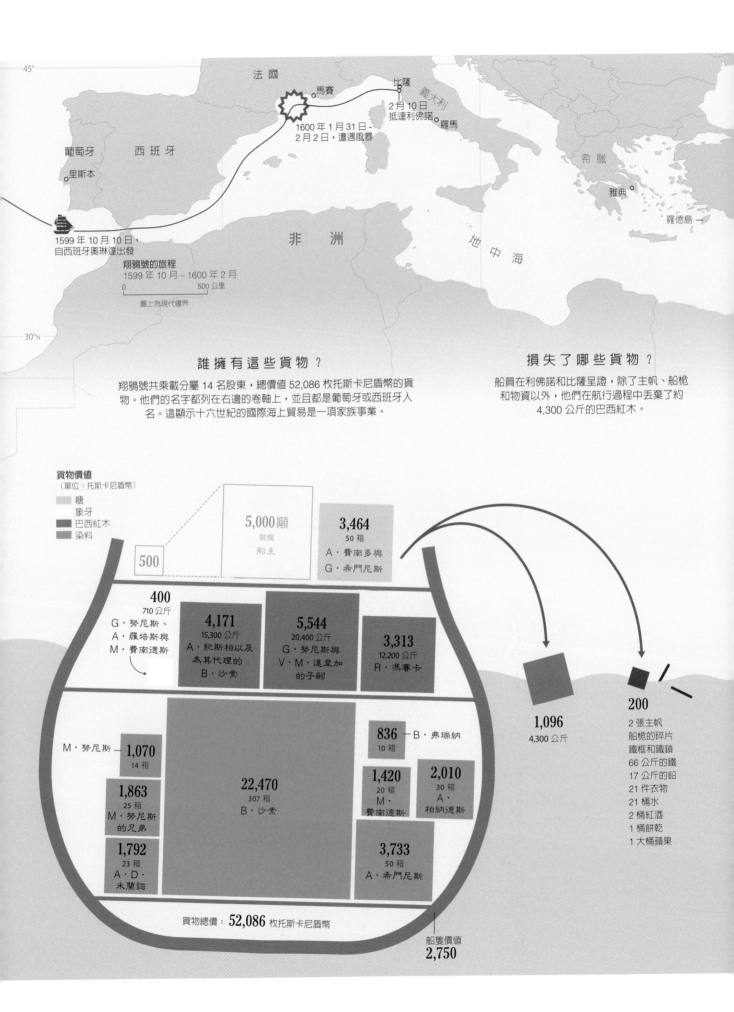

誰擁有這些貨物？

翔鴉號共乘載分屬 14 名股東，總價值 52,086 枚托斯卡尼盾幣的貨物。他們的名字都列在右邊的卷軸上，並且都是葡萄牙或西班牙人名。這顯示十六世紀的國際海上貿易是一項家族事業。

損失了哪些貨物？

船員在利佛諾和比薩呈證，除了主帆、船桅和物資以外，他們在航行過程中丟棄了約 4,300 公斤的巴西紅木。

貨物價值
（單位：托斯卡尼盾幣）
- 糖
- 象牙
- 巴西紅木
- 染料

500

5,000 頓
裝備
船主

3,464
50 箱
A・費南多與
G・希門尼斯

400
710 公斤
G・努尼斯、
A・羅培斯與
M・費南德斯

4,171
15,300 公斤
A・紀斯柏以及
為其代理的
B・沙索

5,544
20,400 公斤
G・努尼斯與
V・M・達葦加
的子嗣

3,313
12,200 公斤
R・馮賽卡

1,096
4,300 公斤

200
2 張主帆
船桅的碎片
鐵框和鐵鎖
66 公斤的鐵
17 公斤的鉛
21 件衣物
21 桶水
2 桶紅酒
1 桶餅乾
1 大桶蘋果

M・努尼斯 **1,070**
14 箱

1,863
25 箱
M・努尼斯
的兄弟

22,470
307 箱
B・沙索

836 — B・弗瑞納
10 箱

1,420
20 箱
M・
費南德斯

2,010
30 箱
A・
柏納德斯

1,792
23 箱
A・D・
米蘭諾

3,733
50 箱
A・希門尼斯

貨物總價：**52,086** 枚托斯卡尼盾幣

船隻價值
2,750

翔鴟號的海上共損計算，
1600 年 2 月 12 日
（單位：托斯卡尼盾幣）

裁 定	
吉爾・努尼斯、安德烈亞・羅培斯、與曼紐爾・費南德斯	10.4
巴斯托・弗瑞納	21.7
馬可・努尼斯	27.7
M・費南德斯	36.8
阿里各・迪耶斯・米蘭諾	46.5
馬可・努尼斯的兄弟	48.3
阿里各・柏納德斯	52.1
翔鴟號	71.3
羅德里戈・馮賽卡	85.9
安東尼奧・費南多與加斯帕・希門尼斯	89.8
安德烈亞・希門尼斯	96.8
阿里戈・紀斯柏以及為其代理的的柏納多・沙索	108.1
吉爾・努尼斯與瓦斯科・馬蒂內茲・達・韋加的子嗣	143.7
柏納多・沙索	582.5

☐—125
行政與訴訟費用

$$\frac{損失＋費用}{貨物＋船隻} = \frac{1,421}{54,836} = 2.59\%$$

由 誰 承 受 損 失？

海上領事館指派了兩名比薩商人進行海上共損的計算。他們將拋棄的貨物、船隻的損傷，以及行政費用加總，並除以這次航程的資金總額，以求得各個利害關係人在海上共損中必須負擔的比例。翔鴟號的海上共損額最終是個人貨物價值的 2.59%。

海上風險分擔

「共同海損」是一項古老的金融傳統，至今仍然是海上貿易不可或缺的一環。

1599 年 10 月 10 日，翔鴟號（*Il Corvo Volante*）裝載著糖、木材、染料和其他貨物，離開了巴西奧琳達（Olinda），前往歐洲。她在途中停靠葡萄牙里斯本，最終目的地是托斯卡尼港口（Tuscan port）、利佛諾（Livorno）。因為不明的原因，導致她沒有在里斯本停靠。從現存記錄來中，我們發現 1600 年 1 月下旬，一場可怕的風暴在法國海岸襲擊了翔鴟號，撕裂兩面主帆，並折斷桅杆。在經歷兩天狂風暴雨後，安特衛普出身的船長馬蒂諾・艾爾曼（Martino Erman）和他的船員決定將部分貨物丟入海中，好讓船艦能夠繼續航行。8 天後，「翔鴟號」拖著殘軀，艱難地在利佛諾靠岸。

到底誰該為丟掉的貨物負責呢？被拋棄貨物的所有權人能向船長索賠嗎？幸運的是，在托斯卡尼大公費迪南多一世・德・麥地奇（Ferdinando I de' Medici）的統治下，有一個稱為「共同海損」的海事原則，允許船員在緊急狀況下丟棄貨物，以確保船隻和剩餘航程的安全。貨物的損失則由這趟航程的利害關係人，依照各自貨物的價值比例分擔。因此，在翔鴟號的例子中，船上貨物最多的人、擁有 307 箱染料的柏納多・沙索（Bernado Sasso），就要承擔最多的損失。

遵守托斯卡尼的規則，艾爾曼船長必須在抵達利佛諾後撰寫報告書，記錄導致船隻受損和貨物損失的事件原委。接著，他前往比薩，將報告交由稱為「海上領事館（Consuls of the Sea）」的行政機構，由他們計算相關人士須承擔的共同海損比例。根據海上領事館的最終裁定，航程的利害關係人必須分攤價值共 1,421 枚托斯卡尼盾幣（Tuscan scudo）的損失和行政費用（見圖表）。

共同海損的起源，可以追溯到古希臘和羅德島港口的相關法規慣例。這些慣例在公元六世紀，以規範商業貿易的「羅德海法」（Rhodian Sea Law）形式正式納入羅馬民法之中。1890 年的《約克—安特衛普規則》（York-Antwerp Rules），讓這些原則首次成為全球統一的規範，至今仍然使用於國際貿易中，並且被寫入海事法運行著。結合金錢、法律和會計，共同海損補充一般保險的不足，進一步保護商業活動免受海上貿易危險影響。若不是具有公平計算、分攤損失的機制，海上貿易航程根本無法有效運作。

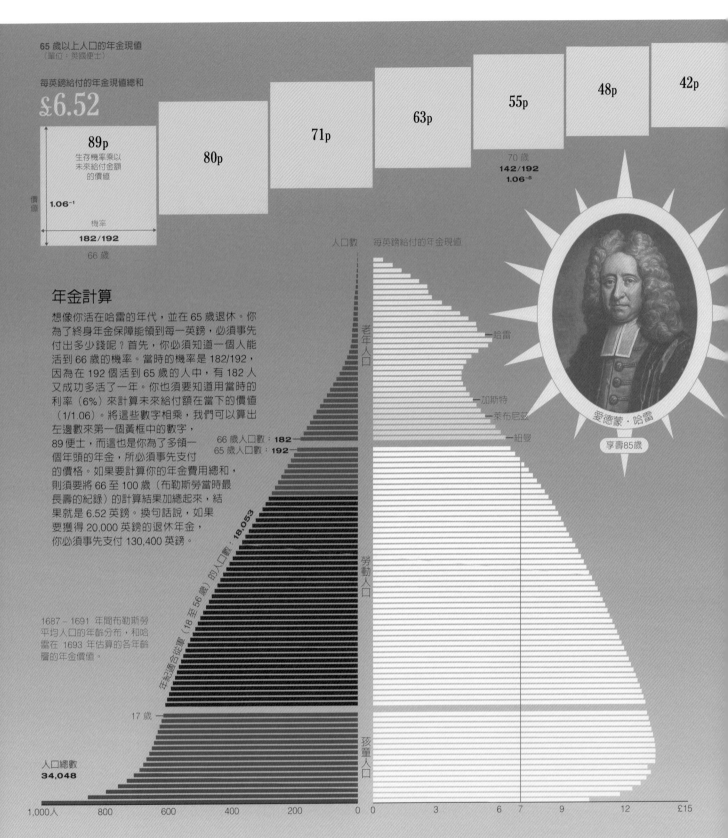

65 歲以上人口的年金現值
（單位：英國便士）

每英鎊給付的年金現值總和
£6.52

89p
生存機率乘以
未來給付金額
的價值

80p

71p

63p

55p

48p

42p

70 歲
142/192
1.06^{-5}

價值
1.06^{-1}

機率
182/192

66 歲

人口數　　每英鎊給付的年金現值

年金計算

想像你活在哈雷的年代，並在 65 歲退休。你為了終身年金保障能領到每一英鎊，必須事先付出多少錢呢？首先，你必須知道一個人能活到 66 歲的機率。當時的機率是 182/192，因為在 192 個活到 65 歲的人中，有 182 人又成功多活了一年。你也須要知道用當時的利率（6%）來計算未來給付額在當下的價值（1/1.06）。將這些數字相乘，我們可以算出左邊數來第一個黃框中的數字，89 便士，而這也是你為了多領一個年頭的年金，所必須事先支付的價格。如果要計算你的年金費用總和，則要將 66 至 100 歲（布勒斯勞當時最長壽的紀錄）的計算結果加總起來，結果就是 6.52 英鎊。換句話說，如果要獲得 20,000 英鎊的退休年金，你必須事先支付 130,400 英鎊。

老年人口

哈雷

加斯特

萊布尼茲

紐曼

艾德蒙·哈雷

享壽85歲

66 歲人口數：**182**
65 歲人口數：**192**

勞動人口

年能適合從軍（18 至 56 歲）的人口數：**18,053**

1687 ~ 1691 年間布勒斯勞平均人口的年齡分布，和哈雷在 1693 年估算的各年齡層的年金價值。

17 歲

孩童人口

人口總數
34,048

1,000人　800　600　400　200　0　0　3　6　7　9　12　£15

穩定的人口……　……才能估算長壽機率

雖然更早以前就有倫敦和都柏林的出生和死亡數據，但大量移民沒有納入計算，使得生存機率的估算變得非常不可靠。而在布勒斯勞，幾乎所有出生在該城市的人都在那裡去世，因此哈雷才放心使用紐曼的數據。

十七世紀的孩童死亡率非常高，因此年金費用在 9 至 10 歲達到高點，然後直到 77 歲呈現下跌趨勢。77 歲之後由於死亡率逐漸趨緩，又開始上升。理論上死亡率在這個階段不應該趨緩，但在布勒斯勞就發生了！

| 36p | 30p | 26p | 21 | 18 | 14 | 11 | 9 | 7 | 5 | 4 | 3 | | 2 | | 1 | <1p |

73 歳
09/192
1.06^{-8}

85 歳
19/192
1.06^{-20}

95 歳
6/192
1.06^{-30}

享利・加斯特
享壽73歲

戈德弗里德・馮・萊布尼茲
享壽70歲

卡斯帕・紐曼
享壽66歲

哈雷的計算

偉大的天文學家哈雷，偶然發現了一些數據，輾轉促成保險業的革命，將金融與人口統計學聯繫起來。

為了保證在你餘生的每一年都能夠領到一筆固定的年金，你會願意付出多少錢？或是套句保險業的說法：「年金的現值是多少？」這個存在於金融科學中根本的問題，一直到十七世紀末才得到解答。

卡斯帕・紐曼（Caspar Neumann）是一名十七世紀晚期布勒斯勞（Breslau，今日波蘭弗羅次瓦夫［Wrocław］一帶）的牧師，他非常討厭占星迷信，也討厭各種預知死亡的迷信。為了破除迷信，他蒐集了布勒斯勞自 1687 到 1691 年的出生和死亡數據，並把資料寄給著名德國科學家，同時也是漢諾威選侯宮庭圖書館館長──戈德弗里德・馮・萊布尼茲（Gottfried von Leibniz）。萊布尼茲把這些資料轉寄給倫敦皇家學會圖書館管理員亨利・加斯特（Henri Justel），加斯特再把這些數據在英國皇家學會公開。作為英國皇家學會著名天文學家的愛德蒙・哈雷（Edmond Halley），藉此分析了這些資料，並在 1693 年發表了劃時代的研究成果。當時，英國正與法國進行大同盟戰爭。哈雷先是利用了布勒斯勞的人口資料來計算能夠成為士兵的男性比例。他只是簡單地將 18 至 56 歲的人口數除以總人口數（18053/34048），之後再除以二（假設男性和女性人口數量大致相同），最後所得出的商為 0.265，這非常接近今日美國人口數據的比例（0.24）。

估計年金的價值是哈雷研究最大的貢獻，而這項研究也被運用在戰爭時刻。當時，英國政府正向國民出售年金，以籌措戰爭經費。不論買家的年齡如何，年金的固定價格都是年度支付額的七倍。會定在這個倍數，主要是因為這個價格賣得很好，而且其他國家也是這麼定。但如圖表中紅線顯示，7 英鎊真的太便宜了。對於 5 至 17 歲的孩童來說，1 英鎊年金至少要收費 13 英鎊才行；只有對 63 歲以上的人，年金的費用才應該低於 7 英鎊。英國政府後來又繼續進行這種理論上不能持續的活動，長達一個世紀之久。這種只顧著眼前利益的作法，對國家未來財政造成巨大負擔。

根據哈雷本人表示，他的計算是「費盡九牛二虎之力」，才奠下精算科學的基礎，釐清人口構成與金融之間的關係。哈雷的研究展示了資料蒐集的價值，以及抽象化資料的力量。哈雷將有關生命流逝的具體數據，轉化為像天文意義一樣偉大的公式。

量化
消費者

信用評分演算法，在試圖預測未來
的同時，也延續了過去的不平等。

　申請抵押貸款、學生貸款、找工作、租
房，人生中一切能夠採取的選擇，在美國都
會受到「信用評分」的影響。信用評分衡量的
是一個人信用的可靠性，也就是他準時還錢的
可能性。自 1989 年費埃哲公司（Fair, Issac,
and Company，現稱 Fair Isaac Corporation、
FICO）導入 FICO 評分後，FICO 評分就是這個
領域的金科玉律。一個人的信用評分愈高，這個
人違約的風險就越低。任何逾期或尚未償還的款
項，都會讓評分下降，甚至直接影響你的收入。低貸
款評分的債務人幾乎占了美國消費者的三分之一，這些
人比較難申請到貸款，而且貸款時，他們的利率會被收得
比較高。

　為了計算和更新信用評分，易速傳真（Equifax）、環聯（TransUnion）
等信用機構會搜集人們財務狀況和消費行為的電子足跡。資料經過演算法
比對，再為顧客進行排名，最終給出個別性評分。在機器學習的時代下，
評分演算法日益複雜。但也有評論指出，資料處理、分析和使用過程中，
存在著種族和社會階級的偏見，這使得看似公平且公正的科技，變成一個
由數據驅動的引擎，持續著財富和機會的不平等。

　信用評分會把人分成「好顧客」和「壞顧客」。雖然表面上不會參考族
裔或性別的結構性分類，但它卻對數百萬人造成危害，尤其是沒有信用評
分或低評分的少數群族和新移民，因為這些人可供參考評比的財務紀錄比
較少。每 5 個黑人中就有超過 1 個人的 FICO 評分在 620 分以下；在白人
之間，這個比例則是 19 人才會出現 1 人。

　在地圖上，我們標出貸款評分低的人口比例圖，可看出地區性的債務不
平等，這是數百年來奴隸制度、族群隔離，以及貧窮所導致的結果。在非
裔、原住民或西班牙裔人口較多的縣，貸款評分低的比例也較高，難怪引
發 2008 年全球金融危機的次級貸款，會特別集中
於種族和族裔邊緣化的族群和地區。

蒙大拿州比格霍恩縣
比格霍恩縣幾乎完全被克勞族印地
安保留區覆蓋。13,000 名居民中
有 35% 都被評為低償還能力債務
人。

亞利桑那州阿帕契縣
不僅三分之一的人口都處於貧窮
線以下，同時又有 74% 人口都
是原住民族，阿帕契縣具有全
國最高的低償還能力債務人占比
（49%）。

太平洋沿岸地區

山地地區

西雅圖
波特蘭
波伊西
雷諾
舊金山
弗瑞斯諾
拉斯維加斯
洛杉磯
聖地牙哥
鳳凰城
鹽湖城
丹佛
科羅拉多
阿爾伯克基
艾爾帕索

檀香山

夏威夷州
阿拉斯加州

安克拉治
朱諾

0　　　500公里

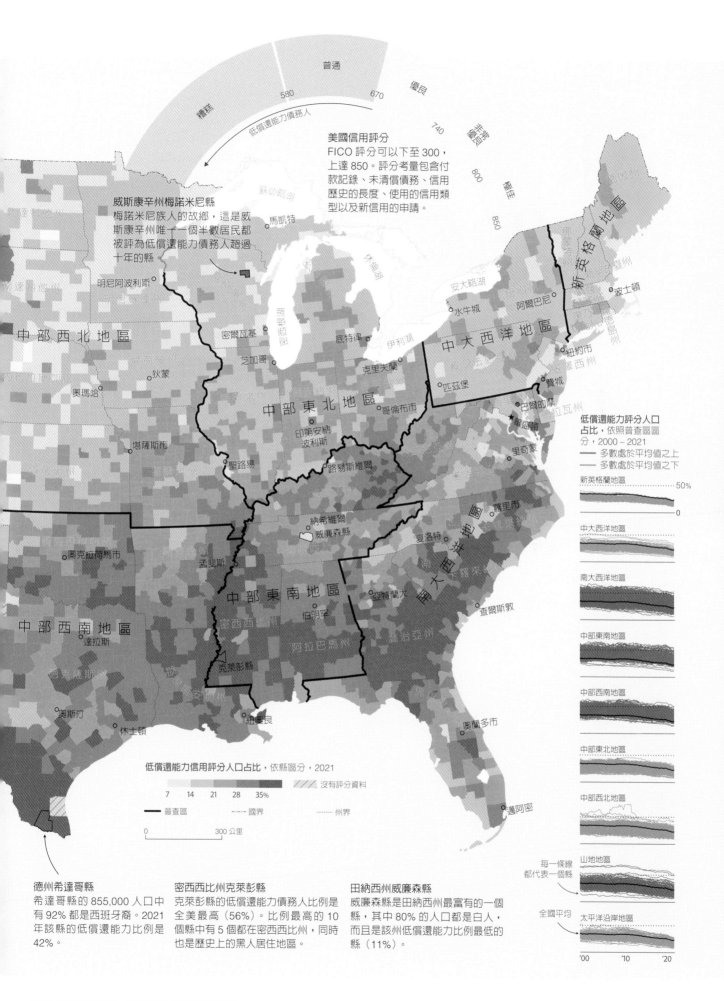

優良

普通

580　670

糟糕

低償還能力債務人

美國信用評分
FICO 評分可以下至 300，
上達 850。評分考量包含付
款記錄、未清償債務、信用
歷史的長度、使用的信用類
型以及新信用的申請。

740

非常好

超卓

800

極佳

850

威斯康辛州梅諾米尼縣
梅諾米尼族人的故鄉，這是威
斯康辛州唯一一個半數居民都
被評為低償還能力債務人超過
十年的縣

新英格蘭地區

馬凱特

安大略湖

明尼阿波利斯

水牛城　阿爾巴尼　波士頓

密爾瓦基

中部西北地區

底特律　伊利湖

中大西洋地區

狄蒙

芝加哥

克里夫蘭

紐約市

奧瑪哈

中部東北地區

哥倫布市

匹茲堡

費城

巴爾的摩

堪薩斯市

印第安納
波利斯

華盛頓

聖路易

路易斯維爾

里奇蒙

**低償還能力評分人口
占比**，依照普查區區
分，2000－2021
—— 多數處於平均值之上
—— 多數處於平均值之下

納希維爾
威廉森縣

龐里市

夏洛特

南大西洋地區

新英格蘭地區 　50%

0

中大西洋地區

奧克拉荷馬市

孟斐斯

亞特蘭大

南大西洋地區

達拉斯

中部東南地區

伯明罕

查爾斯敦

中部西南地區

中部東南地區

密西西比州

阿拉巴馬州

喬治亞州

中部西南地區

奧斯汀

克萊彭縣

中部東北地區

休士頓

紐奧良

奧蘭多市

中部西北地區

低償還能力信用評分人口占比，依縣區分，2021

7　14　21　28　35%　　//// 沒有評分資料

—— 普查區　　－·－ 國界　　······· 州界

0　　　　　　300 公里

山地地區

每一條線
都代表一個縣

全國平均

太平洋沿岸地區

'00　　　　'10　　　　'20

德州希達哥縣
希達哥縣的 855,000 人口中
有 92% 都是西班牙裔。2021
年該縣的低償還能力比例是
42%。

密西西比州克萊彭縣
克萊彭縣的低償還能力債務人比例是
全美最高（56%）。比例最高的 10
個縣中有 5 個都在密西西比州，同時
也是歷史上的黑人居住地區。

田納西州威廉森縣
威廉森縣是田納西州最富有的一個
縣，其中 80% 的人口都是白人，
而且是該州低償還能力比例最低的
縣（11%）。

*研究者在設計這張地圖時，以低於 660 為低償還能力的標準。

追求極速快感

金融業界不斷追求速度更快的技術，好搶先市場行動一步。

期貨讓你必須在未來一個特定的日子，以一個設定好的價格購買股票。你可以利用期貨來抵銷不利的價格變動，或用它來投機。

事實上，期貨最早是為了保護未來的穀物收成價格不當波動。因此，期貨與股票不同，交易地點不在紐約，而是在美國的農業大城芝加哥。

隨著 1980 年代期貨交易開始數位化，交易員發現芝加哥的股票指數與期貨價格變動，往往會早於紐約市場上相對應的股價變動。所謂的「期貨領先交易員」原則，正是利用此一特性，把芝加哥期貨當作在紐約買賣股票

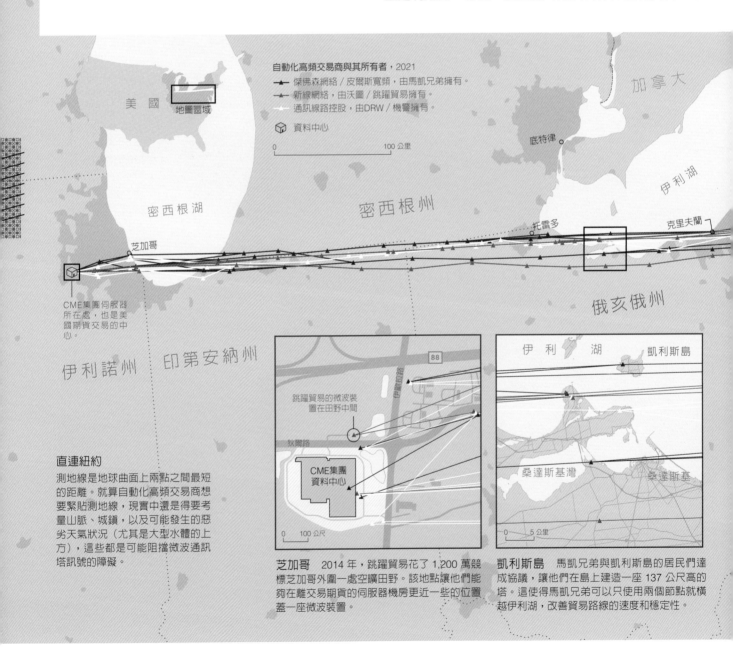

自動化高頻交易商與其所有者，2021
- 傑佛森網絡／皮爾斯寬頻，由馬凱兄弟擁有。
- 新線網絡，由沃圖／跳躍貿易擁有。
- 通訊線路控股，由DRW／機警擁有。
- 資料中心

0   100 公里

加拿大

美國　地圖區域

底特律

密西根湖　密西根州　伊利湖

克里夫蘭

托雷多

CME集團伺服器所在處，也是美國期貨交易的中心。

俄亥俄州

伊利諾州　印第安納州

直連紐約

測地線是地球曲面上兩點之間最短的距離。就算自動化高頻交易商想要緊貼測地線，現實中還是得要考量山脈、城鎮，以及可能發生的惡劣天氣狀況（尤其是大型水體的上方），這些都是可能阻擋微波通訊塔訊號的障礙。

跳躍貿易的微波裝置在田野中間

狄爾路

CME集團資料中心

0   100 公尺

芝加哥 2014 年，跳躍貿易花了 1,200 萬競標芝加哥外圍一處空曠田野。該地點讓他們能夠在離交易期貨的伺服器機房更近一些的位置蓋一座微波裝置。

伊利湖　凱利斯島

桑達斯基灣　桑達斯基

0   5 公里

凱利斯島 馬凱兄弟與凱利斯島的居民們達成協議，讓他們在島上建造一座 137 公尺高的塔。這使得馬凱兄弟可以只使用兩個節點就橫越伊利湖，改善貿易路線的速度和穩定性。

的依據，然後輕鬆獲利。

在 1980 年代，期貨領先的時間可能是幾分鐘，但隨著交易員個個都想搶得先機，很快地，就變成幾秒之別。在 1990 年代中期，自動化交易的速度就超過了人類交易員的反應速度。隨著繁忙的交易廳被電腦取代，領先時間縮短到微秒等級，並且由網路連線速度和電腦程式編程決定勝負（見圖表）。

2010 年，拓展網絡（Spread Networks）就花了 3 億到 5 億美元，在芝加哥和紐約之間的最短距離（也就是「測地線」），埋入一條特製的光纖電纜。據報導，使用這條新的電纜，每人每月要收費 176,000 美元，但它確實能為自動化高頻交易商（high-frequency traders, HFT）取得數微秒的優勢，藉以打敗競爭對手。

雖然光纖電纜現在已經被微波通訊塔取代，但通訊塔也還是位在測地線上，且端點中間不能有障礙物。馬凱兄弟（McKay Brothers）、沃圖／跳躍貿易（Virtu/Jump Trading）以及 DRW ／機警（DRW/Vigilant）三支彼此競爭的基金，現在都各自擁有自己的通訊塔基礎建設，才能夠以接近光速的超高速度，在芝加哥和紐約之間傳遞資訊。

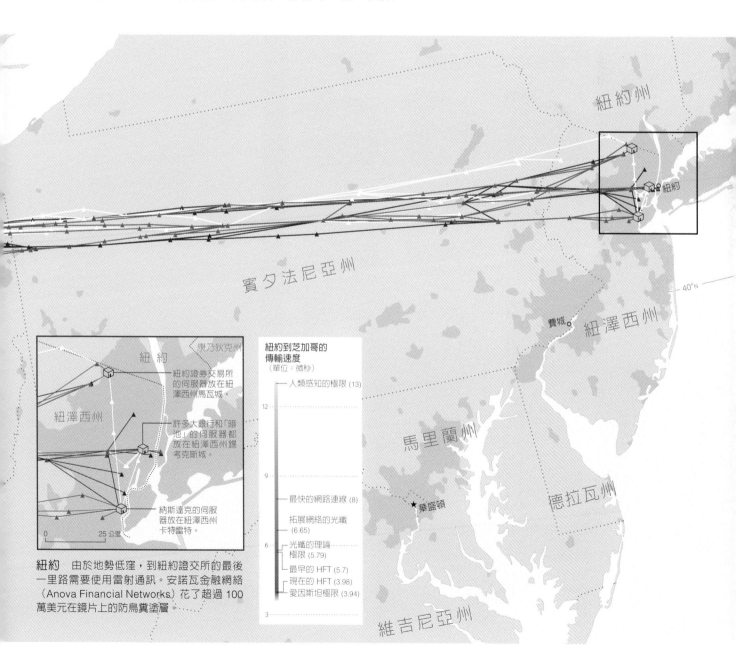

紐約州

紐約

費城　紐澤西州

40°N

賓夕法尼亞州

馬里蘭州

★華盛頓

德拉瓦州

維吉尼亞州

康乃狄克州

紐約

紐澤西州

紐約證券交易所的伺服器放在紐澤西州馬瓦城。

許多大銀行和「暗池」的伺服器都放在紐澤西州錫考克斯城。

納斯達克的伺服器放在紐澤西州卡特雷特。

0　　25公里

紐約到芝加哥的傳輸速度
（單位：微秒）

— 人類感知的極限 (13)

12

9

— 最快的網路連線 (8)

— 拓展網絡的光纖 (6.65)

6 — 光纖的理論極限 (5.79)

— 最早的 HFT (5.7)

— 現在的 HFT (3.98)

— 愛因斯坦極限 (3.94)

3

紐約　由於地勢低窪，到紐約證交所的最後一里路需要使用雷射通訊。安諾瓦金融網絡（Anova Financial Networks）花了超過 100 萬美元在鏡片上的防鳥糞塗層。

2:28 ● •••

行動金融中介的數量，依照商業類型區分，2015*

與傳統金融模式不同，肯亞現在的金融服務由書報亭、手機與電器行、藥局、髮廊、雜貨店、咖啡廳、餐廳及其他場所提供。這些場所除了主要業務外，還提供行動金融存提款服務，從而構成一個縝密的金融網絡。

19,189 獨立店家	**10,567** 貿易商	**5,407** 書報亭
4,240 手機商店	**3,683** 電器行	**2,280** 藥局
1,653 髮廊	**1,405** 雜貨店	**487** 咖啡廳
302 旅館	**289** 酒吧	**92** 餐廳

* 仍有 16,371 個其他
行動金融中介未被歸入
上述任何類別。

智慧型
手機金融

自 2000 年代後半葉以來，智慧型手機已經成為金融交易的新主力，在某些國家甚至超越 ATM 的使用率。

　　1967 年，世上第一台自動櫃員服務機（Automated Teller Machine, ATM）問世，改變了人們用錢的方式。在 2008 年全球金融風暴後，美國聯邦準備理事會前主席保羅·伏克爾（Paul Volcker）表示，ATM 是「過去 20 年間銀行業唯一有用的創新。」同時，全球金融風暴結束的時間點，也代表金融科技革命的開始。現在，使用智慧型手機交易在某些國家甚至比使用 ATM 還要普遍，其中就包含肯亞。肯亞於 2007 年由沃達豐（Vodafone）和獵遊通訊（Safaricom）提供第一款手機轉賬服務 M-Pesa，成為世界上第一個開放手機轉帳服務的國家。如右下方的圖表所示，肯亞在 2020 年 12 月的手機轉帳金額大約是 ATM 提款金額的十倍。

　　智慧手機優勢之所以如此巨大，是因為它們在傳統金融基礎設施（如銀行分支機構和 ATM）最薄弱的發展中國家被廣泛使用。因此，以智慧型手機為主力的金融基礎設施，能將金融服務帶給未有過銀行服務經驗的消費者，包括那些從未有過銀行開設分行的農村地區。行動金融中介，在這個新式金融結構中扮演了非常重要的角色。不同於傳統銀行的分行，行動金融中介本身既能獨立運營，也可以作為其他主要業務的副業來運作，就像圖中手機螢幕左側顯示的資料。現在存款和提款就如同去藥局或髮廊一樣簡單。

　　自 2007 年以來，肯亞的行動金融中介爆炸性成長（見圖表）。在 2007 年，大部分的行動金融中介都聚集在奈洛比（Nairobi）及周邊地區。經過 8 年的發展，它們的服務則廣泛覆蓋肯亞各大城市，包含納庫魯（Nakuru）、艾多瑞特（Eldoret）、基蘇姆（Kisumu）、蒙巴薩（Mombasa）、拉木（Lamu），以及沿海地區和主要道路。M-Pesa 在與其他行動支付廠商競爭的同時，也逐漸將業務擴大到其他非洲國家和阿富汗。放眼全球，智慧手機金融服務是數百萬人第一次接觸金融服務的途徑，並提升了金融普惠大眾的程度，且自新冠疫情以來，受歡迎程度只增不減。如果金融服務能動動手指就在手機上完成，為何還要冒著接觸感染的風險，特地跑去銀行呢？

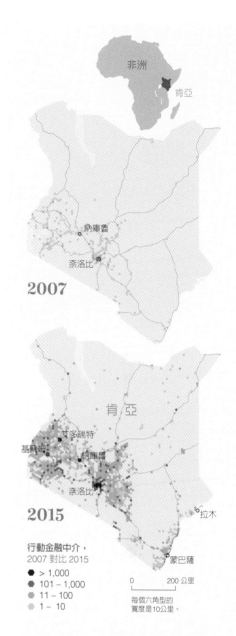

2007

2015

行動金融中介，
2007 對比 2015
- ● > 1,000
- ● 101 – 1,000
- ● 11 – 100
- ● 1 – 10

0 ————— 200 公里

每個六角型的
寬度是 10 公里。

在 2007 到 2015 年之間，肯亞無論是都市中心、鄉村或人口稀少地區，行動金融中介的數量都大幅成長。

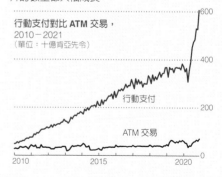

行動支付對比 ATM 交易，
2010 – 2021
（單位：十億肯亞先令）

行動支付

ATM 交易

行動支付交易量從 2010 年 1 月的 480 億肯亞先令，上漲到了 2020 年 12 月的 6,060 億肯亞先令，遠遠超過當月 ATM 交易的交易量。

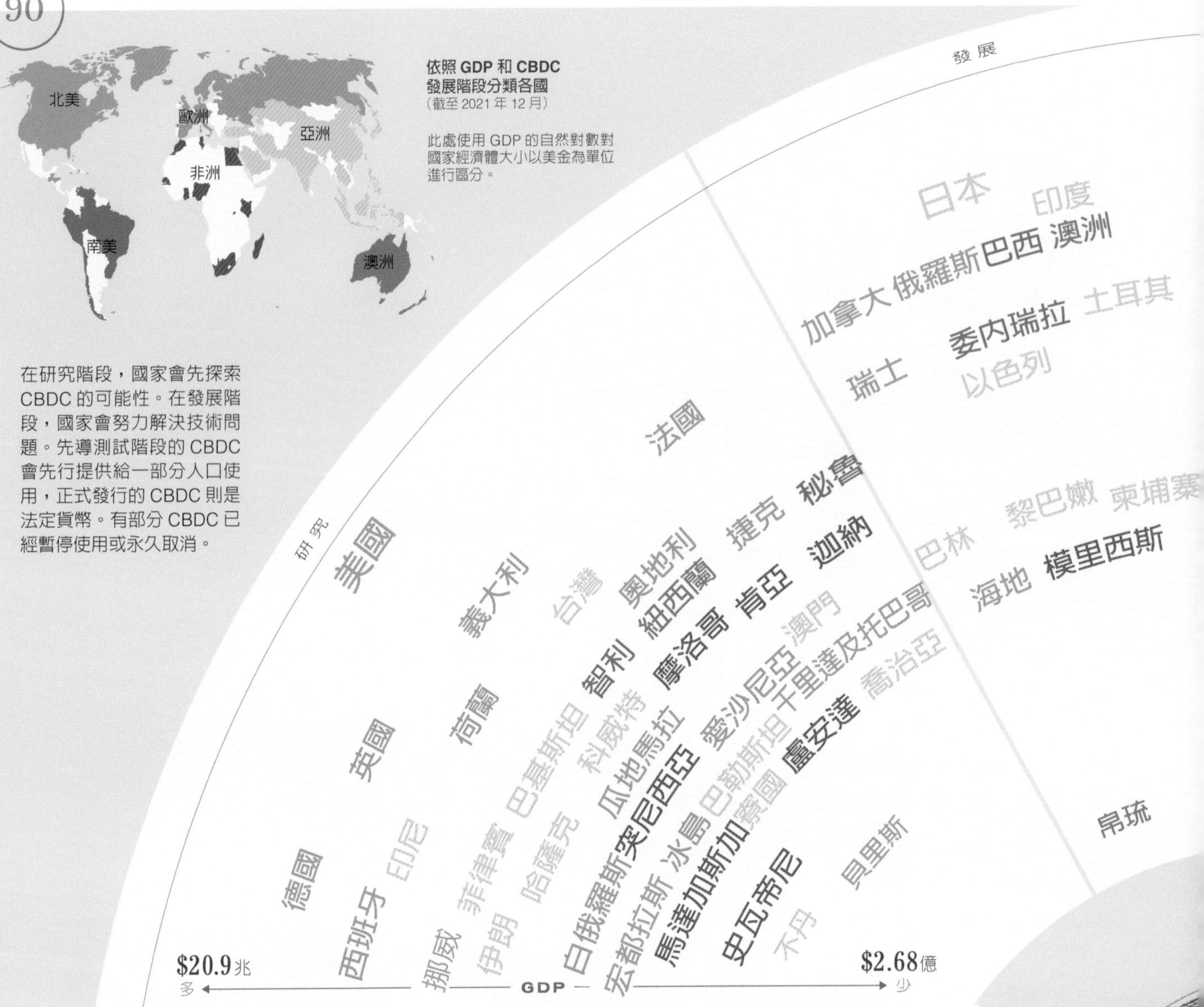

依照 GDP 和 CBDC 發展階段分類各國
（截至 2021 年 12 月）

此處使用 GDP 的自然對數對國家經濟體大小以美金為單位進行區分。

北美
歐洲
非洲
亞洲
南美
澳洲

發展

在研究階段，國家會先探索 CBDC 的可能性。在發展階段，國家會努力解決技術問題。先導測試階段的 CBDC 會先行提供給一部分人口使用，正式發行的 CBDC 則是法定貨幣。有部分 CBDC 已經暫停使用或永久取消。

日本　印度
加拿大 俄羅斯 巴西 澳洲
瑞士　委內瑞拉　土耳其
以色列

研究

法國

美國

義大利

奧地利　捷克　秘魯
台灣　紐西蘭　迦納
智利　摩洛哥　肯亞

黎巴嫩　柬埔寨
巴林　海地　模里西斯

英國

荷蘭

巴基斯坦　科威特　澳門
瓜地馬拉 奈及利亞 愛沙尼亞 千里達及托巴哥　喬治亞
盧安達

德國

西班牙　印尼

挪威

菲律賓　哈薩克

伊朗

白俄羅斯 冰島 巴勒斯坦加薩國

宏都拉斯 馬達加斯加 史瓦帝尼

不丹

貝里斯

帛琉

$20.9兆
多

GDP

$2.68億
少

中央銀行數位貨幣

隨著加密貨幣有如繁星般迅速崛起，世界各國紛紛計畫發行自己的數位貨幣。

　　金融強權的腳步慢了一點，開發中國家早已開始引領中央銀行數位貨幣（central bank digital currency, CBDC）的潮流。在上面的扇形圖中，我們列出了截至 2021 年 12 月為止，將近 80 個曾經開發 CBDC 的國家。在 2020 年 10 月，巴哈馬成為世界上第一個將 CBDC 列為法定貨幣的國家。一年之後，奈及利亞的中央銀行推出了在加勒比海地區之外的第一支 CBDC。中國的 CBDC 試點是全球規模最大的，他們在十幾個主要城市運行數位人民幣。截至 2021 年 7 月，數位人民幣的交易次數已

經累積來到 7,085 萬筆，交易總額約 52 億美元。印度在 2022 年最後一季度推出數位盧比的批發試點，包括印度最大貸款機構印度國家銀行在內的 9 家銀行參與其中。相較之下，美國、英國、法國、德國、義大利等 GDP 大國則採取比較謹慎的態度，目前仍然在研究實施 CBDC 的可能性。

　　CBDC，又稱數位法定貨幣（digital fiat currency），或數位基準貨幣（digital base money），是法定貨幣的數位版本，一種受到政府法規、貨幣發行當局或法律所

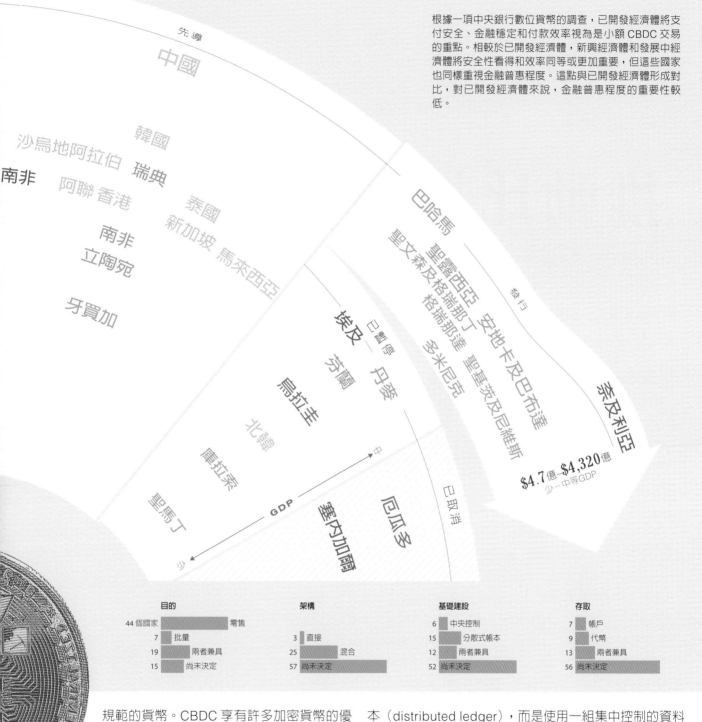

先導

中國

韓國

沙烏地阿拉伯　瑞典

阿聯　香港　泰國

南非　新加坡　馬來西亞

南非

立陶宛

牙買加

巴哈馬

聖露西亞　安地卡及巴布達

聖文森及格瑞那丁

格瑞那達　聖基茨及尼維斯

多米尼克

發行

奈及利亞

$4.7億–$4,320億
少－中等GDP

埃及

芬蘭

巴貝多　丹麥

烏拉圭

北韓

厄瓜多　宏都拉斯

巴取消

中

聖馬丁

GDP

少

瓜地馬拉

目的		架構		基礎建設		存取	
44 個國家	零售	3	直接	6	中央控制	7	帳戶
7	批量	25	混合	15	分散式帳本	9	代幣
19	兩者兼具	57	尚未決定	12	兩者兼具	13	兩者兼具
15	尚未決定			52	尚未決定	56	尚未決定

　　規範的貨幣。CBDC 享有許多加密貨幣的優點，同時避免了加密貨幣的缺點，例如高耗能和缺乏信賴基礎的問題。由於 CBDC 能夠讓中央銀行以前所未見的方式獲取金融交易數據，隱私議題仍存在許多疑慮。如同上方的長條圖顯示，大部分的 CBDC 聚焦於消費者和企業之間的零售交易，而非銀行間的批量交易。目前主要流行的 CBDC 架構是混合式的，必須依賴商業銀行擔任金融中介。相較於加密貨幣，大部分 CBDC 的結構並不會單純依靠分散式帳本（distributed ledger），而是使用一組集中控制的資料庫。使用者既可以透過與使用者身分連結的個人帳號存取 CBDC，也可以透過匿名代幣（anonymous token）存取 CBDC。

　　法定貨幣的未來日益數位化，而且全面數位化的日子可能比想像中的時間還要更近一點了。根據國際清算銀行（Bank of International Settlements）在 2020 年的調查，全球大約 20% 的中央銀行可能會在接下來的六年內推出自己的 CBDC。

推動比特幣

比特幣是世界上首個，也是當今最大的加密貨幣，但因為不穩定性和消耗能源，產生了許多爭議。

2009 年，中本聰（Satoshi Nakamoto）發明了比特幣。當時，加密貨幣備受眾人期待。次年，比特幣出現兩個突破。首先是拉斯洛·漢耶茲（Laszlo Hanyecz）用比特幣買了兩片披薩，這兩片披薩是世界上第一批用這種新貨幣進行的交易。接著，線上黑市絲路（Silk Road）決定以比特幣作為支付方式，比特幣前景看似一片大好。但在 2013 年，中國人民銀行卻禁止金融機構使用比特幣。2014 年，作為世界加密貨幣交易所領頭羊的 Mt. Gox 又爆出資安問題而倒閉。即便經歷這些挫折，比特幣的價值仍然持續增長，在 2017 年 12 月曾一度達到 20,000 美元的高點（見下方圖表）。然而，一年多之後，價值卻快速貶值到 3,177 美元，造成市場信心幻滅。2021 年 3 月，比特幣又再度暴衝到 62,000 美元的新高。擁有這樣的價格，比特幣的總值幾乎可與微軟（Microsoft）、亞馬遜（Amazon）以及字母控股（Alphabet）這些全球最大的公司相互媲美。

比特幣依賴區塊鏈技術和分散式帳本來確認交易。最重要的是，它並不需要依賴集中結算機構（central counterparty）來管理交易網絡。取而代之的是由世界各地「比特幣礦工」所共同提供的龐大演算能力，負責運行和管理交易。理論上，任何人都能成為比特幣礦工。但實際上，支持比特幣區塊鏈的大部分計算能力來自於各種規模的企業，這些企業專門從事比特幣挖礦，並為此打造稱為「礦機」的特製電腦。比特幣挖礦曾經以中國提供便宜能源的省分（見右圖）為大宗，一直到 2021 年中國人民銀行禁止比特幣挖礦，中國才不再盡情挖礦。

儘管比特幣取得了諸多成功，包括交易成本下降、區塊鏈的安全性和日益增長的採用，但比特幣區塊鏈能源消耗量太大，幾乎能與比利時和智利一整年的國家總用電量相當。比特幣透過工作量證明（proof-of-work）演算法來驗證交易，而這個演算法非常耗能。單筆交易需要用上大約 707.6 千瓦小時的電力，如此的用電量足以供給美國一般家庭生活長達 24 天。這引發了人們對加密貨幣和區塊鏈技術造成環境影響的擔憂。雖然比特幣看似無形，但挖礦和維護過程卻非如此。金融創新，並非單純是靠創意的本身來驅動。

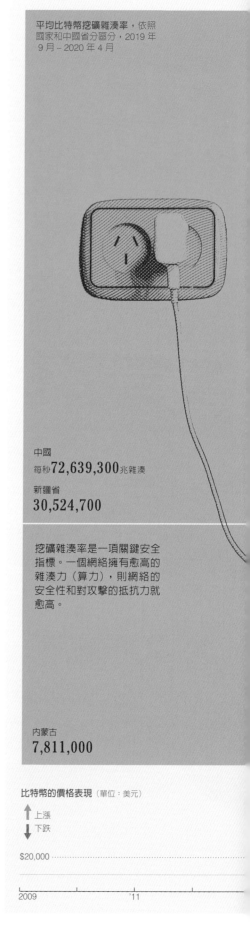

平均比特幣挖礦雜湊率，依照國家和中國省分區分，2019 年 9 月 – 2020 年 4 月

中國
每秒 **72,639,300** 兆雜湊

新疆省
30,524,700

挖礦雜湊率是一項關鍵安全指標。一個網絡擁有愈高的雜湊力（算力），則網絡的安全性和對攻擊的抵抗力就愈高。

內蒙古
7,811,000

比特幣的價格表現（單位：美元）

↑ 上漲
↓ 下跌

$20,000

2009   '11

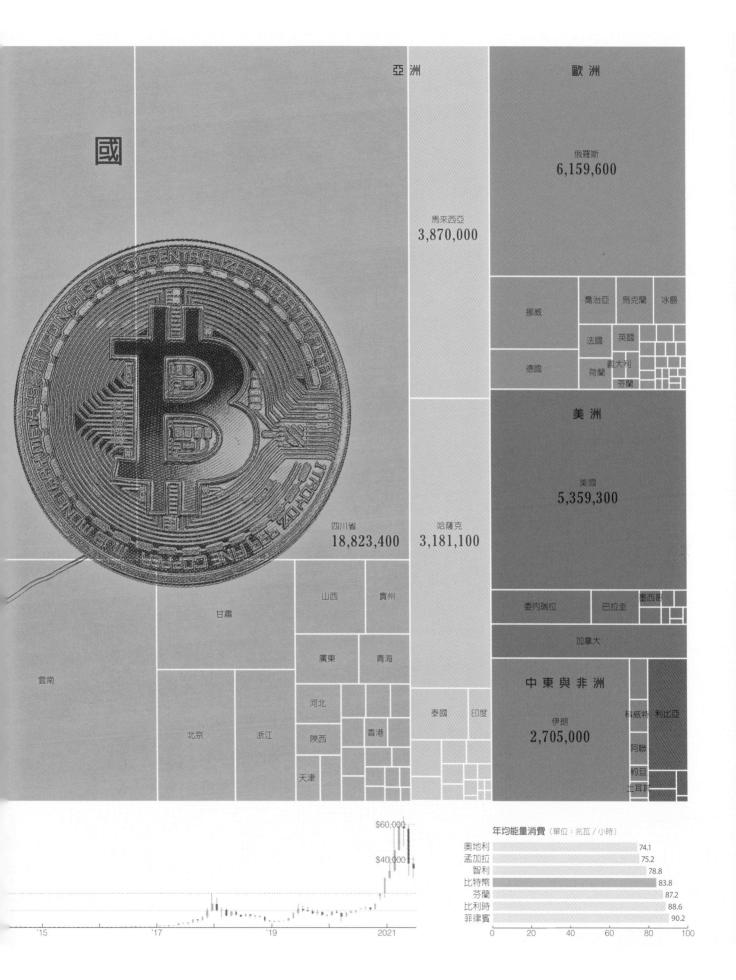

亞 洲

歐 洲

國

俄羅斯
6,159,600

馬來西亞
3,870,000

挪威

喬治亞　烏克蘭　冰島

法國　英國

德國　義大利
荷蘭　芬蘭

美 洲

美國
5,359,300

四川省
18,823,400

哈薩克
3,181,100

山西　貴州

甘肅

廣東　青海

雲南

河北

委內瑞拉　巴拉圭　墨西哥

加拿大

中 東 與 非 洲

北京　浙江

陝西　香港

伊朗
2,705,000

科威特　利比亞

阿聯

天津

泰國　印度

約旦

土耳其

$60,000

$40,000

年均能量消費（單位：兆瓦／小時）

奧地利		74.1
孟加拉		75.2
智利		78.8
比特幣		83.8
芬蘭		87.2
比利時		88.6
菲律賓		90.2

'15　　　'17　　　'19　　　2021

0　　20　　40　　60　　80　　100

城市與金融中心

金融中心體現了金融的地理特性。金融中心彼此競爭合作，將城市、都市網絡和世界各地緊密相連。若想建立金融中心，城市就必須提供種類繁多的金融和商業服務；若想創造財富，就必須採取保持開放的態度；若想把金融中心的優勢發揮到極致，就必須滿足世界上所有富豪的需求。金融中心持續不斷地發展與調整，並且融入世界各地的文化、技術與政治。

無為將必無穫。

阿爾伯特・愛因斯坦（Albert Einstein）

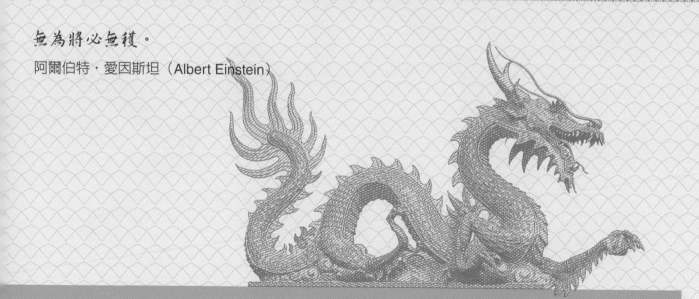

從威尼斯到倫敦

歐洲金融中心的建立，人口、財富和思想三者缺一不可。

　　一座城市要如何成為國際金融中心呢？歐洲的歷史顯示，要成為國際金融中心必須花上很長一段時間。經濟會隨著工業、貿易和戰爭而發展，重要的城市在這樣的過程中積累人口、財富和思想。但是，只有大量富裕的人口還不足以讓一座城市成為金融中心。如下圖顯示，所有城市之中，只有倫敦曾經是歐洲人口最多的城市。要想成為國際金融中心，一座城市還需要有一些跨國的聯繫。

　　如下圖顯示，所有主要的金融中心，除了佛羅倫斯以外，通通都是海港都市，並且擁有大量的外籍人士。布魯

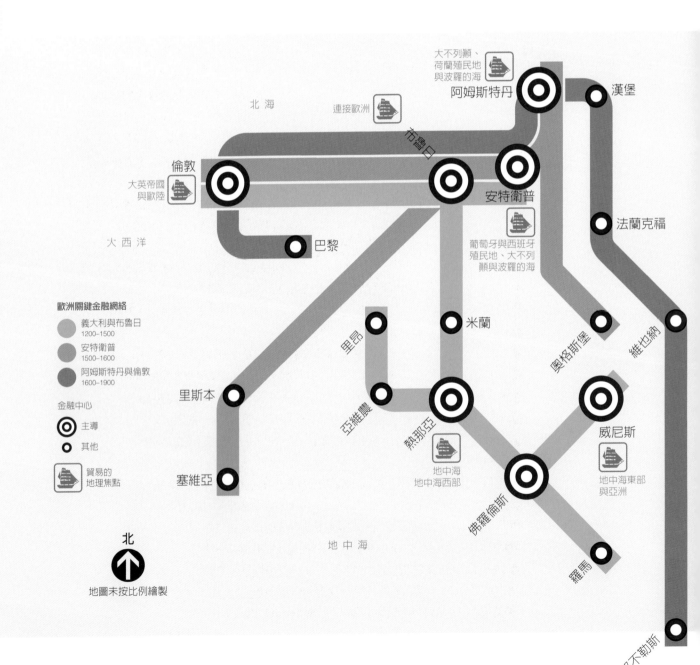

歐洲關鍵金融網絡

義大利與布魯日
1200-1500

安特衛普
1500-1600

阿姆斯特丹與倫敦
1600-1900

金融中心

◎ 主導

○ 其他

貿易的
地理焦點

北海　連接歐洲　大不列顛、荷蘭殖民地與波羅的海　阿姆斯特丹　漢堡

布魯日

倫敦　大英帝國與歐陸　安特衛普　法蘭克福

葡萄牙與西班牙殖民地、大不列顛與波羅的海

大西洋　巴黎

里昂　米蘭　奧格斯堡　維也納

里斯本　亞維農　熱那亞　威尼斯

地中海地中海西部　地中海東部與亞洲

塞維亞　佛羅倫斯　羅馬

北　地圖未按比例繪製

地中海

那不勒斯

日對義大利的銀行家極為禮遇，在布魯日之後，安特衛普為銀行家提供比葡萄牙和西班牙的帝國城市更多自由和資源。保持開放的態度對革新非常有幫助。費波那契（Fibonacci）使用印度、阿拉伯數字系統，開啓了金融教育的革命，而佛羅倫斯則是這場革命的中心。政府債券的概念，從威尼斯和熱那亞開始擴散。倫敦的皇家交易所效仿了阿姆斯特丹證券交易所的營運模式，阿姆斯特丹證券所則是以安特衛普的新交易所為原型，安特衛普的新交易所又是受到布魯日的證券交易所廣場（Beurs Square）和威尼斯的里阿爾托橋（Rialto Bridge）影響。

雖然新的交易所通常建立在既有的模式和資源上，吸引同一群資本、人才和客戶，卻不會完全取代舊的交易所。

重大的政治和經濟事件也會影響金融強權的更替。下方路線圖顯示，當交易重點在地中海和亞洲地區時，義大利城市（金色）就會稱霸。十五世紀後期，當新興大西洋貿易將金融中心移往歐洲西北部（藍色）時，土耳其就乘勢而起。西班牙在 1585 年入侵安特衛普，以及法國 1795 年進攻荷蘭共和國，皆分別促使金融中心往阿姆斯特丹和倫敦轉移（藕荷色）。所以，再一次戰爭會造成金融強權的洗牌嗎？

歐洲金融中心簡史

科西莫・德・麥地奇

義大利與布魯日

1202
佛羅倫斯算學堂開張，提高財金技巧。

1204
威尼斯在地中海東部獲得領土，掌控亞洲貿易。

1277
熱那亞商船隊開始與布魯日展開貿易。

1300－1343
佛羅倫斯佩魯齊家族發展銀行事業，並在布魯日、安特衛普和倫敦開設分行。

1397－1470
佛羅倫斯麥地奇家族發展銀行事業，並在亞維農、布魯日、倫敦、里昂、米蘭、羅馬和威尼斯開設分行。

1454
土耳其人占領君士坦丁堡，結束義大利人對亞洲貿易的掌控。

1492－1500
哈布斯堡王朝鎮壓布魯日的反抗，並重創城市。茲溫海道淤積，阻斷了布魯日與海岸的聯繫。

1494
麥地奇銀行宣告破產。

格拉西亞女士

安特衛普

1500 年代
葡萄牙商人從布魯日轉移到安特衛普。

1500 年代
遭到西班牙和葡萄牙放逐的猶太銀行家遷入此地。

1500 年代
奧格斯堡的富格爾和韋爾瑟家族在此地建立銀行辦事處。

1531
專門經營金融交易的「新交易所」開幕。

1540 年代
格拉西亞女士接手歐洲首屈一指的曼德斯銀行，並幫助猶太人逃避宗教裁判所的迫害。

1560 年代
湯瑪士・葛瑞斯漢在此地工作，之後回到倫敦，按照新交易所的模式設立皇家交易所。

1585
西班牙占領安特衛普。

1590 年代
猶太銀行家遷往阿姆斯特丹。

亨利・霍普

阿姆斯特丹與倫敦

1602
荷蘭東印度公司和阿姆斯特丹證券交易所成立。

1694
英格蘭銀行成立，原型參照阿姆斯特丹銀行。

1734
霍普公司創立於阿姆斯特丹，成為歐洲該世紀的主導銀行。

1774
世界最早的投資基金創立於阿姆斯特丹。

1794
亨利・霍普，十八世紀著名銀行家，從阿姆斯特丹移居至倫敦。

1795
法國攻擊荷蘭共和國。

1799－1820
法蘭克福的羅斯柴爾德家族在倫敦建立銀行總辦事處，並在巴黎、那不勒斯和維也納設立分行。

1818
漢堡施羅德家族在倫敦開設投資銀行。

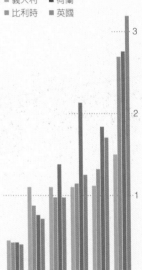

各國人均 GDP，1000－1870
（單位：1990 年代的 1,000 國際元）
■ 義大利　■ 荷蘭
■ 比利時　■ 英國

四個國家歷史上的人均 GDP，展示了金融中心的演進，及其和附近經濟體的開發之間的關係。到了 1500 年，義大利已經是歐洲最富有的地區，緊追在後的是比利時。後來它們先後被荷蘭與英國超越。

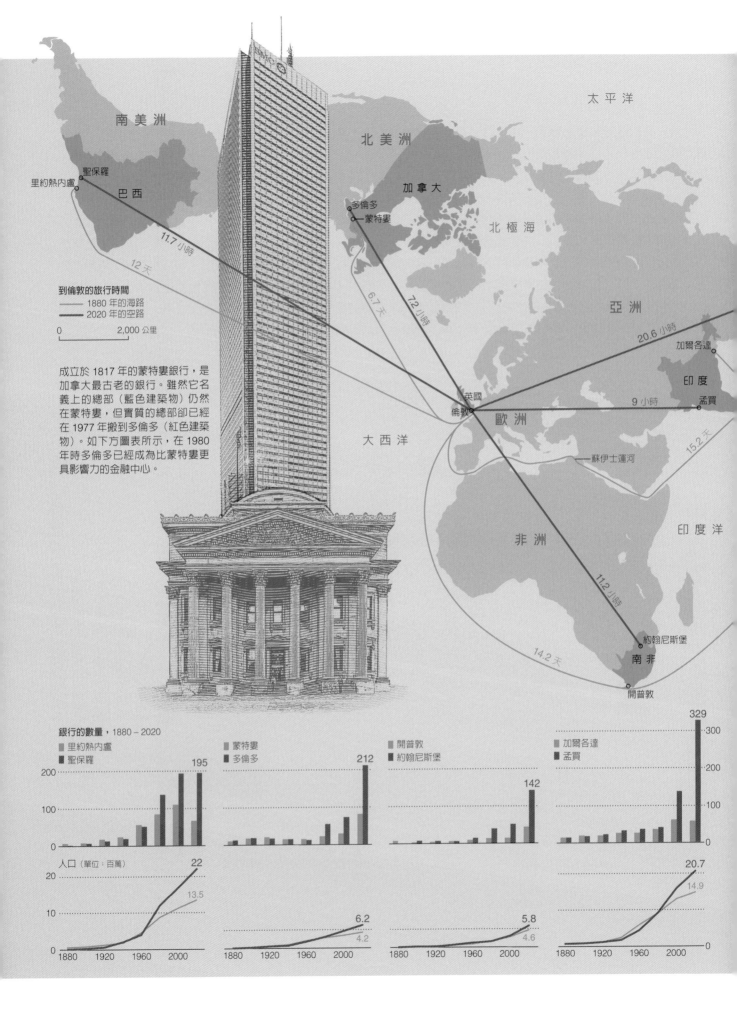

太平洋

北美洲

加拿大

多倫多
蒙特婁

北極海

亞洲

南美洲

聖保羅
里約熱內盧
巴西

11.7 小時

12 天

加爾各達

印度
孟買

20.6 小時

9 小時

到倫敦的旅行時間
—— 1880 年的海路
—— 2020 年的空路

0   2,000 公里

6.7 天

7.2 小時

英國
倫敦

歐洲

15.2 天

成立於 1817 年的蒙特婁銀行，是
加拿大最古老的銀行。雖然它名
義上的總部（藍色建築物）仍然
在蒙特婁，但實質的總部卻已經
在 1977 年搬到多倫多（紅色建築
物）。如下方圖表所示，在 1980
年時多倫多已經成為比蒙特婁更
具影響力的金融中心。

大西洋

蘇伊士運河

印度洋

非洲

南非

11.2 小時

約翰尼斯堡

14.2 天

開普敦

銀行的數量，1880－2020

里約熱內盧
聖保羅

蒙特婁
多倫多

開普敦
約翰尼斯堡

加爾各達
孟買

195

212

142

329

300

200

200

200

100

100

100

100

人口（單位：百萬）

22

13.5

20

10

6.2

4.2

5.8

4.6

20.7

14.9

1880 1920 1960 2000

1880 1920 1960 2000

1880 1920 1960 2000

1880 1920 1960 2000

金錢大地圖

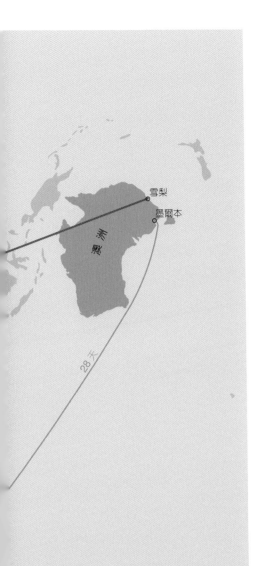

區位優勢

電報、空中交通的興起和金融全球化，促成了各國金融中心的轉移。

在大多數國家中，主要的金融重鎮都是該國的首都。首都既是國家的人口中心，也是經濟中心，諸如倫敦、巴黎、華沙、墨西哥市、東京都是這樣的例子。但是，有少部分的國家，例如澳洲、巴西、加拿大、印度和南非，國內同時有數個城市在競爭金融重鎮的地位。雪梨、聖保羅、多倫多、孟買和約翰尼斯堡是這些國家現今的金融中心，但在十九世紀晚期，這些位子分別屬於巴西的里約熱內盧、南非的開普敦；而在澳洲，雪梨與墨爾本難分軒輊；在加拿大，蒙特婁與多倫多競爭激烈；在印度，加爾各答與孟買並駕齊驅。

如圖表所示，現今的主要金融中心（紅色）均於過去的 40 到 50 年間崛起，並超越它們的競爭對手（藍色），具體原因各不相同。墨爾本在 1927 年失去作為澳洲首都的地位，里約在 1960 年也是如此。在加拿大，日益增長的美國經濟，更青睞於距離美國較近且不依賴歐洲的多倫多，而魁北克的分離主義則加劇了蒙特婁的商業損失。大英帝國結束對印度的統治，使得作為英國東印度公司總部的加爾各答不再那麼重要。荷蘭人在南非的影響力被英國取代，加上維瓦特斯蘭（Witswatersrand）的淘金熱與採礦潮，也讓開普敦的重要程度下滑。

其他不利於墨爾本、里約、蒙特婁和開普敦的因素，還包含了電報的使用，以及二十世紀的交通方式，例如從海運轉變為空運。這兩個變化都使得物理距離不如以往重要。當重要的金融資訊透過海上傳遞，並且倫敦仍然是全球首要的金融中心時，只要前往倫敦所花費時間愈短，就愈能取得巨大的優勢（見左方地圖）。若想從新鮮的情報獲利，你必須待在一個離倫敦夠近的城市。

這些新興的金融中心也做對一些事。像是考量到金融自由化和全球化的狀況，這些城市不僅吸引了大量當地和外資銀行，也成為那些國家的外國交易門戶。在這些城市的發展過程中，它們的人口數和經濟體也逐漸成長，觸發群聚效應，各種金融活動互相彼此吸引。大量的潛在客戶催生許多銀行，這些銀行不僅帶來金融和商業服務，也提高了就業率，並提供更多的信用貸款，人口因而成長快速，就像這樣往復循環，生生不息。

儘管絕大多數外國銀行選擇雪梨作為進入澳洲的門戶，但墨爾本仍然是澳盛銀行（ANZ）和澳洲國民銀行（NAB）等本地主要銀行的總部所在地。墨爾本也仍然是澳洲退休基金產業的中心。

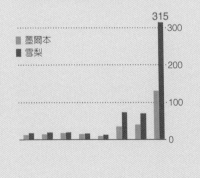

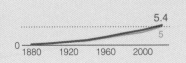

金融中心

金融和商業服務互動熱絡，引發群聚效應。

若想建立金融中心，只靠銀行成不了事！像是紐約和倫敦這類世界頂尖的金融中心，不缺會計事務所、資產管理員、避險基金、私募股權公司、不動產公司，也不乏引進數位科技的金融科技公司如雨後春筍般出現。在紐約和倫敦兩個金融中心地圖的組織種類中，還包含公司法律師事務所、金融機構、中央銀行、評級機構和金融媒體公司。

金融和商業服務的種類，2022

- ● 會計
- ● 顧問
- ● 銀行
- ● 金融科技
- ● 公司法規
- ● 資產管理
- ● 保險
- ● 避險基金與私人股權
- ● 不動產
- ○ 其他

金融區

此區大致與新阿姆斯特丹的邊界相當。新阿姆斯特丹是荷蘭人在 1624 年於曼哈頓島的尖端建立的定居點和貿易站。隨後在這邊展開金融交易，最終在 1792 年開設紐約證券交易所。伊利運河讓華爾街成為了美國金融的中心將近兩個世紀，直到 911 恐怖攻擊事件加速了金融企業的外移。

中城區

整個十九到二十世紀初期，紐約市都在向北擴張，並透過火車站連接美國其他地區。最近中城區正成為了比金融區更大的金融中心。光是中城區第六大道（美洲大道）附近的金融和商業服務總部，就比整個金融區多了。

矽巷

1990 年代末期的網路熱潮讓熨斗區吸引了許多科技公司。由於鄰近金融專業，這個區域，以及諾瑪德（NoMad）、麥迪遜花園廣場南北側，都有許多的金融科技公司進駐，其中包含卓越（Betterment）和聰慧交易（Wise）的美國分部。雖然員工數並不多，金融科技卻是金融革新不可或缺的一環。

哈德遜城市廣場

隨著 2000 年代中期金融業蓬勃發展，建商也在哈德遜城市廣場大興土木。摩根士丹利曾經是那裡的主要租戶，但和高盛一起在全球金融危機之後退租了。到了 2021 年該區域只能夠吸引一小撮的金融和商業公司，包含私人股權巨人 KKR 以及波士頓顧問公司（BCG）。

如下面的地圖顯示，圓點標示的是各個產業中領先企業所在的位置。

城市間的金融機構之所以高度集中，有歷史背景可循。首先，倫敦的金融機構所在地區從市區開始慢慢擴張到西區（West End），再到金絲雀碼頭（Canary Wharf），目前金融機構在南岸（South Bank）發展。

其次，紐約地區金融發展的原點是在市中心的金融區（Financial District），後來往曼哈頓中城區（Midtown）擴散，目前的金融機構則聚集在熨斗區（Flatiron District）以及哈德遜城市廣場（Hudson Yards）附近。最著名的投資銀行高盛（Goldman Sachs）總部就曾數次搬遷，但總部位置總是保持在與華爾街步行距離只要幾分鐘的範圍內。高盛在倫敦設立第一間分行後，就一直待在倫敦金融區。

相較來看，摩根士丹利無論是在倫敦或紐約，都曾經在不同區域設立據點。

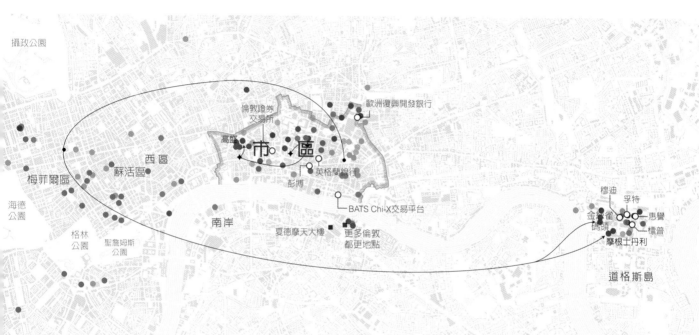

倫敦市區
倫敦金融城（Square Mile）自從羅馬人在公元一世紀控制該地以來，就是重要的商貿中心。隨著十六和十七世紀皇家證交所和附近咖啡館成立，倫敦金融城也躍升為金融中心，來自世界各處的消息也在此處交會，並提供金融交易的參考。時至今日，在此地工作的金融和商業服務人員數量已經超過了 200,000 人。

西區
倫敦西區，尤其是梅菲爾（Mayfair）一帶，在 1666 年倫敦大火之後就一直都是有錢倫敦人聚集地。隨著時間的推移，該地區成為需要靠近財富的公司的落腳處，包括領先的私募股權公司、避險基金和房地產開發商。它也吸引了喜歡蘇活區創意環境的顧問和廣告公司。

金絲雀碼頭
時間來到 1980 年，倫敦港區早已因為泰晤士河過於狹窄，無法容納貨櫃船而關閉。這個區域在 1990 年代為了滿足金融產業全球化的需求而復甦。在這個區域，你能找到匯豐銀行（HSBC）和巴克萊（Barclays）的總部，以及花旗銀行（Citibank）、瑞士信貸（Credit Suisse）、摩根大通和摩根士丹利的歐洲總部，金融和商業從業人員數量 100,000 人。

南岸
隨著空間需求增加，開發商開始著眼於泰晤士河的對岸。與市區隔岸對望的夏德摩天大樓（The Shard）在 2012 年開張時便成為了英國最高的大樓，也是許多金融和商業公司的據點。它的鄰居摩爾倫敦廣場（More London Place）則容納了大約 20,000 名專業人員。這些人大部分都在普華永道（PwC）和安永（EY）這兩間會計和顧問公司的全球總部工作。

過去辦公室地點
✦ 高盛
1869－2009，紐約
1970－2019，倫敦
● 摩根士丹利
1935－1995，紐約
1977－1991，倫敦

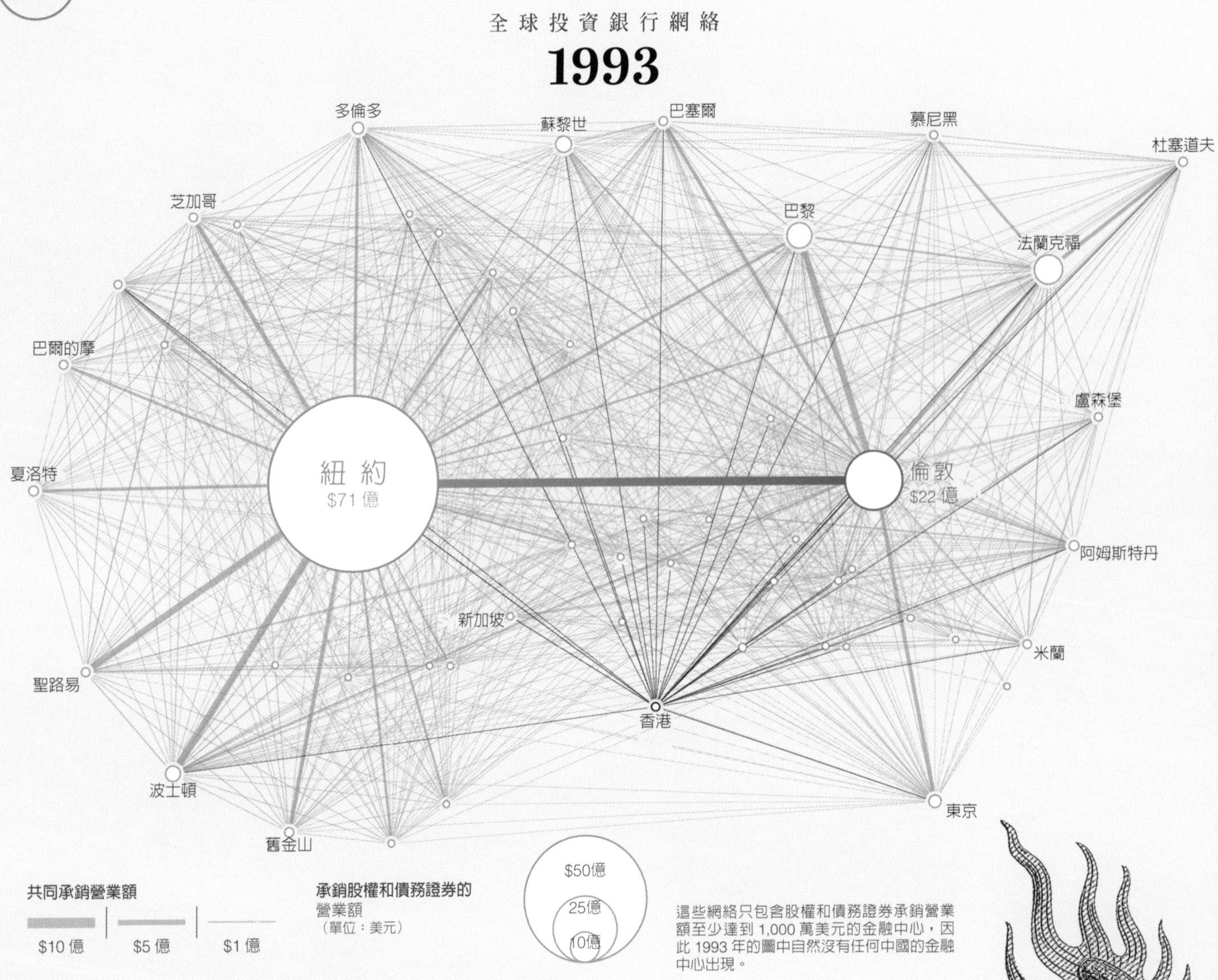

1993

多倫多　蘇黎世　巴塞爾　慕尼黑　杜塞道夫
芝加哥　　　　　　　巴黎　　法蘭克福
巴爾的摩　　　　　　　　　　　盧森堡
夏洛特　　紐 約　　　　　倫 敦
$71 億　　　　　$22 億
　　　　　　　　　　　阿姆斯特丹
新加坡　　　　　米蘭
聖路易　　　　　香港
波士頓　　　　　東京
舊金山

共同承銷營業額

$10 億　$5 億　$1 億

承銷股權和債務證券的營業額
（單位：美元）

$50億
25億
10億

這些網絡只包含股權和債務證券承銷營業額至少達到 1,000 萬美元的金融中心，因此 1993 年的圖中自然沒有任何中國的金融中心出現。

飛龍在天

中國的金融中心，花不到二十五年的時間，就從全球投資銀行網絡中的小不點，躍升成為大明星。

　　中國現在是世界上最大的經濟體，那麼中國金融中心能否挑戰紐約和倫敦的國際地位呢？如上方圖表顯示，全球投資銀行網絡的結構其實並非不可撼動。

　　1993 年，營業額達 1,000 萬美元的中國金融中心是香港，而香港早就與紐約、倫敦、新加坡、東京和蘇黎世等地的投資銀行締下合作關係。當時中國本土城市的證券交易才剛剛起步，尚未被整合進世界投資銀行的網絡

中。到了 2016 年，情況已經完全改觀。當今世界前二十名的金融中心中有 6 個在中國，而且這些中國金融中心早就超越歐美的二線金融中心，包括盧森堡、阿姆斯特丹、慕尼黑、米蘭、芝加哥和舊金山等地。如右方折線圖所顯示，中國金融中心的成長速度比紐約和倫敦都還要快。

　　但是，如上圖顯示，就全球銀行網絡的交易額來看，

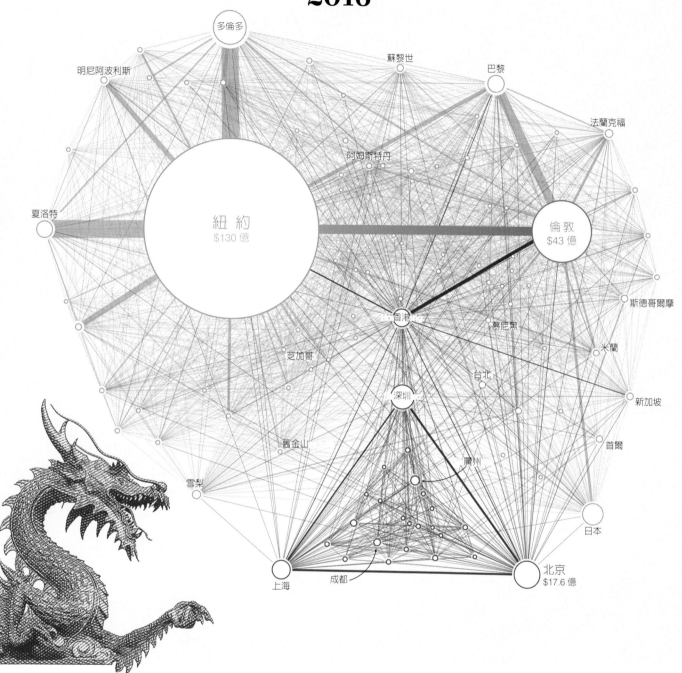

全球投資銀行網絡
2016

多倫多

蘇黎世

巴黎

明尼阿波利斯

法蘭克福

阿姆斯特丹

夏洛特

紐 約
$130 億

倫 敦
$43 億

斯德哥爾摩

慕尼黑

米蘭

香港

芝加哥

台北

新加坡

深圳

首爾

廣州

舊金山

雪梨

成都

日本

上海

北京
$17.6 億

紐約與倫敦共構的經濟軸心，仍然大於中國城市的輸入
與輸出總額。2016 年，紐約的營業總額是北京的八倍，
倫敦則是北京的三倍。事實上，你得要把中國前四大的
金融中心（北京、上海、深圳和香港）相加，才能與倫敦
相比。就算把數字相加，這個加總的數字也只是紐約的
四分之一。蒸蒸日上的中國金融巨龍，仍不斷與各方持
續緊密合作，極度仰賴香港與全球產生聯繫。

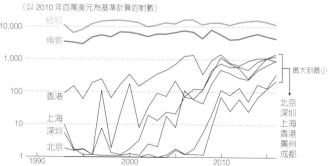

承銷股權和債務證券的營業額，1993 – 2016
（以 2010 年百萬美元為基準計算的對數）

10,000 — 紐約
倫敦

1,000 —

香港

100 —

上海
深圳

10 —

北京

1 —
1990   2000   2010

最大到最小

北京
深圳
上海
香港
廣州
成都

城市與金融中心

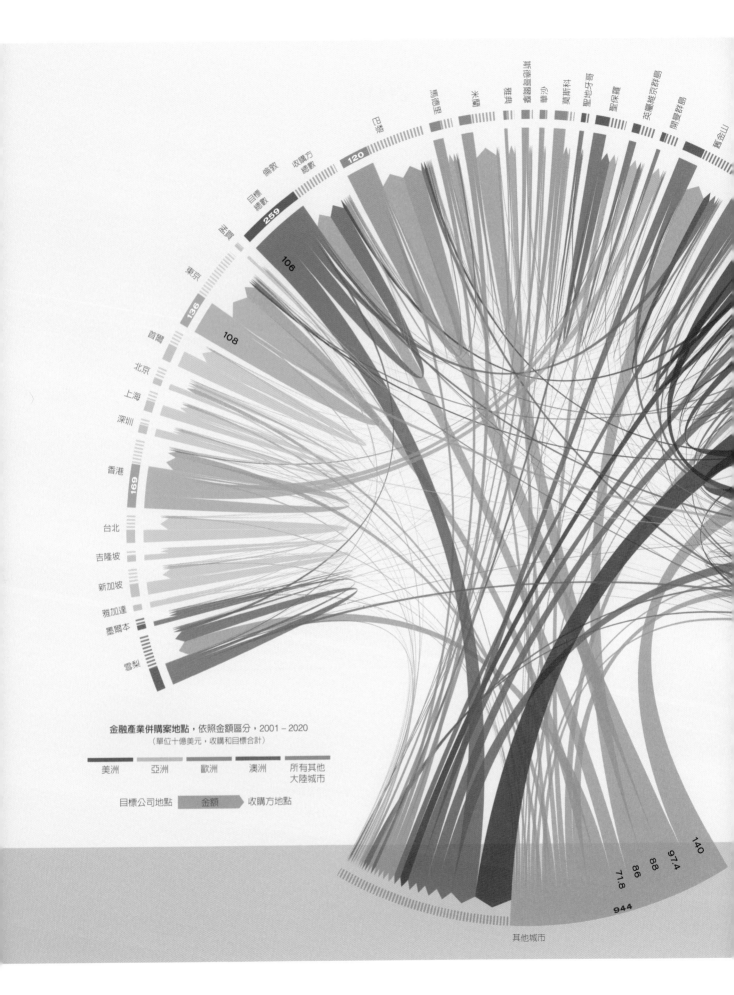

金融產業併購案地點，依照金額區分，2001－2020
（單位十億美元，收購和目標合計）

美洲　　亞洲　　歐洲　　澳洲　　所有其他
　　　　　　　　　　　　　　　　大陸城市

目標公司地點　　金額　　收購方地點

其他城市

金錢大地圖

洛杉磯

芝加哥
204

華盛頓

費城

161

378

104

紐約

波士頓

多倫多

漢密爾頓

併購案總額，依照大陸區分，2001－2020
（單位：十億美元）

1,200

800

400

0

光是二十一世紀就有上千筆併購案在金融
產業內發生，而且在美洲尤為盛行。

併購風波

世界各國的金融併購如雨後春筍般爆發，但它們可能沒有你想像得那麼全球化。

　　如果你可以直接把競爭對手買下來，何苦花費時間和金錢試圖打敗他們？顯然，金融公司就實踐了這樣的想法，在過去 20 年間合併與收購（簡稱「併購」）的案件數量急遽增加。併購案，指的是收購方公司買下目標方公司的交易。當公司想要進入外國市場、實現財務上的相互合作和收益增長，並獲得新的人才、技術和智慧財產時，併購案就會發生。併購不僅僅是擴大公司的影響範圍，還為交易雙方的金融中心提供了新機會。

　　併購案能夠刺激城市成長。併購案也能帶來財力、人力與創意，並加深城市之間彼此的聯繫。金融中心服務收購方公司，能夠豐富金融生態系統的廣度和深度，同時獲得更高的決策權。至於，被併購方所在地的金融中心，能夠獲得新的投資，並且與其他城市建立更緊密的合作關係。要注意的是，雖然併購案可以提供成長所需的養分，但它也可能會成為毀滅性的力量。在某些例子中，被併購的公司會失去自主權，辦公室遭到關閉，員工也必須隨之轉調。

　　無論結果是好是壞，某些城市的金融公司擅長併購它的競爭對手。我們蒐集了金融產業中價值超過 1,000 萬美元的併購案，並依此繪製出顯示世界主要金融中心之間在 2001 到 2020 年間併購案走向圖。紐約、倫敦、芝加哥、香港、巴黎和東京是併購交易最多的地方。紐約、巴黎和東京的金融公司主要是作為收購方公司，而倫敦、芝加哥和香港的金融公司通常是被併購的公司。美國、歐洲和亞洲、漢密爾頓（百慕達）以及英屬維京群島等離岸金融中心巨大的併購活動量，與拉丁美洲和非洲稀疏的活動量形成強烈對比。

　　雖然跨國金流能夠讓世界各地的金融中心緊密聯繫，但如左方圖表顯示，U 字形的國內和跨城市併購案其實更加常見。紐約、巴黎和東京內部的併購案就包含了全球前十大的收購 - 被併購配對。由於語言、文化和國家法律架構在任何一個併購案中都起著重要作用，金融公司更有可能收購來自本國的競爭對手——這種偏見使全球金融變得不那麼全球化，並且被國界所分隔開來。簡單來說，地理位置的確很重要。

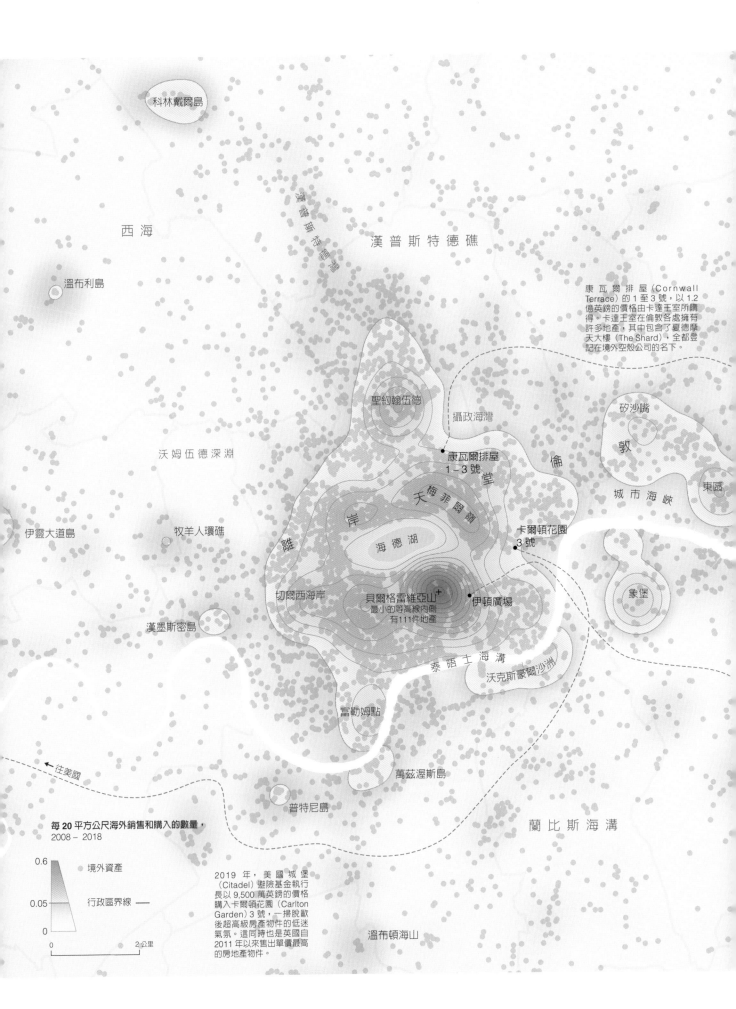

科林戴爾島

西　海

漢普斯特德礁

溫布利島

康瓦爾排屋 (Cornwall Terrace) 的 1 至 3 號，以 1.2 億英鎊的價格由卡達王室所購得。卡達王室在倫敦各處擁有許多地產，其中包含了夏德摩天大樓 (The Shard)，全都登記在境外空殼公司的名下。

聖約翰伍德

攝政海灣

矽沙嘴

沃姆伍德深淵

康瓦爾排屋
1-3 號

敦

倫

天梅菲爾嶺

城市海峽

東區

伊靈大道島

牧羊人環礁

離

岸

海德湖

卡爾頓花園
3 號

貝爾格雷維亞山
最小的等高線內側
有111件地產

漢墨斯密島

切爾西海岸

伊頓廣場

象堡

泰晤士海溝

沃克斯豪爾沙洲

往美國

萬茲渥斯島

蘭比斯海溝

普特尼島

每 20 平方公尺海外銷售和購入的數量，
2008 – 2018

0.6 ── 境外資產

0.05 ── 行政區界線 ──

0

0 ──────── 2 公里

2019 年，美國城堡 (Citadel) 避險基金執行長以 9,500 萬英鎊的價格購入卡爾頓花園 (Carlton Garden) 3 號，一掃脫歐後超高級房產物件的低迷氣氛。這同時也是英國自 2011 年以來售出單價最高的房地產物件。

溫布頓海山

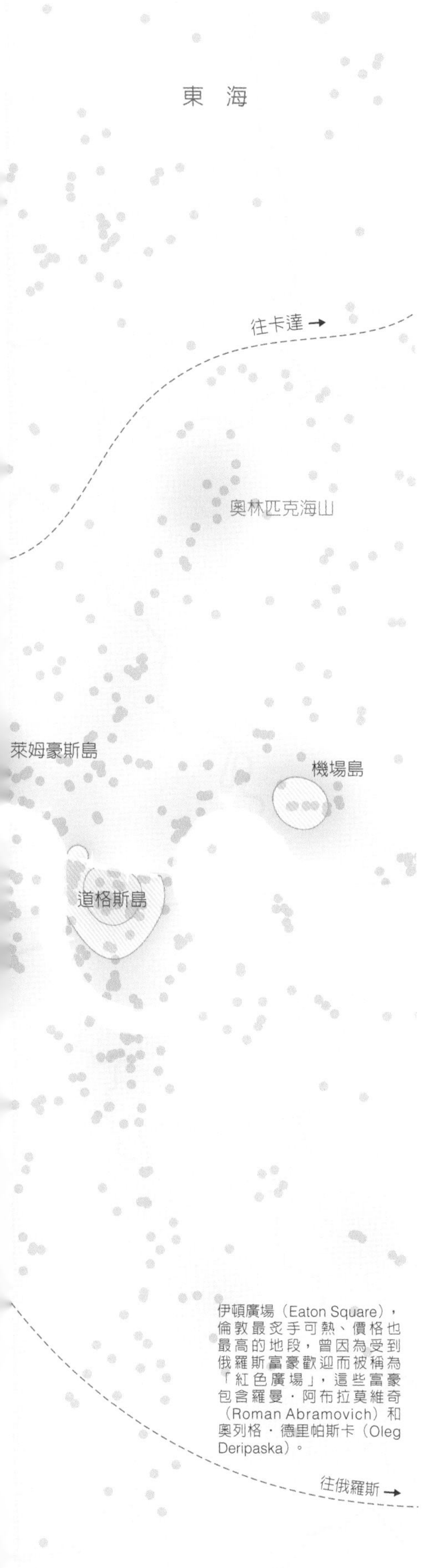

東海

往卡達 →

奧林匹克海山

萊姆豪斯島

機場島

道格斯島

伊頓廣場（Eaton Square），
倫敦最炙手可熱、價格也
最高的地段，曾因為受到
俄羅斯富豪歡迎而被稱為
「紅色廣場」，這些富豪
包含羅曼・阿布拉莫維奇
（Roman Abramovich）和
奧列格・德里帕斯卡（Oleg
Deripaska）。

往俄羅斯 →

現代金銀島

對有錢人來說，倫敦就是一座天堂。不過，在風光明媚的島嶼
上，暗藏了許多登記在離岸司法管轄區和避稅天堂底下的昂貴
地產。

　　就像大公司開始利用複雜跨國組織架構來避稅，有錢人也有樣學樣。超
級富豪們並不會將他們的財富通通存在一個銀行或帳戶裡面，他們會將財
富分配到各種投資和金融資產底下，例如炙手可熱的房地產。

　　身為全球金融中心，倫敦是空殼遊戲的熱點。我們在地圖中標出非英
國企業對倫敦房產的銷售和購買情況。2008 至 2018 年間的大部分海外
銷售，都與在梅菲爾（Mayfair）、貝爾格雷維亞（Belgravia）、切爾西
（Chelsea）和聖約翰伍德（St. John's Wood）等地區的地產有關。這些
地區在我們的地圖上都被標示為「離岸天堂倫敦」（Offshore London）的
中心島嶼地標。橘色區域的海外銷售量最大，淺藍色區域最少。在像是象
堡區（Elephant and Castle）附近的地產外島，則通常是近期都市更新計
畫的投資標的。

　　倫敦不只是藏匿財富的地點，也是許多有錢人的居住地。2018 年，住
在倫敦的超高淨值人士就有 4,944 人。這些人的身價個個 3,000 萬美元起
跳，倫敦同時也是世界上超高淨值人士最密集的地方。他們通常不會親自
管理自己的財產，而是聘請專業的理財專員、律師和會計師，來幫助他們
最大化投資收益，並最小化稅務負擔。超級有錢人甚至會成立「家族辦公
室」，專門負責管理他們的財富。這些辦公室就像是私人的避險基金，藏
身於梅菲爾區不起眼但地段優秀的建物之中。

　　把房地產所有權最小化或拿來避稅的方式之一，就是將資產「包裝」成
一間設立在海外節稅天堂的公司。雖然在倫敦擁有當地產的海外公司並
不全是這種資產包裝公司，但大部分都是。左方地圖顯示，所有登記的地
產中，40% 設立在英屬維京群島，31% 設立在根西島（Guernsey）、澤
西島（Jersey）和曼島（Isle of Man），還有 18% 設立在其他離岸地點，
剩下 11% 的地產設立在低稅又私密性佳地區的公司。此外，這些公司大
部分設立目的很單純，就是為了持有地產。地圖上有 37% 的公司僅有一
筆交易紀錄，少於十筆交易的公司高達 89%。除了節稅功能外，這些公司
設立的地區法律中，有很多會透過「封閉登記系統」來允許實際擁有人匿
名持有，避免被進一步追查。若能立法管制，並確保這些島嶼能夠透明公
開，或許陽光就能照到島上充滿陰影的地方了。

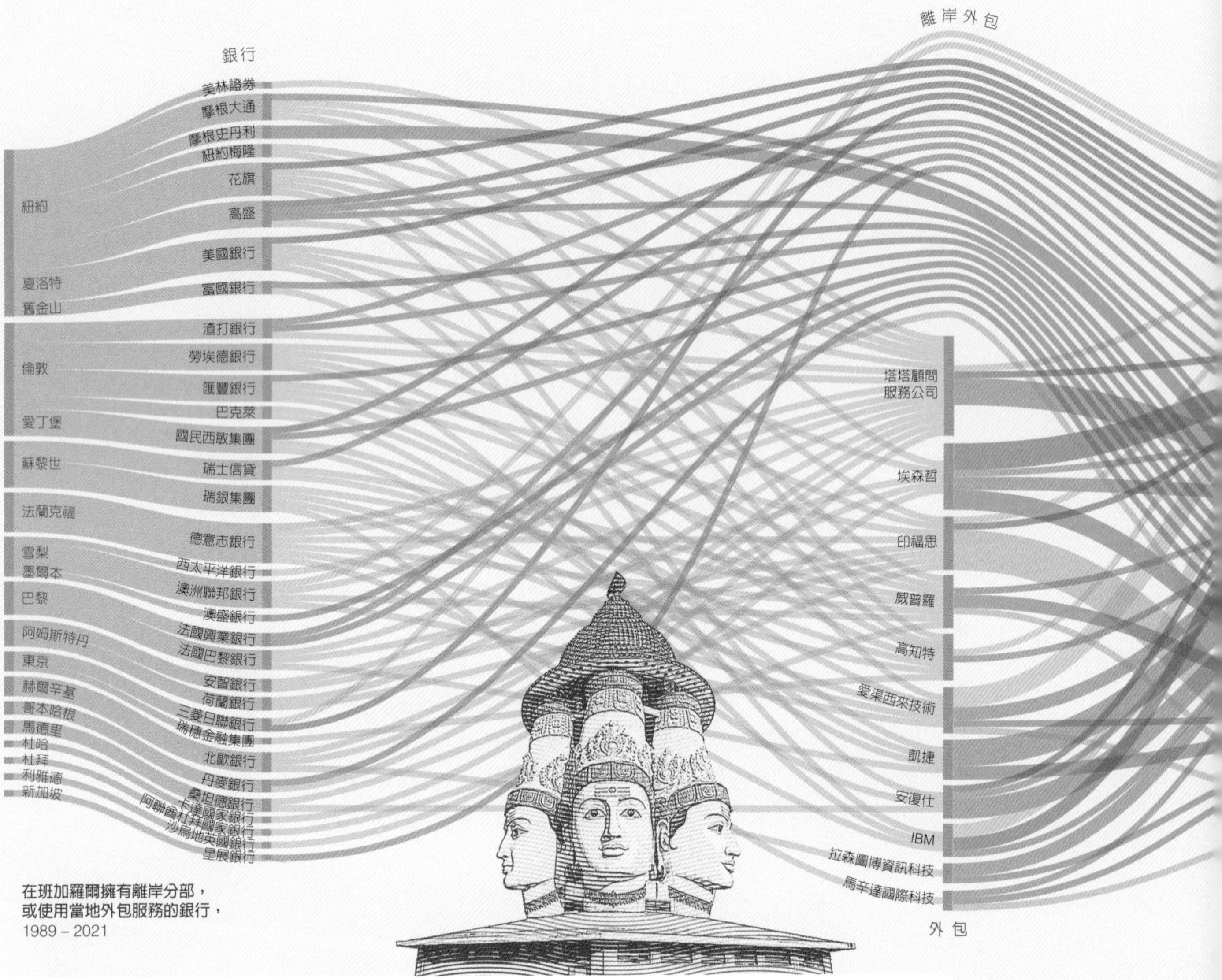

銀行

離岸外包

紐約
美林證券
摩根大通
摩根史丹利
紐約梅隆
花旗
高盛
美國銀行

夏洛特
富國銀行
舊金山

渣打銀行
倫敦
勞埃德銀行
匯豐銀行
巴克萊
國民西敏集團

愛丁堡
蘇黎世
瑞士信貸
瑞銀集團

法蘭克福
德意志銀行

雪梨
西太平洋銀行
墨爾本
澳洲聯邦銀行
巴黎
澳盛銀行
法國興業銀行
阿姆斯特丹
法國巴黎銀行
東京
安智銀行
荷蘭銀行
赫爾辛基
三菱日聯銀行
哥本哈根
瑞穗金融集團
馬德里
北歐銀行
杜哈
丹麥銀行
杜拜
曼坦德銀行
利雅德
阿聯酋杜拜國民銀行
新加坡
沙烏地阿拉伯銀行
皇展銀行

塔塔顧問
服務公司

埃森哲

印福思

威普羅

高知特

愛梁西來技術

凱捷

安復仕

IBM
拉森與博資訊科技
馬辛達國際科技

外包

在班加羅爾擁有離岸分部，
或使用當地外包服務的銀行，
1989 – 2021

歡迎來到數位金融學園都市

金融數位化普及，讓班加羅爾成為全球 IT 中心。

資訊科技根本地改變了金融的地理分布。從 1980 年代後期開始，許多知名銀行都將它們的商業業務轉移到房價和人力更便宜的海外城市，這個作法被稱為離岸外包（offshoring）。墨爾本的澳盛銀行（ANZ）就是最早在印度班加羅爾開設辦公室的銀行之一。在當時，離岸外包的內容通常都是低價又大量，並且能夠在遠端進行後台工作，例如資料管理、發票開立、會計或伺服器維護。

隨著金融產業逐步轉變成由科技主導，銀行也開始將資料分析、市場模型和客戶服務等核心工作外包給第三方廠商（上圖流程灰色部分）。此處以印福思（Infosys）為例。在 1993 年，這家總部位於班加羅爾的公司，推出了班克斯 2000（Bancs 2000），這是世界上第一套具有連網功能的銀行作業系統。現今該軟體已經改稱為「Finacle」，並且為一百個國家共兩百個企業提供服務，顧客總數超過 10 億人。其他像是威普羅（Wipro）和塔塔顧問服務公司（Tata Consultancy Services）等印度企業，也成為了外包巨頭，為銀行提供雲端計算、網路資訊安全，以及研究顧問服務。在金融產業需求支持下，

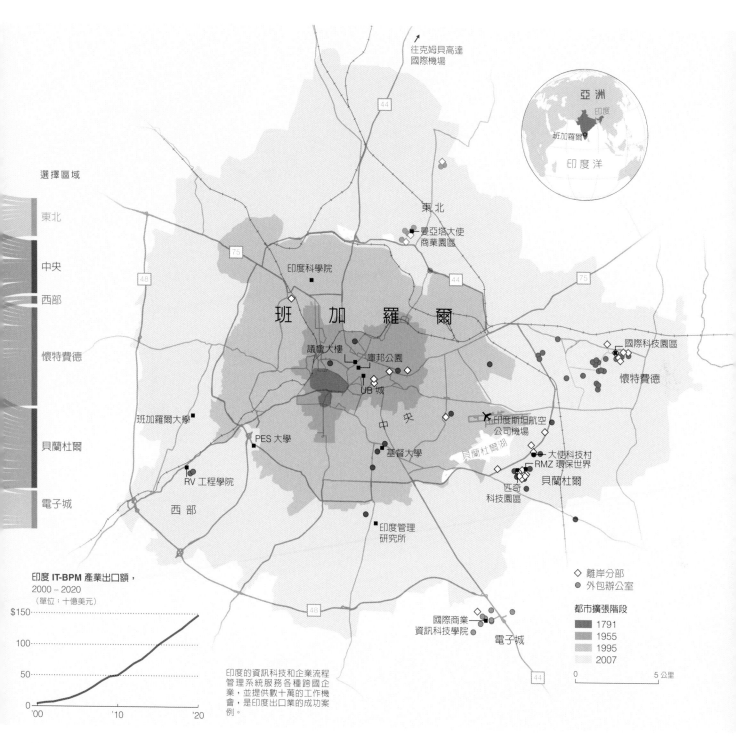

選擇區域

東北

中央

西部

懷特費德

貝蘭杜爾

電子城

往克姆貝高達
國際機場

亞洲

印度

班加羅爾

印度洋

東北

一曼亞塔大使
商業園區

印度科學院

班 加 羅 爾

議會大樓 庫邦公園

UB 城

國際科技園區

懷特費德

班加羅爾大學

PES 大學

中 央

印度斯坦航空
公司機場

貝蘭杜爾湖

大使科技村
RMZ 環保世界

基督大學

貝蘭杜爾

匹奇
科技園區

RV 工程學院

西 部

印度管理
研究所

印度 IT-BPM 產業出口額，
2000－2020
（單位：十億美元）

$150

100

50

0

'00   '10   '20

印度的資訊科技和企業流程
管理系統服務各種跨國企
業，並提供數十萬的工作機
會，是印度出口業的成功案
例。

國際商業
資訊科技學院

電子城

◇ 離岸分部
● 外包辦公室

都市擴張階段
■ 1791
■ 1955
■ 1995
■ 2007

0   5 公里

以出口為主的資訊科技和企業流程管理系統（IT-BPM），成為了蓬勃發展的新興產業，營收屢創佳績，並創造數千個工作機會（見圖表）。

　　這種勞動分工的改變，讓班加羅爾成為外包和離岸外包網絡的中心。諸如高盛和法國興業銀行（Société Générale）等知名銀行，在 2000 年代便紛紛前往班加羅爾開設分行。無論印度本土或是外資的外包公司（例如凱捷〔Capgemini〕、IBM），也開設了大量辦公室，服務它們在蘇黎世和杜拜的客戶。班加羅爾擁有不少知名

大學和工程學校，也使該地提供外包公司科技與金融領域的優秀人才。

　　金融產業鏈的拆解，加速了班加羅爾的城市擴張，科技園區中出現一連串新校園，企業在這裡設立分支機構，以獲得稅務減免。諸如懷特費德（Whitefield）或電子城（Electronics City），這類的新興衛星市鎮也隨之出現在城市的近郊。這些地方數千名員工的日常工作和數據流通，將班加羅爾的校園與主要金融中心的摩天大樓連接起來。

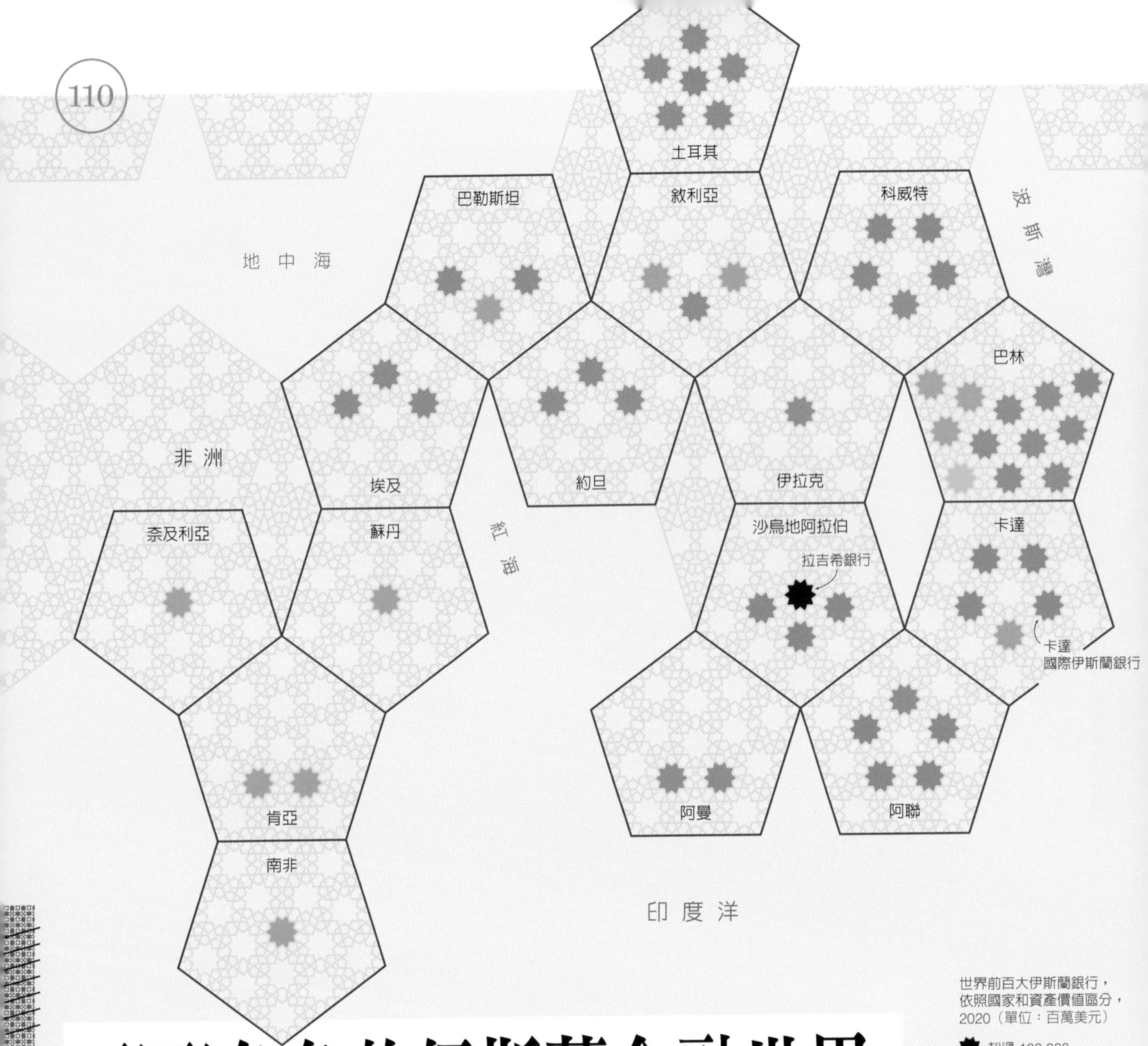

土耳其

巴勒斯坦　　敘利亞　　科威特　　沙斯灣

地中海

巴林

非洲

埃及　　約旦　　伊拉克

奈及利亞　　蘇丹　　沙烏地阿拉伯　　卡達

紅海

拉吉希銀行

卡達國際伊斯蘭銀行

肯亞

南非

阿曼　　阿聯

印度洋

世界前百大伊斯蘭銀行，
依照國家和資產價值區分，
2020（單位：百萬美元）

- 超過 100,000
- 10,001 – 100,000
- 1,001 – 10,000
- 101 – 1,000
- 1 – 100

形形色色的伊斯蘭金融世界

伊斯蘭金融早已不再是小眾市場。隨著伊斯蘭金融市場日益壯大，它的版圖也在日益擴張。

　　伊斯蘭金融是遵循伊斯蘭教義所提供的金融服務，由於伊斯蘭教主張以《古蘭經》和聖訓（Sunnah）中的教義作為日常生活奉行的標準，使得「伊斯蘭金融」的運作方式與西方世界有所不同。

　　伊斯蘭金融奉行《古蘭經》的三條清規，第一是禁止高利貸（riba），即禁止收取利息。收取利息被視為不義，特別是高利貸。第二是禁止過度不確定性（Gharar），即限制高度猜測或進行高風險的金融交易，包含賣空和其他金融衍生性產品。第三是禁止投機或賭博（Maysir），

即禁止所有形式的賭博。另外，禁止投資酒精和豬肉之類，也屬於《古蘭經》或聖訓的禁忌事項（haram）。這些清戒原則產生了一系列的金融商品和服務，包含伊斯蘭保險（takaful）、伊斯蘭債券（sukuk）和租賃型債券（ijarah）。舉例來說，伊斯蘭債券的投資人會成為債券發行商資產的所有人，資產會為投資人帶來收入而非產生利息。

　　隨著 1970 年代中東國家因為生產石油致富，伊斯蘭金融累積大量資金。與伊斯蘭律法相容的金融系統支撐了

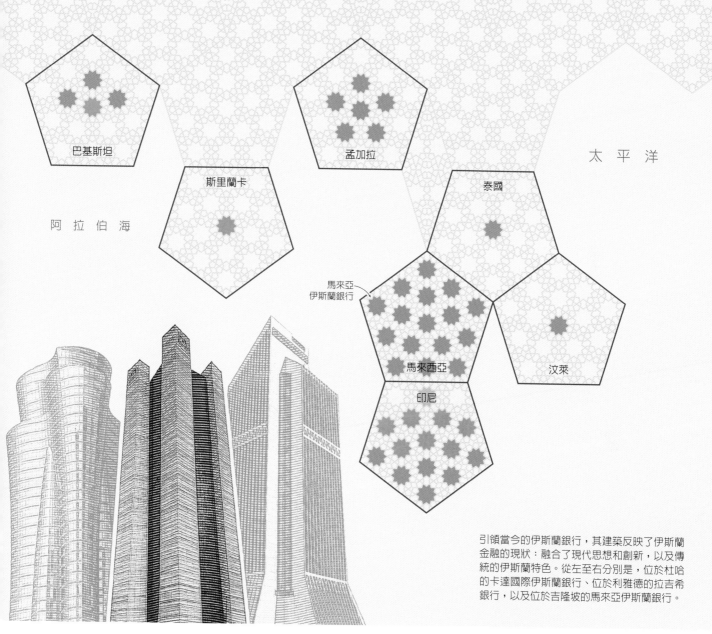

亞 洲

巴基斯坦

斯里蘭卡

阿 拉 伯 海

孟加拉

泰國

太 平 洋

馬來亞
伊斯蘭銀行

馬來西亞

印尼

汶萊

引領當今的伊斯蘭銀行，其建築反映了伊斯蘭
金融的現狀：融合了現代思想和創新，以及傳
統的伊斯蘭特色。從左至右分別是，位於杜哈
的卡達國際伊斯蘭銀行、位於利雅德的拉吉希
銀行，以及位於吉隆坡的馬來亞伊斯蘭銀行。

這些國家的發展，全球化則促進了伊斯蘭金融向各個伊斯蘭和非伊斯蘭國家擴張。

上方的地圖顯示，在世界前百大伊斯蘭銀行中，這些顏色標記表示它們遵守伊斯蘭律法的應有資產價值。不難想像，其中多數都位於中東地區。

光是沙烏地阿拉伯、卡達、阿聯、巴林和科威特就擁有這 100 家銀行當中的 31 家。 沙烏地阿拉伯利雅德的拉吉希銀行（Al Rajhi Bank）是地圖上的榜首（深藍色），擁有總價值 1,113.38 億美元符合伊斯蘭律法的資產。但是，擁有最多伊斯蘭銀行和最高資產總和的國家卻是馬來西亞，這讓吉隆坡成為了世界最大的伊斯蘭銀行中心。截至 2019 年，馬來西亞也是世界上伊斯蘭學者最多的地方，這些權威決定了伊斯蘭金融中有哪些行為是符合教義的。

伊斯蘭金融的資產額在 2020 年達到 2.9 兆美元，並在 2024 年達到 3.7 兆美元。隨著西方的銀行也注意到伊斯蘭金融的商機，開始提供符合伊斯蘭律法的金融服務，伊斯蘭金融可望創造新的高峰。

443 家企業

都柏林
78,800

阿姆斯特丹
102,200

倫敦
730,700 名從業者

布魯塞爾

盧森堡
68,700

巴黎
233,000

「在脫歐之後，都柏林拿到了一部分的後台工作、巴黎拿到了一部分的前台工作，阿姆斯特丹則成爲了重要的結算中心。但我並不認爲會出現第二個像倫敦那樣巨大的全球金融中心。」
～四大會計師事務所合夥人

歐洲主要金融中心的從業人口組成，
2015－2019

■ 銀行業
■ 保險業
■ 資產管理和其他金融服務
■ 其他商業領域

● 其他歐洲金融中心

轉移的企業數量

10　30　50

「在倫敦服務的銀行員業務時常涵蓋整個歐洲。如果我在巴黎，我負責的會是法國。但如果我在倫敦，我想經營哪裡就經營哪裡。」
～倫敦的投資銀行家

「在 100 間轉移到盧森堡的企業當中，有半數都是資產管理公司。原因很簡單，因爲盧森堡就是一個資金規劃中心。」
～盧森堡的金融機構高層

「巴黎儘管已經卯足全力，仍然無法達到足夠的影響力。」
～巴黎的銀行家

股權交易量，2015 年 1 月– 2022 年 3 月
（單位：十億筆交易）

— 倫敦
— 其他歐洲國家

歐洲正式脫離歐盟，過渡階段措施啓動。

脫歐支持者成爲公投多數。

英國根據《里斯本條約》第50條，啓動脫歐程序。

脫歐聲明發表。

完成脫離

2.9

56

8

6

4.1

4

2

1.1

0

2015　2017　2019　2021

倫敦金融市場的流動性幾乎是世界上最高的。單就股權交易量，也就是證券交易所的公司股權買賣交易數字來看言，倫敦一個城市就超越了巴黎、法蘭克福、都柏林、盧森堡和阿姆斯特丹等股票交易所的總和。

馬德里

金錢大地圖

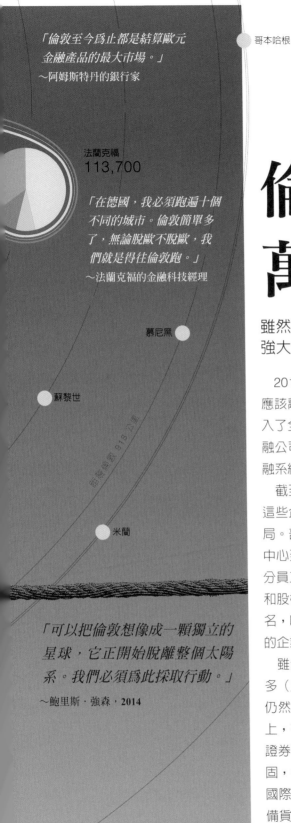

斯德哥爾摩

哥本哈根

華沙

1448公里

「倫敦至今為止都是結算歐元金融產品的最大市場。」
～阿姆斯特丹的銀行家

法蘭克福
113,700

「在德國，我必須跑遍十個不同的城市。倫敦簡單多了，無論脫歐不脫歐，我們就是得往倫敦跑。」
～法蘭克福的金融科技經理

慕尼黑

蘇黎世

距離倫敦918公里

米蘭

「可以把倫敦想像成一顆獨立的星球，它正開始脫離整個太陽系。我們必須為此採取行動。」
～鮑里斯・強森，2014

倫敦的萬有引力

雖然英國脫歐之後，政經情勢尚未明朗，但倫敦仍然是歐洲最強大的金融中心。

2016 年 6 月 23 日，英國舉行脫歐公投，結果有 52% 的選民認為英國應該離開歐盟。在終止與歐洲伙伴們長達 43 年的合作關係之後，英國邁入了全新時代。面對不確定的未來，有些人預測英國將面對大失業潮，金融公司也會因為不再能夠直接與歐盟市場交易，而離開倫敦。難道歐洲金融系統舉世無雙的吸引力，就要消失在黑洞之中了嗎？

截至 2021 年 4 月，已經有 443 間公司將部分商業活動轉移至歐陸，但這些企業轉移僅是強化了歐洲金融的既有結構，並沒有撼動金融宇宙的格局。部分專門金融中心或專案金融中心仍然圍繞倫敦旋轉，而且這些金融中心到倫敦的飛行時間皆在 90 分鐘內，如左圖顯示。有些銀行選擇將部分員工派遣到巴黎和法蘭克福這類歷史悠久的銀行業中心，資產管理公司和股權基金則轉移到了都柏林和盧森堡。由於阿姆斯特丹在貿易界素有盛名，吸引提供貿易和其他商業服務的企業。更遠的城市就很難吸引到出走的企業了。

雖然有部分企業出走轉移，倫敦的交易量仍然比它的衛星們來得大上許多（見折線圖）。如左圖引文顯示，在我們的訪談中，金融業的從業人員仍然將倫敦視為歐洲的主要金融中心，也是商業貿易的必訪地點。事實上，在公投的 6 年之後，九成以歐洲為主的利率類金融商品，仍然在倫敦證券交易所進行結算。英國脫歐，使得現存歐洲金融中心分工狀態更加穩固，但並沒有瓦解整體系統以倫敦為中心的地理結構。倫敦市場的規模和國際關係、倫敦聚集的企業、客戶、供應商和專業知識、英鎊作為國際儲備貨幣的角色，以及英格蘭普通法的競爭優勢──這一切都是歐洲其他都市所無法相比的。

脫歐仍是現在進行式。雖然設立於英國的金融和商業服務失去了在歐盟內部自由貿易的權利，但歐盟認定英國的法律規範和歐盟足夠相似，所以它們仍然能利用歐盟廣大的市場。至今為止，金融仍然是日不落帝國，而倫敦依然是它的中心。

金融科技公司的起步和擴大，通常需要仰賴外部資金來支持成長。全球金融危機之後，第一波出現的新創金融科技公司，起初只能夠吸引到有限的種子資金，但它們隨後也靠著成功的商業模式，獲得更多資金的挹注。金融科技的創業投資和私募股權投資，在 2018 年達到 382 億美元的高峰，是 2007 年的近 40 倍。

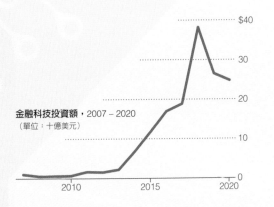

金融科技投資額，2007－2020
（單位：十億美元）

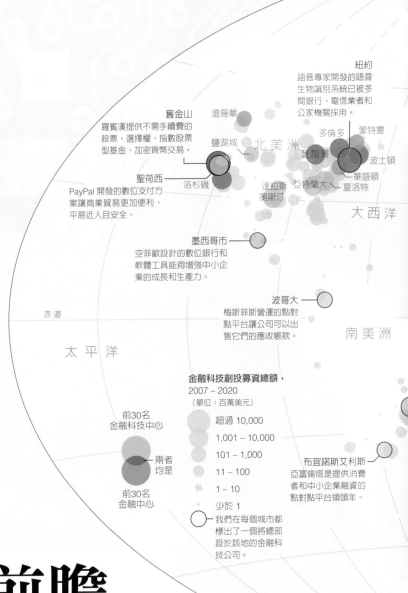

紐約
語音專家開發的語音生物識別系統已被多間銀行、電信業者和公家機關採用。

舊金山
羅賓漢提供不需手續費的股票、選擇權、指數股票型基金、加密貨幣交易。

溫哥華
鹽湖城
北美洲
多倫多
蒙特婁
芝加哥
波士頓
聖荷西
PayPal 開發的數位支付方案讓商業貿易更加便利、平易近人且安全。
洛杉磯
達拉斯奧斯汀
亞特蘭大
華盛頓
夏洛特
大西洋

墨西哥市
空菲歐設計的數位銀行和軟體工具能夠增強中小企業的成長和生產力。

赤道

太平洋

波哥大
梅斯菲斯營運的點對點平台讓公司可以出售它們的應收帳款。

南美洲

金融科技創投募資總額，
2007－2020
（單位：百萬美元）

超過 10,000
1,001－10,000
101－1,000
11－100
1－10
少於 1
我們在每個城市都標出了一個將總部設於該地的金融科技公司。

前30名
金融科技中心

兩者均是

前30名
金融中心

布宜諾斯艾利斯
亞富倫塔是提供消費者和中小企業融資的點對點平台領頭羊。

金融科技前瞻

金融世界正在經歷大規模的科技變革，點燃改革的星星之火，反而不是既有金融中心。

　　隨著資訊科學和計算功能日益進步，一波新的金融變革，或稱為金融科技，正在改變全世界商業運作方式。如右圖顯示，自 1990 年代以來，與支付、投資、數據分析、偵測詐騙和保險相關的專利大量出現。自 2000 年開始，這些專利累積的速度又再進一步加快。但是，直到全球金融危機爆發，以及世人對金融機構的失望，才終於讓投資人看到新創金融科技公司的價值，如上圖顯示。這些富有創新能力的公司，能夠連結年輕消費者，而這

些年輕消費者通常傾向便利且收費低廉的方式，比如透過手機使用金融服務。在開發中國家，它們則提供金融服務給數億位未開戶或附近沒有銀行的消費者。

　　重要的是，金融科技的興起不只限於主要金融中心。新興的資訊科技區也同樣是熱點。這並不難理解，畢竟資訊科技所賴以維生的專業技術，都掌握在資訊科學家的手中，而非金融家手中。

　　如上方地圖顯示，以粉色標示世界排名前三十位的金

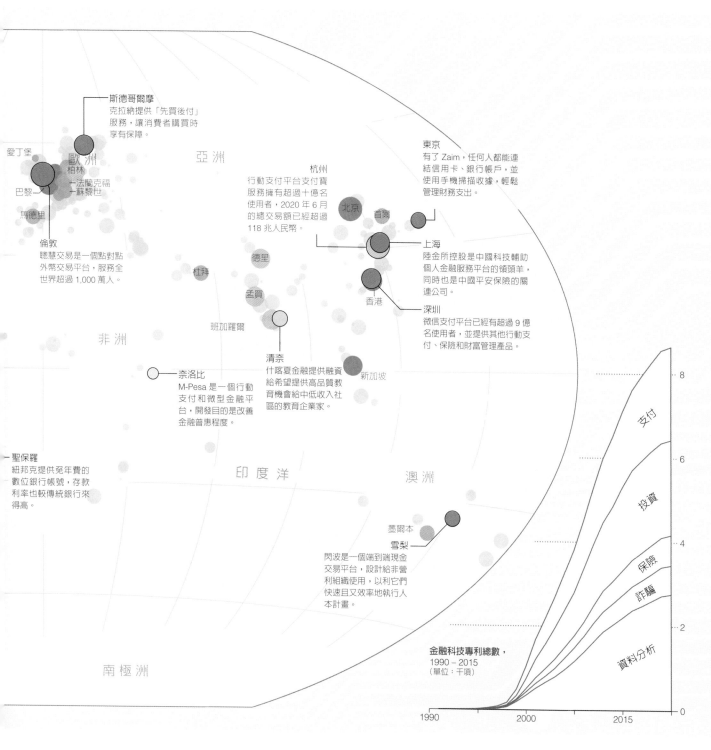

斯德哥爾摩
克拉納提供「先買後付」
服務，讓消費者購買時
享有保障。

愛丁堡

歐洲

柏林

法蘭克福
蘇黎世

巴黎

馬德里

倫敦
聰慧交易是一個點對點
外幣交易平台，服務全
世界超過 1,000 萬人。

亞洲

杭州
行動支付平台支付寶
服務擁有超過十億名
使用者，2020 年 6 月
的總交易額已經超過
118 兆人民幣。

東京
有了 Zaim，任何人都能連
結信用卡、銀行帳戶，並
使用手機掃描收據，輕鬆
管理財務支出。

北京　首爾

德里

杜拜

孟買

上海
陸金所控股是中國科技輔助
個人金融服務平台的領頭羊，
同時也是中國平安保險的關
連公司。

香港

深圳
微信支付平台已經有超過 9 億
名使用者，並提供其他行動支
付、保險和財富管理產品。

非洲

班加羅爾

奈洛比
M-Pesa 是一個行動
支付和微型金融平
台，開發目的是改善
金融普惠程度。

清奈
什喀夏金融提供融資
給希望提供高品質教
育機會給中低收入社
區的教育企業家。

新加坡

聖保羅
紐邦克提供免年費的
數位銀行帳號，存款
利率也較傳統銀行來
得高。

印度洋

澳洲

墨爾本

雪梨
閃波是一個端到端現金
交易平台，設計給非營
利組織使用，以利它們
快速且又效率地執行人
本計畫。

金融科技專利總數，
1990 – 2015
（單位：千項）

支付
投資
保險
詐騙
資料分析

8
6
4
2
0

1990　　2000　　2015

南極洲

融中心，並以金色標示世界排名前三十位的金融科技中
心，還有一些兩邊都榜上有名的城市則以褐色標示。城
市圓點的大小就是該城市金融科技的創投募資金額。
2007 至 2020 年間，在風險投資和私募股權投資方面，
舊金山（褐色標示）和杭州（金色標示）兩大金融中心分
別以 274 億美元和 212 億美元，超越了世界頂尖金融中
心倫敦（135 億美元）和紐約（100 億美元）。

　　在歐洲，斯德哥爾摩（27 億美元）和柏林（25 億美

元）分別位居第二和第三位，領先巴黎（11 億美元）和
阿姆斯特丹（9 億美元）。在印度，德里（45 億美元）和
班加羅爾（22 億美元）領先孟買（11 億美元）。在拉丁
美洲，由聖保羅（25 億美元）和墨西哥市（8 億美元）名
列前茅。

　　由上可知，金融科技讓全球金融的版圖更加多元，但
並非會徹底翻轉。畢竟，金融科技打造新的金融中心，
同樣也活絡了既有的金融中心。

即便知道了歷史，到頭來還是一無所知。

華倫·巴菲特（Warren Buffett）

泡沫與危機

金融危機與金融系統就是雙胞胎。關於釀成金融危機的原因可說是眾說紛紜，有可能是基本的宏觀經濟因素，也有可能是單純導因於貪婪與自信。詐欺行為和魯莽行事，都有可能摧毀世上最大的金融機構。金融危機會對當地生計造成衝擊，結果可能極具毀滅性，也可能高度不平等、不正義。一般來說，受金融危機傷害最深的是最弱勢的地區和人們，而不是那些問題製造者。

危機四起

資本主義的歷史充滿了金融危機，但危機的種類和發生頻率卻因地區而異。

金融危機與資本主義的擴張密不可分。資本主義陰晴不定的本質，使得正常成長的富裕年代總是被突如其來的不穩定終結。在過去四個世紀間，因銀行破產、貨幣崩盤或債務違約引發的金融危機，在世界各地已經發生了將近一千次。我們將這些危機依照國家分類，並為不同種類的危機標上不同的顏色。斜線條紋代表的是 1950 年以前發生的危機。

在資本主義誕生的初期，諸如法蘭西王國和西班牙王國這類傳統君主制國家，會把借來的錢當成戰爭和貿易

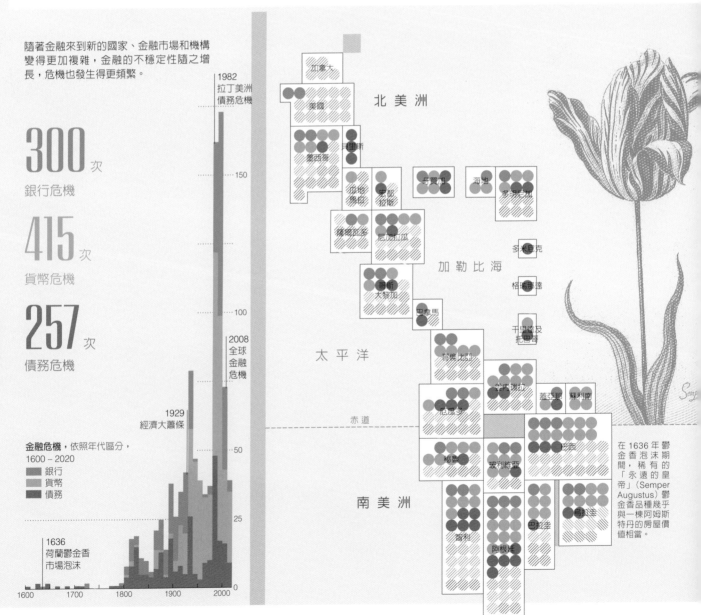

隨著金融來到新的國家、金融市場和機構變得更加複雜，金融的不穩定性之增長，危機也發生得更頻繁。

1982
拉丁美洲
債務危機

300 次
銀行危機

415 次
貨幣危機

257 次
債務危機

2008
全球
金融
危機

1929
經濟大蕭條

金融危機，依照年代區分，
1600 – 2020
■ 銀行
■ 貨幣
■ 債務

1636
荷蘭鬱金香
市場泡沫

北美洲

加勒比海

太平洋

赤道

南美洲

在 1636 年鬱金香泡沫期間，稀有的「永遠的皇帝」（Semper Augustus）鬱金香品種幾乎與一棟阿姆斯特丹的房屋價值相當。

開拓的資金來源。對力量的渴望常導致國家債臺高築，進而對國家財政造成顯著的威脅。世界各地的互動，因國際貿易而變得更加緊密；操縱貨幣價格，也變得更加常見，並且時常導致突發的貨幣貶值。

雖然金融危機隨處可見，但它們發生的頻率卻因地區而異。開發中國家就比已開發國家更容易受到不穩定和危機的影響。債務違約、投機貨幣攻擊、通膨螺旋和嚴重的銀行擠兌，再加上政治和經濟的不穩定，這些都是開發中國家常見的現象。

舉例來說，十九世紀民族獨立運動期間，拉丁美洲就是好幾個全球債務危機的原爆點。

在北半球，金融危機也並非是均勻分布的，危機的規模和影響取決於各個國家的金融系統。美國和英國，號稱是兩個世界上開發程度最高的金融市場，就曾發生過幾次著名的銀行危機。在光譜的另一端，瑞士和盧森堡只經歷過一、兩次銀行危機，畢竟它們的金融系統比較強韌，並且已發展出了能夠應對金融不穩定的防禦機制和監管環境，至少目前看起來是這樣。

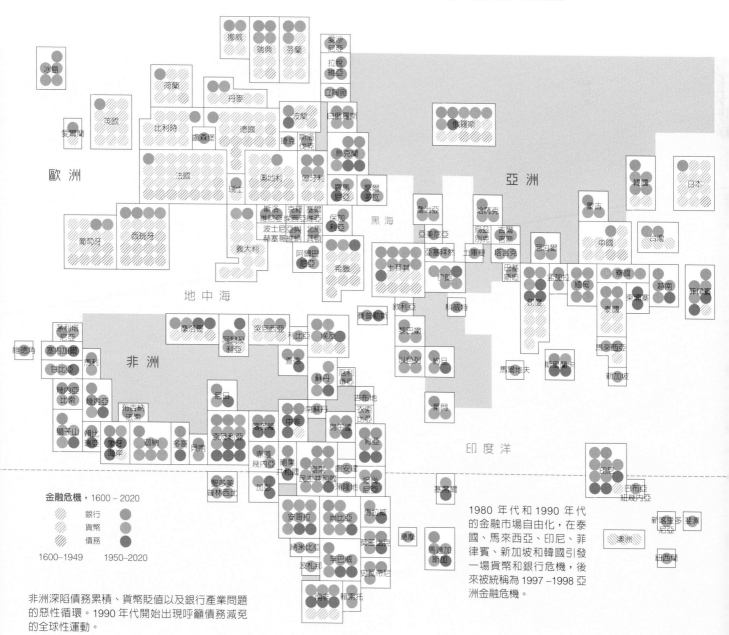

金融危機，1600－2020

- 銀行
- 貨幣
- 債務

1600–1949　1950–2020

非洲深陷債務累積、貨幣貶值以及銀行產業問題的惡性循環。1990 年代開始出現呼籲債務減免的全球性運動。

1980 年代和 1990 年代的金融市場自由化，在泰國、馬來西亞、印尼、菲律賓、新加坡和韓國引發一場貨幣和銀行危機，後來被統稱為 1997－1998 亞洲金融危機。

重貨幣論
美國升息導致全球金融市場的
貨幣緊縮。

親愛的朋友們，你們可曾想過是
什麼原因造成了金融危機嗎？我們
以 1997 到 1998 年的亞洲金融危機為
例。當美國為了避免市場過熱，將利
率從 1994 年的 3.05% 提升到 1997 年
的 5.5%，投資人就開始檢討他們在東
亞的配置，紛紛將資本撤離該區域。這
個突然的撤離使人們開始懷疑亞洲經濟
的前景與穩定性。在所有能夠觸發危機
的要素之中，我認為貨幣供應是最重要
的。

安娜・史瓦茲
1915–2012

債務通縮
反覆的債務累積終將導致資產
價格緊縮。

我並不是不同意你的說法，但重貨幣論
無法解釋為何危機會蔓延到像是新加坡
或香港之類的國家。這些國家並不像泰
國、印度和菲律賓，它們有充足的貿易
盈餘和外匯存底。這是一個標準的債務
緊縮危機。這些國家在 1990 年代開放
了他們的市場，並允許流動性高的國際
資本投資幾乎任何標的。只要市場受
到一點點驚擾，短期投資人就會
立刻逃跑，並觸發一連串的連鎖
反應，導致資產下跌、負債、經濟損
失和破產。

歐文・費雪
1867–1947

金融不穩定假說
金融不穩定的能量與正常的經濟
循環相關。

是的！但這並不是一切的全貌。金融
危機並不是無端發生的。資本主義創
造了經濟擴張和緊縮的迴圈。亞洲
所經歷的是一個經典的「明斯基時刻」
（Minsky Moment）。隨著長時期的經濟
持續繁榮，產生投資人以過度樂觀的態
度看待東亞經濟，導致債務融資的資產
泡沫化，經濟環境就會從穩定金融關係
（避險融資），轉換到不穩定金融關係
（投機和龐式騙局）。最終，資產的泡沫
破裂，並產生債務通縮的循環。

海曼・明斯基
1919–1996

亞 洲

1997 年 7 月 2 日
曼谷　　−67%
香港　−42
馬尼拉　−62
新加坡　−48
雅加達　−59

股市指數下跌比例，
1997 年 1 月 –
1998 年 10 月

從眾行為
投資人互相仿效的行為導致金融危機擴散。

等一下。有個問題,你們又要如何解釋?針對泰國的投機攻擊所引發的金融危機,最後擴散到7個亞洲國家,甚至蔓延到俄羅斯、巴西和美國,這底是怎麼回事?我告訴你真正的原因其實是「從眾行為」。人們會彼此仿效別人的做法。考量到全球金融市場的相互連結關係,任何發生在一個經濟體中的決策,都會鼓勵其他經濟體中的金融行動主體採取類似的決策。

丹尼爾・康納曼
1934–

往俄羅斯
1998 年 8 月

首爾
20
東京

往巴西、美國
1998 年 9 月

太平洋

金融危機眾說紛紜

1997 年的亞洲金融危機究竟是怎麼釀成的?眾說紛紜!

想像一張桌子,桌上鋪滿了研究論文和厚重的書籍,上頭全都寫著像是「基礎」、「金融」和「宏觀經濟學」一類的字句。一份帶點橘色的報紙頭條上寫著「亞洲市場震盪:長達數個月的財務困境與經濟衰退」。如果二十世紀的四位著名經濟學家聚集在這張桌子旁邊,然後我們問他們泰國的貨幣貶值是如何觸發東南亞、巴西和俄羅斯財務困境,以及企業失敗的連鎖效應,他們可能會這麼回答:

安娜・史瓦茲(Anna Schwartz),貨幣學派(monetarist)的經濟學家,會強調貨幣供給和經濟活動之間的因果關係,主張金融不穩定是肇因於在貨幣管理機構試圖控制貨幣供給的過程中,政策出現失誤。發行太多貨幣,物價開始上漲就會造成通貨膨脹。相反的,發行太少,經濟則會緊縮。

歐文・費雪(Irving Fisher)會提醒大家,高額債務和通貨緊縮會破壞經濟表現的穩定。由於費雪曾經親身經歷 1930 年代的經濟大蕭條,並且在他的「債務通縮理論」(debt-deflation theory)中,主張承擔高額債務的人們和企業,於試圖解決債務的過程中,會無意間引發通貨緊縮(物價下跌),間接增加了債務的實際負擔。最終,債務和通貨緊縮會導致經濟損失、公司和家庭破產,以及大眾對經濟體的未來感到悲觀。

海曼・明斯基(Hyman Minsky)可能會同意這一觀點,同時強調他的「金融不穩定假說」(financial instability hypothesis)。明斯基在假說中強調,在長期繁榮期間,企業和個人會增加借貸,金融機構則會增加放貸。這種樂觀情緒會導致債務融資的資產達到難以負荷的等級,然後泡沫化。經濟則從穩定的金融關係,轉為不穩定。這些資產泡沫終究會破裂,引發債務 — 通貨緊縮循環、財務困難和經濟損失。

行為經濟學之父丹尼爾・康納曼(Daniel Kahneman)則會打斷這段對話,提醒大家「從眾行為」:人們會傾向於仿效彼此的行為。在金融市場的脈絡底下,當投資人與彼此的投資決策同步時,就是在從眾,這會產生一種強化市場波動性反饋機制。

但如果我們邀請亞洲經濟學家來參與討論的話,他們就會主張「變幻莫測的外國資金流動」可能會促進經濟繁榮,也可能會加劇經濟惡化。

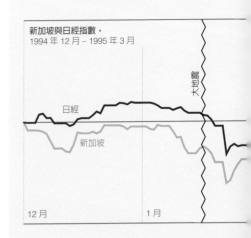

大賣空

一位孤狼交易員，不當操作股票市場，意外引發一場大災難。

在電影《A 錢大玩家》（Rogue Trader）的高潮橋段，我們看到霸菱銀行（Barings Bank）新加坡分行的明星交易員尼克・李森（Nick Leeson）和他的女友躺在床上。這時電話響了，來電的是他的朋友，要他立刻打開電視新聞頻道。打開之後，李森的臉瞬間一片慘白。原來是大地震摧毀了日本神戶，奪走超過 6,000 條人命。李森手扶額頭，驚覺自己前一天孤注一擲，即將讓世界上最古老的銀行倒閉。

若想瞭解這部電影背後的真實事件，我們必須先瞭解李森的誇張行徑。金融衍生商品讓人能夠針對債券、股票和其他金融資產的價格動向下注。而且，這通常還是使用借來的錢，不需要真的買入下注的資產。數年來，李森都是用霸菱銀行的錢進行未經授權的交易，購買期貨和選擇權契約。期貨和選擇權都是能夠提高投機行為報酬率的金融衍生商品。在神戶大地震的 17 天前，他的損失金額來到了 2.08 億英鎊，如右圖顯示內側的波動。為了止損，李森嘗試了所謂的「賣出跨式」（Short Straddle）交易。他賣掉大量的買入期權（call option）和賣出期權（put option）。買入期權是允許一個以設定好的價格和日期買進資產的金融契約，賣出期權則是相對的賣出契約。如果新加坡和日本股市足夠穩定，李森就可以收取大量的權利金作為利潤。不過事與願違，地震不僅衝擊了神戶，也衝擊了世界股市，如右圖顯示。見到苗頭不對，李森在 1995 年 2 月 23 日立刻出國躲避風頭。三天後，霸菱銀行停止營運時，虧損已經攀升至 9 億英鎊以上。

到底誰才是這場災害的罪魁禍首呢？雖然李森行事非常魯莽，但霸菱銀行實際上也不是因為一次地震，或區區一個交易員就面臨倒閉。更深層的問題在於獎勵激進手法和投機交易行為的金融體系。糟糕的監管體系和監管流程，允許一名不懷好意的員工隱藏巨額虧損，加劇了複雜金融衍生工具背後潛藏的金融風險。

霸菱銀行於 1762 年在倫敦成立，是世界上最古老，也是規模最大的銀行之一。它曾為拿破崙的戰事及阿根廷數百英里的鐵路建設提供資金。但即使如此大的一家銀行，也難以承受一次糟糕的操作。

2 月 23 日，李森和他妻子逃離新加坡。在吉隆坡的麗晶酒店，李森將他的辭呈傳真給霸菱銀行。幾天後，他們飛往汶萊和曼谷，並在曼谷買了經阿布達比轉往法蘭克福的機票。最終，李森夫妻在法蘭克福機場被德國警方逮捕。

新加坡與日經指數，
1994 年 12 月－1995 年 3 月

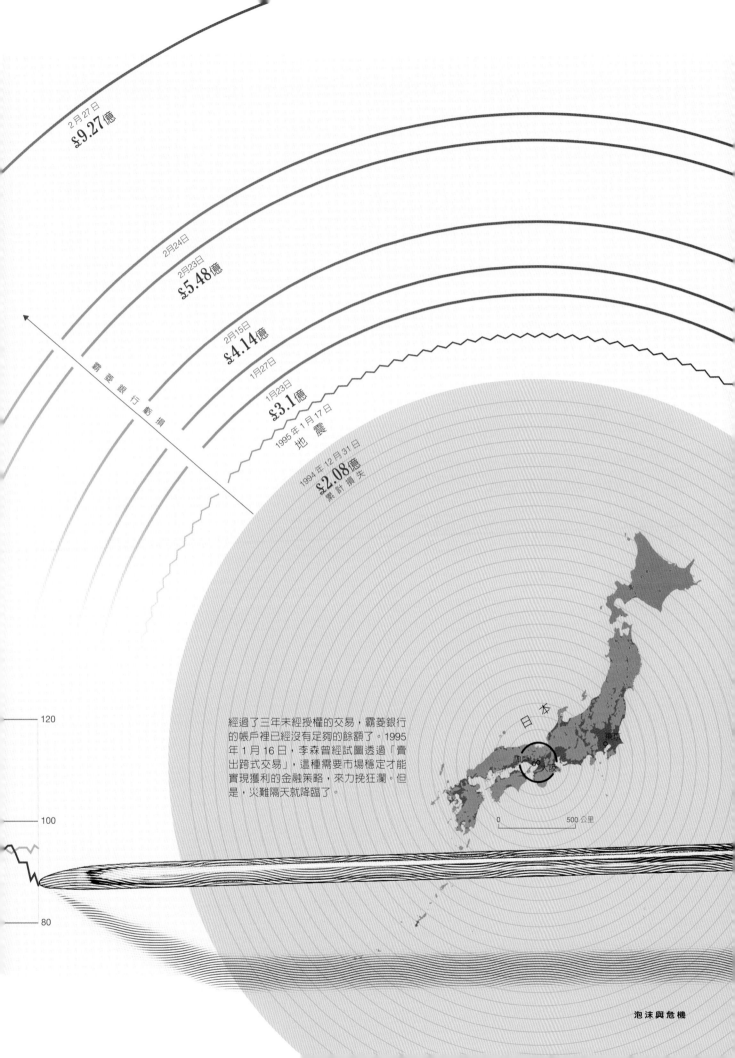

2月27日
$9.27億

2月24日
2月23日
$5.48億

2月15日
$4.14億

1月27日
1月23日
$3.1億

1995年1月17日
地震

1994年12月31日
$2.08億
累計損失

霸菱銀行虧損

120

100

80

經過了三年未經授權的交易，霸菱銀行的帳戶裡已經沒有足夠的餘額了。1995年1月16日，李森曾經試圖透過「賣出跨式交易」，這種需要市場穩定才能實現獲利的金融策略，來力挽狂瀾。但是，災難隔天就降臨了。

日　本

東京

神戶　大阪

0　　　　　　500 公里

紐約時報
2002 年 1 月 6 日

拯救阿根廷

這是誰的責任？

【紐約訊】愛德華多・杜哈德（Eduardo Duhalde）擔任為阿根廷第五任總統。他在上任前兩週曾呼籲國人不應將國內的混亂歸咎於他人。諷刺的是，杜哈德本人卻這麼做了⋯⋯無論杜哈德最後的任期會有多長，他所造成的問題都將使美國與阿根廷的關係更加複雜，與其他拉丁美洲國家的國際關係也將牽扯不清。

經濟學人
2002 年 1 月 5 日

在無政府的邊緣試探

尋人啓事：政府和政策

【倫敦訊】阿根廷民眾受夠了他們眼中腐敗又自私的政府。緊縮和貪污合起來就是絕佳的導火線，阿根廷面臨被憤怒暴民佔領的危機。有什麼能阻止最糟糕的事態持續下去呢？首先必須要有一個有能力、貨真價實的政府⋯⋯再來必須要有一個全新的經濟政策。

華爾街日報
2002 年 1 月 9 日

阿根廷為何陷入今日的困境

【紐約訊】現在流行將阿根廷的問題歸咎於自由市場。阿根廷現任總統愛德華多・杜哈德是老派的庇隆主義者，也是不掩飾的保護主義者。他誓言與「失敗的經濟型態」分道揚鑣，這為反市場運動提供聲量。但阿根廷悲劇性崩潰，並非是市場派改革過火造成的，而是改革不力。

十二頁報
2001 年 12 月 6 日

向 IMF 豎起中指

IMF 將停止出資，並撤銷計畫。阿根廷身陷危機！

【布宜諾斯艾利斯訊】雖然阿根廷過去十年都是國際貨幣基金組織（IMF）眼中的模範生，但昨晚開始已不再是。在經濟部長多明戈・卡瓦洛（右圖）於記者會上表示一切交涉「非常順利」，雙方都將持續「緊密合作」，IMF 隨即在華盛頓發表聲明，將不再出資援助阿根廷⋯⋯由於阿根廷政府無力維持其所提出的零赤字政策（Zero Deficit），IMF 也拒絕匯款給阿根廷。阿根廷面臨倒債危機。

國家日報
2002 年 1 月 11 日

IMF 對阿根廷的政治動盪表示擔憂

【布宜諾斯艾利斯訊】實話實說，國際貨幣基金組織（IMF）無法認同阿根廷的新計畫，並希望阿根廷政府配合總部一直以來的要求：提出邁向穩定成長的財政決策。

環球報
2002 年 1 月 6 日

布希擺出嚴厲態度面對新興經濟體

美國政府對阿根廷貫徹「嚴厲的愛」，用以警告其他國家

【里約熱內盧訊】美國政府把阿根廷危機當作是宣示美國新外交政策的重要機會。美國政府貫徹「嚴厲的愛」，目標是對抗開發中國家的金融不穩定。白宮和美國財政部希望向開發中國家及投資人宣示，美國將不再扮演擔保人的角色。

A 亞洲金融危機向拉丁美洲擴散，阿根廷陷入經濟衰退。

B 總統宣布 400 億美元的 IMF 支援計畫，借貸成本增加。

主要城市開始出現暴動，28 人死亡。總統和其經濟部長請辭。

銀行開始產生擠兌效應，提款金額超過 13 億美元。

C **D** 新的浮動匯兌價格政權上任。美元成為新的官方流通貨幣，披索在一個月內貶值 60%。

E 4 月通貨膨脹來到 10% 新高。

1998　　1999　　2000　　2001　　2002

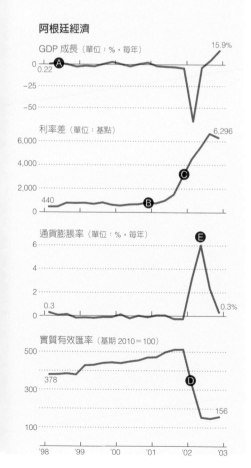

費南多・德・拉・魯阿總統請辭，並搭乘直昇機離開總統府。

躍上頭條的金融危機

媒體既能報導金融事件，也能一手遮天！

在 1990 年代，阿根廷經歷了一場經濟奇蹟。高成長率、低通膨、財政紀律好、資金流入，以及市場派的改革，通通都是新時代到來臨的訊號。金融市場和主流媒體都盛讚政策制訂者當機立斷，阿根廷可說是新興國家的經濟模型範本。但歷史會證明他們錯了。

在 1997 至 1998 年亞洲金融危機重創投資人對新興市場的信心後，阿根廷陷入貨幣貶值、過度負債和經濟緊縮的循環。在 2001 年底，阿根廷披索的幣值嚴重下滑。通貨膨脹和借貸成本大幅上升，如左圖顯示。為了防止國內銀行發生擠兌效應，阿根廷經濟部長多明戈・卡瓦洛（Domingo Cavallo）在 12 月 1 日針對現金提兌做出限制，引發不安、暴動和群眾示威，甚至有人在過程中不幸身亡。數日後，他與阿根廷總統費爾南多・德・拉・魯阿（Fernando de la Rúa）一同請辭，阿根廷也在崩潰邊緣。德・拉・魯阿總統乘坐直昇機逃離總統府的畫面，成為全球頭條新聞。

閱讀西方和當地媒體的報導，就能看到兩個完全不同的世界觀。如左圖顯示，上方三份西方媒體報導的剪報將危機視為一種脫序表現。中間的《經濟學人》（Economist）表示阿根廷「在無政府的邊緣試探」，並且向讀者傳達他們認為只有一種方式能夠對抗危機：「一個貨真價實的政府……和一個全新的經濟政策。」在政治光譜的各處都能看到這樣的看法，左邊的《紐約時報》（The New Tork Times）詢問拯救阿根廷到底該「是誰的責任」。右邊的《華爾街日報》則批評杜哈德總統（President Duhalde）反市場派的政治立場。相較之下，下方三份拉丁美洲媒體的報導，則將責任歸咎於美國的經濟政策和國際貨幣基金組織（IMF）的危機管理。左邊的《十二頁報》（Pagina 12）揭露了 IMF 如何在交涉中對卡瓦洛隱瞞撤資的事。中間的《民族報》（La Nación）暗示 IMF 的終極目標是落實美國的經濟政策，而右邊的巴西的《環球日報》（O Globo）則把布希總統（President Bush）對阿根廷的強硬立場當成是對其他國家發出警告。

回顧新聞報導是是一種有價值的歷史金融分析方法。記者的報導會反映大眾觀點，也會因為編輯和投資人的政治利益和傾向，影響大眾的情緒。誰為報紙買單，很重要。

阿根廷經濟

GDP 成長（單位：%，每年）

0.22　Ⓐ　　　　　　　　　　15.9%

−25

−50

利率差（單位：基點）

6,000　　　　　　　　　　　6,296

4,000

2,000　　　　　　　Ⓒ

440　　　　　　Ⓑ

通貨膨脹率（單位：%，每年）

6　　　　　　　　　Ⓔ

4

2

0.3　　　　　　　　　　0.3%

實質有效匯率（基期 2010＝100）

500

378　　　　　　　　　Ⓓ

300

156

100

'98　'99　'00　'01　'02　'03

一夕崩潰

北岩銀行原先從建屋合作社轉型成銀行，最終，卻變成北方墮落天使，粉碎了紐卡索城變身金融中心的希望。

2007 年 9 月 14 日，新聞爆出總部位於英格蘭東北部的北岩銀行（Northern Rock）陷入倒閉危機。數以千計的客戶在泰恩河畔紐卡索（Newcastle upon Tyne）街上排隊，爭相擠兌他們在銀行中的存款。這也是英國此前 150 年間第一次出現銀行擠兌的現象，整個城市都陷入恐慌。若要討論原因，必須追溯到 10 年前的一些決定。

通往災難的倒數計時開始於 1997 年，北岩銀行從建屋合作社（building society）轉型成私人銀行。銀行採取嶄新的經營模式：靠著從國際批發金融市場借來的錢，提供抵押貸款。北岩銀行在 1999 年於根西成立了離岸特殊目標組織，藉以發行抵押貸款證券。由於廉價債務自由流動，銀行的成長值得期待。北岩銀行同時也提供「同行」抵押貸款，允許客戶借走高達抵押房屋價值的 125% 借款。雖然靠著債務帳單來彌補營業模式的缺陷，北岩銀行仍是英格蘭東北部的驕傲，它以成功金融服務公司之姿，讓該地區走出工業化轉型過程中的痛苦，並有機會成為新產業聚集地。北岩銀行顛覆過去英國銀行只能在倫敦發跡和茁壯的既定模式。

較少的限制和更多的借款，使得北岩銀行迅速成長，卻也讓北岩銀行在 2007 年信貸危機中，因高度槓桿而暴露在高風險狀態下。銀行停止彼此融資的時候，北岩銀行的債務來源也就枯竭了。從媒體報導北岩銀行向英格蘭銀行爭取緊急資金的那一刻起，客戶就開始爭相擠兌。由於失去債務做為資金來源，銀行存款也變少，北岩銀行只能宣告崩潰。英國政府公布保護顧客存款的緊急措施，並於 2008 年將北岩銀行國有化。2012 年，英國政府進一步將部分業務出售給維珍財務公司（Virgin Money）。

近 20 年的持續增長，讓紐卡索懷抱信心，努力成為能與倫敦競爭的區域金融中心。但北岩銀行崩潰的餘波，不只影響了股東的荷包，國有化過程中資遣了近 2,000 名員工，讓地區的希望徹底幻滅。紐卡索失去唯一的金融服務公司後，同時也在全球金融危機和政府主導的緊縮措施中備受考驗。談到成為金融中心，泰恩河畔紐卡索仍然處於上不著天，下不著地的狀況。

轉捩點

1965 兩間建屋合作社合併成為北岩建屋合作社。

1997 北岩於倫敦證券交易所公開上市。工黨籍財政大臣戈登·布朗（Gordon Brown）表示：「我很滿意新的金融政策，這項安排將能確保物價長期穩定，並防止繁榮與蕭條的迴圈重演。」

2000 北岩加入英國富時 100 指數（Financial Times Stock Exchange 100 Index, FTSE 100）。

2007 在股份化後，北岩的資產年成長率來到了 23.2%。新聞報導北岩銀行向英格蘭銀行爭取緊急資金。顧客爭相提取存款。同年 10 月，英國政府公布緊急措施，保障顧客可以提領最多 35,000 英鎊的存款。

2008 北岩的股票被暫停交易，並「暫時」收歸國有。隨即宣布第一波裁員，裁去 1,300 名員工，並公告在上半年總共虧損了 5.85 億英鎊。

2010 北岩再資遣 650 名員工。

2012 維珍財務公司以 7.47 億英鎊的價格併購北岩。北岩的悲慘命運重創了英格蘭東北部的經濟，該區域持續衰退超過十年，金融產業的從業狀況也持續低靡。

2015 博龍資產管理公司（Cerberus Capital Management）取得北岩的高風險抵押貸款資產。這些資產先前並未被維珍財務公司購得，當時仍為國有財產。

2020 地區 GDP 成長仍舊低迷，金融服務產業與危機前相比，減少約 10,000 個就業機會。

在 2007 年 9 月北岩股價暴跌之後，擔憂的存戶正排隊等著提領存款。

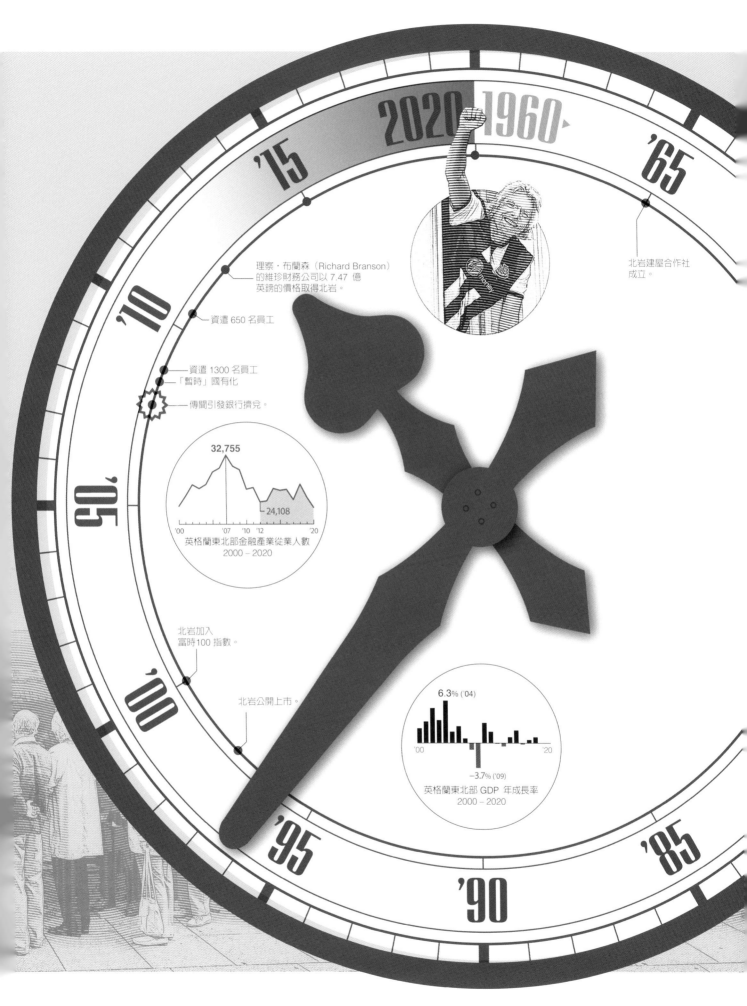

2020 1960

'15

'65

北岩建屋合作社成立。

理察・布蘭森（Richard Branson）的維珍財務公司以 7.47 億英鎊的價格取得北岩。

'10

資遣 650 名員工

資遣 1300 名員工
「暫時」國有化

傳聞引發銀行擠兌。

'05

32,755

24,108

英格蘭東北部金融產業從業人數
2000 – 2020

'00

北岩加入
富時 100 指數。

北岩公開上市。

6.3% ('04)

'00   '20

−3.7% ('09)

英格蘭東北部 GDP 年成長率
2000 – 2020

'95

'90

'85

美國的失業率和抵押貸款債務，以及房價的年成長率，1991－2015

次貸風暴

房價不斷推升，抵押貸款不斷爆增，美國經濟終於在 2007 年崩潰，導致出現一場區域失衡的經濟衰退。

　　「證券化」是金融革新最常見的手段。銀行會將一組貸款打包，並且出售給第三方。

　　對出售證券的銀行來說，好處很明顯，它能立刻從這筆交易中獲利，並且移除自己帳戶上的信用風險。購入的一方將各種不同風險級別的貸款綑綁在一起，創建以貸款償還支撐的新金融產品（證券）。這些證券隨後被出售給投資者，並宣傳為是由多樣化資產支持的安全產品，報酬率超有吸引力。

　　1990 年代，證券化開始在美國流行，並在 2000 年代達到前所未見的高峰。

　　這樣的發展大多要歸功於抵押貸款。由於抵押貸款是一個看似安全又有利可圖的借貸手段，零售銀行就產生強烈動機，把貸款額度提高。當信用優良的客戶在貸款需求上都被滿足之後，銀行就開始轉向為低收入族群（次級貸款者）提供抵押貸款。

　　投資銀行積極購買這些貸款，並將它轉換成不動產抵押

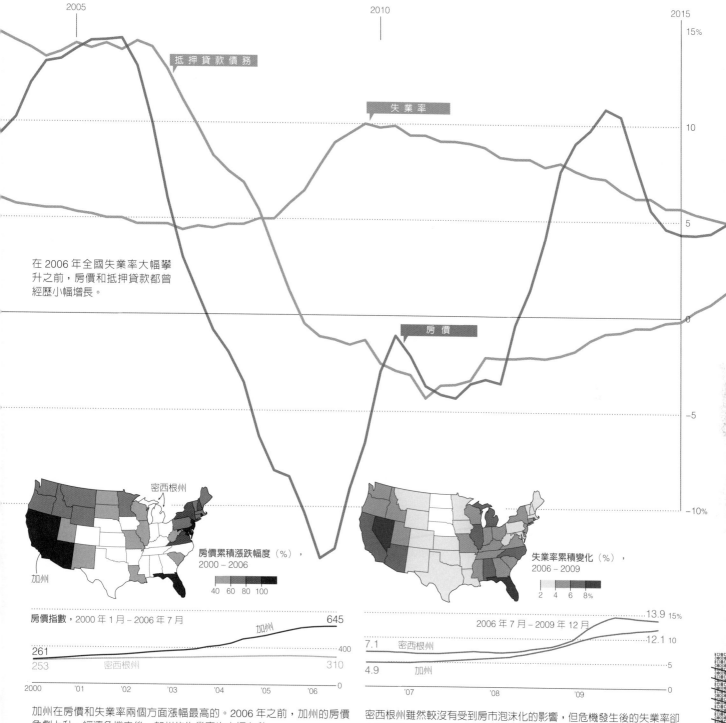

2005　　　　2010　　　　2015

15%

抵押貸款債務

失業率

10

在 2006 年全國失業率大幅攀
升之前，房價和抵押貸款都曾
經歷小幅增長。

5

0

房價

-5

-10%

密西根州

加州

房價累積漲跌幅度（%），
2000 – 2006

40　60　80　100

房價指數，2000 年 1 月 – 2006 年 7 月　　　　645

　　　　　　　　　　　　　加州

261　　　　　　　　　　　　　　　　400

253
　　　密西根州　　　　　　　　　310

2000　'01　'02　'03　'04　'05　'06　0

加州在房價和失業率兩個方面漲幅最高的。2006 年之前，加州的房價
急劇上升；經濟危機之後，加州的失業率也大幅上升。

失業率累積變化（%），
2006 – 2009

2　4　6　8%

2006 年 7 月 – 2009 年 12 月　　13.9 15%

7.1　密西根州　　　　　　　　　12.1 10

4.9　加州　　　　　　　　　　　5

'07　　　'08　　　'09　　　0

密西根州雖然較沒有受到房市泡沫化的影響，但危機發生後的失業率卻
大幅攀升。

債權證券（mortgage-backed securities），賣給投資人，
藉以獲取利益。同時，美國的金融監管單位也放鬆銀行業
相關法規，例如把零售銀行和投資銀行分開，此舉讓貸款
額度和證券化程度進一步增長。

在 2006 年後半房價大幅下跌後，大量的低收入借款人
無法償還他們名下的債務。美國各地同時爆出金融違約，
撼動不動產抵押債權證券的信心。匯集大量貸款可能足以
消除局部違約的風險，但對於全國範圍內的大規模違約風

險，則無濟於事。不動產抵押債權證券暴跌，重創美國國
內外的所有投資這些證券的投資人，美國銀行自己也深受
其害。

正如上方地圖所示，美國次級房貸危機並非均勻席捲各
州，這加劇了區域間的不平等。

下次當你聽到金融創新的新聞時，要保持警惕。

在金融的世界之中，創新與欺詐的界線，一向都是很模
糊的。

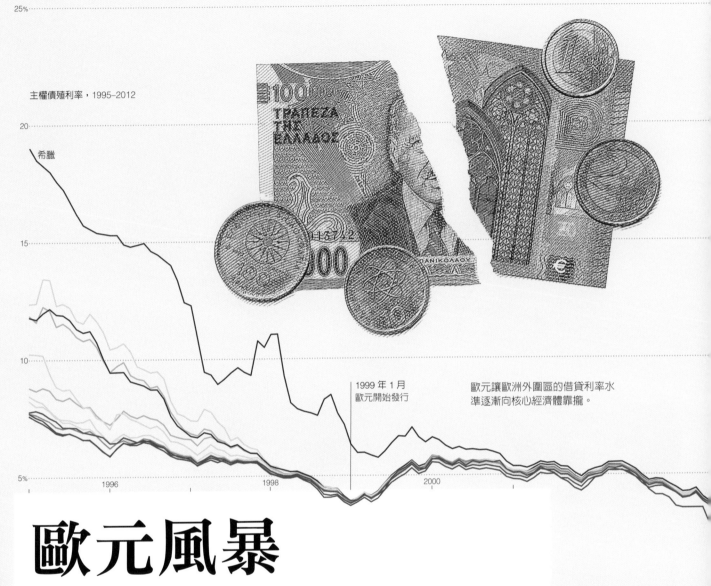

主權債殖利率，1995–2012

25%

20

希臘

15

10

5%

1996 1998 2000 2002

1999 年 1 月
歐元開始發行

歐元讓歐洲外圍區的借貸利率水
準逐漸向核心經濟體靠攏。

歐元風暴

2010 年歐債危機，暴露了歐元區核心國家盈餘和外圍國家債務之間的分
歧，並使得外圍國家幾近破產。

　　歐洲聯盟（European Union, EU），成立宗旨是創造一
個會員國之間能夠彼此自由交易的泛歐洲市場。1999 年
成立的歐元區進一步強化了這個整合。歐元讓最初加入的
成員國能夠以相同的貨幣為基礎，進行貿易。在歐元區
成立之前，西班牙的汽車進口商想從德國進口汽車，得
先將西班牙比賽塔（Spanish pesetas）轉換成德國馬克
（deutsche marks），匯率的不確定性會變成貿易阻礙。
而歐元的發明，消除了這種不確定性。

　　歐元所帶來的穩定性，也讓傳統上貨幣波動較大的歐盟
國家，例如希臘和西班牙，借貸的成本降低。

　　舉例來說，如果希臘不再使用有可能一夕間暴跌的貨
幣，一間法國銀行也就更有意願為希臘的銀行或企業提供
更低的利率。

　　由於利率降低，儘管歐洲外圍國家的領導部門各自不
同，但卻紛紛增加向外舉債的額度。舉例來說，在西班
牙和愛爾蘭，借貸主要是由私部門主導，愛爾蘭光是抵
押貸款債務就從 2002 年 GDP 的 32% 成長到 2009 年的
61%。相較之下，希臘的債務幾乎都是公部門欠下的。

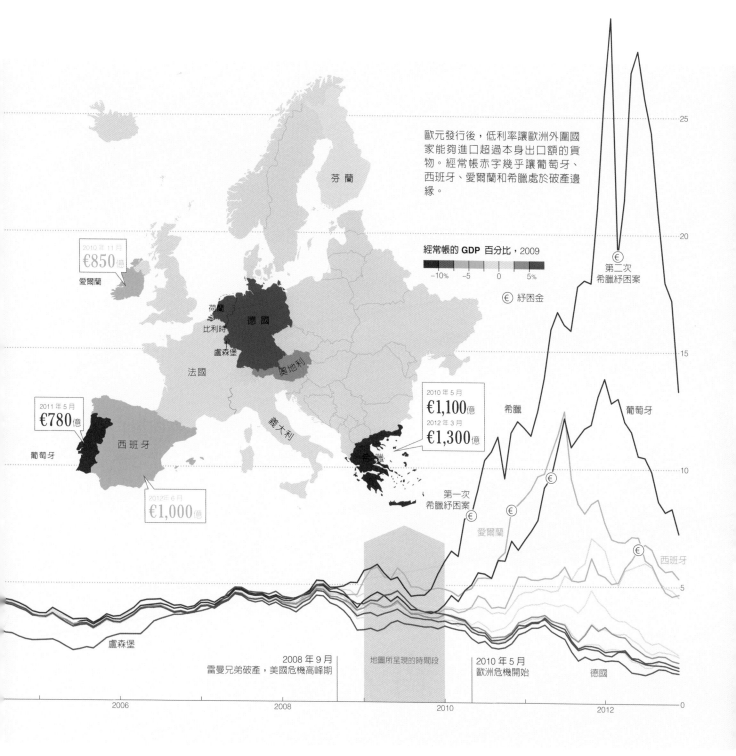

歐元發行後，低利率讓歐洲外圍國家能夠進口超過本身出口額的貨物。經常帳赤字幾乎讓葡萄牙、西班牙、愛爾蘭和希臘處於破產邊緣。

經常帳的 GDP 百分比，2009

-10%　-5　　0　　5%

€ 紓困金

2010 年 11 月
€850億
愛爾蘭

2011 年 5 月
€780億
葡萄牙

2012年 6 月
€1,000億

2010 年 5 月
€1,100億
2012 年 3 月
€1,300億

芬蘭

荷蘭
比利時
盧森堡
德國
法國
奧地利
義大利
西班牙
希臘

第二次
希臘紓困案

希臘
葡萄牙

第一次
希臘紓困案

愛爾蘭
西班牙

盧森堡

德國

2008 年 9 月
雷曼兄弟破產，美國危機高峰期

地圖所呈現的時間段

2010 年 5 月
歐洲危機開始

2006　　　2008　　　2010　　　2012

25
20
15
10
5
0

　　低成本的貸款讓這些國家能夠進口超過本身出口額的貨物，導致出現經常帳赤字（current account deficit，見地圖上紅色系國家）。在此同時，像德國或荷蘭這類核心國家，則享有連年的貿易順差（以藍色系標示）。

　　隨著 2000 年代結束，這樣的發展進一步加劇了歐元區核心和外圍之間的地理分化。外圍區經濟體的成長，全都依賴信貸的不間斷供給；核心區經濟體的成長，則依賴向外圍區出口，這樣的模式使得外圍區難以脫離負債狀態。

　　到了 2010 年，這種不平衡和相互依賴的模式終於走到臨界點。希臘的基本經濟指標最薄弱，率先面臨借貸成本飆升和破產危機。

　　其他歐洲外圍國家也很快面臨類似命運，在 2010 至 2012 年間，希臘、西班牙、葡萄牙和愛爾蘭從「三駕馬車」（Troika，國際貨幣基金、歐洲中央銀行和歐盟執行委員會）手上收到了數十億歐元的紓困金。

　　雖然歐元區至今仍然健在，但是核心區順差和外圍區逆差的結構性不平等，也繼續存在著，並可能持續潛藏在歐洲內部成為隱患。

紓困金金流，2010－2014
（單位：十億歐元）

輸　入

131

歐洲金融穩定機制
（European Financial
Stability Facility, EFSF）

成立於 2010 年，處理希臘、愛爾蘭和葡萄牙紓
困金的金融救援機構。機構背後有歐盟執行委員
會和歐洲中央銀行支持，EFSF 的資金來自於歐元
區各成員國。

52.9

歐元區國家

32

國際貨幣基金（IMF）

在 2010 到 2014 之間，希臘收到了
總額 2,159 億歐元的款項，但這些錢
最後幾乎都進了債權人的口袋裡，而
非實際的經濟活動和希臘人民身上。

失業率成長，2009－2013
- 超過 14%
- 10.1－14
- 6－10
- 沒有資料

0　　　　　　　100 公里

名為救濟，實為還債

在希臘紓困計畫中，本來「三駕馬車」是為了重振希臘經濟，豈料
卻被用來償還給原始債權人和解救快要倒閉的銀行。

　　希臘在 2010 年面臨破產危機。為了處理希臘的危
機，俗稱「三駕馬車」的歐盟執行委員會（European
Comission, EC）、歐洲中央銀行（European Central
Bank, ECB）和國際貨幣基金（International Monetary
Fund, IMF）設計了一項斥資金額達 1,100 億歐元的紓困
案，該金額幾乎達到希臘經濟規模的一半（希臘當年的
GDP 是 2,260 億歐元）。

　　這筆巨額紓困金的附帶條件是，希臘必須拍賣其公共資
產（例如電力和水利設施）、進行體制改革（例如企業在

雇傭和解僱上要具有彈性），並且刪減公共退休金
和公部門薪資。

　　2010 年 5 月，IMF 預測希臘的 GDP 將在 2010 到 2011
年間短暫下滑約 6.5%（繼 2009 年下降 4% 之後），然後
便會穩健恢復。不過，事實卻和 IMF 的預測相左，紓困方
案的附加條件竟使得希臘持續遊走於信用違約邊緣，迫使
三駕馬車於 2012 年再次提供一筆 1,300 億歐元的鉅額紓
困金。

　　到了 2013 年底，同時也是危機的高峰，希臘的 GDP

金錢大地圖

輸出

165.6 — 償還給債權人

37.3 — 希臘銀行資本化

9.1 — 償還給 IMF 和 EFSF

3.9 — 真正用於復興經濟

GDP 成長，2001 – 2019

希臘
美國

6%

0

−6

−12

2005　2010　2015

失業率，2001 – 2019

地圖 所示時期

希臘

美國

20%

10%

0

2005　2010　2015

以 GDP 衰退的程度來看，2010 到 2013 年希臘危機的嚴重程度，比 2007 至 2009 年的美國金融危機還要嚴重十倍。它所造成失業率影響也比美國金融危機高三倍。

已總共下滑了 29.5%。同年，希臘全國的失業率也高達 27.5%。如地圖所示，危機造成的災情在該國人口密集處特別嚴重。以阿提卡（Attica）區域為例，包含雅典在內，失業率攀升超過五倍，從 2009 年的 3.3%，一路狂飆到 2013 年的 19.7% 以上。

　　雖然紓困金的發放，名義上是「與希臘人民站在一起」，但紓困的主要目的卻是要還錢給債權人，其中有 70% 都是法國、德國等地的外國銀行和外國投資機構。上方的箭頭顯示，2010 年至 2014 年借給希臘的紓困金，

有 94% 最後都用於償還給原始債權人（通過償還到期債務和利息、買回債務以及重組債務），或是拯救瀕臨破產的銀行，其中有許多還是外資銀行。紓困金幾乎完全沒有投入協助希臘重振經濟（橘色箭頭）。

　　自美索不達米亞時代以來，債務豁免一直是財務管理中的一部分，但在現代卻很少實行。經濟學家認為，債權人對債務人寬容，會讓債務人的行為更不負責任，更容易違約。但政府拯救銀行，而非陷入困境的社區，這種做法又有多負責任呢？

劇毒貸款

組合型貸款，使數百個法國市政當局陷入困境，甚至落入破產邊緣。

　　無論是學校或大眾運輸，地方政府總會需要資本進行活動和投資。地方政府能從中央獲得資金，也可以向居民徵稅，但光靠這兩種資金來源，通常是不夠的。這使得地方基層級政府變成銀行的理想客戶。貸款將城市、城鎮或村莊的日常生活，與金融市場不可預測的命運整個聯繫起來，這麼做有時候這會導致可怕的後果。在 2010 年代，約有 1,500 個法國地方政府處於危急狀態，因為地方政府的資金受到劇毒貸款的污染。從法國阿爾卑斯山區的滑雪勝地，到各個地區政府部門，再到主要城市的委員會，均無一倖免。

　　2005 年，法國和比利時共營的德克夏銀行（Dexia），開始積極推廣新型的順序分層貸款（sequential tranches）。這些貸款在頭幾年採固定低利率，後幾年利率會變動，且取決於貨幣市場（包括歐元匯兌瑞士法郎匯率）的浮動利率。如果匯率降低，利率就會提高（見 136 頁）。由於當時利率不太可能調高，大量的鄉村與都市層級地方政府，都選擇這種方案貸款，這使德克夏銀行一舉躍升為持有地方基層政府債券的佼佼者，市占率在法國高達 42%。正是從那時開始，尚未出現病徵的地方預算，開始與全球金融市場掛上鉤，高度依賴自己無法控制的國際金融市場波動。

　　狀況在連鎖反應之下迅速惡化。自 2007 年開始，次級房貸危機和主權債務危機造成市場動盪，讓藏身在第二層結構的浮動利率病毒開始活化。光是在 2011 年，法國全國的劇毒政府債務合計就來到 188.3 億歐元。因巨額債務纏身，感染劇毒貸款的縣市以詐欺為由，控告德克夏銀行。由於德克夏銀行自己也受到金融危機重創，最終遭到法國、比利時和盧森堡政府強制解散。

　　在地方層級，感染劇毒貸款後的景況並不樂觀，面臨 12.5% 至 81% 不等的飆升利率。緊張的市政將學校、道路和垃圾處理等關鍵基礎設施和服務，置於危險之中，並導致文化和城市改造項目預算遭到削減。法國中央政府決定與地方政府重新商討借貸條件，而非直接取消地方政府欠德克夏銀行的債務。從此以後，地方居民便承受劇毒貸款後遺症，忍受更高的地方稅收、缺乏公共投資，以及服務品質的下降。

2005 年之前

巴黎近郊

環繞巴黎的內圈近郊的巴尼奧雷（Bagnolet）、奧貝維埃（Aubervilliers）、塞納河畔伊夫里（Ivry-sur-Seine）和龐坦（Pantin）就曾因輕率使用劇毒貸款聞名。

塞納河畔阿涅爾，法蘭西島

人口數：84,000

2012 年，塞納河畔阿涅爾市長宣告罷債，拒絕支付新利率衍生出的利息，宣稱「如果不這麼做，就付不出學校和托嬰中心教職員薪水。」

里昂，奧弗涅 - 隆河 - 阿爾卑斯

人口數：130 萬

市議會、市政府、公宅協會、公共運輸協會、公立醫院和大學醫院，幾乎所有公共設施和地方政府都遭到劇毒貸款感染，債務總計 5.7 億歐元。

聖艾蒂安，奧弗涅 - 隆河 - 阿爾卑斯

人口數：173,000

受到 15 筆劇毒貸款纏身，聖艾蒂安既是法國欠債數一數二的城市，也是法律攻防的第一線。最近的一筆貸款案件在 2021 年才終於塵埃落定。劇毒貸款危機花了市政府和納稅人總共 4,000 萬歐元，還迫使地方稅率提高了 3%。

翻到下一頁，確認變動利率病毒的擴散狀況。

劇毒貸款
—— 市鎮政府
—— 市鎮聯合體

人口密度，2022
高
低

0   100公里

里爾

上法蘭西大區

諾曼第大區

塞納河畔阿涅爾

巴黎
法蘭西島大區

大東部大區

史特拉斯堡

布列塔尼大區

雷恩

羅亞爾河地區大區

南特

中央-
羅亞爾河谷大區

勃艮第-法蘭琪-
康堤大區

法 國

比 斯 開 灣

新阿基坦大區

波爾多

里昂
奧弗涅-隆河-阿爾卑斯大區

聖艾蒂安

奧克西塔尼大區

土魯斯

蒙彼利埃

普羅旺斯-阿爾卑斯-
蔚藍海岸大區

尼斯

馬賽

地 中 海

科西嘉大區
（法屬）

感染徵兆

政治跡象

許多政府官員行為非常投機,在選前簽下可能有劇毒的貸款,好向選民公布新投資建設項目。較小的市鎮政府時常缺乏金融專業,無法充分分析貸款背後可能存在的風險。

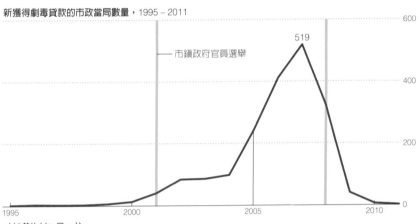

新獲得劇毒貸款的市政當局數量,1995 – 2011

市鎮政府官員選舉

519

災難的公式

按照貸款公式和合約計算,只要歐元匯兌瑞士法郎的匯率維持在 1.44 以上,應付的利息總額就會維持一致。若匯率降到 1.44 以下,利率就會按比例調升,加重債務負擔。

圓圈大小代表每 1,000 萬歐元貸款在 25 年期所產生的利息總額,前兩年的利率固定。

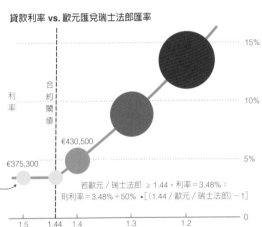

貸款利率 vs. 歐元匯兌瑞士法郎匯率

合約閾值
利率
€430,500
€375,300

若歐元 / 瑞士法郎 ≥ 1.44,利率＝3.48%;
則利率＝3.48% + 50% • [(1.44 / 歐元 / 瑞士法郎) − 1]

匯率

前所未見的崩潰

美國次級房貸危機和之後的歐元區危機,讓瑞士法郎抬頭。2015 年,瑞士中央銀行決定取消最低匯率,法國地方機構的額外利息成本增加了 20 億歐元。

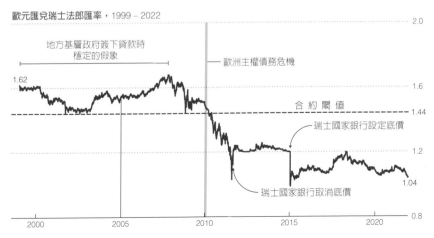

歐元匯兌瑞士法郎匯率,1999 – 2022

地方基層政府簽下貸款時穩定的假象

歐洲主權債務危機

1.62

合約閾值

瑞士國家銀行設定底價

瑞士國家銀行取消底價

1.04

2005 年之後

特雷加斯泰,布列塔尼

人口數:2,400

由於該鎮在 2007 年簽下兩筆劇毒貸款,該鎮在 2011 年時除了本金外,還得額外負擔 290,000 歐元的利息。市中心的翻修計畫和總計 30 公里長度的公路修繕計畫都遭到延宕。節日和孩童假期的預算從 40,000 歐元直接被刪減到一毛不剩。地方的圖書館員的位置被志工服務取代。該市鎮首長於 2012 年宣稱:「我並不是為了提高稅徵額、讓稅收直接送給銀行才參選的。」

聖卡斯萊吉爾多,布列塔尼

人口數:3,200

一筆於 2009 年取得的 24 年期,年固定利率是 3.99% 的貸款,年利息 147,000 歐元。在 2011 年,由於利率上升至 14.5%,年利息也隨之來到 523,000 歐元。該市鎮因此終止了廢水處理池翻新計畫,並凍結青年都市計畫。

安古蘭,新阿基坦

人口數:41000

該市在 2006 至 2007 年間簽下三筆貸款。2011 年,該市所須負擔的額外利息上漲了將近 100 萬歐元,讓所有都市更新計畫延宕。市政府人員曾向媒體坦言:「大家到辦公室第一件事,就是上網檢查利率。」

達克斯,新阿基坦

人口數:21000

面對 2007 年貸款利息的飆升,該市於 2015 年提高了地方稅率,退休員額遇缺不補,暑期工讀的機會也減少了。

薩瑟納日,奧弗涅 - 隆河 - 阿爾卑斯

人口數:11000

2012 年 8 月,一筆 2007 年簽下的 400 萬歐元貸款,利率突破了 23.49%,這是原本利率的七倍。市鎮首長拒絕支付高達 636,000 歐元的利息,並將德克夏銀行告上法院。在一連串曠日廢時的法庭攻防後,地方政府在 2021 年被宣告敗訴。

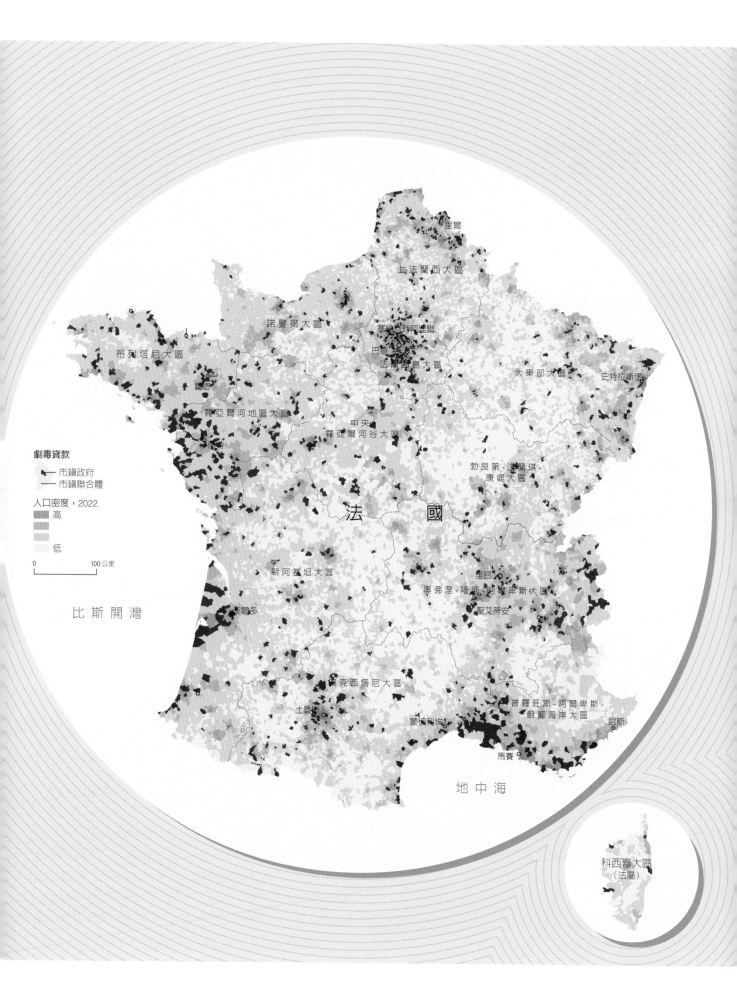

劇毒貸款
━ 市鎮政府
━ 市鎮聯合體

人口密度，2022
高
低

0   100公里

比斯開灣

里爾

上法蘭西大區

諾曼第大區

布列塔尼大區

塞納河畔阿澤爾
巴黎
法蘭西島大區

大東部大區

史特拉斯堡

羅亞爾河地區大區

中央
羅亞爾河谷大區

勃艮第-法蘭琪-
康堤大區

法　　國

新阿基坦大區

里昂
奧弗涅-隆河-阿爾卑斯大區

聖艾蒂安

波爾多

歐克西塔尼大區

普羅旺斯-阿爾卑斯-
蔚藍海岸大區

尼斯

土魯斯

蒙彼利埃

馬賽

地中海

科西嘉大區
（法屬）

假日搶劫
為了隱匿蹤跡，駭客狡猾地趁國定假日犯案，讓銀行無法第一時間彼此通訊聯絡。

駭客破門
駭客們潛伏在孟加拉銀行的網路系統中長達數個月，耐心地從位於開羅的伺服器監視一切。2016年2月4日，駭客發動了攻擊，從銀行的網路系統向SWIFT送出35筆價值總計9.51億美元的轉帳要求。

轉帳過程
由於孟加拉銀行和駭客所控制的帳號之間沒有直接聯繫，SWIFT網絡必須要透過紐約聯邦準備銀行（Federal Reserve Bank of New York）轉帳。其中30筆交易因為含有「Jupiter」字眼，與一間遭到美國制裁的希臘運輸公司同名，而被自動擋下。

追蹤過程
剩下5筆合計價值超過1.01億美元的交易，在當晚就由SWIFT網絡，通過一系列中介銀行自動完成了。到了星期五，聯準會發現有大量被擋下的異常請求，便試圖聯繫孟加拉銀行，但因孟加拉正逢國定假日，所以無人回應。稍晚，由於拼寫錯誤，德意志銀行擋下其中一筆交易，但仍然有8,100萬美元落入駭客位於菲律賓中華銀行的帳戶中。到了星期一，孟加拉銀行雖然試圖追回贓款，但當時正值農曆春節，菲律賓中華銀行凍結帳號的動作也遲了一步。

歐洲　亞洲

$9.51億

開羅
埃及

駭客破門

達卡
孟加拉

太平洋

非洲

赤道

0　2000公里
比例尺以赤道為基準

印度洋

計劃期間
2015年5月–2016年1月

星期四
2016年2月4日

黑帽駭客

銀行國際代碼

孟加拉銀行
BBHOBDDHXXX

紐約聯邦準備銀行
FRNYUS33FX1

孟加拉銀行搶案遭盜金額高達8,100萬美元，是史上最高額的銀行搶劫案。若犯案的駭客再小心一些，他們得手的金額會遠超過這個數字。

　　現代的銀行劫案，歹徒不再使用槍枝、保險和人質作為犯案工具了，只要搶匪能入侵銀行的電腦網路系統，並在系統封鎖以前將錢提領出來，搶案就一舉成功。在2016年，一群駭客入侵孟加拉中央銀行的網路系統，並在位於開羅的伺服器花了數個月的時間，監控銀行日常運作，精心計畫世界上最大筆的銀行搶案。

　　若要瞭解這樁搶案的犯案手法，首先必須瞭解支撐國際銀行業務的運作方式。在過去50年間，支撐著全世界銀行跨行交易中樞的是，總部位於布魯塞爾的環球同業銀行金融電訊協會（Society for Worldwide Interbank Financial, SWIFT）。每天都有數十億筆訊息透過該網絡系統傳遞。駭客們發現，銀行只有在彼此之間有往來帳戶的情況下，才能直接轉帳。許多銀行僅與少數幾個國家的銀行有這種關係，因此通常需要依賴SWIFT的交易網絡傳接球，好讓錢最終能到達它該去的地方。這一連串的跨國銀行帳戶接力，稱為「通匯銀行業務」。駭客們

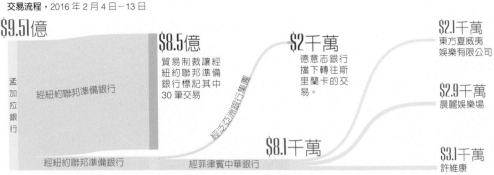

交易流程，2016 年 2 月 4 日－13 日

溜之大吉
當錢落到位於馬尼拉的菲律賓中華銀行隱密帳戶時，與駭客合作的賭場中介人，透過菲律賓賭場，趁著農曆春節賭場最忙的時候把黑錢洗白。

$9.51億

$8.5億
貿易制裁讓經紐約聯邦準備銀行標記其中 30 筆交易

$2千萬
德意志銀行擋下轉往斯里蘭卡的交易。

$2.1千萬
東方夏威夷娛樂有限公司

$2.9千萬
晨麗娛樂場

$8.1千萬

$3.1千萬
許維康

孟加拉銀行　經紐約聯邦準備銀行

經紐約聯邦準備銀行　　經菲律賓中華銀行

德意志銀行
DEUTDEFFXXX
菲律賓中華銀行
RCBCPHMMXXX

鎖定 SWIFT，並挑國定假日和例假日下手，就能在銀行捉到他們之前，把錢提領出來。搶案的關鍵是，SWIFT 交易網絡是基於信用運作的，這點對駭客相當有利。在安全協定的保護和數十年信賴基礎上，網絡中的銀行通常彼此信任。駭客只是剛好很不幸地因為一個單詞拼寫錯誤，以及目標銀行帳戶名稱中包含了與受制裁的公司相同的詞「Jupiter」，而未能成功盜取近 10 億美元。

這椿搶案的幕後黑手到底是誰？雖然駭客的身分直到現在仍然沒有被完全確認，但業界普遍懷疑是某個北韓的駭客組織。這起案件中唯一被起訴的人，是一名菲律賓中華銀行（RCBC）的分行經理，瑪雅・桑托斯 — 德吉托（Maia Santos-Deguito）。桑托斯 — 德吉托因協助迅速取出被盜資金，而被控八項洗錢罪名。

當駭客技術領先於資安專家時，金融世界就必然會發生網路犯罪事件。最糟糕的情況是，這可能就是未來全球金融危機的根源。

七

意料之外的事情，往往比你所期望的事更常發生。

普勞圖斯（Plautus）

管制與治理

為了限縮金融毀滅性的力量，金融有必要受各國中央銀行和國際組織嚴格監管。但監管通常是對問題做出反應，而非為為了預防問題。同時，監管也受殖民主義遺緒的影響，使得金融監管的權力集中於富有的國家，以及倫敦、紐約、華盛頓這類地區。全球金融的治理，主要是由白人男性主導，民眾鮮少有民主監督的機會。

警告標示

金融風險管理及監管已取得進展，但仍無法解決複雜金融市場中普遍存在的根本不確定性問題。

　　金融資產可能以不同的形式存在：一棟房子、一個退休金帳戶，或單純是某人口袋中的現金。無論是哪一種形式，資產都存在著風險。房價可能會下跌；退休金投資可能會失利；通貨膨脹可能會讓現金變廢紙。在投資之前，最好仔細思考這些風險。同樣的情況也適用於擁有大量複雜債券、股票和衍生品組合的金融機構。若想要管理金融風險，我們得要先把風險量化。

　　風險量化的方式之一，就是預想最糟的狀況。風險值（Value at Risk, VaR）是指在正常市場條件下、特定時間範圍內和特定信心水準底下，可能蒙受的最大損失。舉例來說，風險值一天是「在 95% 的信心水準下 5,000 萬美元」，意思就是，公司預計在 20 個交易日當中，只會有一天的損失會超過 5,000 萬美元。公司會用風險值來估計它們需要多少金融儲備來應對損失。實際應用上，風險值的估算還包含了歷史資料、數學模型和電腦模擬。

　　風險值的計算發明於 1993 年，原本設計是為了讓企業將風險量化為指標，但它很快就被各界廣泛運用，尤其受到監管單位的認可。1996 年，位於瑞士國際清算銀行（Bank of International Settlements）底下的巴賽爾銀行監理委員會（Basel Committee on Banking Supervision, BCBS）開始要求全球各地的商業銀行至少要有以 10 天為期，99% 信心水準的風險值為基準的儲備金。但是，風險值公式最大的缺陷是，它並不考慮影響力巨大的罕見偶發事件。換句話說，它並沒有考慮到市場失靈的狀況。以風險值計算來看，我們難以判斷超出 99% 信心水準之外的事件，到底只比風險值估算糟一些些，還是天差地別。

　　許多金融公司即便仔細測量和管理金融風險，並且依照風險值儲備準備金，仍難逃倒閉的命運。因此，在 2008 年全球金融危機之後，預期損失（expected shortfall, ES）開始取代風險值，成為金融監管的新標準。預期損失側重於計算超過風險值的預期虧損。但由於極端事件的數據非常稀少，預期損失的計算也比較困難。無論是採用哪種數據、模型或技術，我們唯一可以保證的是，未來的不確定性仍會持續挑戰任何管理金融危機的嘗試。隨著全球金融規模和複雜程度日益上升，金融危機的衝擊和範圍也會愈來愈大。

管制和解除管制的重要事件

1973 美國取消美元的金本位制，其他貨幣也跟進。匯率自此交由浮動不穩的市場價格決定。

1974 巴塞爾銀行監理委員會（Basel Committee on Banking Supervision, BCBS）成立。

1980 有鑑於匯率變動，美國證券交易委員會（US Securities and Exchange Commission）提高了資本適足要求（capital requirements）。這些要求建立在風險值之上，要求公司至少儲備足夠資本，能夠在 95% 信心水準內應對在清算瀕危證券商過程中造成的損失，預設是 30 天。

1988 BCBS 頒佈「第一版巴塞爾資本協定」（Basel I），規定資本對風險資產比的最小比例為 8%。

1993 摩根大通研究員提爾·古爾迪曼（Till Guldimann）於其金融衍生商品研究中首次使用「風險值」一詞。

1996 BCBS 修改「第一版巴塞爾資本協定」增加風險值要求。標準調整為每日 99% 信心水準的風險值。銀行應自行計算風險值，並由監管單位檢查確認。

1999 數學家史坦尼斯拉夫·烏亞瑟夫（Stanislav Uryasev）和工程師泰瑞爾·洛克菲勒（Tyrell Rockafellar）發表條件式風險值研究論文，也就是後來的「期望短損」。

2009 BCBS 引入「壓力風險值」，一種利用歷史壓力期間進行的風險計算，與期望短損同樣專注於最糟的狀況。

2013 在「第三版巴塞爾資本協定」中，BCBS 以 97.5% 信心區間的期望短損值取代原本的 99% 風險值。

2017 「第四版巴塞爾資本協定」要求銀行儲備更多資本，為更大規模的虧損做準備。

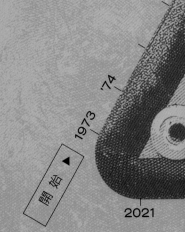

'74

1973

▲ 開始

2021

LTCM 的計算與實際損失，1998

長期資本管理公司（Long-Term Capital Management, LTCM）是一個 1994 年成立於美國的避險基金，其董事就有兩名是曾獲得諾貝爾獎的經濟學家。它的策略核心是套利，透過相似證券間小幅的價差獲利。LTCM 為此大量借款，並在 1995 到 1996 年間達成超過 40% 的報酬率。

為了減輕相關風險，LTCM 手上握有一定金額的現金儲備，現金儲備額度取決於年度風險值。在 1998 年初，他們估計損失 5% 到 20% 資本的機率小於 0.2（見圖表上黑色點）。舉例來說，20% 的損失每 50 年理應只會出現一次。但實際上，1998 年夏天的金融是波動卻出乎意料地導致了股市崩盤和信用市場的混亂。到了 8 月底，LTCM 已經損失了其數十億持股的一半。雖然紐約聯邦準備銀行曾經提供紓困，但該基金最後還是在 2000 年解散。

紐約證交所
黑色星期一

亞洲金融危機

長期資本管理公司倒閉。

雷曼兄弟倒閉，
全球金融危機爆發。

$$VaR(p)_{t+1} = -\sigma_t F_R^{-1}(\theta)p_t$$

全球／在地化治理

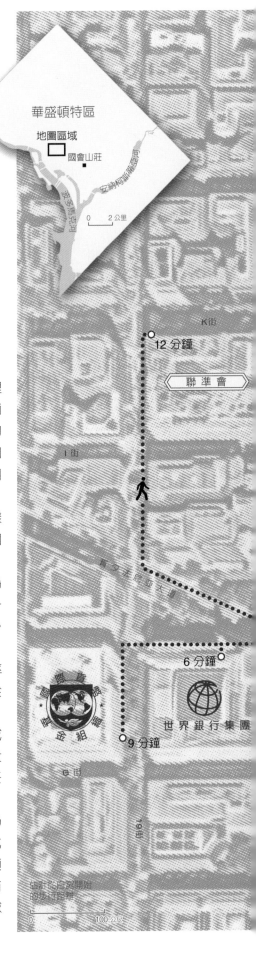

> 儘管國際貨幣基金組織和世界銀行的名字意味著全球性治理，
> 但實際上它們是由世界上最富有的國家（美國）所管理的。

國際貨幣基金組織（IMF）和世界銀行，是世界上最像是全球金融治理機關的組織。兩個組織都是在二戰後，因國際政治和經濟安排所誕生，兩個組織的總部也都設立在美國華盛頓特區，距離白宮和其他聯邦政府建物不遠。根據 IMF 的官網所揭示的，該組織的使命是提高國際金融穩定性和貨幣合作，以及促進貿易和降低失業率。與 IMF 類似，世界銀行努力的目標，同樣是要對抗極端貧困和提倡共榮。

目前，這兩個組織都有將近 190 個成員國，其中有像是美國和中國這樣的大國，也有像吐瓦魯和帛琉這類的小國。加入世界銀行的前提是，該國必須是 IMF 的會員國。

IMF 和世界銀行都聲稱對其成員國負責。這樣的印象可能會讓人誤以為所有的會員國都像美國參議院議員那樣，在國會擁有同樣的聲量（一國一票），又或是像美國眾議會那樣，根據人口規模的比例擁有相對的發言權。事實上，IMF 和世界銀行的投票權主要是參照經濟體規模的大小來決定。這代表著，富有國家的代表權會大過它在世界人口數中的占比。右邊斜率圖呈現了正是代表權與人口占比之間的失衡。向上傾斜的國家影響力大於其人口占比，向下傾斜的國家，影響力則是小於人口占比。

基於上述的設計，美國一直以來都是 IMF 和世界銀行中影響力最大的成員國。截至 2021 年底，美國就擁有 IMF 投票總數的 16.51%，是美國世界人口數占比（4.48%）的三倍以上。這代表美國光靠自己，就能擋下任何需要獲得 85% 同意票才能通過的重大議案。

雖然近幾年開發中國家的聲勢日益壯大，但世界其他地方的代表性仍然非常不平均。中國在 IMF 的投票占比是 6.08%，大約是其人口占比（18.91%）的三分之一。印度的代表性甚至更低，其投票權僅為人口分額（17.57%）的六分之一（2.63%）。看看非洲，整個大陸的投票占比僅有 6.2%，沒比德國的 5.32% 高出多少，人口卻比德國多了 10 億以上。全球金融治理的革新，已經刻不容緩。

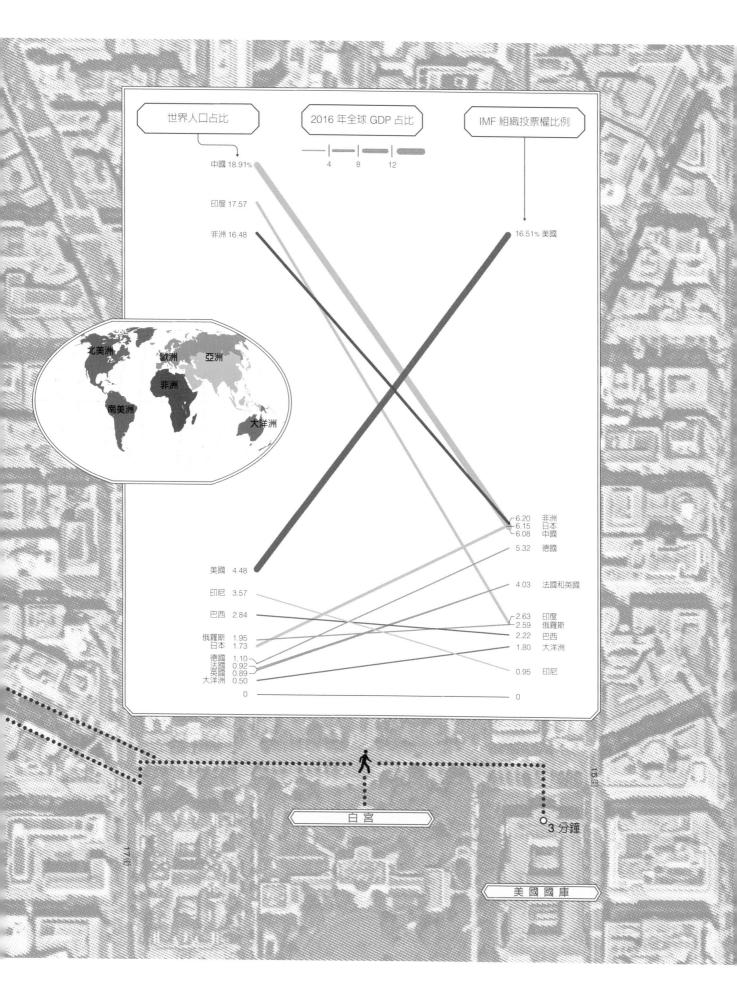

世界人口占比　　　　2016 年全球 GDP 占比　　　　IMF 組織投票權比例

中國 18.91%

印度 17.57

非洲 16.48

16.51% 美國

北美洲　　歐洲　　亞洲
　　　　非洲
南美洲
　　　大洋洲

┌ 6.20　非洲
├ 6.15　日本
└ 6.08　中國

5.32　德國

美國 4.48

4.03　法國和英國

印尼 3.57

巴西 2.84

┌ 2.63　印度
└ 2.59　俄羅斯

2.22　巴西

俄羅斯 1.95
日本 1.73

1.80　大洋洲

德國 1.10
法國 0.92
英國 0.89
大洋洲 0.50

0.95　印尼

0　　　　　　　　　　　　　　　　0

白宮

3 分鐘

美國國庫

銀行中的銀行

中央銀行是現代經濟運作的關鍵，它是歷史和地理交織的產物。

中央銀行是經濟治理的梁柱。每個國家都有中央銀行。它們負責向經濟體提供經濟活動所需的官方貨幣、借錢給政府、設定利率、管理外匯和黃金儲備、監管其他銀行，以及控制通貨膨脹。在美國，中央銀行同時還被賦予擴大就業的任務。

人類史上第一個由官方背書的地方政府貸款對象，出現於十五世紀早期的巴塞隆納和熱那亞，我們可以把它們當成是中央銀行的原型。第一個國家層級的中央銀行，則是瑞典在 1668 年所成立；緊跟在瑞典之後的，是英

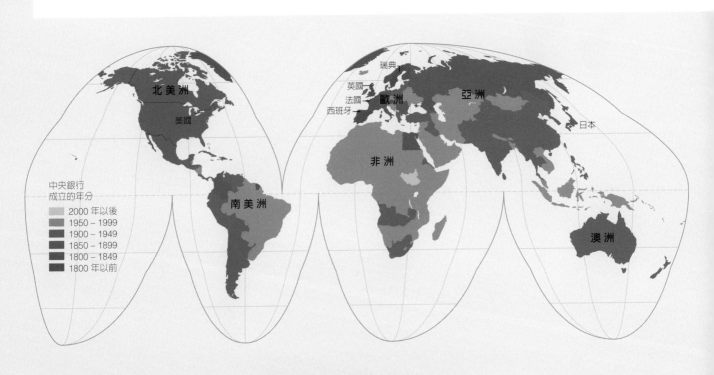

中央銀行
成立的年分

- 2000 年以後
- 1950 – 1999
- 1900 – 1949
- 1850 – 1899
- 1800 – 1849
- 1800 年以前

每十年間中央銀行成立的數量

1401

巴塞隆納的「變更表」（Taula de canvi）成為第一個政府官方借貸的對象銀行。熱那亞的聖喬治銀行（Casa di San Giorgio）也在 1404 年獲得類似地位。

1666

斯德哥爾摩銀行（Stockholms Banco）印製了歐洲第一張銀行券（左圖）。兩年後，該銀行被併入世上第一間中央銀行「國會銀行」（Riksens Ständers Bank）。

1694

在英國國王威廉三世與法國的戰事途中，英格蘭銀行成為了英國政府官方借貸對象。

國、西班牙和法國。許多中央銀行都是先以私人銀行的身分成立，然後才被國有化，法國和英國就是這類。

中央銀行的起源及其隨後的功能擴張，而不是基於經濟理論而發展，乃是與歷史和地理背景有關。英格蘭銀行是在英國國王威廉三世與法國戰爭期間成立的。美國聯邦儲備系統（聯準會）是 1913 年時為了應對一系列金融恐慌而成立，並藉此限制私人銀行家的權力。在二戰之後，隨著殖民地獨立和蘇聯解體，也促成了新的中央銀行成立潮（見時間軸）。1999 年，歐洲中央銀行為促進歐洲內部整合而成立，歐元也在同年成為歐洲 11 個經濟體的共同貨幣。

迄今為止，二十一世紀中央銀行最大的發明就是量化寬鬆（quantitative easing, QE）。藉由從銀行和其他金融機構手上購買債券和其他資產，中央銀行將資金直接挹注進金融系統之中，以提升可供借貸和投資的資金額度。無論是回應美國的次級房貸風暴、歐元危機，還是新冠疫情（見折線圖），量化寬鬆都曾被廣泛使用，此舉也將中央銀行的權力提升到全新高度。

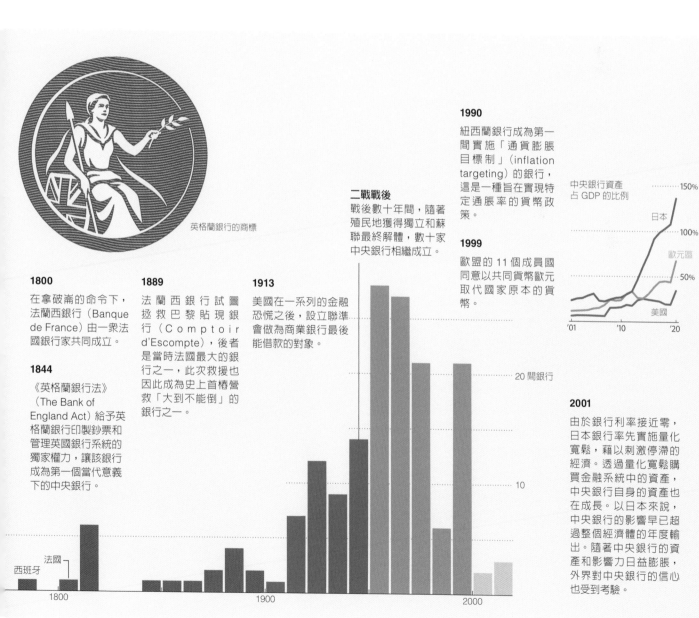

英格蘭銀行的商標

1800
在拿破崙的命令下，法蘭西銀行（Banque de France）由一眾法國銀行家共同成立。

1844
《英格蘭銀行法》（The Bank of England Act）給予英格蘭銀行印製鈔票和管理英國銀行系統的獨家權力，讓該銀行成為第一個當代意義下的中央銀行。

1889
法蘭西銀行試圖拯救巴黎貼現銀行（Comptoir d'Escompte），後者是當時法國最大的銀行之一，此次救援也因此成為史上首樁營救「大到不能倒」的銀行之一。

1913
美國在一系列的金融恐慌之後，設立聯準會做為商業銀行最後能借款的對象。

二戰戰後
戰後數十年間，隨著殖民地獲得獨立和蘇聯最終解體，數十家中央銀行相繼成立。

1990
紐西蘭銀行成為第一間實施「通貨膨脹目標制」（inflation targeting）的銀行，這是一種旨在實現特定通脹率的貨幣政策。

1999
歐盟的 11 個成員國同意以共同貨幣歐元取代國家原本的貨幣。

中央銀行資產占 GDP 的比例

日本
歐元區
美國

150%
100%
50%

'01　'10　'20

20 間銀行

10

西班牙　法國

1800　　1900　　2000

2001
由於銀行利率接近零，日本銀行率先實施量化寬鬆，藉以刺激停滯的經濟。透過量化寬鬆購買金融系統中的資產，中央銀行自身的資產也在成長。以日本來說，中央銀行的影響早已超過整個經濟體的年度輸出。隨著中央銀行的資產和影響力日益膨脹，外界對中央銀行的信心也受到考驗。

法律權威

英國普通法透過英國殖民主義的遺產，以及英美律師事務所和倫敦商業法庭的影響力，繼續主導著全球金融。

　　從小額消費貸款和房屋貸款，到複雜的衍生商品交易和企業併購，金融交易總是涉及法律合約。因此，金融世界無法在沒有法律的情況下存在。「英國普通法」是至今為止全球金融界最具影響力的法律系統。它的影響力可以歸功於條文原則本身的可預測性、靈活性和公平性。普通法又稱「判例法」，奠基於法治原則和強大的獨立司法系統，屬英美法系，和以編纂法典（列出允許的事項）為基礎的大陸法系不同。普通法以「先例」為原則，這個特質更容易適應金融創新。舉例來說，普通法和大陸法都保障立約和簽約的自由，但大陸法系所允許的合約和財產種類比較沒有彈性；普通法則給予私人律師更大的自由去創造與解讀法律。

　　英國普通法起源於十一世紀的英格蘭，透過大英帝國和知名國際律師事務所傳播到世界各地。隨著金融全球化的發展，它的影響力進一步擴大。在所有地圖上紅色系的國家，都和普通法有關係。2019 年，全世界收入最高的前十大的律師事務所，全都在倫敦或美國設有總部，並在數十個國家執業。每年都有數百間企業和訴訟當事人使用倫敦市的商業法庭，來解決商業紛爭。地圖國名下方畫有底線的國家，在 2020 年 4 月至 2021 年 4 月間，前往英國參與訴訟的人數最多；儘管當時受到新冠疫情影響，卻仍創下開庭量新高。新加坡國際商事法院於 2015 年基於普通法成立，在亞洲扮演著類似於倫敦商業法庭的角色。英國普通法的原則和影響力，使得許多法院和非英美法系國家的金融中心（包含中國），也採用普通法來吸引法律、金融和其他類型公司進駐。

英國普通法和紐約的法律條文，幾乎規範了所有衍生商品交易和大部分公司間的跨國合約糾紛。為什麼特別提到紐約呢？因為早期的美國法律也是基於英國法律編寫的。

北 美 洲　　　魁北克

芝加哥　　　　紐約
美國　　華盛頓　費城

太 平 洋

路易斯安那州

波多黎各

巴拿馬
赤道

南 美 洲

FLEXIBILITY · FAIRNESS

1788 年，山謬・丹頓（Samuel Denton）於倫敦成立丹頓（Dentons）律師事務所，並在 2015 年與中國的大成律師事務所合併。丹頓律師事務所在北京設有主要辦公室，在倫敦和華盛頓也設有辦事處。2019 年，丹頓律師事務所是世界前十大律師事務所中，唯一不是純英美血統的事務所。但在 2023 年，丹頓律師事務所因中國法規變更，脫離大成律師事務所。

歐洲
蘇格蘭
英國 倫敦
俄羅斯
德國
烏克蘭
瑞士
義大利
阿斯塔納
哈薩克
賽普勒斯
亞洲
北京
中國
上海
日本
太平洋
阿聯 杜拜
杜哈 阿布達比
印度
深圳
香港特別行政區
非洲
新加坡
赤道
印度洋
南非
大西洋
澳洲
南極洲

英國普通法的普及程度，2021

■ 適用
■ 與其他法系混合
■ 世界前十大律師事務所至少設有一間辦公室
□ 無

○ 設立於非普通法國家但使用英國普通法的金融中心
■ 至少有一間世界前十大律師事務所總部（基於 2019 年營收）

國家 ━━━━ 倫敦
最常有訴訟當事人出現在倫敦商業法庭的國家前 10 名，2020 年 4 月－2021 年 3 月

0 ———— 2000 公里
比例尺以赤道為標準

幾乎所有曾經是英國殖民地的國家都繼承英國普通法。許多國家也將普通法與當地習慣法，以及其他殖民國家的成文法影響相結合，例如在南非的荷蘭人。

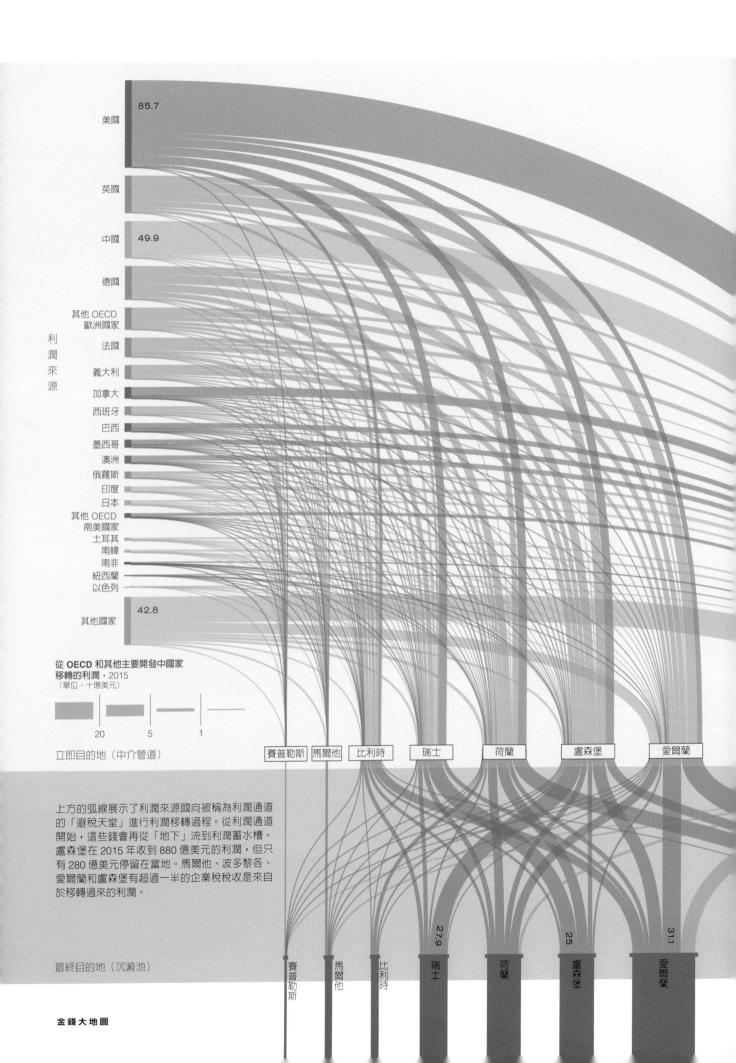

利潤來源

美國	85.7	
英國		
中國	49.9	
德國		
其他 OECD 歐洲國家		
法國		
義大利		
加拿大		
西班牙		
巴西		
墨西哥		
澳洲		
俄羅斯		
印度		
日本		
其他 OECD 南美國家		
土耳其		
南韓		
南非		
紐西蘭		
以色列		
其他國家	42.8	

從 OECD 和其他主要開發中國家
移轉的利潤，2015
（單位：十億美元）

20　　5　　1

立即目的地（中介管道）

賽普勒斯　馬爾他　比利時　瑞士　荷蘭　盧森堡　愛爾蘭

上方的弧線展示了利潤來源國向被稱為利潤通道
的「避稅天堂」進行利潤移轉過程。從利潤通道
開始，這些錢會從「地下」流到利潤蓄水槽。
盧森堡在 2015 年收到 880 億美元的利潤，但只
有 280 億美元停留在當地。馬爾他、波多黎各、
愛爾蘭和盧森堡有超過一半的企業稅稅收是來自
於移轉過來的利潤。

最終目的地（沉澱池）

賽普勒斯　馬爾他　比利時　瑞士 27.9　荷蘭　盧森堡 25　愛爾蘭 31.1

企業所得稅稅率，1981–2018

美國

荷蘭

愛爾蘭

世界平均

百慕達

美國《2017 年減稅與就業法案》確立了單一企業 21% 的所得稅稅率。

離岸運作

避稅天堂不見得都在熱帶島嶼上。事實上，有 7 個富裕的歐洲國家吸走了大部分的企業利潤。

2018 年，共有 8,000 億美元的企業利潤被移轉到了避稅天堂。避稅天堂讓跨國企業可以將利潤移轉到不要求財務透明，且企業稅率低，甚至免稅的司法管轄區。在這邊，我們將利潤移轉（profit-shifting）以水流的樣子呈現，從利潤來源國經過中介管道，最後流到最終目的地。利潤來源是企業運營和產生利潤的國家；中介管道通常是經過一系列企業的子公司和離岸公司，將利潤登記在這邊的中轉地；最終目的地是將利潤轉移到稅率低，乃至於免稅的國家。當我們深入研究這種「離岸運作」，會發現資金變得愈來愈不透明。如同圖表顯示，歐洲的利潤（藍色）主要通過和流向歐洲的司法管轄區；亞洲的利潤（金色）主要流向新加坡、百慕達、開曼群島和其他避稅天堂。美洲的利潤（紫色）則轉移到靠近歐洲和加勒比海地區的中介管道和最終目的地運作。

2020 年，美國和歐盟當局成功打擊了被稱為「雙層愛爾蘭夾荷蘭三明治」（Double Irish with a Dutch Sandwich）的避稅策略。這項策略讓美國企業能夠大幅降低會被課稅的所得。透過設於愛爾蘭和荷蘭的子公司，Google 和蘋果這類的科技巨頭得以利用低稅率和法律漏洞，將來自歐洲和中東消費市場的利潤，移轉到總部位於百慕達的離岸公司，在那裡企業所得稅率為零。光是在 2017 年，Google 就在這座既沒有生產，也沒有銷售的小島上，呈報了 230 億美元的營業額。為了設計這些複雜的避稅策略，跨國企業時常徵求金融和商業服務公司的意見，比如像是貝克·麥堅時（Baker McKenzie）國際律師事務所。

自 1985 年以來，全球平均企業稅率已經下降了一半，只剩 24%，各國不是為了實現稅收正義才讓稅率下降，而是為了競相吸引外國利潤（見折線圖）。這樣的減稅競爭，讓各國稅收預算都受到顯著的影響。若有一個避稅天堂透過吸引國外利潤賺進 1 美元的稅收，移轉源頭的國家的稅收損失就會高達 5 美元。2018 年，美國、英國和中國分別損失了 500 億、230 億和 180 億美元的企業稅收。2021 年，有 136 個國家達成協議，共同調整最低企業稅率為 15%。即便如此，相信各大企業和它們的智囊還是會想到新的辦法來避稅、逃稅。

新加坡、百慕達、開曼群島以及其他避稅天堂 *

*安道爾、安圭拉、安地卡及巴布達、阿魯巴、巴哈馬、巴林、巴貝多、貝里斯、英屬維京群島、直布羅陀、格瑞那達、根西、香港、曼島、澤西、黎巴嫩、列支敦士登、澳門、馬紹爾群島、模里西斯、摩納哥、荷屬安地列斯群島、巴拿馬、波多黎各、薩摩亞、塞席爾、聖克里斯多福及尼維斯、聖露西亞、聖文森及格瑞那丁、土克凱可群島、萬那杜

35.6

新加坡、百慕達、開曼群島以及其他避稅天堂 *

全世界的洗錢地

世界充滿骯髒的錢。雖然你可能不知道，說不定有些髒錢就在你的口袋裡。

傳說「洗錢」這個詞來自美國歷史上最惡名昭彰的黑幫老大艾爾 卡彭（Al Capone）。卡彭會用非法所得的資金買下洗衣店，好把黑錢登記在正當行業的帳本底下。雖然卡彭傳說的真實度已經不可考，但「洗錢」這個詞至今依然存在。洗錢現在是指任何透過金融系統清洗非法所得的做法。雖然洗錢的手法眾多，標準的流程通常包含三個階段：處置（placement），髒錢在這個階段夠過正規現金交易或外幣匯兌進入金融系統；分層（layering），錢的來源在這個階段透過縝密多層的交易和轉匯，逐漸變得難以追查；整合（integration），錢在這個階段被犯罪組織透過工資、利潤、貸款或股東分紅，重新進入犯罪分子口袋。

洗錢行為可能發生在任何地方。雖然洗錢的本質會讓它難以被追查，但據聯合國估計，洗錢的金額相當於每年全球 GDP 的 2% 至 5%。這些錢迴避了所有形式的稅收，並支撐著藏匿在國家政體陰影底下的非法經濟行為。各國政府在洗錢防制案上投下重金，透過調查和揭露，把這些洗錢活動繩之以法。但要破解洗錢的循環並不簡單，有些國家在這方面做得比其他國家好。

我們的環狀長條圖顯示，每個國家金融保密指數（Financial SecrecyIndex, FSI）有四個關鍵指標的表現。金融保密指數是一個由租稅正義聯盟（Tax Justice Network）所開發的政治中立工具，用於評比和排名各國配合國際法規的程度。分數愈高，金融保密程度愈高，與洗錢防制標準的配合程度愈低。縱覽全部四個指標，挪威的配合程度最高，摩爾多瓦的配合程度最低。各國之間的程度差異非常顯著，讓想要洗錢的人可以利用這些地理差異。

近乎矛盾的是，配合這些國際法規，並不代表洗錢案件就比較少。舉例來說，雖然英國是財務透明度最高的國家之一，倫敦卻被形容為全球洗錢地。倫敦身為金融創新的中心，許多當地銀行家、律師和會計師都懂得規避反洗錢法規。犯罪分子不斷開發新的洗錢方式，加上法律漏洞和數位金融的發展，讓犯罪行總是比查緝當局快一步。儘管監管機構努力追趕，但是全球洗錢機器也沒片刻停止運作。

洗錢手段

精密化

賭博
將不法資金換成籌碼和投注單

化整為零
透過多個私人銀行帳戶創造複雜的交易網絡，讓不法資金被吸納

車手
透過國際旅遊，讓人走私現金到他國

企業所有權
營運「受控公司」（front），透過謊報收據和惡意操作帳戶洗錢。

300

240

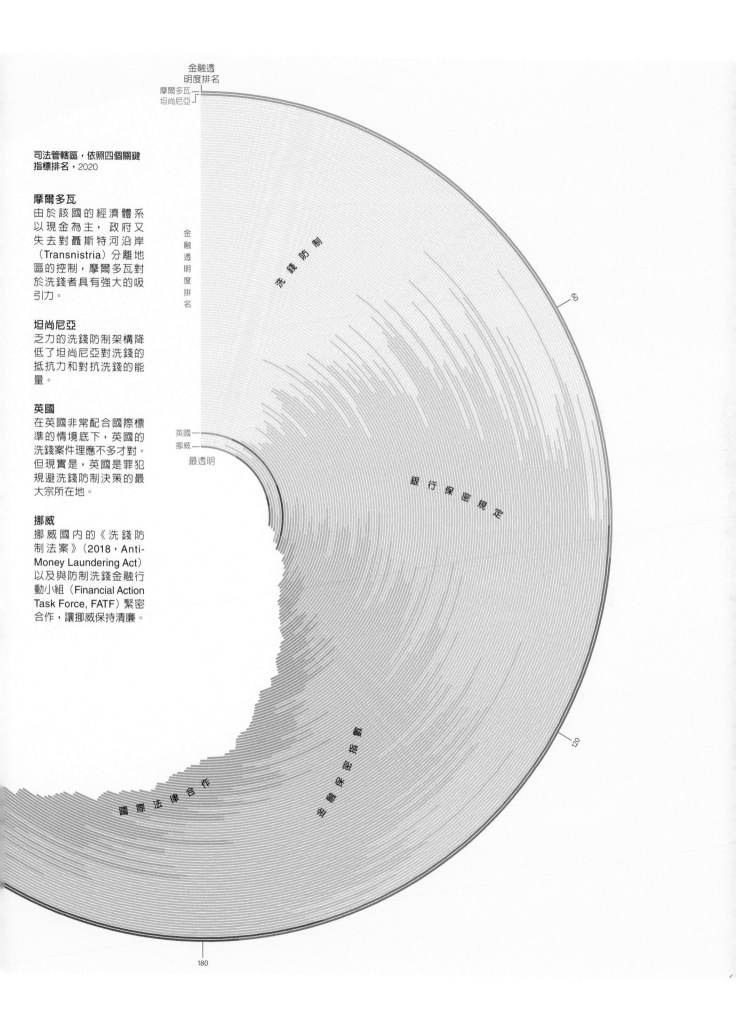

司法管轄區，依照四個關鍵指標排名，2020

摩爾多瓦
由於該國的經濟體系以現金為主，政府又失去對聶斯特河沿岸（Transnistria）分離地區的控制，摩爾多瓦對於洗錢者具有強大的吸引力。

坦尚尼亞
乏力的洗錢防制架構降低了坦尚尼亞對洗錢的抵抗力和對抗洗錢的能量。

英國
在英國非常配合國際標準的情境底下，英國的洗錢案件理應不多才對。但現實是，英國是罪犯規避洗錢防制決策的最大宗所在地。

挪威
挪威國內的《洗錢防制法案》（2018，Anti-Money Laundering Act）以及與防制洗錢金融行動小組（Financial Action Task Force, FATF）緊密合作，讓挪威保持清廉。

金融透明度排名

摩爾多瓦
坦尚尼亞

金融透明度排名

洗錢防制

60

英國
挪威
最透明

銀行保密規定

120

國際法律合作

金融保密指數

180

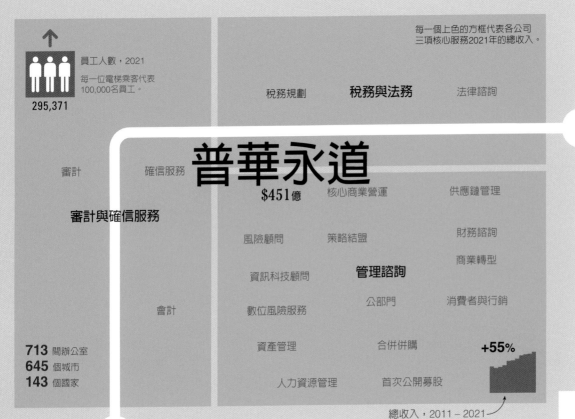

員工人數，2021
每一位電梯乘客代表
100,000名員工。
295,371

每一個上色的方框代表各公司
三項核心服務2021年的總收入。

236,000

稅務規劃　　稅務與法務　　法律諮詢

普華永道
$451億

核心商業營運　　供應鏈管理

審計　　確信服務

審計與確信服務

風險顧問　　策略結盟　　財務諮詢

商業轉型

資訊科技顧問　　管理諮詢

會計　　數位風險服務　　公部門　　消費者與行銷

資產管理　　合併併購　　+55%

人力資源管理　　首次公開募股

713 間辦公室
645 個城市
143 個國家

總收入，2011－2021

葛蘭素史克藥廠

稅務與法務

福斯汽車

733 間辦公室
684 個城市
128 個國家

寡頭美食廣場

312,250

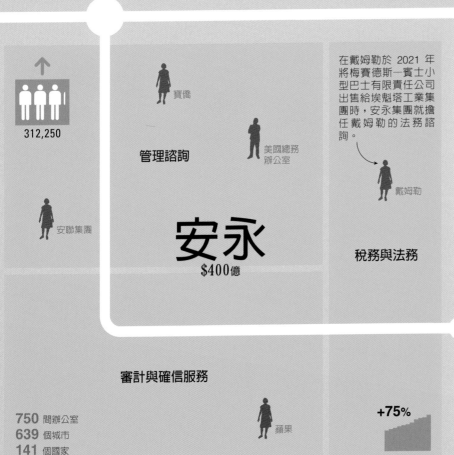

寶僑

管理諮詢

美國總務
辦公室

安聯集團

安永
$400億

在戴姆勒於 2021 年
將梅賽德斯—賓士小
型巴士有限責任公司
出售給埃魁塔工業集
團時，安永集團就擔
任戴姆勒的法務諮
詢。

戴姆勒

稅務與法務

領英

管理諮詢

嬌生公司

德勤
$504億

福特

審計與確信服務

蘋果

+75%

750 間辦公室
639 個城市
141 個國家

美國疾病
管制暨預防中心

743 間辦公室
683 個城市
136 個國家

美國疾病管制暨預防中心在
2020 年以 4,390 萬美元的價
格，委託德勤建構並維持美國
政府的疫苗行政管理系統。

審計與確信服務

畢馬威自 1990 年以來，長期為百事集團財務報表提供審計服務。

畢馬威
$321億

管理諮詢

BP公眾有限公司

+41%

稅務與法務

審計與確信服務

摩根士丹利

+75%

全球金融服務巨擘

在金融和商業服務產業的正中心，有四間來自英美的企業，能提供任何客戶所想要獲得的多數服務。

好幾個具有代表性的百貨公司，標誌了現代消費主義的興起：法國的老佛爺百貨公司（Galeries Lafayette）、英國的賽福居（Selfridges），以及西班牙的英格列斯百貨公司（El Corte Inglés），這些公司專精於販售消費商品。德勤（Deloitte）、普華永道（PwC）、安永（EY）和畢馬威（KPMG），即所謂的「四巨頭」（the Big Four），則滿足全世界商業服務的需求。

四巨頭的可以追溯到十九世紀的小規模英美會計師事務所，起初它們為新興的跨國企業服務。隨著時間過去，逐漸拓展業務範圍，除了傳統的審計和會計之外，也納入稅務和法律諮詢、企業策略、資訊科技轉型和財務諮詢服務。（詳細列表請見紅框。）

結果，今日的四巨頭更像是金融和商業服務百貨公司，專為企業顧客、政府和公共部門提供服務。它們長長的客戶名單，反映了商業上的成功：它們為百事（Pepsi）、阿斯特捷利康（Astra Zeneca）和摩根士丹利（Morgan Stanley）提供審計服務；為嘉能可（Glencore）、福斯汽車（Volkswagen）和戴姆勒（Daimler）提供法律諮詢；還為寶僑（P & G）、亞馬遜（Amazon）和歐盟委員會提供管理諮詢。

這些公司的營運規模、表現和員工人數的規模都令人驚嘆。四巨頭在 2021 年的總營收接近 1,700 億美元，員工人數合計超過百萬人（見電梯圖示），它們的經濟規模幾乎能夠與一個小國相媲美。四間公司合計的營收甚高於盧森堡、匈牙利和斯洛伐克等國家的GDP。同時，它們廣布於 137 個國家、2,911 間辦公室的龐大網絡（當然包括所有的主要商業中心和避稅天堂），保障客戶在世界任何角落，都能享受永不打烊的商業支援。

四巨頭掌握了巨大的力量，同時也應該負擔同等的責任。它們宰制大公司審計市場，就是這個產業的寡頭。它們透過專業和關係網絡，甚至還能遊說政府和監管機關，也時常決定了公共議題的走向。許多它們的前員工成為政府和監管機關的領導者。我們到底該如何衡量它們的影響力呢？或許我們該為這些審計單位設計一個獨立審計機制。

遠端評等

雖然信用評等機構僅在全世界少數幾個金融中心設有辦公室，但它們卻擔任全球金融的守門人。

信用評等機構（credit rating agency, CRA），是現代資本主義裡影響力最大的機構。它們評斷任何想要借款的公私機構（包含公司、銀行和政府）之信用評等，並對維持和提高評等的政策建議進行評估，這些建議受到投資者的密切關注。實際上，它們就是全球金融的守門人。

雖然世界上有數十家信用評等機構，但其中只有三間是真正的全球性機構：標準普爾（Standard & Poor's, S&P）、穆迪（Moody's）和惠譽（Fitch Group）。這三間公司共同掌控了將近 95% 的評等市場，給任何能夠評等的事物打分數。從簡單債券到複雜金融產品，再到國

紐約

穆迪的總部主導了全美洲以及埃及、印度和黎巴嫩等國家的評等評估。

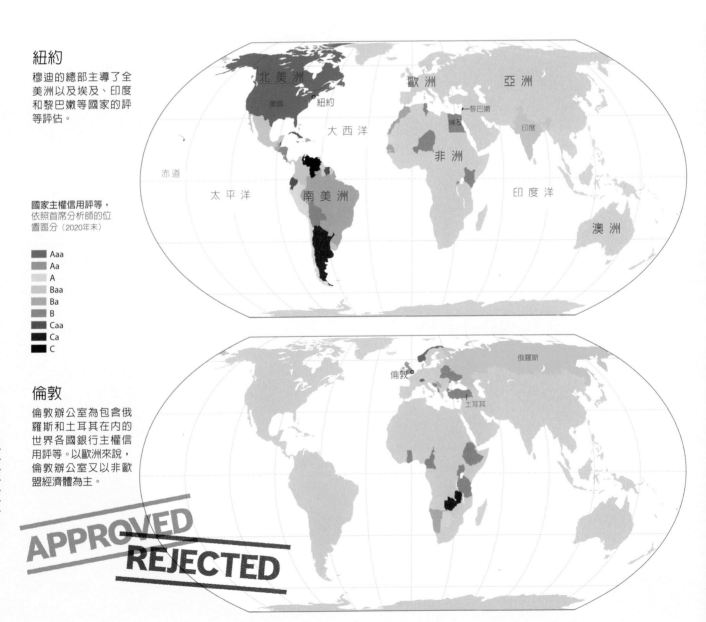

國家主權信用評等，
依照首席分析師的位置區分（2020年末）

- Aaa
- Aa
- A
- Baa
- Ba
- B
- Caa
- Ca
- C

倫敦

倫敦辦公室為包含俄羅斯和土耳其在內的世界各國銀行主權信用評等。以歐洲來說，倫敦辦公室又以非歐盟經濟體為主。

家政府主權評等，進行各式各樣評等。

這三間公司的總部全都設在紐約市。其中歷史最悠久的是穆迪，於 1909 年成立，最初是為美國鐵路公司的債券提供評等。

評等機構的主要分析師，通常只會集中在特定的幾個全球金融中心。正如在我們下方的四張地圖中顯示，穆迪位於拉丁美洲的主權信用評等，由位於紐約的分析師負責；歐陸評等，則由位於巴黎和法蘭克福的分析師負責；亞洲的評等，主要由新加坡和杜拜的分析師主導；非洲的評等則由來自紐約、巴黎、倫敦、新加坡和杜拜

的分析師分工。

信用評等機構曾受到許多批評，其一是它們由被評等的公司和組織支付運作經費。在 2007 至 2008 年美國次級房貸風暴之前，銀行就在訓練信用評等機構為它們的複雜金融產品評分，這損壞了評等的公平性。不只如此，信用評等機構的評斷也是帶有偏見的。它們會給與地理上比較接近的國家較高的評等，美國的分數就是榜上最高。

一個國家讓遠在天邊的機構評價自己，根本就是輸在起跑點。

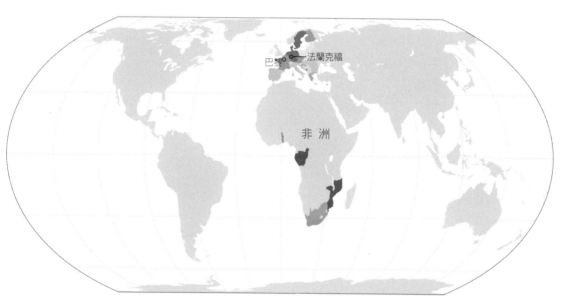

**巴黎和
法蘭克福**
法國和德國辦公室負責決定所有歐盟國家，以及部分非洲地區的評等。

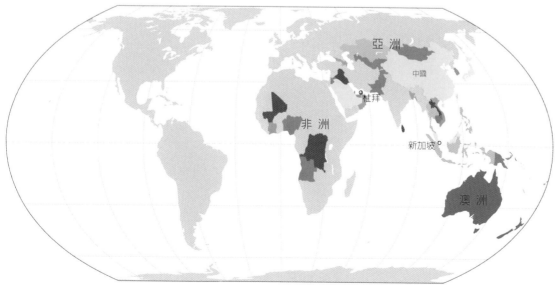

杜拜和新加坡
亞洲的關鍵辦公室主導所有亞洲、大洋洲和部分非洲不在杜拜附近地區的評等。

高層變革

男人幾乎掌握了金融和商業服務中所有的主導職位，但近年來這片玻璃天花板終於開始出現裂縫。

令人吃驚的是，性別不平等在金融和商業服務業界至今仍普遍存在，這反映了產業本身多樣性不足。截至 2021 年 3 月為止，在業界最頂尖的 275 間公司當中（其中包含前 100 大銀行，以及來自前 25 大保險、資產管理、不動產、會計、法律、顧問和金融科技領域的公司），只有 18 間（6.5%）曾有過女性擔任首席執行長（或其他同等職位）。所有的女性首席執行長皆任職於美國或歐洲國家（總部設立於德國、法國、愛爾蘭、挪威、瑞典或英國）；其他世界頂尖金融和商業服務公司的領導層全都是男性，其中有 31 間是中國公司、14 間日本公司、8 間印度公司和 8 間加拿大公司。

男性主導的程度在各產業也有所不同，在資產管理業方面最低（80%），法律業是 88%，不動產、會計、保險、銀行和顧問業男性占比都超過 90%；金融科技則是 100% 由男性主導。男性主導的金融和科技文化，深植於金融科技產業，讓玻璃天花板更難被打破。金融科技正在全球迅速擴張，金融轉型也是大問題。幸好女性執行長的任命案比以前多了一些，讓人還能夠稍微懷抱希望。18 位著名公司的女性執行長中，13 位是在 2019 年以後上任，只有 1999 年開始擔任芬塔（Ventas）執行長的黛博拉‧卡法羅（Debra Cafaro）是例外。克莉絲汀‧拉加德（Christine Lagarde）在 2011 年成為第一位領導國際貨幣基金組織（International Monetary Fund）的女性，里斯塔利娜‧喬治艾娃（Kristalina Georgieva）在 2019 年緊隨其後。珍妮特‧葉倫（Janet Yellen）在 2014 年成為了第一位美國聯邦儲備委員會的第一位女性主席，然後在 2021 年成為美國首位女性財政部長。

下一頁，讓我們來認識在美洲以東的金融和商業服務公司中的眾多女性。名列世界前 275 大企業中，69 間總部位於亞太地區的金融和商業服務公司，沒有任何一間曾讓女性擔任首席執行長。看來，這地區的行業快速增長，並未促進女性領導地位的提升。為了改善金融界的多元性，高層的激進變革是必要的。

世界前 275 大金融與商業服務公司總部位於的國家，2021
- 至少一位女性執行長
- 只有男性執行長
- 沒有任何公司名列前 275

領袖們
___

黛博拉‧卡法羅

芬塔

領域
___
房地產

任命年分
___
1999

當卡法羅於 1999 年加入芬塔的時候，該公司正處於水深火熱之中。芬塔如今名列《財星》（Fortune）雜誌評比全球 1,000 大企業。她將成功歸功於他的家人以及自己對職業道德的要求。

珍妮佛‧強森

富蘭克林鄧普頓

領域
___
資產管理

任命年分
___
2020

擁有超過 30 年的相關經驗，強森曾數度獲得領導能力和傑出表現獎項，並改進了資產和資金管理的顧客服務準則。

芭芭拉‧貝克

吉布森律師事務所
（理事和管理夥伴）

領域
___
法律

任命年分
___
2021

貝克於 31 歲被任命為管理夥伴，她提倡在管理階層參與員工招募過程。

截至 2021 年 3 月 31 日，
世界前 275 大金融和商業
服務公司的首席執行長名字

Scott Jamie Thomas Eric David
James David Michel Hugh Robert
Arvind Jane Peter William Mario
Mauricio Steven Ted Barry Daniel
Martine Dan Laurence Joseph
David Kevin Thasunda Neil

Cyrus
Tom Anne
Manny Owen
David Rich Jean
Barry Eugene

紐約市

美　洲

David Bruce
Baharat Roy George
Brian Victor Darryl

加拿大

Vivek

Devin
William Eric
Jennifer Charles Hamid Dave Mark Wayne John William William
Nate John Chuck Warren Jon Debra Michael Steven James Horacio
Michael Alfredo Anthony
Ron Charles Stephen Joseph
Barbara Emmanuel Peter
Sumit Timothy Richard

Andrew
Jeremy Michael David Shankh Jami Mortimer
Brian Charles

美國

Milton Timothy Richard
Antonio Martin Brian
Kelly
Brian

João Fausto
Octavio David
Gabriel

巴西

賈米·麥肯伊

摩根路易斯律師事務所（理事）

領域
法律

任命年分
2014

麥肯伊快速拓展新地區的客戶觸及率，尤其是東亞地區。她提倡法律領域的多樣性。

珍·佛瑞塞

花旗集團

領域
銀行業

任命年分
2021

身為花旗集團歷史上第一位女性首席執行長，佛瑞塞是金融全球化的著名作家。她時常聊到同時身兼執行長和母職這件事。

瑪婷·費藍

美世諮詢公司

領域
顧問

任命年分
2019

費藍提倡給予 LGBTQ+ 族群更多機會，她非常熱衷於包容性、永續發展和改善生產性的科技。

塔桑達·布朗

美國教師保險和年金協會

領域
資產管理

任命年分
2021

第二位領導《財星》雜誌評比全球 500 大企業的女性，布朗同時也帶領著一個由他父母命名的基金會，該基金會以增能幫助社群的個人為目的。

安·李查茲

富達國際

領域
資產管理

任命年分
2018

李查茲是一位曾經任職於歐洲核子研究組織的特許工程師。她因其為婦女、教育和科學的貢獻而被授予大英帝國爵級司令勳章。

珍·海恩斯

威靈頓管理公司

領域
資產管理

任命年分
2021

海恩斯具有生物科技和藥學背景，並以培養注重長期願景和客戶優先的文化聞名。

Carmine Mark
Mike Noel Rob Miguel
James Ted Gareth
António Kevin
Anton Georgia
Julie
愛爾蘭
Marco Gerry
Stephen Greg
SimonTheo Rishi
Amanda Alison Kristo
Bill Joe Nigel Liza Robert
David Rhys Clive Frank
Punit Matthew Gideon
英國

歐　洲

Sebastian
Johan Frank
Carina
芬蘭
Kjerstin Fredrik
挪威 Jens
瑞典
Chris
Uwe
丹麥
Valentin Christian
Christian Matthias
Manfred Cornelius

William
Steven Robert
Lard Wiebe
荷蘭

Wayne Marc Rainer Sirma
Johan Stephan Oliver
德國

Phillippe
比利時
Méka Christophe
Jean-Laurent Daniel
Frédéric Yves Aiman
Laurent Antoine Phil
Philippe Thomas
法國

Kay Mario Heinz
Thomas Ralph Bernd
瑞士 奧地利

Andrea
Caarlo
Philippe
義大利

截至 2021 年 3 月 31 日，
世界前 **275** 大金融和商業
服務公司的首席執行長名字

José Jaime
Gonzalo
Onur
西班牙

茱莉·
斯威特
埃森哲
___
領域
___
顧問
___
任命年分
___
2019
___
在該公司第一位女性執行
長斯威特的領導之下，埃
森哲正在努力於 2025 年
時達成男性和女性代表性
評等。

亞曼達·
布蘭
英傑華集團
___
領域
___
保險
___
任命年分
___
2020
___
布蘭來自於威爾斯。她的
履歷非常亮眼，其中包含
保險詐騙案局理事。她同
時還是一位知名音樂家。

麗莎·
羅賓斯
克瑞斯頓國際
___
領域
___
會計
___
任命年分
___
2018
___
在香港受教育的羅賓斯認
為自己是改變的代理人。
在她的帶領之下，該公司
從服務 70 個國家拓展到
110 個。

艾莉森·
羅斯
國民西敏集團
___
領域
___
銀行業
___
任命年分
___
2019
___
羅斯提倡多樣性，並曾經
受英國委託調查女性創業
所要面對的難關。她也曾
獲得多項金融科技獎項。

喬治亞·
道森
富而德律師事務所
（長期合夥人）
___
領域
___
法律
___
任命年分
___
2020
___
道森為富而德設立了多樣
性目標，希望能夠改變大
間律師事務所對多樣性的
態度。

Herman
俄羅斯

Jianguo Ke
Siqing Xinshuang Franklin
Elliott Hengxuan Shengqiang Wei
Dazhi Guohua Ji Shaoxian Gregory
Bingzhu Eric Renyan Yuchen Jin Deqi
Kai Wangchun Yonglin Yiping
Huiyu George
中國

Jin
Shu Guang
Wanchun

Ok-dong
Jun-hak
Jung-tai Yin
Kwang-seok
Jong-won
韓國

Seiji Junichi
Akio Norito
Makoto
Fumio Tatsufumi
Kentro Kazuto
Tetsuya Masahiro
Masahiro Tetsuo
Hiroshi
日本

Abdulla
卡達

Vijay
Yashish
Harshvardhan
Vipin Rajesh
Ashwini
Bhavish
Salil
印度

Ee Cheong
Piyush Samuel
Anthony
新加坡

亞　太

Andre
印尼

Ross Matt
Shayne Peter
澳洲

麥加·布魯奈爾

格西納

領域
房地產

任命年分
2017

布魯奈爾受過土木工程訓練，她曾為公共政策和商業做出貢獻。她同時也是法國綠建築發展協會的理事。

瑟瑪·波什納科娃

安聯集團

領域
資產管理

任命年分
2019

波什納科娃曾在製藥、保險產業和顧問公司擔任要職。她非常熱衷於支持未來世代。

凱爾斯汀·布拉滕

挪威中央銀行諮詢和分析服務

領域
銀行

任命年分
2019

布拉滕在挪威中央銀行服務超過20年，客戶包含運輸和離岸物流業。她曾經任職於一間鋁工廠，負責氣槽運輸載具管理。

卡琳娜·奧克斯特姆

瑞典商業銀行

領域
銀行業

任命年分
2019

具有法律背景的奧克斯特姆打破長達150年的陳規，成為了該銀行第一位女性執行長。她於1986年開始任職於瑞典商業銀行。

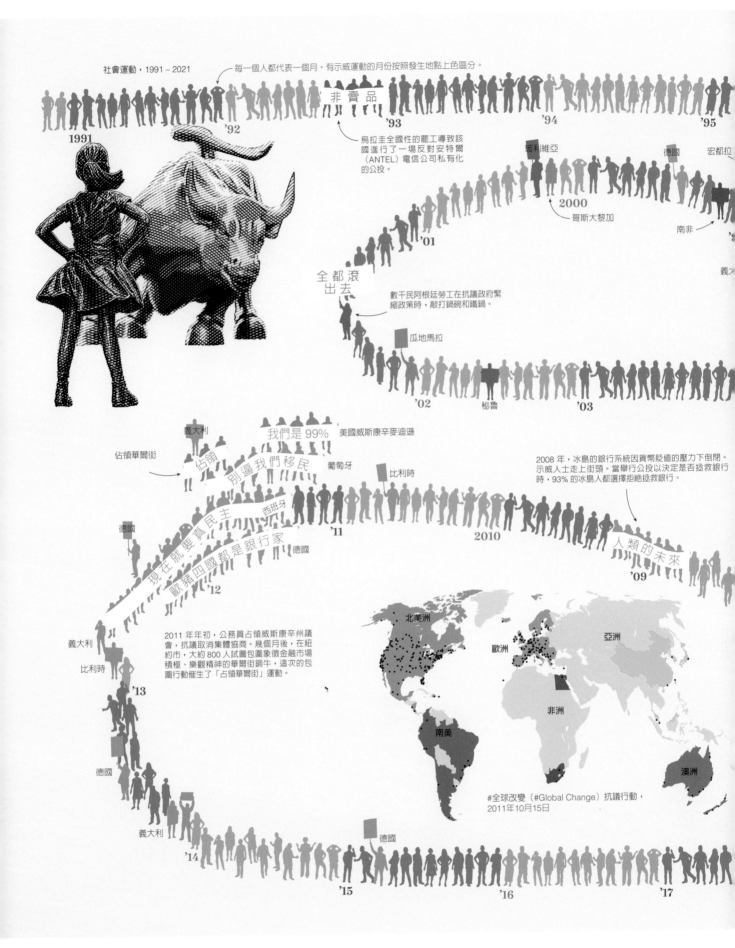

社會運動，1991–2021　　每一個人都代表一個月。有示威運動的月份按照發生地點上色區分。

非賣品

1991　'92　'93　'94　'95

烏拉圭全國性的罷工導致該國進行了一場反對安特爾（ANTEL）電信公司私有化的公投。

玻利維亞　　德國　　宏都拉斯

2000

哥斯大黎加

南非

義大利

'01

全都滾出去

數千民阿根廷勞工在抗議政府緊縮政策時，敲打鍋碗和鐵鍋。

瓜地馬拉

'02　秘魯　'03

義大利

我們是99%　　美國威斯康辛州麥迪遜

佔領華爾街　　佔領

別逼我們移民　　葡萄牙　　比利時

現在就要真民主　　西班牙

2008年，冰島的銀行系統因貨幣貶值的壓力下倒閉。示威人士走上街頭。當舉行公投以決定是否拯救銀行時，93%的冰島人都選擇拒絕拯救銀行。

德國

歐豬四國都是銀行家　　德國

'11　　2010

人類的未來

'12　　'09

義大利

比利時

'13

2011年年初，公務員占領威斯康辛州議會，抗議取消集體協商。幾個月後，在紐約市，大約800人試圖包圍象徵金融市場積極、樂觀精神的華爾街銅牛，這次的包圍行動催生了「占領華爾街」運動。

北美洲　　亞洲

歐洲

德國

非洲

南美

澳洲

#全球改變（#Global Change）抗議行動，2011年10月15日

義大利

'14

德國

'15　'16　'17

'96

'97

韓國貿易工會為抗議國際貨幣基金組織救助協議所施加的緊縮措施，組織罷工行動。

打破債務的枷鎖

印尼

英國 迦納 '98 泰國

哥倫比亞

'05

巴西無地運動（Landless Movement）有超過 12,000 人參與，他們展開了為期兩週，從戈亞尼亞（Goiânia）出發遊行到首都巴西利亞，總長 230 公里的「農業改革全國大遊行」（National March for Agrarian Reform）。

'06

挪威因應債務減免政策，取消與厄瓜多、秘魯、牙買加、埃及和獅子山之間，價值 4.37 億美元的雙邊貸款。

挪威

'07

繼國際貨幣基金組織紓困之後，阿根廷、厄瓜多爾和哥斯大黎加的人民針對退休金、勞工權利，以及交通、電力、水和瓦斯稅收的緊縮政策等議題，上街抗議。

阿根廷生產與工業聯合會

人民的力量？

全球金融危機重創世界經濟的 3 年後，數百萬人走上街頭，呼籲實現社會正義和真正的民主。

2011 年 10 月 15 日，全世界爆發了 300 多場示威遊行，高舉著「為 # 全球改變團結在一起」（United for #Global Change）的旗幟，希望能對抗企業的貪婪、政治的腐敗，還有金融緊縮措施。這些抗議活動突顯了「由下而上的政治」和「金融政治」之間的分歧。「金融政治」形容的是，銀行至上和債務至上的系統，金融機構影響著公共政策的制定，並將債務當成是政治經濟的控制手段。「由下而上的政治」則代表人民懷疑資本主義市場邏輯的聲音，人民為了追求一個民主、公平和公正的經濟秩序而奮鬥，自主發起社會運動。

2011 年的事件並不是歷史上的唯一，歷史上早有一系列反對企業和國際金融機構權力過度擴張的社會運動。1998 年，7 萬人在伯明罕的 G7 會議上，組成了一條 10 公里長的人龍，喊著「打破債務的枷鎖」，為貧窮國家爭取債務減免。數年之後，挪威還真的取消了手上擁有的部分未開發國家債權。1998 年，韓國人為了對抗國際貨幣基金組織所制定的緊縮措施和減薪方向，罷工數個月，最後促成全世界第一個政府出資的安全網計畫誕生。在拉丁美洲，作為數十年新自由主義政策的試驗場，社會抗爭為另類經濟組織的發展鋪平道路。儘管這些組織和發展各有自身的問題和缺點，卻也將數百萬人從貧窮和社會經濟排擠中解救出來。評論家認為，這些運動在反資本主義標語的混亂結合中，往往缺乏一個清晰的議題。歷史事件的結果，好壞參半。為占領華爾街運動宣傳的《廣告剋星》（Adbusters）雜誌共同總監麥加・懷特（Micah White）表示：「占領運動是一個具建設性的失敗」，因為它並未終結金錢在政治中的影響力。但是，就像所有在它之前，還有它之後的運動一樣，占領華爾街運動成功地讓收入不平等和社會正義議題，更加接近經濟和政治辯論的中心點。

3 '19 厄瓜多 2020 哥斯大黎加 '21 '22

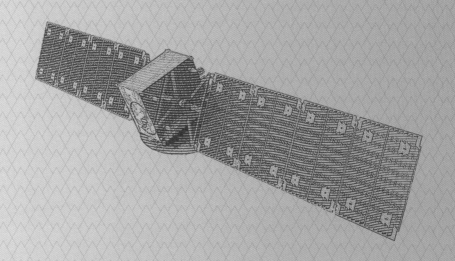

就算錢真能從樹上長出來，樹和自然環境仍然是重要的。

安娜貝兒・穆尼（Annabelle Mooney）

社會與環境

金錢可以改變社會，但使用金錢需要仰賴金融知識！阻止國家干預全球金融體系，漸漸成為國際政治的共識。金錢也可以改變社會跟環境，金錢不僅主導新型能源的開發，也適時改善了環境危機，更在地球以外的人類活動中扮演積極角色，也就是說金融已經進入太空！

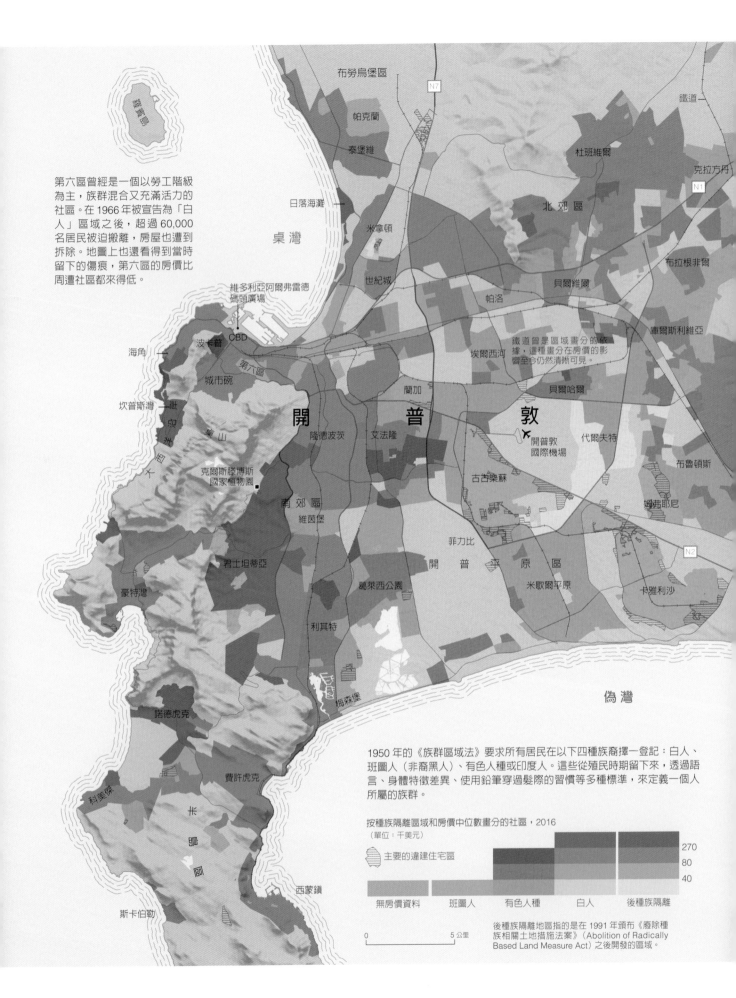

第六區曾經是一個以勞工階級為主，族群混合又充滿活力的社區。在 1966 年被宣告為「白人」區域之後，超過 60,000 名居民被迫搬離，房屋也遭到拆除。地圖上也還看得到當時留下的傷痕，第六區的房價比周遭社區都來得低。

鐵道曾是區域畫分的依據，這種畫分在房價的影響至今仍然清晰可見。

1950 年的《族群區域法》要求所有居民在以下四種族裔擇一登記：白人、班圖人（非裔黑人）、有色人種或印度人。這些從殖民時期留下來，透過語言、身體特徵差異、使用鉛筆穿過髮際的習慣等多種標準，來定義一個人所屬的族群。

按種族隔離區域和房價中位數畫分的社區，2016
（單位：千美元）

🏠 主要的違建住宅區

		270
		80
		40

無房價資料　班圖人　有色人種　白人　後種族隔離

後種族隔離地區指的是在 1991 年頒布《廢除種族相關土地措施法案》（Abolition of Radically Based Land Measure Act）之後開發的區域。

0　　　　5公里

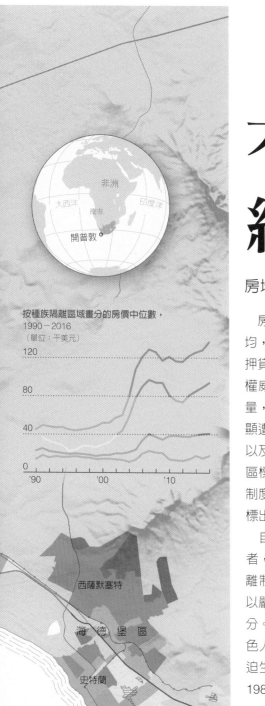

按種族隔離區域畫分的房價中位數，
1990－2016
（單位：千美元）

120

80

40

0

'90　'00　'10

非洲

大西洋　南非　印度洋

開普敦

西薩默塞特

海 德 堡 區

史特蘭

戈章灣

不可跨越的
紅線

房地產爭議，暴露了族群權力關係已嚴重失衡。

　　房地產市場一直是城市發展失衡的關鍵。由於人們的收入和資產分布不均，房地產價格成為都市空間中區分居民分布的標準。儘管房仲業者和抵押貸款銀行所主導的不動產業界，聲稱在決定房地產價格時，仍秉持專業權威和客觀性。然而，研究卻顯示，如果將房地產的所有條件都納入考量，包含房屋的空間大小和設施等，那麼有色人種所持有的房產價值，明顯遭到低估。這也同時意味著，有色人種在出售房屋時所能獲得的財富，以及在抵押時獲得的貸款，都較白人少。而這種依照族群人口分布，把社區標記為風險較高或不適合居住的偏見，起源於美國 1930 年代的「紅線制度」（redlining）。當時，政府機構和抵押貸款業者會用紅筆，在地圖上標出被認為借貸風險較高的地區。

　　自 1652 年殖民初期，南非開普敦（Capetown）就被政府和不動產業者，以種族和階級當作區分標準，進一步把不同居民隔離開來。在種族隔離制度施行期間，1950 年制定的《族群區域法》（Group Areas Act），以嚴格管制房市的措施執行種族隔離，人們在置產時必須符合自己族群身分。當銀行和政府機構在白人所在的區域釋出置產優惠時，被歸類為「有色人種」或「班圖人」的人們卻面臨房屋遭到拆遷的命運，他們甚至被迫生活在充滿沙塵的開普平原區（Cape Flats），如左方地圖顯示。直到 1980 年代中期，班圖人甚至無法在都會區置產；至於被歸類為有色人種的人們，也只能在指定地區像是米歇爾平原（Mitchell's Plain），取得抵押貸款。

　　即便南非施行民主化已達 30 年，殖民主義下的種族政策和種族隔離制度，仍可在房市的人口分布中一覽無遺。事實上，族裔之間的房地產價格落差，在 2000 年代初期的房地產泡沫期間，逐漸呈現擴大的趨勢。像是班圖人的居住區，房地產價格自 1990 年以來就幾乎沒有變過；但白人居住區，房地產價格幾乎翻了三倍。對白人房地產擁有者來說，等於是荷包滿滿。

是貴人？
還是吸血鬼？

微型金融雖然能夠幫助人們脫離貧困，但債務滾雪球會將美夢變惡夢。

　　1976 年，經濟學教授穆罕穆德‧尤努斯（Muhammad Yunus）在孟加拉小鎮喬布拉（Jobra）進行了一場小規模的實驗。他的想法很簡單：向當地婦女提供小額無息貸款，每人大約 27 美元，幫助她們擁有改善生活的能力。他的目的是希望「解放人們的夢想，並幫助最貧困的人們重拾尊嚴。」最終這個實驗成功了！這些女性用這筆錢改善了生活，並還清了貸款，而現代微型金融就此誕生。

　　微型金融能夠提供貸款給被傳統金融服務排除在外的低收入人口，這對全球發展策略來說非常重要。微型金融對全世界的影響，徹底改變了國內外的各種援助計畫，各國政府也將它視為是消滅貧困的關鍵。雖然微型金融的受益範圍並非雨露均霑，但人口眾多的印度，已經微型金融全球最大市場，擁有全球最多的貸款債務人。

　　目前印度最主要的兩個微型金融模式是，微型金融機構（microfinance institution, MFI）和婦女的自助團體（self-help group, SHG）。微型金融機構會提供貸款給社會經濟背景類似的個人或團體，借貸人無須提供抵押品，也無須保人，單單以社會信任，就可當作貸款擔保。自助團體的運作方式也很類似，但僅限於婦女自助團體。她們提供彼此的存款作為資金，在團體內進行借貸，並藉此得以向銀行申請小額貸款。

　　印度各城市的微型金融機構總部數量，以及各邦自助團體中的女性數量，如右圖顯示。有些城市，例如加爾各答或清奈，擁有非常多的微型金融機構。有些邦，例如梅加拉亞（Meghalaya）或奧里薩（Odisha），自助團體與婦女人數比例較高。孟加拉的微型金融蓬勃發展，也影響了鄰近印度各邦的微型金融發展。在許多邦中，例如奧里薩，政府積極支持自助團體發展。

　　這張地圖的呈現，使得微型金融的地理分布鮮活了起來，也揭露了印度微型金融的複雜性。雖然兩個模式都能解決民眾對資金的急切需求，但是過度借貸、掠奪性貸款和詐騙活動相關的問題，仍層出不窮。也就是說，哪裡有人需要微型金融，那裡就會有微型金融！

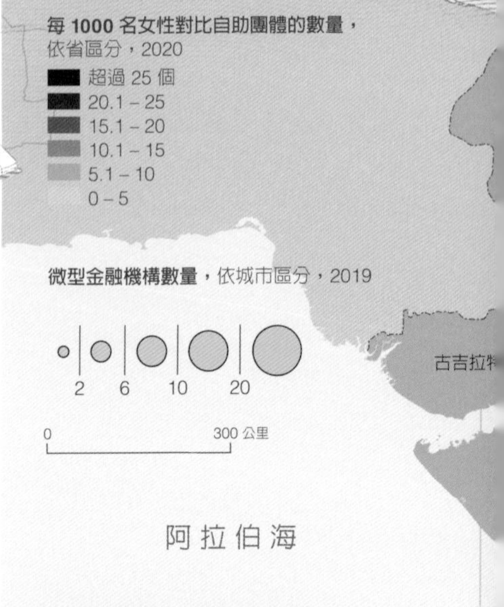

每 1000 名女性對比自助團體的數量，依省區分，2020
- 超過 25 個
- 20.1 – 25
- 15.1 – 20
- 10.1 – 15
- 5.1 – 10
- 0 – 5

微型金融機構數量，依城市區分，2019

2　6　10　20

0　　　　300 公里

阿拉伯海

古吉拉特

馬哈拉什特拉邦亞瓦特馬爾縣

自助團體和微型金融機構雖然降低了金融的門檻，但也可能產生社會問題。記者調查發現，亞瓦特馬爾縣（Yavatmal）及周邊地區，在近十年有大量農夫自殺案件，這都是因高額負債引起的。印度其他地區也發生類似案件，這些案件顯示有效債務法規和政府機構債務減免有其重要性。

喀拉拉邦

新冠疫情導致許多依賴微型金融創業的生意關門大吉。業主因此失去收入來源，無法償還貸款。雖然疫情揭露了沉重的債務問題，自助團體卻一直都在債務衝擊的最前線。擁有超過 400 萬名成員的庫丹巴什自助團體（Kudumbashree SHG）網絡，通過所營運的 1,300 個社區廚房支持政府，為處於隔離期間的人們送上生活必需品。

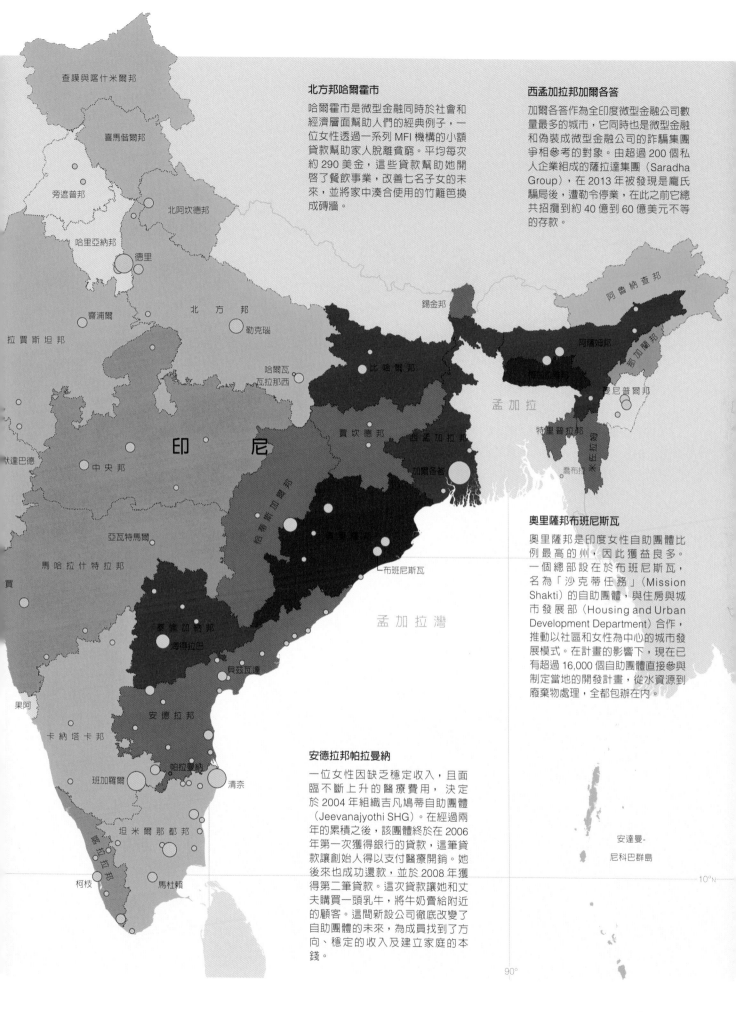

北方邦哈爾霍市

哈爾霍市是微型金融同時於社會和經濟層面幫助人們的經典例子，一位女性透過一系列 MFI 機構的小額貸款幫助家人脫離貧窮。平均每次約 290 美金，這些貸款幫助她開啟了餐飲事業，改善七名子女的未來，並將家中湊合使用的竹籬笆換成磚牆。

西孟加拉邦加爾各答

加爾各答作為全印度微型金融公司數量最多的城市，它同時也是微型金融和偽裝成微型金融公司的詐騙集團爭相參考的對象。由超過 200 個私人企業組成的薩拉達集團（Saradha Group），在 2013 年被發現是龐氏騙局後，遭勒令停業，在此之前它總共招攬到約 40 億到 60 億美元不等的存款。

奧里薩邦布班尼斯瓦

奧里薩邦是印度女性自助團體比例最高的州，因此獲益良多。一個總部設在於布班尼斯瓦，名為「沙克蒂任務」（Mission Shakti）的自助團體，與住房與城市發展部（Housing and Urban Development Department）合作，推動以社區和女性為中心的城市發展模式。在計畫的影響下，現在已有超過 16,000 個自助團體直接參與制定當地的開發計畫，從水資源到廢棄物處理，全都包辦在內。

安德拉邦帕拉曼納

一位女性因缺乏穩定收入，且面臨不斷上升的醫療費用，決定於 2004 年組織吉凡鳩蒂自助團體（Jeevanajyothi SHG）。在經過兩年的累積之後，該團體終於在 2006 年第一次獲得銀行的貸款，這筆貸款讓創始人得以支付醫療開銷。她後來也成功還款，並於 2008 年獲得第二筆貸款。這次貸款讓她和丈夫購買一頭乳牛，將牛奶賣給附近的顧客。這間新設公司徹底改變了自助團體的未來，為成員找到了方向、穩定的收入及建立家庭的本錢。

培養金錢觀

根據一項全球調查，世界上大部分的成年人嚴重欠缺基本金融觀念。

　　金融識讀能力，指的是個人掌握基礎金融觀念的能力，這些觀念能夠幫助人們做出明智的財務決策。2014 年，標準普爾全球金融識讀問卷調查曾做過統計，他們在超過 140 個國家中進行超過 15 萬次訪談，並評估地區、國家和性別差異如何影響個人的金融識讀能力。結果顯示，較貧窮和開發程度較低的國家，金融識讀率比那些富裕的已開發國家低。

　　為了呈現金融識讀率與人類發展之間的關係，我們將各國的金融識讀率與人類發展指數（Human Development Index）進行了對比，如右圖顯示。人類發展指數是一項考量健康程度、知識發展，以及物質生活水準的綜合指標。兩種指數之間的正向關連並不令人意外。以人類發展程度來看，尤其是教育教育，有助於金融識讀能力的提升，但這其中的關係並不是那麼單純。舉例來說，在歐洲，雖然義大利的人類發展指數比匈牙利高，但金融識讀率卻比匈牙利低了不少。非洲與亞洲之間的對比特別引人注目，雖然大部分非洲國家（以紅色標示）的人類發展較為落後，但這些國家的金融識讀能力卻比大部分亞洲國家（以金色標示）都好得多。差異的原因，可能包含非洲比亞洲更早、更廣泛地開始實施金融教育課程，以及數位金融服務（例如肯亞的 M-Pesa）快速且普及的使用。金融識讀能力的差距也存在於世界五大洲內部。丹麥、挪威和瑞典的金融識讀率是71%，對比之下阿爾巴尼亞只有 14%。

　　從性別來看，金融識讀率所呈現的差異性，讓人感到驚訝。在世界成年人口之中，只有 31.9% 能夠算得上是具有金融識讀能力；而在世界所有成年女性中，具有金融識讀能力的比例是 29%，成年男性則為 35%，如右下方條形圖顯示。由此可知，性別差異幾乎存在於世上所有地區和所有國家，這也反映出女性正面臨社會與經濟上的嚴重挑戰。不可諱言的是，金融識讀能力反映的事實不盡然準確，在標準普爾的問卷上，四個問題的設計也可能存在爭議或偏見。有些人可能會認為，對於那些儲蓄較少的人，若能集中心力投入事業或投資，可能會比分散注意力在事業或投資上好。

　　當你讀完《金錢大地圖》，說不定讓你的金融識讀能力已經大增，不妨試試看，你能否回答出右圖所列出的幾個金融問題呢？

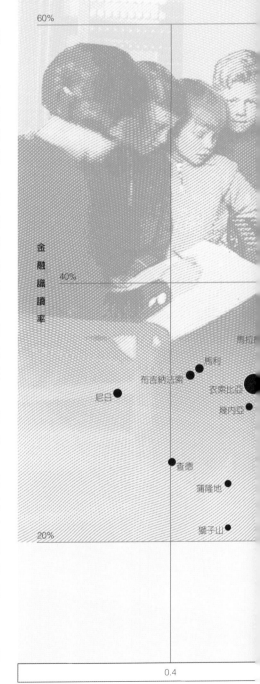

您具有金融識讀能力嗎？

風險分攤
假設您有一筆錢。請問將這筆錢全部投注於一項事業或投資較為安全，還是投注於多項事業或投資比較安全呢？
a) 一項事業或投資
b) 多項事業或投資
c) 不知道
d) 拒絕回答

預設標準答案請見本頁底部。

60%

金融識讀率

40%

馬拉威
馬利
布吉納法索　　　衣索比亞
尼日　　　　幾內亞

查德
蒲隆地

20%　　　　獅子山

0.4

只要在以下四個問題中答對三題，就代表具有一定程度的金融識讀能力。

通貨膨脹
假設接下來十年間，您所購買的東西價格將會翻倍。如果您的收入也翻倍，那麼您能夠購買的東西會變少、維持相同，還是變多呢？
a) 變少
b) 維持相同
c) 變多
d) 不知道
e) 拒絕回答

運算（利息）
假設您需要借 100 美元。以下哪個方案還的錢較少：105 美元，還是 100 美元加上 3% 利息？
a) $105
b) $100 加上 3%
c) 不知道
d) 拒絕回答

複利
假設您將錢存入銀行，銀行保證每年給您是相同的 15% 利息。請問銀行在第二年匯入您帳戶利息會比第一年多？還是每年增加的金額是相同的？
a) 更多
b) 相同
c) 不知道
d) 拒絕回答

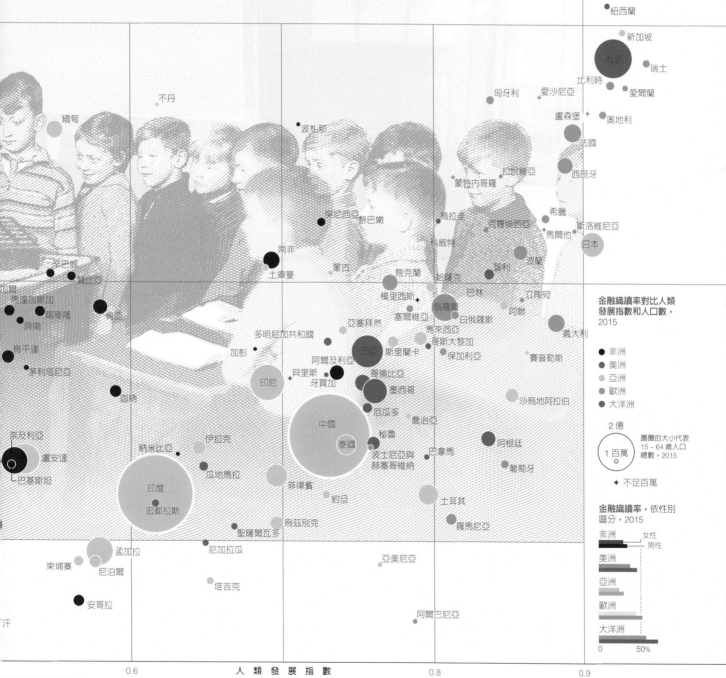

丹麥　挪威
瑞典
加拿大
以色列
英國　荷蘭
德國
澳洲
芬蘭
紐西蘭

新加坡
美國　瑞士
比利時
匈牙利　愛沙尼亞
盧森堡　愛爾蘭
奧地利
法國
拉脫維亞
蒙特內哥羅　西班牙
烏拉圭　希臘
克羅埃西亞　斯洛維尼亞
馬爾他
日本
不丹
緬甸
波札那
突尼西亞　黎巴嫩
南非　科威特
土庫曼　蒙古　烏克蘭
辛巴威　模里西斯　哈薩克
尚比亞　俄羅斯　巴林
馬達加斯加　塞爾維亞　立陶宛
喀麥隆　肯亞　亞塞拜然　白俄羅斯　阿聯
貝南　多明尼加共和國　馬來西亞　義大利
烏干達　加彭　哥斯大黎加　賽普勒斯
茅利塔尼亞　阿爾及利亞　斯里蘭卡　保加利亞
迦納　印尼　貝里斯　哥倫比亞
納米比亞　牙買加　墨西哥　沙烏地阿拉伯
奈及利亞　伊拉克　中國　厄瓜多　喬治亞　阿根廷
盧安達　泰國　秘魯　葡萄牙
巴基斯坦　瓜地馬拉　波士尼亞與　巴拿馬
印度　菲律賓　赫塞哥維納
宏都拉斯　約旦　土耳其
聖薩爾瓦多　羅馬尼亞
烏茲別克
孟加拉　尼加拉瓜
柬埔寨　亞美尼亞
尼泊爾
塔吉克
安哥拉
阿爾巴尼亞
汗

金融識讀率對比人類發展指數和人口數，2015
● 非洲
● 美洲
● 亞洲
● 歐洲
● 大洋洲

2 億
○ 1 百萬　圈圈的大小代表 15－64 歲人口總數，2015

◆ 不足百萬

金融識讀率，依性別區分，2015
非洲
美洲
亞洲
歐洲
大洋洲
0　　50%
女性
男性

0.6　　人 類 發 展 指 數　　0.8　　0.9

解答：A、B、B、A

經濟制裁

金錢就是力量，到了二十一世紀，經濟制裁更進一步成為金融武器。

　經濟戰爭一直都是人類文明的一部分。過去數百年中，艦隊以封鎖海運路線的方式，執行貿易禁運。如今，政府和銀行家則使用經濟制裁來打擊競爭國家。經濟制裁包含多種形式，但在手段上，通常都會包括防止政府接觸資本市場、限制企業獲取國外金融服務、斷絕國際銀行關係、凍結海外資產，以及禁用環球同業銀行金融電訊協會（Society for Worldwide Interbank Financial Telecommunication）這樣的國際金融機構。

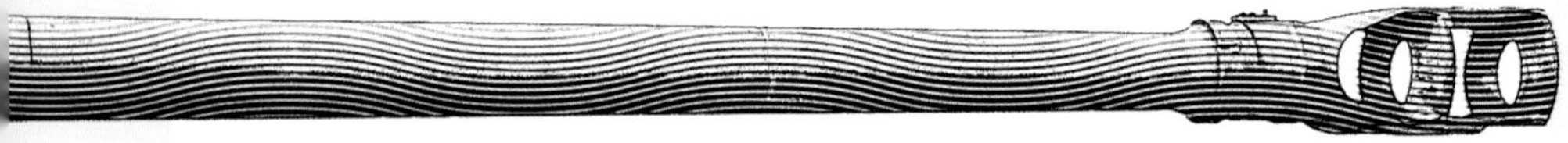

　並不是世界上所有的政府都能擁有經濟制裁武器，因為經濟制裁和權力有關，只有在全球金融監管中具有影響力的國家，才有能力制裁那些較沒有影響力的國家。這讓「制裁國」和「被制裁國」之間的地理分布不均，那些在全球金融整合擴張居領先地位的政府，可以限制和排除落後政府的參與機會。

　如右方的源流圖（stream graph）顯示，在 1950 到 2019 年間，依照顏色區分出所有有效經濟制裁的地理分布。由於西方國家在全球金融中擁有主導地位，美國、歐盟、挪威和加拿大，毫不意外地頒布了最多的經濟制裁，而聯合國也經常祭出制裁。相較之下，最常被制裁的國家是緬甸、柬埔寨、巴基斯坦、敘利亞和伊朗。另外，經濟制裁的地區分布，會隨著冷戰和反恐戰爭等重大地緣政治事件一起變化。圖中的時間表，能夠解釋為何其中一些國家受到制裁，但仍然無法準確地指出其中的因果關係，這也說明了國家之間時常在戰爭、經濟、人權，以及一系列的政治、經濟和社會議題上，存在不同的觀點。

　隨著經濟全球化和經濟金融化快速成長，不僅增強了經濟制裁的影響力，經濟制裁的使用次數也飛躍性地成長。在一個全球化、國際間緊密連結的經濟系統中，若將其他國家排除在重要金融網絡之外，那些被制裁的國家就會面臨推陳出新的嚴峻挑戰。金融科技化和數位化的成功，也讓經濟制裁變得容易實施、監控和評估。隨著金融在全球經濟中變得愈來愈重要，經濟制裁被運用的頻率也會大大提高！

頒布最多制裁的國家

1950–1969

- 28 美國
- 4 法國
- 3 蘇聯
- 3 英國
- 2 日本

有效經濟制裁的數量，依照地理分布區分，1950 – 2019

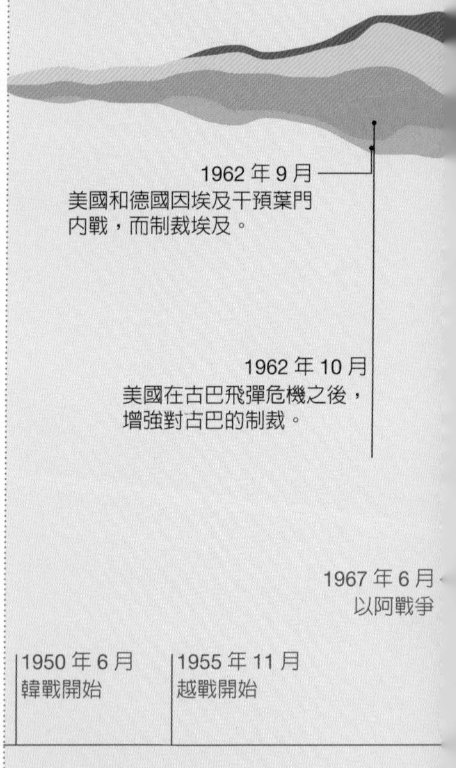

1962 年 9 月
美國和德國因埃及干預葉門內戰，而制裁埃及。

1962 年 10 月
美國在古巴飛彈危機之後，增強對古巴的制裁。

1967 年 6 月
以阿戰爭

1950 年 6 月
韓戰開始

1955 年 11 月
越戰開始

1950

最常遭受制裁的國家

1950–1969

- 6 埃及
- 3 羅德西亞（Rhodesia）
- 3 古巴
- 2 阿爾及利亞、中國、寮國、北韓、秘魯、突尼西亞（平手）

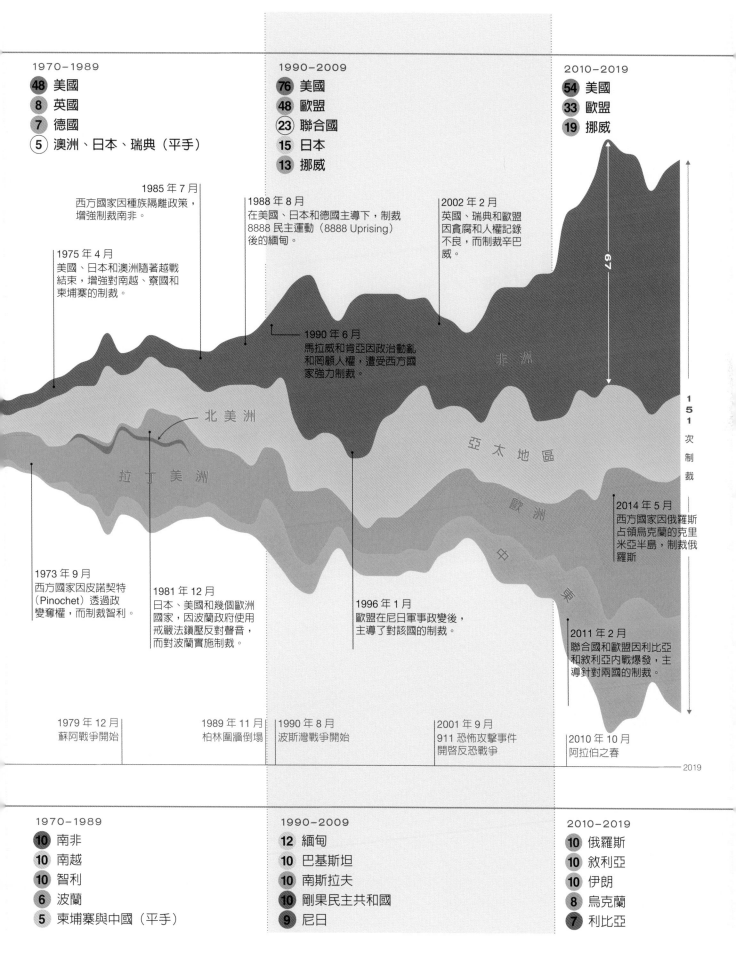

1970–1989

48 美國
8 英國
7 德國
5 澳洲、日本、瑞典（平手）

1990–2009

76 美國
48 歐盟
23 聯合國
15 日本
13 挪威

2010–2019

54 美國
33 歐盟
19 挪威

1985 年 7 月
西方國家因種族隔離政策，增強制裁南非。

1988 年 8 月
在美國、日本和德國主導下，制裁 8888 民主運動（8888 Uprising）後的緬甸。

2002 年 2 月
英國、瑞典和歐盟因貪腐和人權記錄不良，而制裁辛巴威。

1975 年 4 月
美國、日本和澳洲隨著越戰結束，增強對南越、寮國和柬埔寨的制裁。

1990 年 6 月
馬拉威和肯亞因政治動亂和罔顧人權，遭受西方國家強力制裁。

非　洲

北 美 洲

亞 太 地 區

拉 丁 美 洲

歐　洲

中　東

151 次制裁

67

1973 年 9 月
西方國家因皮諾契特（Pinochet）透過政變奪權，而制裁智利。

1981 年 12 月
日本、美國和幾個歐洲國家，因波蘭政府使用戒嚴法鎮壓反對聲音，而對波蘭實施制裁。

1996 年 1 月
歐盟在尼日軍事政變後，主導了對該國的制裁。

2014 年 5 月
西方國家因俄羅斯占領烏克蘭的克里米亞半島，制裁俄羅斯

2011 年 2 月
聯合國和歐盟因利比亞和敘利亞內戰爆發，主導針對兩國的制裁。

1979 年 12 月
蘇阿戰爭開始

1989 年 11 月
柏林圍牆倒塌

1990 年 8 月
波斯灣戰爭開始

2001 年 9 月
911 恐怖攻擊事件開啓反恐戰爭

2010 年 10 月
阿拉伯之春

2019

1970–1989

10 南非
10 南越
10 智利
6 波蘭
5 柬埔寨與中國（平手）

1990–2009

12 緬甸
10 巴基斯坦
10 南斯拉夫
10 剛果民主共和國
9 尼日

2010–2019

10 俄羅斯
10 敘利亞
10 伊朗
8 烏克蘭
7 利比亞

探勘未來

電動能源的潮流席捲全球，擴大了礦物開採、礦物交易、金融服務的需求。

在化學中，元素週期表以化學元素的原子序為標準，將具有相似特徵的元素放在一起。我們參照元素週期表的形式，製作一張比較統計地圖，顯示電動汽車（electric vehicle, EV）所需礦物和金融元素的相對地理分布。各國依其地區位置，從美洲到太平洋沿岸排列，如右圖顯示。

充電電池的關鍵原料主要是礦物和金屬，這些原料來源的地理分布相當固定。右上角的熱力圖呈現了鋰電池關鍵原料供應國中的礦物存量，週期表則顯示了它們的國際交易量。圖片也顯示出，電動汽車電池的礦物生產的地理分布，大多比化石燃料更加集中。諸如澳洲、巴西、加拿大、中國和美國等擁有廣大腹地的國家，資源比較豐富；石油和天然氣存量高的中東國家，則幾乎沒有礦物生產。全球必須依賴少數開發中國家產出的狀況（例如智利的鋰，以及剛果民主共和國的鈷），造成了當地環境的浩劫和人權侵害。

在歐洲，我們觀察到礦產缺乏並不影響歐洲在金融和貿易網絡中的主動地位。世界最大的金屬交易所，倫敦金屬交易所（London Metals Exchange, LME）在鈷、銅和鎳的定價和實物運送規劃上，占有舉足輕重的地位。由於 LME 的期貨貿易商掌控了生產者到終端使用者的交易過程（例如集中在亞洲的電池和汽車製造商等），設有 LME 認證倉庫的國家在全球貿易中的占比也較高。近期，倫敦和紐約的交易所也推出鋰和鈷的期貨合約。加上原有的銅和鎳，這些期貨合約除了提供投機交易的機會。更重要的是，它們幫助生產商確定價格、參與電池供應鏈的成本避險和風險管理。

當你要為電動汽車充電時，你已同時連結到全球礦物與金融網絡。

六種電動車的進出口，依國家區分，2020

全球出口% / 全球進口%
國家代號 **Us** 美國
LME倉庫 / 金屬交易 $

北美洲			非洲西岸		
6.1 1.8 **Ca** 加拿大			**Ma** 摩洛哥		
南美洲			中非		東非
1.3 6.2 **Us** 美國 $	.09 .09 **Br** 巴西	**Ci** 象牙海岸	10 **Cd** 民主剛果		1.1 **Tz** 坦尚尼亞
Mx 墨西哥	**Pe** 秘魯	**Gh** 迦納	19 **Zm** 贊比亞		.06 **Mz** 莫三比克
Cu 古巴	8.7 **Cl** 智利	.04 **Ga** 加彭	**Zw** 辛巴威		.06 **Mg** 馬達加斯加
.06 **Do** 多明尼加共和國	.42 **Ar** 阿根廷		4.5 4.1 **Na** 納米比亞	3.4 **Za** 南非	

由誰開採？

許多礦脈是由跨國企業開採的，例如說總部設於倫敦的力拓（Rio Tinto）和設於墨爾本的必和必拓（BHP）。

電動經濟的礦物都在哪裡呢？

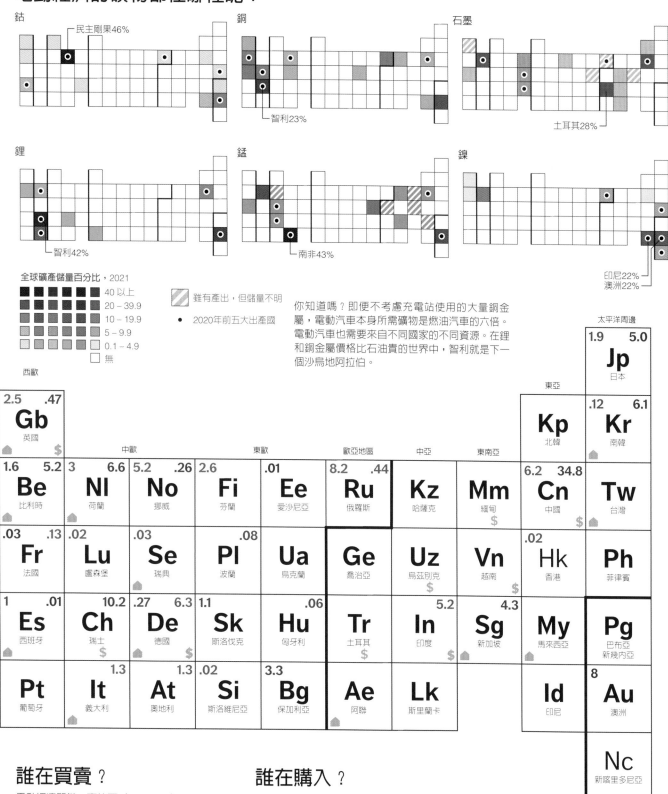

鈷
民主剛果46%

銅
智利23%

石墨
土耳其28%

鋰
智利42%

錳
南非43%

鎳
印尼22%
澳洲22%

全球礦產儲量百分比，2021

40 以上
20 – 39.9
10 – 19.9
5 – 9.9
0.1 – 4.9
無

雖有產出，但儲量不明

• 2020年前五大出產國

你知道嗎？即便不考慮充電站使用的大量銅金屬，電動汽車本身所需礦物是燃油汽車的六倍。電動汽車也需要來自不同國家的不同資源。在鋰和銅金屬價格比石油貴的世界中，智利就是下一個沙烏地阿拉伯。

西歐		中歐		東歐		歐亞地區	中亞	東南亞	東亞	太平洋周邊
2.5 .47 Gb 英國 $										**1.9 5.0 Jp** 日本
									.12 6.1 Kr 南韓	
1.6 5.2 Be 比利時	**3 6.6 Nl** 荷蘭	**5.2 .26 No** 挪威	**2.6 Fi** 芬蘭	**.01 Ee** 愛沙尼亞	**8.2 .44 Ru** 俄羅斯	**Kz** 哈薩克	**Mm** 緬甸 $	**6.2 34.8 Cn** 中國 $	**Kp** 北韓	**Tw** 台灣
.03 .13 Fr 法國	**.02 Lu** 盧森堡	**.03 Se** 瑞典	**Pl** 波蘭	**.08 Ua** 烏克蘭	**Ge** 喬治亞	**Uz** 烏茲別克 $	**Vn** 越南	**.02 Hk** 香港		**Ph** 菲律賓
1 .01 Es 西班牙	**10.2 Ch** 瑞士 $	**.27 6.3 De** 德國 $	**1.1 Sk** 斯洛伐克	**.06 Hu** 匈牙利	**Tr** 土耳其 $	**5.2 In** 印度	**4.3 Sg** 新加坡 $	**My** 馬來西亞		**Pg** 巴布亞新幾內亞
Pt 葡萄牙	**1.3 It** 義大利	**1.3 At** 奧地利	**.02 Si** 斯洛維尼亞	**3.3 Bg** 保加利亞	**Ae** 阿聯	**Lk** 斯里蘭卡			**Id** 印尼	**8 Au** 澳洲
										Nc 新喀里多尼亞

誰在買賣？

電動經濟關鍵，嘉能可（Glencore）和托克（Trafigura）在瑞士總部買賣電動汽車所需的礦物。

誰在購入？

中國是全世界最大的電動車電池製造商所在地，即便在中國境內已開採電動經濟所需的六種礦物，但中國仍在2020 年進口了全球六種礦物交易市值的 35% 份額。

海哭的聲音

認購藍色債券，不僅可以維護海洋品質，也能夠啟動拯救全球生態的計畫。

在寒冷的冬日，你是否會想念溫暖的夏日和清涼的海水？許多旅客在夏天來到波羅的海，想要在海水一享清涼，可是當這些旅客到了海邊，面對的卻是一片綠色、黏糊糊的污泥。

每年 7 月，農地逕流和高溫，會讓波羅的海的藻類大量繁殖，使波羅的海成為地球上污染程度最高的海洋之一。漁民開始擔心他們漁獲量，旅館業和餐飲業準備面臨觀光業的不景氣，泳客也踮起腳尖，小心翼翼行走，躲避污泥。問題遠不止於沿岸地區，2019 年從太空可以看到，一層綠色的藻類已覆蓋了整個海面。

地球上最大的生態系統正是海洋。海洋覆蓋了地球表面 71% 的面積。海洋生態系為 30 億人提供生計，並在 2010 年產生 1.5 兆美元的年度經濟價值。雖然海洋非常重要，但海洋生態系統卻也是地球上最瀕危的自然環境。「藍色債券」模仿時下流行的綠色債券原則手冊（Green Bond Principles handbook），成為了一種新的債務工具，可以保護沿海生態，像是雨水收集和污水處理。藍色債券投資者，喚醒被人們忽視的大自然資本，也就是自然界中能為人們帶來經濟利益的元素。

第一批藍色債券在 2018 年由塞席爾共和國發行後，北歐投資銀行（Nordic Investment Bank）也為了清理波羅的海發行藍色債券，斯堪地那維亞的投資者甚至十分熱衷投資這項債券。北歐投資銀行首批債券於 2019 年被超額認購，認購份數是原計劃的兩倍之多，於是在 2020 年又發行第二批債券。北歐 — 波羅的海藍色債券募集到的款項，目前已經資助了 13 個相關計畫，有助於減少氮和磷的排放，並保護敏感海洋環境。氣候日益帶來的降雨愈來愈強烈，該計畫也有助於減少農業逕流。即便如此，監督波羅的海周遭海岸的營養物質排放量，仍然是一場硬仗。一般來說，農地最大的國家，減排營養物質的量最少。如果這些都成為一小片海域中的艱鉅任務，藍色債券的發行可能成為提倡自然保育重要的轉折點嗎？或者，它們就僅僅是落入滄海中的一小滴水呢？

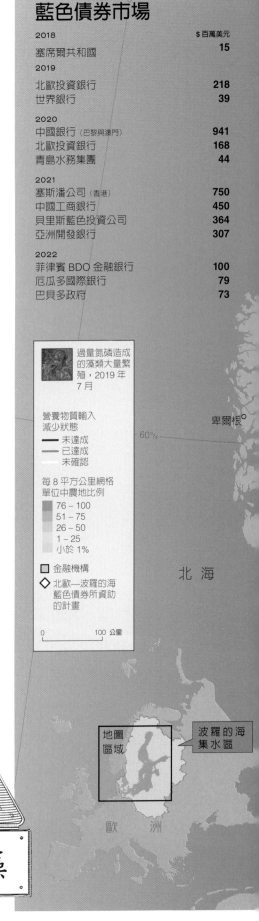

藍色債券市場

2018	$ 百萬美元
塞席爾共和國	15
2019	
北歐投資銀行	218
世界銀行	39
2020	
中國銀行（巴黎與澳門）	941
北歐投資銀行	168
青島水務集團	44
2021	
塞斯潘公司（香港）	750
中國工商銀行	450
貝里斯藍色投資公司	364
亞洲開發銀行	307
2022	
菲律賓 BDO 金融銀行	100
厄瓜多國際銀行	79
巴貝多政府	73

過量氮磷造成的藻類大量繁殖，2019 年 7 月

營養物質輸入減少狀態
— 未達成
— 已達成
— 未確認

每 8 平方公里網格單位中農地比例
76 – 100
51 – 75
26 – 50
1 – 25
小於 1%

□ 金融機構
◇ 北歐—波羅的海藍色債券所資助的計畫

0　　　100 公里

卑爾根

60°N

北 海

地圖區域

波羅的海集水區

歐　洲

藍 綠 藻

呂勒歐收到一筆價值 1,950
歐元的貸款，用於建造第二座
能將生物排放甲烷轉換成生物
燃料的生物分解廠、一組新的
下水道管線，以及擴建飲用水
廠。

北極圈

俄
羅
斯

威
娜
威
那

呂勒河

呂勒歐

波
的
尼
亞
灣

芬　　蘭

拉多加湖

典

坦佩雷

埃斯波收到一筆價值 1.15 億
歐元的貸款，用於建設布魯明
山（Blominmäki）污水處理
廠，每年可以減少 300 噸氮
排放。該廠位於地下，減少對
周邊社區的氣味和噪音污染。

聖彼得堡

曼彩萊

北歐
投資銀行

哈瑪

土爾庫

埃斯波市

赫爾辛基

芬蘭灣

佩普斯湖

蘭耶登

塔林

愛沙尼亞

奧斯陸

納斯達克北歐
永續市場

斯德哥爾摩獲得一筆價值
2,240 萬歐元的貸款，用
於保障飲用水和暴雨水收
集系統，以減少雨水對生
態系統的影響。

斯德哥爾摩

塔林獲得一筆價值 1,760
萬歐元的貸款，用於改
善下水道網絡，減少污
水流入波羅的海。

維納恩湖

塔努姆

拉脫維亞

里加

道加瓦河

卡
格
拉
克
海
峽

哥特堡

瓦爾貝里

波
羅
的

立陶宛

阿爾堡

哈姆斯塔德

阿胡斯

尼曼河

維爾紐斯

丹

哥本哈根

麥

馬爾默

俄羅斯
加里寧格勒

奧登塞

波

格但斯克

白
俄
羅
斯

格羅德諾

漢堡

蘭

比亞維斯托克

德　國

比得哥什

如何種植一顆樹

綠色圈圈代表一位用戶 90 天內的各種活動資料。能量點數透過 QR 碼累積。你正在走路去某個地方嗎？每走 60 步就可以獲得 1 點。你會使用支付寶，減少實體收據嗎？每筆交易可以累積 5 點。在餐廳掃 QR 碼點餐？7 點。隨著低碳行為種類逐漸增加，點數累積也愈來愈快。在 2016-2019 年間，所有用戶共減少了 790 萬噸的碳排放量，約等於同期間冰島或納米比亞等國家的排放量。

收集到的能源點數，2022 年 1 月-4 月

交通減量 1,912
紙類與塑膠減量 1,986
節能電器 3,987
回收 1,332
永續旅遊 8,721

17,938

梭梭樹 17,900

梭梭樹 17,900

更大的樹需要更多的能量點數

冷杉 330,000

有 17 種不同的樹種，可供用戶選擇。兌換所需的點數和碳吸收量相等：種一棵梭梭樹需要 17,900 點，因為一顆真正的梭梭樹在其生命週期中可以吸收 17,900 公克的二氧化碳。

用戶可採取的低碳行動	2017	2022	2016 至 2019 年間用戶累積碳排減少量
永續旅遊	4	5	5,412,700
節能電器	0	15	2,121,300
交通減量	5	14	385,200
回收	1	13	8,100
紙類 / 塑膠減量	2	16	1,800
總和	12	63	7,929,100 公噸

敲敲手指種棵樹

在電子化社會中，金融科技也能進行土地復育。

　　想像一下，一排排幼苗均勻地排列在廣闊的沙漠中，卡車為每一株幼苗載來半桶水灌溉。卡車載運的水量，是這些被稱為「沙漠守衛」的梭梭樹（學名：*Haloxylon ammodendron*）生存所需的最小水量。等到梭梭樹長大之後，就能夠防止沙土被風帶走，間接減少沙塵暴的發生。

　　中國金融科技公司螞蟻集團於 2016 年推出的一個應用程式，短短 5 年間便種下了 3.26 億株梭梭樹。「螞蟻森林迷你應用程式」，是一個支付寶內建的虛擬樹木養成遊戲，而支付寶則是中國最大的行動和線上支付系統。該應用程式鼓勵使用者透過低碳活動（包含走路、駕駛電動汽車、資源回收、購買節能家電，或使用電子發票代替紙本），收集綠色能量點數。當你收集到了足夠的點數後，你所省下的碳排放量就能夠幫你種下一棵真正的樹苗，由你選擇植樹地點和樹木種類。如上方地圖顯示，來自中國東南部城市最活躍的用戶，通過網路攝影機和

沿海用戶，內陸植樹

大部分的樹都種在中國北部的內陸鄉村地區，大部分用戶則集中在中國東南方，尤其是沿海城市。雖然要優先考量達到生態目標，但這個計畫同時也創造了就業機會並提高收入，尤其是偏遠的鄉村地區。

用戶可以花費 114,000 點於雄安新區種植油松（*Pinus tabuliformis*），雄安新區位於北京南側，是一個由中國政府所主導的開發計畫，目標在 2035 年前建造一座節能綠色城市。

錫林浩特

通遼

赤峰

內蒙古

巴彥淖爾　　烏蘭察布　　張家口

承德

北京 ★

甘肅　　　　　　鄂爾多斯　　　保定　　雄安新區

酒泉　　巴彥浩特　　　　　　　　河北

武威　　　　中衛　　　山西

西寧 ◎　白銀　固原

共和　臨夏　　延安

定西　　西安　　　　　黃海

寶雞 ◎　　　陝西

中　國

十堰

四川　　　湖北　　　江蘇

武漢　　安徽　合肥　南京　上海

杭州

浙江

香格里拉　西昌

用戶需要花費 185,000 點才能在雲南和四川植樹。冷杉（*Abies fabri*）一類的樹木除了提供碳匯以外，也能穩固土壤。積分可以與朋友和家人一起累積。

盧水　大理

雲南

福建

廈門

廣東　　　台灣

珠海　深圳

澳門

南海

可選植樹地區和功能，2016 – 2021

防風與防沙

固碳　　水土保持

參與省分和地區

⬭ 2016 年 8 月 – 2019 年 12 月
⬭ 2020 年 1 月 – 2021 年 12 月

現存植被
少　　　　　　　多

◎ 2017 年至 2019 年間，每名螞蟻用戶減少碳排量降低最多的城市

● 2019 年，每名螞蟻用戶用步行減少碳排量，至少 14,000 公克的城市

0　　　　500 公里

衛星圖像，與「他們的」樹木產生連繫。

最初的 1.22 億棵樹，是 2020 年前為應對內蒙古、甘肅和青海的沙漠化而種下的。這項計畫後來擴大了地理範圍，並新增了各種減碳活動。它現在是全世界最大的私人植樹計畫，擁有 6 億個支付寶用戶參與，植樹覆蓋面積超過 2,650 平方公里，大約等同於香港或盧森堡的面積。

螞蟻集團選擇讓消費者參與，並鼓勵他們改變自身的習慣，而非直接做慈善、捐贈樹木。這讓支付寶成為世界上蒐集碳足跡減量意願的最大數位平台。透過提供全球問題的微觀解方，金融科技也可以動員個人，改善環境狀態和社會經濟發展。這個值得期待的積極改變，受到了各方關注，尤其是聯合國。螞蟻森林於 2019 年獲頒「聯合國地球衛士獎」（UN Champions of the Earth prize），螞蟻集團同時也是史上第一個獲得這項環境殊榮的金融集團。

康明斯

拉法基霍爾希姆

麻煩解決者

能源業

麻煩製造者

伊頓　材料業

公共事業

福斯汽車　工業

金融業　非必需消費品

必需消費品

雀巢

中位數　資訊科技

不動產業

健康保險

AT&T

電信業

特斯拉

輝瑞

蘋果

字母公司

低碳排與
符合控制

低碳排後段班

巴黎協議目標

將暖化控制在
1.5℃－2℃

高

歷

史

碳

足

跡

低

+1°　+2°　+3°　+4°

氣　溫　控　制　（℃）

金錢大地圖

1,559 間已開發市場上市公司的歷史碳足跡和未來全球氣溫控制狀況，2021

● 公司　◯ 產業　⊗ 指標平均

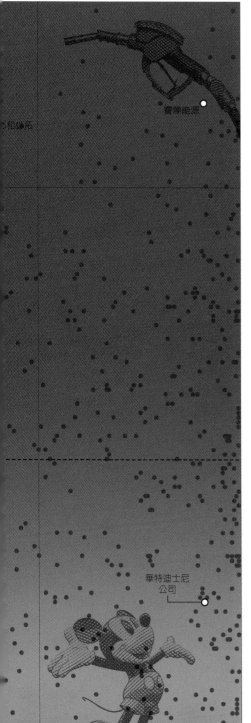

你的投資組合著火了嗎？

投資人嗅到了氣候風險控管的投資商機，透過氣溫控制資料有助於調整你的投資策略。

　　地球正在暖化，而暖化可能會帶來嚴重的環境和社會經濟苦果。在本文中，我們將探討投資者如何評估他們的投資組合是否符合《巴黎協議》。《巴黎協議》試圖將暖化控制在攝氏 2 度以下，並且最好是以控制在攝氏 1.5 度以下為目標。一間公司的碳足跡（歷史碳排量），雖然是值得參考的指標，但只看碳足跡做決定，又稍嫌不足。不同的地理位置 — 產業組合之間的碳預算差別非常大。舉例來說，以一間位於亞洲的水泥製造商，和位於歐洲媒體公司相比，前者每年每 1,000 美元營收所產生的碳，就比後者大得多，但這個世界無法只靠媒體公司運轉。

　　氣溫控制資料提供了一個嶄新又前瞻性的方式，來測量公司、產業或投資組合的碳排放，並將測量結果與符合《巴黎協議》的碳預算進行比較（本文僅計算 2015 至 2050 年間）。如果公司超過這個預算，就代表它的「公司溫度」（它對全球升溫的影響）會超過《巴黎協議》的目標溫度。如果不符合《巴黎協議》的目標，該公司可能也會面臨失去消費者好感、資產閒置、罰款及其他懲罰的危機。如果該公司的碳足跡非常大，風險也可能直接影響到公司的實際資產。

　　左方這張散點圖顯示出，1,559 間大型和中型公司的氣溫控制和碳足跡。最大的環境相關投資風險和機會，都存在於大量排碳的公司中，如左方圖表上半部顯示。像是福斯汽車這類的「麻煩解決者」，就正在採取積極的手段，將商業模式「去碳化」（decarbonize）。另一方面，像是西班牙國家石油公司（Repsol）這類「麻煩製造者」，則選擇迴避這類問題。金融公司介於兩者之間，它們的碳足跡出乎意料地大，這與它們在現實經濟中資助產業的排放量相關。如左方圖下半部顯示，「低排放後段班」面臨的壓力似乎不大，也還符合協議目標，但仍必須努力擠身「低碳排與符合控制者」。

　　無論你的投資規模是大是小，你都能夠採取行動。你必須思考，管理你和其他人資金的資產管理者，是否已經做出足夠的努力，讓公司在這個圖表中向左移動？

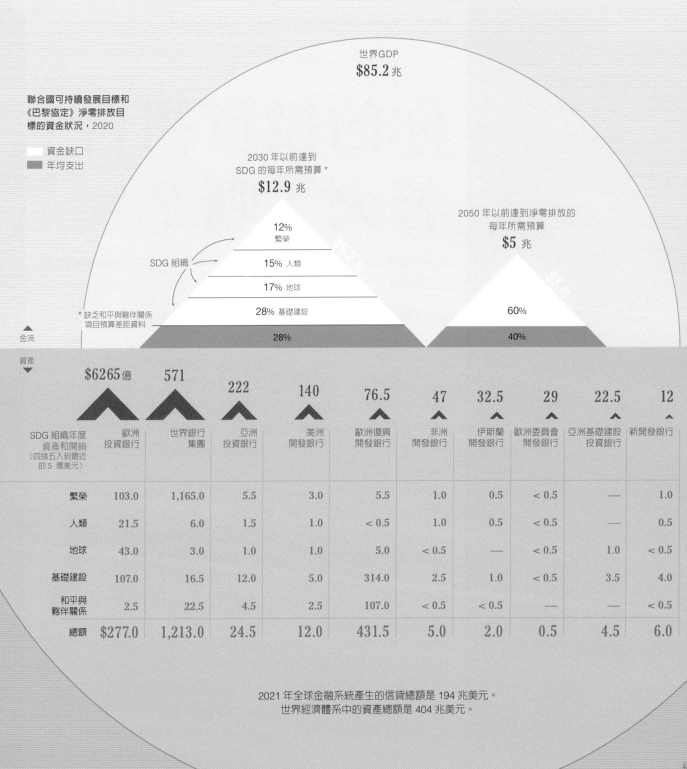

聯合國可持續發展目標和
《巴黎協定》淨零排放目
標的資金狀況，2020

■ 資金缺口
■ 年均支出

世界GDP
$85.2 兆

2030 年以前達到
SDG 的每年所需預算 *
$12.9 兆

2050 年以前達到淨零排放的
每年所需預算
$5 兆

SDG 組織

| 12% 繁榮 |
| 15% 人類 |
| 17% 地球 |
| 28% 基礎建設 |
| 28% |

| 60% |
| 40% |

* 缺乏和平與夥伴關係
項目預算差距資料

金流 ▲

資產 ▼

SDG 組織年度資產和開銷（四捨五入到最近的 5 億美元）	歐洲投資銀行 $6265億	世界銀行集團 571	亞洲投資銀行 222	美洲開發銀行 140	歐洲復興開發銀行 76.5	非洲開發銀行 47	伊斯蘭開發銀行 32.5	歐洲委員會開發銀行 29	亞洲基礎建設投資銀行 22.5	新開發銀行 12
繁榮	103.0	1,165.0	5.5	3.0	5.5	1.0	0.5	< 0.5	—	1.0
人類	21.5	6.0	1.5	1.0	< 0.5	1.0	0.5	< 0.5	—	0.5
地球	43.0	3.0	1.0	1.0	5.0	< 0.5	—	< 0.5	1.0	< 0.5
基礎建設	107.0	16.5	12.0	5.0	314.0	2.5	1.0	< 0.5	3.5	4.0
和平與夥伴關係	2.5	22.5	4.5	2.5	107.0	< 0.5	< 0.5	—	—	< 0.5
總額	$277.0	1,213.0	24.5	12.0	431.5	5.0	2.0	0.5	4.5	6.0

2021 年全球金融系統產生的信貸總額是 194 兆美元。
世界經濟體系中的資產總額是 404 兆美元。

全 球 信 貸 總 額
$194 兆

全 球 金 融 資 產 總 額
$404 兆

其他具有超過 20 億美元資產的投資銀行

崇高的目標

若想達到聯合國永續發展目標和淨零排放，全球金融系統必須先做出改變。

2015 年，聯合國會員國共同通過 2030 年永續發展議程。這個計畫旨在對抗共同經濟、社會和環境問題。計畫中的 17 項永續發展目標（Sustainable Development Goals, SDGs），包含了消除貧窮、提倡性別平等、樹立永續城市和相關就業計畫、提倡和平正義，以及保護環境。然而，這些崇高的目標所費不貲。要在 2030 年達成全部 17 項目標，依 2020 年的試算，每年必須斥資 12.9 兆美元，而這還僅是從山腳下遠眺高峰。目前為止，這個山頂似乎遙不可及。如左方圖表顯示，山頂的白色雪冠代表我們每年缺乏的資金。如果我們把雪冠的 9.2 兆美元，再加上 2050 年達成淨零排放（net-zero emission）不足的每年 3 兆美元預算缺口，就不難發現永續發展並非輕而易舉的事。

當我們將永續發展目標和淨零排放目標的資金缺口，放回到脈絡中思考，就能發現更多細節。2020 年的全球 GDP 總額是 85.2 兆美元，要把年均 GDP 的五分之一用於達成 SDGs 和淨零排放經濟並非不可行。每年的投資額需求甚至不到全球信貸額度的 10%，占 2021 年全球金融的融資總額 5% 以下。這顯示世界上絕對有足夠的錢讓我們推動這些目標。但真正的問題是，我們是否有足夠的動力貫徹這個計畫。

在實現這些 SDGs 和淨零排放目標的路上，開發銀行是關鍵的中介機構。它們是透過政府擔保，專門負責為公私領域開發計畫從金融市場募資的機構。大多數開發銀行都是政府所擁有，並在國家或地區設有總部。2020 年，世界上已有超過 500 間開發銀行，年度募資金額約為 2.2 兆美元，總資產額超過 18 兆美元。其中有 47 間是由國際組織（世界銀行、國際貨幣基金組織、歐盟等）和各國政府多邊合作合作成立的。以總資產額計算，前十大多邊開發銀行在針對 SDGs 的投資計畫上，花費了 2 兆美元，其中又以世界銀行集團（World Bank Group）、歐洲復興開發銀行（European Bank for Reconstruction and Development）和歐洲投資銀行為大宗（如左方圖表顯示的綠色總額）。但這不過是我們的經濟體和社會邁向永續、公平世界路途的第一步。若以一趟登山旅程來比喻，我們才剛離開營地沒多久。

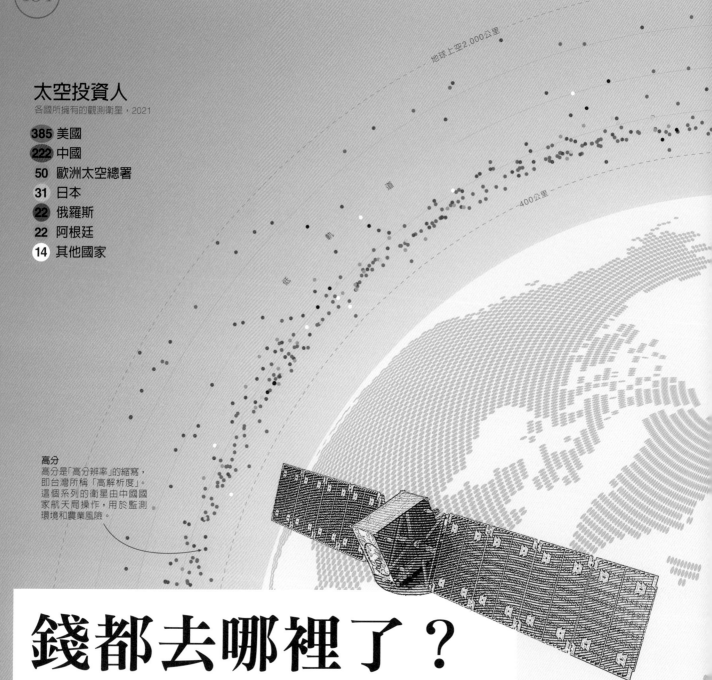

太空投資人
各國所擁有的觀測衛星，2021

- **385** 美國
- **222** 中國
- **50** 歐洲太空總署
- **31** 日本
- **22** 俄羅斯
- **22** 阿根廷
- **14** 其他國家

高分
高分是「高分辨率」的縮寫，即台灣所稱「高解析度」。這個系列的衛星由中國國家航天局操作，用於監測環境和農業風險。

地球上空2,000公里

400公里

錢都去哪裡了？

金融早已滲透到全世界的每一個角落，
接下來它想要征服的地方是宇宙。

　　隨著向太空發射衛星的花費逐年增加，「太空投資」這門生意可以說是蒸蒸日上。有些衛星讓科學家能夠探索遙遠的星系，探究宇宙誕生的奧秘。另一些衛星則將鏡頭對準地球周邊。金融圈也注意到了這件事，如上方的長條圖顯示。於是，金融公司展開了自己的衛星發射計畫，一些公司甚至已經開始利用這些在天上的眼睛為自己謀利。

　　地理空間資料與金融產品、服務和分析被整合起來，目正在改變全球金融系統。結合衛星圖像和人工智慧，太空金融讓保險公司得以監控環境風險、幫助不動產公司尋覓新的投資機會，並為跨國企業規劃供應鏈和改善物流。精準、詳細和即時的數據，正在推動金融躍升到前所未見的高度。

　　上方圖是根據科學家聯合會（Union of Concerned Scientists）所收集到的資料，描繪出地球上各個觀測衛星的高度分布。這些大多是低軌道衛星，能源需求較低，

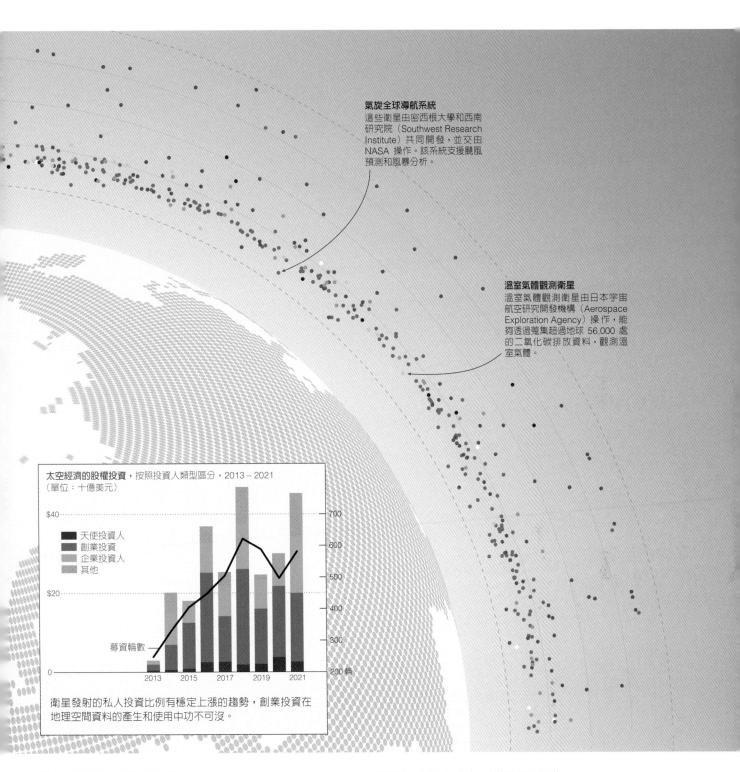

氣旋全球導航系統
這些衛星由密西根大學和西南
研究院（Southwest Research
Institute）共同開發，並交由
NASA 操作。該系統支援颶風
預測和風暴分析。

溫室氣體觀測衛星
溫室氣體觀測衛星由日本宇宙
航空研究開發機構（Aerospace
Exploration Agency）操作，能
夠透過蒐集超過地球 56,000 處
的二氧化碳排放資料，觀測溫
室氣體。

太空經濟的股權投資， 按照投資人類型區分，2013－2021
（單位：十億美元）

- 天使投資人
- 創業投資
- 企業投資人
- 其他

募資輪數

衛星發射的私人投資比例有穩定上漲的趨勢，創業投資在
地理空間資料的產生和使用中功不可沒。

並為通訊提供更好的條件。

　這些衛星拍攝圖像資料，並將資料發送回地球，變成
建構地理空間資料的基礎。

　雖然使用這些資料的勢力種類繁多，包含中央銀行、
避險基金和加密貨幣投資人，但衛星所有者的地理分布
倒是相對單純。

　美國和中國遠超群雄，兩國的公部門與私人機構合計
起來就擁有所有衛星中的 80%。考量到這點，太空投資

正如全球金融系統一樣逐漸兩極化。

　隨著太空金融提供的機會持續增長，來自世界各地的
公司，努力將地理空間資訊加以整合，使得衛星所有者
的地理分布資訊，未來可能會進一步擴大。

　另外，人類從泥土造房，發展到可能殖民其他行星，
這一路走來都與金融相伴、相依，未來也將如此。那麼，
我們是否能夠一起掌握金融的力量，並以這股力量拯救
地球和人類呢？

註釋與參考資料

前言　揭開金融的神秘面紗

註釋

The paraphrased statement of Max Weber's on money as a weapon comes from Roth and Wittich (1968).

The Mudrooroo quote comes from Odyssey Traveller (2021); information on the Uranopolis coin is from Marotta (n.d.).

For discussion of Fra Mauro and his map, see Falchetta (2006); on Abraham Ortelius, see Pye (2021); on Joan Blaeu, see Brotton (2013). For a discussion about *The Great Mirror of Folly*, see Goetzmann et al. (2013). For information about the CityNet project, see CityNet (n.d.).

參考資料

Brotton, Jerry. 2013. *A History of the World in Twelve Maps*. London: Penguin.

CityNet. n.d. Cities in Global Financial Networks: Financial and Business Services in the 21st Century [website]. https://www.citynet21.org/

Falchetta, Piero. 2006. *Fra Mauro's World Map*. Turnhout: Brepols.

Goetzmann, William, Catherine Labio, K. Geert Rouwenhorst, Timothy Young, and Robert Shiller. 2013. *The Great Mirror of Folly: Finance, Culture, and the Crash of 1720*. New Haven, CT: Yale University Press.

Marotta, Michael E. n.d. "Globes on Ancient Coins." 1-World Globes. https://www.1worldglobes.com/globes-on-ancient-coins/

Odyssey Traveller. 2021. "Ancient Aboriginal Trade Routes of Australia." Updated February 2021. https://www.odysseytraveller.com/articles/ancient-aboriginal-trade-routes-of-australia/

Pye, Michael. 2021. Antwerp: *The Glory Years*. London: Allen Lane.

Roth, Guenter, and Claus Wittich. 1968. *Max Weber: Economy and Society*. New York: Bedminster Press.

第一章　歷史與地理

註釋

This quote is from: Levitt, Steven D. 2012. "If All the Economists Were Laid End to End, Would They Reach a Conclusion?" *Freakonomics*, January 9, https://freakonomics.com/2012/01/if-all-the-economists-were-laid-end-to-end-would-they-reach-a-conclusion/

泥板智慧

註釋

The main source of the spread is Nissen, Damerow, and Englund (1993). We are grateful to Dr. Paul Collins of Oxford University for recommending the book to us. For the measurement system of Mesopotamia, we also consulted Englund (2001).

The Sumerian proverb "Enlil's temple is a summation of accounts. The temple manager is its overseer" is from Black et al. (1998–).

The base map for the location of the Sumer civilization in ancient

Mesopotamia is adapted from Goran tek-en (2014). For the ancient

river courses and shoreline, we consulted Morozova (2005), Jotheri et al. (2016), and Iacobucci et al. (2023).

For information on ancient Mesopotamia and the Sumer economy in the text, we consulted Algaze (2012), Nissen (2003), and Podany (2022).

參考資料

Algaze, Guillermo. 2012. "The End of Prehistory and the Uruk Period." In *The Sumerian World*, edited by Harriet Crawford, 68-94. London: Routledge.

Black, J. A., G. Cunningham, E. Fluckiger-Hawker, E. Robson, and G. Zólyomi. 1998-2006. *The Electronic Text Corpus of Sumerian Literature*. Oxford. http://www-etcsl.orient.ox.ac.uk/

Englund, R. K. 2001. "Grain Accounting Practices in Archaic Mesopotamia." In *Changing Views on Ancient Near Eastern Mathematics*, edited by J. Høyrup and P. Damerov, 1-35. Berlin: Dietrich Reimer Verlag. https://cdli.ucla.edu/staff/englund/publications/englund2001b.pdf

Goran tek-en. 2014. Map of Mesopotamia. https://commons.wikimedia.org/wiki/File:N-Mesopotamia_and_Syria_english.svg

Iacobucci, Giulia, Francesco Troiani, Salvatore Milli, and Davide Nadali. 2023. "Geomorphology of the Lower Mesopotamian Plain at Tell Zurghul Archaeological Site." *Journal of Maps* 19 (1): 1-14. https://doi.org/10.1080/17445647.2022.2112772

Jotheri, Jaafar, Mark B. Allen, and Tony J. Wilkinson. 2016. "Holocene Avulsions of the Euphrates River in the Najaf Area of Western Mesopotamia: Impacts on Human Settlement Patterns." *Geoarchaeology* 31 (3):175-93. https://doi.org/10.1002/gea.21548

Morozova, Galina S. 2005. "A Review of Holocene Avulsions of the Tigris and Euphrates Rivers and Possible Effects on the Evolution of Civilizations in Lower Mesopotamia." *Geoarchaeology* 20 (4): 401-23. https://doi.org/10.1002/gea.20057

Nissen, Hans J. 2003. "Uruk and the Formation of the City." In *Art of the First Cities: The Third Millennium B.C. from the Mediterranean to the Indus*, edited by J. Aruz, 11-20. New York: Metropolitan Museum of Art.

Nissen, Hans J., Peter Damerow, and Robert K. Englund. 1993. *Archaic Bookkeeping: Early Writing and Techniques of Economic Administration in the Ancient Near East*. Chicago: University of Chicago Press.

Podany, Amanda H. 2022. *Weavers, Scribes, and Kings: A New History of the Ancient Near East*. Oxford: Oxford University Press.

金屬錢幣

註釋

The main source of data is Cribb et al. (1999). For countries not covered by it, additional information was collected from the following sources:

Montenegro—Central Bank of Montenegro (n.d.)
Slovenia—Šmit and Šemrov (2006)
Latvia—Baltic Coins (2013)

Estonia—Leimus and Tvauri (2021)
Lithuania—Pinigų Muziejus (2015)
Armenia—Central Bank of Armenia (n.d.)
Azerbaijan—Central Bank of Azerbaijan (n.d.)
East Timor—Wikipedia (n.d.)

The main text and coin captions were also informed by Eagleton and Williams (2011) and Hockenhull (2015).

參考資料

Baltic Coins. 2013. "Riga Coins." Facebook, March 24. https://pt-br.facebook.com/BalticCoins/photos/riga-coinsthe-first-documents-confirming-coin-minting-in-riga-are-from-1211-when/588476021163736/

Central Bank of Armenia. n.d. "History of Money Circulation in Armenia from the First Mentions up to the Creation of Transcaucasian Commissariat in 1917." https://www.cba.am/en/SitePages/achmoneycyclefirstmention.aspx

Central Bank of Azerbaijan. n.d. "History of National Money Tokens." https://www.cbar.az/page-168/history-of-national-currency

Central Bank of Montenegro. n.d. "Money in Montenegro through History." https://www.cbcg.me/en/currency/money-museum/money-in-montenegro-through-history

Cribb, Joe, Barrie Cook, and Ian Carradice. 1999. *The Coin Atlas: A Comprehensive View of the Coins of the World throughout History.* Cartography by John Flower. London: Little, Brown and Company.

Eagleton, Catherine, and Jonathan Williams, with Joe Cribb and Elizabeth Errington. 2011. *Money: A History,* 3rd ed. London: British Museum Press.

Hockenhull, Thomas, ed. 2015. *Symbols of Power: The Coins That Changed the World.* London: British Museum Press.

Leimus, Ivar, and Andres Tvauri. 2021. "Coins and Tokens from a 15th-Century Landfill in the Kalamaja Suburb of Tallin." *Estonian Journal of Archeology* 25 (2): 140-59. https://doi.org/10.3176/arch.2021.2.03

Pinigų Muziejus. 2015, August 22. "History of Mints in Lithuania." https://www.pinigumuziejus.lt/en/news/history-of-mints-in-lithuania

Šmit, Žiga, and Andrej Šemrov. 2006. "Early Medieval Coinage in the Territory of Slovenia." *Nuclear Instruments and Methods in Physics Research Section B: Beam Interactions with Materials and Atoms* 252 (2): 290-98. https://doi.org/10.1016/j.nimb.2006.08.014

Wikipedia. n.d. "Portuguese Timorese Pataca." https://en.wikipedia.org/wiki/Portuguese_Timorese_pataca

跟著錢走

註釋

The main source of data is the Coin Hoards of the Roman Empire dataset. We are grateful to Professor Chris Howgego of Oxford University for recommending the dataset. The mainland and sea routes come from ORBIS. Additional sources consulted for the main text are Cribb et al. (1999), Eagleton and Williams (2011), Hockenhull (2015), and Howgego (1995, 2013).

參考資料

Coin Hoards of the Roman Empire [dataset]. University of Oxford. https://chre.ashmus.ox.ac.uk/

Cribb, Joe, Barrie Cook, and Ian Carradice. 1999. *The Coin Atlas: A Comprehensive View of the Coins of the World throughout History.* Cartography by John Flower. London: Little, Brown and Company.

Eagleton, Catherine, and Jonathan Williams, with Joe Cribb and Elizabeth Errington. 2011. *Money: A History.* 3rd ed. London: British Museum Press.

Hockenhull, Thomas, ed. 2015. *Symbols of Power: The Coins That Changed the World.* London: British Museum Press.

Howgego, Christopher. 1995. *Ancient History from Coins.* London: Routledge.

———. 2013. "The Monetization of Temperate Europe." *Journal of Roman Studies* 103: 16-45. http://www.jstor.org/stable/43286778

ORBIS: The Stanford Geospatial Network Model of the Roman World. Designed and executed by Walter Scheidel and Elijah Meeks. https://orbis.stanford.edu/

元以及其祖先

註釋

The main sources of information on ancient Chinese finance are Goetzmann (2016), Horesh (2013), Vivier (2008), and Glahn (2005).

The quotes in the main text are from the following sources: "If you grasp three coins . . . and to pacify the world."—he ancient Chinese text *Guanzi*, quoted in Goetzmann (2016, 158). "How the Great Kaan Causeth . . . Money Over All His Country."—*The Travels of Marco Polo*, as translated and edited by Yule (1903).

The story on the loan contract from Turfan mentioned in the caption on silk is based on Hansen (2005).

For additional information on ancient money in Korea, we consulted Craig (1955); in Japan, Bramsen (1880); and in Southeast Asia, Heng (2006).

參考資料

Bramsen, William. 1880. *The Coins of Japan.* Yokohama: Kelly & Co.

Craig, Alan D. 1955. *The Coins of Korea and an Outline of Early Chinese Coinage.* New York: Ishi Press.

Glahn, Richard von. 2005. *The Origins of Paper Money in China.* Edited by William N. Goetzmann and Geert K. Rouwenhorst. Oxford: Oxford University Press.

Goetzmann, William N. 2016. *Money Changes Everything: How Finance Made Civilization Possible.* Princeton, NJ: Princeton University Press.

Hansen, Valerie. 2005. "How Business Was Conducted on the Chinese Silk Road during the Tang Dynasty, 618-907." In *The Origins of Value: The Financial Innovations That Created Modern Capital Markets*, edited by William N. Goetzmann and Geert K. Rouwenhorst, 43-65. Oxford: Oxford University Press.

Heng, Derek Thiam Soon. 2006. "Export Commodity and Regional Currency: The Role of Chinese Copper Coins in the Melaka Straits, Tenth to Fourteenth Centuries." *Journal of Southeast Asian Studies* 37 (2): 179-203. http://www.jstor.org/stable/20072706

Horesh, Niv. 2013. *Chinese Money in Global Context: Historic Junctures between 600 BCE and 2012.* Stanford, CA: Stanford University Press.

Vivier, Brian Thomas. 2008. *Chinese Foreign Trade, 960-1276.* Dissertation completed at Yale University. https://www.proquest.com/openview/58577c-57589cf8f175dbfe1361a7c993/1?pq-origsite=gscholar&cbl=18750

Yule, Henry. 1903. "How the Great Kaan Causeth the Bark of Trees, Made into Something like Paper, to Pass for Money Over All His Country." In *The Book of Ser Marco Polo: A Venetian Concerning*

Kingdoms and Marvels of the East. Vol. 1, edited by Colonel Sir Henry Yule. London: John Murray. Excerpted by Columbia University, Asia for Educators. http://afe.easia.columbia.edu/mongols/figures/figu_polo.htm

世界的寶庫

註釋

Data on flows to and from Potosi, as well as the main routes on the map and the timeline (both in the text and under the bar plot), is based on Lane (2019). The quote at the end of the text is also drawn from that source: "If Potosi was an environmental disaster and a moral tarpit, it was also a monument to human ingenuity and survival" (Lane 2019, 14).

Data on Potosí silver production during 1545-1823 is from Garner and TePaske (2011).

Additional sources consulted for the main text are Schottenhammer (2020) and Barragán Romano (2016).

參考資料

Barragán Romano, Rossana. 2016. "Dynamics of Continuity and Change: Shifts in Labour Relations in the Potosí Mines (1680-1812)." *International Review of Social History* 61 (S24): 93-114. https://doi.org/10.1017/S0020859016000511

Garner, Richard, and John Jay TePaske. 2011. Peru Silver [dataset]. https://www.insidemydesk.com/hdd.html

Lane, K. 2019. *Potosí: The Silver City That Changed the World.* Oakland: University of California Press.

Schottenhammer, Angela. 2020. "East Asia's Other New World, China and the Viceroyalty of Peru: A Neglected Aspect of Early Modern Maritime History." *Medieval History Journal* 23 (2): 181-239. https://doi.org/10.1177/0971945819895895

誰為此付出代價？

註釋

The main sources of the data and ideas for the text are Mullen (2021, 2022) and Mullen and Newman (2018).

參考資料

Mullen, Stephen. 2021. "British Universities and Transatlantic Slavery: The University of Glasgow Case." *History Workshop Journal* 91 (1): 210-33. https://doi.org/10.1093/hwj/dbaa035

———. 2022. *Glasgow, Slavery and Atlantic Commerce: An Audit of Historic Connections and Modern Legacies.* Glasgow: Glasgow City Council. https://www.glasgow.gov.uk/index.aspx?articleid=29117

Mullen, Stephen, and Simon Newman. 2018. *Slavery, Abolition and the University of Glasgow. Report and Recommendations of the University of Glasgow History of Slavery Steering Committee.* Glasgow: University of Glasgow. https://www.gla.ac.uk/media/media_607547_en.pdf

金融地理學家亞當・斯密

註釋

All quotes are from the 1976 reprint of Smith (1776).

On the image: "At Amsterdam . . . of the bank": p. 486. "Amidst all the revolutions . . . of the bank": p. 486.

In the text: "fortune, probity, and prudence of a particular banker": p.

292. "Daedalian wings of paper money": p. 321.

Other key sources for the text are Roncaglia (2005), Ross (1995), and Ioannou and Wójcik (2022).

參考資料

Ioannou, Stefanos, and Dariusz Wójcik. 2022. "Was Adam Smith an Economic Geographer?" *GeoJournal* 87 (6): 5425-34. https://doi.org/10.1007/s10708-021-10499-y

Roncaglia, Alessandro. 2005. *The Wealth of Ideas: A History of Economic Thought.* Cambridge: Cambridge University Press.

Ross, Ian Simpson. 1995. *The Life of Adam Smith.* Oxford: Oxford University Press.

Smith, Adam. 1776. *An Inquiry into the Nature and Causes of the Wealth of Nations.* Reprinted 1976. Indianapolis: Liberty Fund. Page references are to the 1976 edition.

矛盾世界中的金錢

註釋

Quotes in the text are from the 1969 reprint of Marx and Engels (1848): "mere money relation": p. 16. "centralization of money . . . banks and bankers": p. 49.

Quotes on the image are from the 1990 reprint of Marx (1867): "In a system . . . social need": pp. 621–2. "In this paper world . . . concentrated": p. 622. "The rural depositor . . . slightest control": p. 631.

Other key sources for the text are Brunhoff (1998), Harvey (2006), Itoh and Lapavitsas (1999), and Roncaglia (2005, pp. 244-77).

參考資料

Brunhoff, Suzanne de. 1998. "Money, Interest and Finance in Marx's Capital." In *Marxian Economics: A Reappraisal*, edited by Riccardo Bellofiore, 176-88. London: Palgrave Macmillan UK. https://doi.org/10.1007/978-1-349-26118-5_11

Harvey, David. 2006. *Limits to Capital.* London: Verso.

Itoh, Makoto, and Costas Lapavitsas. 1999. *Political Economy of Money and Finance.* New York: Palgrave Macmillan.

Marx, Karl. 1867. *Capital.* Vol. 3. Reprinted in 1990. London: Penguin Books. Page references are to the 1990 edition.

Marx, Karl, and Friedrich Engels. 1848. *Manifesto of the Communist Party.* In *Marx/Engels Selected Works*, vol. 1. Moscow: Progress Publishers, 1969. https://www.marxists.org/archive/marx/works/download/pdf/Manifesto.pdf

Roncaglia, Alessandro. 2005. *The Wealth of Ideas: A History of Economic Thought.* Cambridge: Cambridge University Press.

金融就如同選美比賽

註釋

Quotes on the image are from Keynes (1936): "The outstanding fact . . . sometimes to nothing": pp. 149–0. "The social object . . . to the other fellow": p. 155. "When he purchases . . . whirlpool of speculation": p. 159.

Other key sources for the text are Chick (1983) and Skidelsky (2003).

參考資料

Chick, Victoria. 1983. *Macroeconomics after Keynes.* London: Philip Allan.

Keynes, John Maynard. 1936. *The General Theory of Employment, Interest and Money. Reprinted in 1973*. Cambridge: Cambridge University Press. Page references are to the 1973 edition.

Skidelsky, Robert. 2003. *John Maynard Keynes, 1883-1946*. London: Penguin Books.

美國製造

註釋

Data on the papers on finance published by region is from a search on March 31, 2021, of SJR: Scimago Journal and Country Rank, with *finance* selected as the subject category.

金融學門前 100 筆最常被引用的作者資料來自 Web of Science，2021 年 3 月 31 日。作者男女性別資料以網路資料上的名字和人稱代名詞區分。

金融領域前十個最常被引用的期刊參考 Google Scholar 的 h5 指標（h5-index）截至 2021 年 3 月 31 日的資料，並且包含（從最常被引用到最不常被引用）：《金融金濟學期刊》（*Journal of Financial Economics*）、《金融期刊》（*Journal of Finance*）、《財務金融評論》（*Review of Financial Studies*）、《銀行與金融期刊》（*Journal of Banking & Finance*）、《公司理財期刊》（*Journal of Corporate Finance*）、《會計和經濟學刊》（*Journal of Accounting and Economics*）、《金融與量化分析期刊》（*Journal of Financial and Quantitative Analysis, Review of Finance*）、《國際金融分析評論》（*International Review of Financial Analysis*），以及《國際貨幣與金融期刊》（*Journal of International Money and Finance*）。主編的姓名與所屬單位擷取自期刊官方網站。男女性別資料以專業網站上的名字和人稱代名詞區分。

諾貝爾經濟學獎得主資料出自諾貝爾獎官方網站（Nobel Prize，n.d.）。為分辨因廣義金融經濟學貢獻獲獎的獲獎人，我們亦分析了他們的獲獎原因。其他獲獎人相關資料，包含出生地和博士學歷，皆來自獲獎人的維基百科頁面。

參考資料

Nobel Prize. n.d. https://www.nobelprize.org/prizes/lists/all-nobel-prizes/

SJR. "Scimago Journal & Country Rank." https://www.scimagojr.com/countryrank.php

第二章　資產與市場

註釋

塞內卡是一位生活於公元前 4 年到公元 65 年的羅馬哲學家，此處的引言出自於：〈來自金庫：市場法的起源〉（From the Vault: Origin of the Market Approach）。*BVWire*, issue #193-5. https://www.bvresources.com/articles/bvwire/from-the-vault-origin-of-the-market-approach

股市面面觀

註釋

數據來自路孚特（Refinitiv，https://www.refinitiv.com/en）資料庫和明晟（MSC，https://www.msci.com/）資料庫。指數按照路孚特 Eikon 國家頁面選擇。即一位交易員在檢索每個國家時，會首先找到的財務資訊。行業分類以路孚特商業分類（TRBC）碼區分。為方便資料視覺化，我們合併了其中一些產業，如「週期性消費產品」和「非週期性消費產品」合併為「消費性產品」、「工業」和「原物料」合併為「工業和原物料」，與「能源」和「公共事業」合併為「能源與公共事業」。

每個國家的市值，為該國指數中，所有上市公司的市值總和。因此，這些數據反映各指數組成中的些許差異，而這方面並沒有全球的統一標準。舉例來說，越南的指數列出超過 400 間公司，其中有許多都是國營事業。這導致越南的市值失真地達到超過 2,210 億美元。相較之下，義大利的指數只有列出 40 間公司。考量到義大利小型和家庭企業的比例較大，且這些公司並不會被納入指數中，導致義大利的市值相對較小，僅有 5,900 億美元。考慮到整體經濟，除了指數上市公司之外，義大利的 GDP 是全球第 5，而越南的 GDP 全球排名卻是第 45。

無法撼動的貨幣

註釋

所有外匯交易資料來自國際清算銀行（BIS, 2019）。若一個國家沒有在主地圖上呈現，代表該國沒有可供參考的資料，但考慮到國際清算銀行的資料蒐集方式，那些沒有資料的國家，其外匯交易額應該小於任何有資料的國家。

呈現在主地圖上的每日各國外匯交易資料以淨毛額呈現，而全球外匯交易資料則是以淨淨額呈現。淨淨值代表資料已經依照地方和跨國、跨貿易商重複計算調整。淨毛值代表資料僅依照地方和跨貿易商重複計算調整。因此，以淨毛值計算的總和會比淨淨值計算的總和來得多，前者高達 83,010 億美金，後者則是 66,000 億美金。

每日全球外匯交易數據以國家為單位，在主地圖中以淨毛基礎（net-gross basis）呈現，而每日全球外匯交易數據則以淨淨基礎（net-net basis）呈現。淨淨基礎意味著數據已經調整當地和跨境交易商之間的重複計算，而淨毛基礎則僅調整了本地交易商之間的重複計算。因此，以淨毛基礎計算的總額（8.301 兆美元），會大於以淨淨基礎計算的總額（6.6 兆美元）。

For the main text we also consulted Wojcik et al. (2017).

參考資料

BIS. 2019. "Triennial Central Bank Survey of Foreign Exchange and Over-the-Counter Derivatives Markets." Basel, Switzerland. https://www.bis.org/statistics/rpfx19.htm

Wójcik, Dariusz, Duncan MacDonald-Korth, and Simon X. Zhao. 2017. "The Political-Economic Geography of Foreign Exchange Trading." *Journal of Economic Geography* 17 (2): 267-86. https://doi.org/10.1093/jeg/lbw014

巴黎的風險管控

註釋

For this spread we used data from the online database AveTransRisk (n.d.), which was created by the European Research Council (ERC)–funded research project Average-Transaction Costs and Risk Management during the First Globalization (Sixteenth–Eighteenth Centuries). Hosted by the Centre for Maritime Historical Studies of the University of Exeter, the database provides historical information about insurance policies from the sixteenth to the eighteenth centuries in Europe, concentrating on Italy (Livorno, Pisa, Florence, and Genoa), France, and Spain. In particular, we used information about the insurance policies that were signed in the first year of operation (1668) of the French Royal Insurance Chamber (Chambre generale des assurances et grosses aventures). The information includes the origin and destination of the trade route, the ports visited during the voyage, the premium rate, and the value of the cargo, as well as the number and names of the underwriters. From the 363 insurance policies that were signed in that year, we selected the 86 that were underwritten by Elisabeth Helissant. For calculating the distance of each journey in nautical miles, we used an online distance calculator.

參考文獻

AveTransRisk. n.d. *Average-Transactions Costs and Risk*

Management during the First Globalization (Sixteenth-Eighteenth Centuries) [database]. Centre for Maritime Historical Studies, University of Exeter. http://humanities-research.exeter.ac.uk/avetransrisk/

Wade, Lewis. 2023. *Privilege, Economy and State in Old Regime France*. Woodbridge: The Boydell Press.

新興都市

註釋

Data for the maps of Vancouver comes from the City of Vancouver's Open Data Portal: Property Tax Data 2006, Property Tax Data 2021, and Property Parcels Polygons. Data for change in the House Price Index in the line plot comes from Teranet and National Bank of Canada's House Price Index. Data for average Vancouver house price, referred to in the caption below the legend, comes from RPS: Real Property Solutions (n.d.).

Other key sources for the main text are Fernandez et al. (2016), Gordon (2020, 2022), Grigoryeva and Ley (2019), and International Monetary Fund (n.d.).

參考資料

City of Vancouver. n.d. "Open Data Portal." https://opendata.vancouver.ca/pages/home/

Fernandez, Rodrigo, Annelore Hofman, and Manuel B. Aalbers. 2016. "London and New York as a Safe Deposit Box for the Transnational Wealth Elite." *Environment and Planning A: Economy and Space* 48 (12): 2443-61. https://doi.org/10.1177/0308518X16659479

Gordon, Joshua C. 2020. "Reconnecting the Housing Market to the Labour Market: Foreign Ownership and Housing Affordability in Urban Canada." *Canadian Public Policy* 46 (1): 1-22. https://doi.org/10.3138/cpp.2019-009

———. 2022. "Solving Puzzles in the Canadian Housing Market: Foreign Ownership and De-Coupling in Toronto and Vancouver." *Housing Studies* 37 (7): 1250-73. https://doi.org/10.1080/02673037.2020.1842340

Grigoryeva, Idaliya, and David Ley. 2019. "The Price Ripple Effect in the Vancouver Housing Market." *Urban Geography* 40 (8): 1168-90. https://doi.org/10.1080/02723638.2019.1567202.

International Monetary Fund. n.d. "Global Housing Watch." Updated September 22, 2022. https://www.imf.org/external/research/housing/index.htm

RPS: Real Property Solutions. 2022. "RPS House Price Index—Public Release: September 2022." https://www.rpsrealsolutions.com/house-price-index/house-price-index (data for 2022 has been removed from the site).

Teranet and National Bank of Canada. n.d. "House Price Index." https://housepriceindex.ca/#maps=c11

公共建設大富翁

註釋

雖然公共建設（infrastructure）的定義可大可小，我們將重點放在交通和公用事業，並從六大洲收集多個例子。

大富翁圖版上，每個方格底部標示的基礎建設事業、資產和計畫，皆以當地幣值表示。方格內顯示的價值，代表各種財務類別：公司和企業的市值和購買價格、它們的年收入、項目成本和價值、資產、資本及用於資助項目的貸款。所有數據均為歷史價格，沒有轉換為現在的價值，所有數字均四捨五入到最接近當地幣值的十億元。我們選擇呈現價格的原貌，而非統一貨幣或標準，這是因為公共建設

的投資和各地貨幣來往交易的多樣性與複雜性，反而會造成統計困難，並導致讀者誤解。

方格中引用的資料來源，我們均遵循原始數據，而不轉換成共同的貨幣單位，因為如果改變成同一貨幣單位計算，將十分困難。

遊戲圖版方格背景中的私人、公共私人和公共分類，指的是各公司、資產或計畫的所有權分類，分類詳見下方。公共即為國家所有，不論是屬於地方政府或於中央政府。

Other key sources consulted for the main text are Berg et al. (2002) and Torrance (2008).

參考資料

407 International Inc. 2021. *407 International Inc.: Consolidated Financial Statements*, December 31, 2020. https://407etr.com/documents/major-financial-filings/74%20-%20Q4%202020%20-%20Consolidated%20Financial%20Statements%20-%20407%20International%20-%20Decem-ber%2031%202020.pdf

Airports of Thailand PLC. 2021. *Annual Report 2020*. https://investor.airportthai.co.th/ar.html

Amtrak. 2018. *Amtrak FY2018 Company Profile*. https://www.amtrak.com/content/dam/projects/dotcom/english/public/documents/corporate/nationalfactsheets/Amtrak-Corporate-Profile-FY2018-0319.pdf

Auckland Airport. n.d. "Investors." https://corporate.aucklandairport.co.nz/investors

Australia Pacific Airports Corporation. 1998. *Australia Pacific Airports Corporation Annual Report 1997-8*. https://web.archive.org/web/20080724032806/http:/www.melbourneairport.com.au/downloads/pdfs/Annual%20Report%2097-98.pd

Aviation Pros. 2002. "Bienvenidos a Cancun: Privatization Stimulates Expansion at Cancun International Airport." October 8. https://www.aviationpros.com/home/article/10387289/bienvenidos-a-cancun-privatization-stimulates-expansion-at-cancun-international-airport

Baddour, Dylan. 2015. "Texas High Speed Rail Passes Major Milestone with First Fundraising Announcement." *Houston Chronicle*, July 22. https://www.chron.com/news/transportation/article/Texas-high-speed-rail- passes-major-milestone-with-6400089.php

Berg, Stanford V., Michael G. Pollitt, and Masatsugu Tsuji, eds. 2002. *Private Initiatives in Infrastructure: Priorities, Incentives and Performance*. Cheltenham, UK: Edward Elgar.

BNamericas. 1998. "Rutas del Pacific Wins Chile Route 68 Concession." February 20. https://www.bnamericas.com/en/news/Rutas_del_Pacifico_Wins_Chile_Route_68_Concession

Business Daily. 2014. "Truckers Lose Out under Railway Financing Deal." February 23. https://www.businessdailyafrica.com/Truckers-lose-out-in- China-bank-railway-funding-deal/-/539546/2218808/-/n6kkyq/-/index.html

Central Japan Railway Company. 2021. Central Japan Railway Company Annual Report 2020. https://global.jr-central.co.jp/en/company/ir/ annualreport/_pdf/annualreport2020.pdf

City of Zürich. 2023. "Wasserversorgung." https://www.stadt-zuerich.ch/dib/ de/index/wasserversorgung.html

The EastAfrican. 2014. "$250m for Lake Turkana Wind Power Project." June 14. https://www.theeastafrican.co.ke/business/-250m-for-Lake- Turkana-wind-power-project-/-/2560/2348230/-/itepg9z/-/index.html

Egis. n.d. "Abidjan Airport Concession." https://www.egis-group.

com/projects/ abidjan-international-airport-cote-d-ivoire

Eiffage. n.d. "Construction de l'Autoroute de l'Avenir au Sénégal." https://www.eiffage.com/groupe/projets-ouvrages-et-realisations-eiffage/ construction-de-l-autoroute-de-l-avenir-au-senegal

Fraport. 2021. *Annual Report 2020*. https://www.fraport.com/en/ investors/ publications-events.html

Getlink SE. 2020. *Universal Registration Document 2020*. https:// www.getlinkgroup.com/content/uploads/2021/03/2020-universal-registration-document-getlink-se.pdf

Government of Delhi. n.d. "Delhi Jal Board." http://delhijalboard.nic. in/home/delhi-jal-board-djb

Heathrow. 2021. *Annual Report and Financial Statements 2020*. https://www.heathrow.com/content/dam/heathrow/web/common/ documents/company/investor/reports-and-presentations/annual-accounts/ finance/Heathrow-Finance-plc-31-December-2020.pdf

The Institution of Engineers Australia. 2002. "Journey and Arrival: The Story of the Melbourne CityLink." http://businessoutlook.com.au/ exfiles/ docs/Melbourne_CityLink_Book.pdf

Melbourne Water. n.d. [website] https://www.melbournewater.com. au/

Ministry of Civil Aviation, India. 2006. *Operation, Management and Development Agreement between Airports Authority of India and Delhi International Airport Private Limited for Delhi Airport*. April 4. https://www.civilaviation.gov.in/sites/default/files/moca_000971.pdf

MTR. 2021. *Annual Report 2020 MTR Corporation Limited*. http:// www.mtr.com.hk/en/corporate/investor/2020frpt.html

N4 Toll Route. n.d. *Global Infrastructure Hub*. https://cdn.gihub.org/ umbraco/ media/3722/gi-hub-cross-border-case-study_n4-toll-route.pdf

National Grid. 2020. *Annual Report and Accounts 2019/20*. https:// www.nationalgrid.com/document/138741/download

NZX. 2023. "AIA." https://www.nzx.com/instruments/AIA

Petrova, Aleksia. 2021. "Sofia Airport Concessionaire Confirms to Invest 460 mln Euro Despite Crisis." SeeNews, March 22. https:// seenews.com/news/sofia-airport-concessionaire-confirms-pledge-to- invest-460-mln-euro-despite-crisis-735280

Southern Water. 2021. *Annual Report and Financial Statements for the Year Ended 31 March 2021*. https://southernwater. annualreport2021.com/media/ unml5lxq/30055_southern-water-ar2021_full.pdf

S&P Global. 1995. "Texas Utilities Co. to Buy Australia's Eastern Energy." *Journal of Commerce Online*, November 6. https:// www.joc.com/texas- utilities-co-buy-australias-eastern-energy_19951106.html

Torrance, Morag. 2008. "The Rise of a Global Infrastructure Market through Relational Investing." *Economic Geography* 85 (1): 75-97. https://doi.org/10.1111/j.1944-8287.2008.01004.x

Vinci. 2021. *Report on the Financial Statements 2020*. https:// www.vinci. com/publi/vinci/vinci-report_on_the_financial_ statements_2020.pdf

Zürich Airport. 2021. "Key Financial Data." https://report.flughafen-zuerich. ch/2020/ar/en/key-financial-data/

一飽眼福

註釋

Data for the average annualized rate of return is based on Li et al.
(2022).

The geographical shapes of the Changi Airport, the Changi North Industrial Estate, and the Singapore freeport were obtained by digitizing aerial pictures accessed on Google Maps in July 2021.

Figures on auction houses are from Artprice (2021) and McAndrew (2021).

由於缺乏中國拍賣行的實際數據，因此我們將香港保利拍賣和中國嘉德國際拍賣的營收，均分給北京和香港兩地。

Dates for art movements are from the Metropolitan Museum of Art (n.d.).

For the main text we also used Goetzmann et al. (2011), Renneboog and Spaenjers (2013), and Spaenjers et al. (2015).

For more discussion on the case of freeports, see Carver (2015), Helgadóttir (2020), Offshoreart.co et al. (2020), Zarobell (2020a;2020b), and Weeks (2020).

參考文獻

Artprice. 2021. "The Art Market in 2020." Artprice.com by Art Market. https://www.artprice.com/artprice-reports/the-art-market-in-2020

Carver, Jordan. 2015. "On Art Storage and Tax Evasion." *Thresholds* 43 (January): 188-225. https://doi.org/10.1162/thld_a_00068

Goetzmann, William N., Luc Renneboog, and Christophe Spaenjers. 2011. "Art and Money." *American Economic Review* 101 (3): 222-26. https://doi.org/10.1257/aer.101.3.222

Helgadóttir, Oddný. 2020. "The New Luxury Freeports: Offshore Storage, Tax Avoidance, and 'Invisible' Art." *Environment and Planning A: Economy and Space* 55 (4): 1020-40. https://doi. org/10.1177/0308518X20972712

Li, Yuexin, Marshall Xiaoyin Ma, and Luc Renneboog. 2022. "Pricing Art and the Art of Pricing: On Returns and Risk in Art Auction Markets." *European Financial Management* 28 (5): 1139-98. https:// doi.org/10.1111/eufm.12348

McAndrew, Clare. 2021. *The Art Market 2021*. An Art Basel & UBS Report. Basel, Switzerland. https://d2u3kfwd92fzu7.cloudfront.net/ The-Art-Market _2021.pdf

Metropolitan Museum of Art. n.d. "Heilbrunn Timeline of Art History." https://www.metmuseum.org/toah/chronology

Offshoreart.co, Kathleen Ditzig, and Robin Lynch. 2020. "Art On/ Offshore: The Singapore Freeport and Narrative Economics that Frame the Southeast Asian Art Market." *Southeast of Now: Directions in Contemporary and Modern Art in Asia* 4 (2): 161-201. https://doi.org/10.1353/sen.2020.0009

Renneboog, Luc, and Christophe Spaenjers. 2013. "Buying Beauty: On Prices and Returns in the Art Market." *Management Science* 59 (1): 36-53. https://doi.org/10.1287/mnsc.1120.1580

Spaenjers, Christophe, William N. Goetzmann, and Elena Mamonova. 2015. "The Economics of Aesthetics and Record Prices for Art since 1701." *Explorations in Economic History* 57 (July): 79-94. https://doi.org/10.1016/j.eeh.2015.03.003

Weeks, Samuel. 2020. "A Freeport Comes to Luxembourg, or, Why Those Wishing to Hide Assets Purchase Fine Art." *Arts* 9 (3): 87. https://doi.org/ 10.3390/arts9030087

Zarobell, John. 2020a. "Freeports and the Hidden Value of Art." *Arts* 9 (4): 117. https://doi.org/10.3390/arts9040117

———. 2020b. "Interview with Yves Bouvier." *Arts* 9 (3): 97. https:// doi.org/10.3390/arts9030097

美麗足球魂

註釋

Data on transfers is from the specialized website Transfermarkt and was sourced in September 2022 from a GitHub repository accessible online at https://github.com/ewenme/transfers

The opening quote in the main text, "Football is now all about money,"is from McRae (2014).

Other sources for the main text are Aarons (2021), Ahmed and Burn-Murdoch (2019), Bond et al. (2020), Marcotti (2021), Neri et al. (2021), Poli et al. (2019), Prendergast and Gibson (2022), Richau et al. (2021), and Rohde and Breuer (2016).

參考資料

Aarons, Ed. 2021. "How Loans Have Risen to Dominate the Covid-Affected Transfer Market." *Guardian*, September 9. https://www. theguardian.com/ football/2021/sep/09/how-loans-have-risen-to-dominate-the-covid-affected- transfer-market

Ahmed, Murad, and John Burn-Murdoch. 2019. "How Player Loans Are Reshaping European Football's Transfer Market." *Financial Times*, August 30. https://www.ft.com/content/9bd82b30-caf2-11e9-a1f4-3669401ba76f

Bond, Alexander John, Paul Widdop, and Daniel Parnell. 2020. "Topological Network Properties of the European Football Loan System." *European Sport Management Quarterly* 20 (5): 655-78. https://doi.org/10.1080/16184742.2019.1673460

Marcotti, Gabriele. 2021. "Udinese Turned 125 This Week and Are an Example of How Small Clubs Can Compete. Just Ask Giampaolo Pozzo." ESPN, December 2. https://www.espn.co.uk/football/blog-marcottis- musings/story/4537022/udinese-turned-125-this-week-and-are-an-example- of-how-small-clubs-can-compete-just-ask-giampaolo-pozzo

McRae, Donald. 2014. "Interview—Johan Cruyff: 'Everyone Can Play Football but Those Values Are Being Lost. We Have to Bring Them Back.'" *Guardian*, September 12. https://www.theguardian. com/football/2014/sep/12/johan-cruyff-louis-van-gaal-manchester-united

Neri, Lorenzo, Antonella Russo, Marco di Domizio, and Giambattista Rossi. 2021. "Football Players and Asset Manipulation: The Management of Football Transfers in Italian Series A." *European Sport Management Quarterly*, June, 1-21. https://doi.org/10.1080/16184742.2021.1939397

Poli, Raffaele, Loïc Ravenel, and Roger Besson. 2019. "Financial Analysis of the Transfer Market in the Big-5 European Leagues (2010-2019)." *CIES Football Observatory*. https://football-observatory.com/IMG/pdf/mr47en.pdf

Prendergast, Gareth, and Luke Gibson. 2022. "A Qualitative Exploration of the Use of Player Loans to Supplement the Talent Development Process of Professional Footballers in the Under 23 Age Group of English Football Academies." *Journal of Sports Sciences* 40 (4): 422-30. https://doi.org/10.1080/02640414.2021.1996985

Richau, Lukas, Florian Follert, Monika Frenger, and Eike Emrich. 2021. "The Sky Is the Limit?! Evaluating the Existence of a Speculative Bubble in European Football." *Journal of Business Economics* 91 (6): 765-96. https://doi.org/10.1007/s11573-020-01015-8

Rohde, Marc, and Christoph Breuer. 2016. "Europe's Elite Football: Financial Growth, Sporting Success, Transfer Investment, and Private Majority Investors." *International Journal of Financial Studies* 4 (2): 12. https://doi.org/10.3390/ijfs4020012

金錢大遷徙

註釋

Data on incoming remittances as a percent of GDP is from World Bank (2019). Data on selected remittance corridors by value is from Pew Research Center (2019).

Other sources used in the main text are Abduvaliev and Bustillo (2020) and Cazachevici et al. (2020).

參考資料

Abduvaliev, Mubinzhon, and Ricardo Bustillo. 2020. "Impact of Remittances on Economic Growth and Poverty Reduction amongst CIS Countries." *Post-Communist Economies* 32 (4): 525-46. https://doi.org/10.1080/14631377.2019.1678094

Cazachevici, Alina, Tomas Havranek, and Roman Horvath. 2020. "Remittances and Economic Growth: A Meta-Analysis." *World Development* 134 (October): 105021. https://doi.org/10.1016/j.worlddev.2020.105021

Pew Research Center. 2019. "Remittance Flows by Country 2017." https:// www.pewresearch.org/global/interactives/remittance-flows-by-country/. The page has since been updated with more recent data.

World Bank. 2019. "Migration and Remittances." https://www. worldbank.org/ en/topic/labormarkets/brief/migration-and-remittances. This brief is no longer available on the website.

穩定的趨勢

註釋

我們引用米爾森等（2020）的數據估算。米爾森等使用了 Dealogic 股權資本市場（Equity Capital Market, ECM）的資料庫進行估計，同時也考慮股權證券承銷營收。營收額以美元現值（名義值）回報。這個數據涵蓋 91,511 檔於 2000 至 2015 年間的股權證券上市額，股權發行又能再細分為 23,136 次 IPO、58,454 次後續發行，以及 9,921 次可轉換債券發行。每筆交易中的關鍵為證券的承銷商和發行商。為計算各國的營收累積值，米爾森等辨別了每筆交易承銷商的國籍（出口國）和發行商的國籍（進口國）。在辨別出口國和進口國上，他們採取了兩條規則。首先，出口和進口國由承銷商和發行商的營運總部區分，也就是公司實際辦公室的位置，而非其稅務或法務登記地。第二，如果一間直接參與的承銷商是子公司，則根據其母公司的國籍確定出口國，以符合國際貿易統計慣例。資料中的 91,511 次發行，包括 46,408 個客戶和由 4,287 間母公司所控制的 7,326 間子公司。Dealogic 的 ECM 資料庫中，關於股權證券承銷營收是由承銷商直接回報，或由 Dealogic 推估。營收資料中，45.1% 由參與的承銷商直接回報，剩下的 54.9% 的交易則未披露，但 Dealogic 的 ECM 資料庫也提供 47.7% 營收的資產估算額。因此，我們能夠得知全部交易中 92.8% 的已回報和估計營收的數據。最後剩下 7.2% 交易，因為沒有數據可供使用，因此被排除在我們的樣本之外。

參考資料

Milsom, Luke, Vladimír Pažitka, Isabelle Roland, and Dariusz Wójcik. 2020. "Gravity in International Finance: Evidence from Fees on Equity Transactions." *CEP Discussion Paper* no. 1703, London, Centre for Economic Performance. https://cep.lse.ac.uk/pubs/download/dp1703.pdf

當代的金融寓言

註釋

All data on the share price of GameStop is from Yahoo Finance (n.d.).

正文提到，遊戲驛站的股價達到歷史高點 347.51 美元，是一個月前股價的 20 倍以上。這數據由最高股價 347.51 美元，除以遊戲驛站在 2021 年 1 月 1 日的股價 17 美元估算出來。

The statement in the main text about the billions of dollars lost by hedge funds is based on Nagarajan (2021).

More information on GameStop and short-selling reports can be found in Fitzgerald (2021).

參考文獻

Fitzgerald, Maggie. 2021. "Citron Research, Short Seller Caught up in GameStop, Is Pivoting." CNBC. January 29. https://www.cnbc.com/2021/01/29/citron-research-short-seller-caught-up-in-gamestop-squeeze- pivoting-to-finding-long-opportunities.html

Nagarajan, Shalini. 2021. "2 of the Biggest Hedge Fund Victims of GameStop's Short-Squeeze Suffered More Losses in May, Report Says." *Market Insider*. January 11. https://markets.businessinsider.com/news/stocks/gamestop-short-squeeze-melvin-capital-light-street-losses-meme- stocks-2021-6

Yahoo Finance. n.d. GameStop Corporation (GME). https://finance.yahoo.com/quote/GME/?guccounter=1

第三章　投資人與投資行為

註釋

此句引言出自：Authers, John. 2015. "Why New York Takes Biggest Slice of Asset Pie." *Financial Times*, August 19, p. 28. https://www.ft.com/ content/68125644-455a-11e5-b3b2-1672f710807b

最安全的賭注

註釋

本文數據和觀點主要來自 Jordá 等（2019）。主要圖表中的報酬波動性使用 1870 到 2015 年間的年化實質報酬進行計算。折線圖中 16 國的平均年化實質報酬，是通過將各國當年的年度實際收益，按其 GDP 加權計算得出。為了簡化結果，我們採用十年間的移動平均值。由於最早的記錄開始於 1870 年，因此圖表從 1880 年開始，因為這是可以用十年區間計算平均值的頭一個年分。

參考資料

Jordà, Òscar, Katharina Knoll, Dmitry Kuvshinov, Moritz Schularick, and Alan M. Taylor. 2019. "The Rate of Return on Everything, 1870-2015." Quarterly Journal of Economics 134 (3): 1225-98. https://doi.org/10.1093/qje/qjz012

金融世界中居然有白吃的午餐？

註釋

The main data was sourced from Dimson, Marsh, and Staunton (2023). For a presentation and discussion of the data, see, for example, Credit Suisse Research Institute (2022).

The idea for visualizing the data was inspired by Henry Lowenfeld's (1909) book discussed in Goetzmann (2016).

Other references mentioned in the text are Markowitz (1952) and Solnik (1974).

Mark Twain's quotes are from http://www.twainquotes.com/Wisdom.html

參考資料

Credit Suisse Research Institute. 2022. *Credit Suisse Global Investment Returns Yearbook: 2022 Summary Edition*. https://www.credit-suisse.com/media/assets/corporate/docs/about-us/research/publications/credit- suisse-global-investment-returns-yearbook-2022-summary-edition.pdf

Dimson, Elroy, Paul Marsh, and Mike Staunton. 2023. The Dimson-Marsh-Staunton Global Investment Returns Database 2023 (the "DMS Database"), Morningstar Inc.

Goetzmann, William N. 2016. *Money Changes Everything: How Finance Made Civilization Possible*. Princeton, NJ: Princeton University Press.

Lowenfeld, Henry. 1909. *Investment, an Exact Science*. London: Financial Review of Reviews.

Markowitz, Harry. 1952. "Portfolio Selection." *Journal of Finance* 7 (1): 77-91. https://doi.org/10.1111/j.1540-6261.1952.tb01525.x

Solnik, Bruno H. 1974. "Why Not Diversify Internationally Rather than Domestically?" *Financial Analysts Journal* 30 (4): 48-52, 54. http://www.jstor.org/stable/4529718

鞭長莫及

註釋

For the plot we used the IMF (2022), which provides data on international (cross-border) portfolio allocation for a set of countries, distinguishing between home countries (holders of assets) and target countries (issuers of assets). To complement it with data on domestic equity holdings, we used data on the market capitalization of listed domestic companies from the World Bank (2022), the World Federation of Exchanges (2022) and Global Financial Data (2022).

「世界其他地方」分類因缺乏這些目標國家的資料，僅呈現於縱軸座標之上。

參考資料

Global Financial Data (GFD). 2022. "Stock Market Capitalization." Global Financial Data (GFD) Finaeon. https://globalfinancialdata.com/ gfd-finaeon-overview

International Monetary Fund. 2022. "Coordinated Portfolio Investment Survey (CPIS)." IMF Data. https://data.imf.org/?sk=b981b4e3-4e58-467e- 9b90-9de0c3367363

World Bank. 2022. "Market Capitalization of Listed Domestic Companies (Current US$)." World Bank. https://data.worldbank.org/indicator/ CM.MKT.LCAP.CD

World Federation of Exchanges. 2022. "Market Capitalization." World Federation of Exchanges. https://statistics.world-exchanges.org/

共乘競賽

註釋

為了畫出優步和滴滴到達各自首次公開發行的旅程圖，我們使用 Crunchbase（2021）取得的首次公開發行前募資資料。在每一輪募資中，我們都標出投資人（在有多個投資人情況下則是該輪的主要投資人）和募資種類。為了計算各輪的募資總額，我們都會將前一輪的募資額進行加總，不論募資種類。

以下募資種類的定義來自 Crunchbase（2021）。種子輪次是公司最早的募資之一，通常是公司初創期，亟需資金支持時進行。雖然近年來種子輪次的金額越來越大，但每輪募資額度通常介於 1 萬美元到 200 萬美元之間。天使輪次通常是為了幫助公司起步設計的小額融資輪次。天使輪次的投資者包括個人天使投資人、天使投資組織、朋友和家人。種子輪次通常在天使輪次之後，系列 A 輪次之前。創業投資資金通常由專門投資發展階段公司的機構投資人提供。

創業投資的定義是由創業投資公司在系列 A、系列 B 或更晚的輪次中提供的資金。在 Crunchbase 的資料中，創業投資資金被分為系列 A 到系列 J。我們將所有系列的創業投資資金全部視為同一種資金來源，並將之標註為「創業資金」。私募股權輪次由私人股權公司或避險基金主導，並且也是晚期輪次。這時投資的風險較小，因為在這個階段公司已經站穩腳步。這些輪次的融資額則通常上看 5,000 萬美元。可轉換公司債是一種募資機制，幫助公司在決定進行下一個輪次募資之前的過渡。當他們開始下一輪募資時，這些票據會按新一輪的融資金額折扣轉換。比如，一間公司在完成系列 A 輪次後，尚未開始系列 B 輪次之前，通常會發行可轉換公司債。次級市場是一種募資活動，其中一名投資者從其他現有股東手中購買公司股份，而非直接從公司購買。這些交易通常發生在私人公司價值上升，且早期投資者或員工希望將投資變現時。這些交易很少公開。在貸款輪次中，投資人會融資給公司，公司承諾連本帶利償還。

In the main text we also used information about Uber's and Didi's IPOs from Driebusch and Farrell (2019) and Wang et al. (2021).

參考資料

Crunchbase. 2021. "Glossary of Funding Types." https://support. crunchbase.com/hc/en-us/articles/115010458467-Glossary-of-Funding-Types

Driebusch, Corrie, and Maureen Farrell. 2019. "Uber's High-Profile IPO Upsets with Weak Debut." *Wall Street Journal*, May 10. https://www.wsj. com/articles/uber-stumbles-in-trading-debut-11557503554

Wang, Echo, Anirban Sen, and Scott Murdoch. 2021. "China's Didi Raises $4.4 Bln in Upsized U.S. IPO." Reuters, June 30. https:// www.reuters.com/ business/chinas-didi-raises-4-billion-us-ipo-source-2021-06-29/

退休（沒）有保障

註釋

National statistics on pension assets are from OECD Pension Statistics (2019). Subnational statistics on pension assets (US states) are based on data from Center for Retirement Research (n.d.). All data on defined benefit and defined contribution pension assets is from Thinking Ahead Institute (2020). The main text is also based on Clark and Monk (2017) and Urban (2019).

參考資料

Center for Retirement Research at Boston College, MissionSquare Research Institute, and National Association of State Retirement Administrators. n.d. Public Plans Data. 2001-20. https:// publicplansdata.org/public-plans- database/. Website currently displays an updated date range.

Clark, Gordon L., and Ashby H. B. Monk. 2017. *Institutional Investors in Global Markets*. Vol. 1. Oxford: Oxford University Press. https:// doi.org/10.1093/oso/9780198793212.001.0001

OECD. 2019. "OECD Pension Statistics." https://www.oecd-ilibrary. org/ finance-and-investment/data/oecd-pensions-statistics_pension-data-en

Thinking Ahead Institute. 2020. "Global Pension Assets Study 2020." https://www.thinkingaheadinstitute.org/research-papers/global-pension- assets-study-2020/

Urban, Michael A. 2019. "Placing the Production of Investment Returns: An Economic Geography of Asset Management in Public Pension Plans." *Economic Geography* 95 (5): 494-518. https://doi. org/10.1080/00130095. 2019.1649090

退休金絞肉機

註釋

資料來源為 2022 年 8 月英國大學退休方案網站上的 27 篇年度報告（USS 2022a）。報告中的資金比例在某些情況下可能隨著審計和精算方式的改變而變動，因此我們選擇使用最近年分的百分比或數值。舉例來說，2017 年的確定給付制負債數值使用了 2020 年報告中的數據，而非 2018 年的數據。在資金比例以百分比表示而非數值的情況下，我們根據退休金的超額或不足提撥來估算其年度價值。

在 2022 年絞肉機內部的投資組合中，英國大學退休方案在「現金和戰術型疊加策略」部分出現了 -27.4% 的配比，這意味著該退休基金正在透過借款或槓桿等方式，買入額外的通貨膨脹相關債券。為了將各個投資方框的總和維持在 100%，我們將所有資產類別都除以 1.27。因此，實際上股權的配比是 37.8%，而不是 30%。

關於預期的退休金，必須要注意到，所有英國大學退休方案的成員，在退休時都會收到一筆一次性支付的款項，這個部分沒有呈現在圖表之中。

The main text is also based on Otuska (2021), Platanakis and Sutcliffe (2016), Staton (2021), and Universities Superannuation Scheme (2022b).

參考資料

Otsuka, Michael. 2021. "Does the Universities Superannuation Scheme Provide a Model of Reciprocity between Generations?" *LSE Public Policy Review* 2 (1): 1-6. https://doi.org/10.31389/lseppr.42

Platanakis, Emmanouil, and Charles Sutcliffe. 2016. "Pension Scheme Redesign and Wealth Redistribution between the Members and Sponsor: The USS Rule Change in October 2011." *Insurance: Mathematics and Economics* 69 (July): 14-28. https://doi.org/10.1016/j.insmatheco.2016.04.001

Staton, Bethan. 2021. "Lecturers at 58 UK Universities Strike over Pensions and Pay." *Financial Times*, December 1. https://www.ft.com/content/ 1caeea0f-c145-4bf0-89b9-bd28e6afc2ef

Universities Superannuation Scheme (USS). 2022a. "Annual Reports and Accounts: 1996-2022." https://www.uss.co.uk/about-us/report-and-accounts

———. 2022b. "USS Statement in Response to Recent Media Coverage on Liability-Driven Investment (LDI) Strategies." https:// www.uss.co.uk/ news-and-views/latest-news/2022/10/10102022_uss-statement-in-response- to-recent-media-coverage-on-ldi-strategies

誰是商場霸主？

註釋

Data was hand-collected from March to September 2021. For each REIT, we retrieved its list of malls from their corporate website then geocoded each property using Google Maps' application programming interface (API). The list of shareholders was sourced from the websites Fintel and MarketScreener, which provide data on financial markets. We focused on the main institutional shareholders. We selected five REITs based on their market size and geographical diversity. For the values of assets under management we used Mackenzie (2021) and Vanguard (2021).

Other sources used for the text are Aalbers (2019), Aveline-Dubach (2016), Brounen and Koning (2012), Gotham (2006), and Theurillat et al. (2010).

參考資料

Aalbers, Manuel B. 2019. "Financial Geography II: Financial Geographies of Housing and Real Estate." *Progress in*

Human Geography 43 (2): 376-87. https://doi.org/10.1177/0309132518819503

Aveline-Dubach, Natacha. 2016. "Embedment of 'Liquid' Capital into the Built Environment: The Case of REIT Investment in Hong Kong." *Issues & Studies* 52 (4): 1640001. https://doi.org/10.1142/S1013251116400014

Brounen, Dirk, and Sjoerd de Koning. 2012. "50 Years of Real Estate Investment Trusts: An International Examination of the Rise and Performance of REITs." *Journal of Real Estate Literature* 20 (2): 197-223. https://doi.org/10.1080/10835547.2014.12090324

Gotham, Kevin Fox. 2006. "The Secondary Circuit of Capital Reconsidered: Globalization and the U.S. Real Estate Sector." *American Journal of Sociology* 112 (1): 231-75. https://doi.org/10.1086/502695

Mackenzie, Michael. 2021. "BlackRock Assets under Management Surge to Record $9tn." *Financial Times*, April 15. https://www.ft.com/content/ e49180b1-2158-4adf-85d6-0eb4766f4d5f

Theurillat, Thierry, Jose Corpataux, and Olivier Crevoisier. 2010. "Property Sector Financialization: The Case of Swiss Pension Funds (1992-2005)." *European Planning Studies* 18 (2): 189-212. https://doi.org/10.1080/09654310903491507

Vanguard. 2021. "Fast Facts about Vanguard." https://about.vanguard.com/ who-we-are/fast-facts/

頭重腳輕的世界

註釋

Data on wealth greater than $1M is from Chancel et al. (2022); data on wealth less than $1M is from Davies et al. (2021); data on invested wealth is from Knight Frank (2019).

Other sources are Piketty (2014) and Milanovic (2016).

參考資料

Chancel, Lucas, Thomas Piketty, Emmanuel Saez, and Gabriel Zucman. 2022. *World Inequality Report 2022*. Paris: World Inequality Lab. https://wir2022.wid.world/www-site/uploads/2021/12/WorldInequality Report2022_Full_Report.pdf

Davies, D., R. Lluberas, and A. Shorrock. 2021. *Global Wealth Report 2021*. Credit Suisse. https://www.credit-suisse.com/media/assets/corporate/docs/ about-us/research/publications/global-wealth-report-2021-en.pdf

Knight Frank Research. 2019. *The Wealth Report: The Global Perspective on Prime Property and Investment*. https://content.knightfrank.com/ resources/knightfrank.com.my/pdfs/the-wealth-report-2019.pdf

Milanovic, B. 2016. *Global Inequality: A New Approach for the Age of Globalization*. Cambridge, MA: Harvard University Press.

Piketty, Thomas. 2014. *Capital in the Twenty-First Century*. Cambridge, MA: Harvard University Press.

主權財富基金

註釋

All data on the top 100 sovereign wealth funds in 2020, their assets under management, and year of inception is from Ouni et al. (2020) and the Sovereign Wealth Fund Institute (2020a).

All data in the secondary figure that shows the growth of global assets over time is from the Sovereign Wealth Fund Institute (2020b).

Sources for specific information in the main text are as follows: "The oldest (in white) is the Permanent School Fund in the US, which the State of Texas created in 1854 to support education."—Texas Education Agency (2022) "Pay to see your beloved Newcastle United play at St. James Park? Saudi Arabia benefits."—Reuters (2021) "Treat your partner to designer clothes from Harrods? Qatar gains."—Ormsby (2010) "Escape for some sun via Etihad Airways? The UAE wins."—Etihad Aviation Group (2020)

More information on the Australian Future Fund is available from "About Us" on the Future Fund website at https://www.futurefund.gov.au/about-us

More information on the China Investment Corporation is available from "Who We Are" on the China Investment Corporation website at http://www.china-inv.cn/en/

More information on the Libyan Investment Authority is available from "About Us" on the Libyan Investment Authority website at https://lia.ly/en/about-us/

More information on Norway's Government Pension Fund is available from "About the Fund" on the Norges Bank website at https://www.nbim.no/en/ the-fund/about-the-fund/

More information on the Abu Dhabi Investment Authority is available from "Purpose" on the Abu Dhabi Investment Authority website at https://www.adia.ae/en/purpose

The text is also based on Alhashel (2015) and Megginson and Fotak (2015).

參考資料

Alhashel, Bader. 2015. "Sovereign Wealth Funds: A Literature Review." *Journal of Economics and Business* 78 (March): 1-13. https://doi.org/10.1016/j.jeconbus.2014.10.001

Etihad Aviation Group. 2020. "Leadership." https://www.etihadaviationgroup.com/en-ae/about/leadership

Megginson, William L., and Veljko Fotak. 2015. "Rise of the Fiduciary State: A Survey of Sovereign Wealth Fund Research." *Journal of Economic Surveys* 29 (4): 733-78. https://doi.org/10.1111/joes.12125

Ormsby, Avril. 2010. "Qatar Investor Buys UK Department Store Harrods." Reuters, May 8. https://www.reuters.com/article/us-harrods- idUSTRE6470V520100508

Ouni, Zeineb, Prosper Bernard, and Michel Plaisent. 2020. "Sovereign Wealth Funds Empirical Studies: A Critical View." *Journal of Economics Studies and Research* 2020: 434738. https://doi.org/10.5171/2020.434738

Reuters. 2021. "Saudi Arabia-Led Consortium Completes Takeover of Newcastle United." Reuters, October 7. https://www.reuters.com/lifestyle/ sports/saudi-arabia-led-consortium-completes-takeover-newcastle-united- 2021-10-07/

Sovereign Wealth Fund Institute. 2020a. "Rankings by Total Assets." https://www.swfinstitute.org/fund-rankings/sovereign-wealth-fund

———. 2020b. "What Is a Sovereign Wealth Fund?" https://www.swfinstitute.org/research/sovereign-wealth-fund

Texas Education Agency. 2022. "Texas Permanent School Fund." https://tea.texas.gov/finance-and-grants/texas-permanent-school-fund

中國的世界

註釋

All data on the Belt and Road Initiative is from the American

Enterprise Institute (2021).

More information on the Addis Ababa-Djibouti railway is available from Muller (2019). More on the aims, priorities, and history of the Belt and Road Initiative is available from the State Council of the People's Republic of China (2022). For more discussion on the Belt and Road Initiative, see Huang (2016), Lai et al. (2020), and Lu et al. (2018).

參考資料

American Enterprise Institute. 2021. "China Global Investment Tracker." https://www.aei.org/china-global-investment-tracker/

Huang, Yiping. 2016. "Understanding China's Belt & Road Initiative: Motivation, Framework and Assessment." *China Economic Review* 40 (September): 314-21. https://doi.org/10.1016/j.chieco.2016.07.007

Lai, Karen P. Y., Shaun Lin, and James D. Sidaway. 2020. "Financing the Belt and Road Initiative (BRI): Research Agendas beyond the 'Debt-Trap' Discourse." *Eurasian Geography and Economics* 61 (2): 109-24. https://doi.org/10.1080/15387216.2020.1726787

Lu, Hui, Charlene Rohr, Marco Hafner, and Anna Knack. 2018. "China Belt and Road Initiative: Measuring the Impact of Improving Transport Connectivity on International Trade in the Region—a Proof-of-Concept Study." Cambridge, MA: RAND Corporation.

Muller, Nicholas. 2019. "The Chinese Railways Remolding East Africa." *Diplomat*, January 25. https://thediplomat.com/2019/01/the-chinese-railways-remolding-east-africa/

State Council of the People's Republic of China. 2022. "Action Plan on the Belt and Road Initiative." http://english.www.gov.cn/archive/publications/2015/03/30/content_281475080249035.htm

第四章　金融服務與科技

註釋

The quote is from: McKenna, Paul. 2007. *I Can Make You Rich.* London: Bantam Press, p. 40.

造雨人

註釋

Data in the main chart is from Bank of England (2023). For "bank money," we used monetary aggregate M4.

For savings and credit in the UK chart, we used the IMF's *World Economic Outlook* (https://www.imf.org/en/Publications/WEO) and the World Bank's *World Development Indicators* (https://databank.worldbank.org/source/world-development-indicators).

For additional information, see Fontana (2009), McLeay et al. (2014), Jakab and Kumhof (2015), and Deutsche Bundesbank Eurosystem (2017).

參考資料

Bank of England. 2023. "Further Details about M4 Data." Updated January 31, 2023. https://www.bankofengland.co.uk/statistics/details/further-details-about-m4-data

Deutsche Bundesbank Eurosystem. 2017. "How Money Is Created." https://www.bundesbank.de/en/tasks/topics/how-money-is-created-667392

Fontana, Giusseppe. 2009. *Money, Uncertainty and Time.* London: Routledge.

Jakab, Zoltan, and Michael Kumhof. 2015. "Banks Are Not Intermediaries of Loanable Funds—and Why This Matters." Working Paper no. 529, Bank of England, London. https://www.bankofengland.co.uk/-/media/boe/files/working-paper/2015/banks-are-not-intermediaries-of-loanable-funds-and-why-this-matters.pdf?la=en&hash=D6ACD5F0AC55064A95F295C-5C290DA58AF4B03B5

McLeay, Michael, Amar Radia, and Ryland Thomas. 2014. "Money Creation in the Modern Economy." *Bank of England Quarterly Bulletin* (Q1): 14-27. https://www.bankofengland.co.uk/-/media/boe/files/quarterly-bulletin/2014/money-creation-in-the-modern-economy

操縱市場

註釋

Data and information on Royal Mail's IPO are based on stock price data sourced from Bloomberg and the UK National Audit Office (2014) report on the privatization of Royal Mail.

我們使用 Dealogic Equity Capital Market 資料庫中，2000 至 2015 年間所有的首次公開發行案件資料來估算 IPO 證券承銷商的市場占比，然後我們使用各承銷商的實質總部位置來為它們分類，進而得到所有 IPO 銷售的市場占比總和。

Further information on IPO underpricing and rent extraction by investment banks can be found in Liu and Ritter (2011), Nimalendran et al. (2007), Pažitka et al. (2021), and Reuter (2006).

參考資料

Liu, Xiaoding, and Jay R. Ritter. 2011. "Local Underwriter Oligopolies and IPO Underpricing." *Journal of Financial Economics* 102 (3): 579-601. https://doi.org/10.1016/j.jfineco.2011.01.009

Nimalendran, M., J. Ritter, and D. Zhang. 2007. "Do Today's Trades Affect Tomorrow's IPO Allocations?" *Journal of Financial Economics* 84 (1): 87-109. https://doi.org/10.1016/j.jfineco.2006.01.007

Pažitka, Vladimír, David Bassens, Michiel van Meeteren, and Dariusz Wójcik. 2021. "The Advanced Producer Services Complex as an Obligatory Passage Point: Evidence from Rent Extraction by Investment Banks." *Competition & Change* 26 (1): 53-74. https://doi.org/10.1177/1024529421992253

Reuter, Jonathan. 2006. "Are IPO Allocations for Sale? Evidence from Mutual Funds." *Journal of Finance* 61 (5): 2289-324. https://doi.org/10.1111/j.1540-6261.2006.01058.x

UK National Audit Office (NAO). 2014. "The Privatisation of Royal Mail." https://www.nao.org.uk/wp-content/uploads/2014/04/The-privatisation-of-royal-mail.pdf

SPAC 是什麼？

註釋

我們使用路孚特 Eikon 資料庫中的首次公開發行（IPO）資料，繪製了地圖、泡泡圖，並比較了傳統 IPO 和 SPAC 募資金額的差異。同時還使用 2019 年 1 月至 2021 年 3 月期間，於紐約證券交易所或納斯達克有交易紀錄的美國公司 IPO 資料。我們使用承銷商的實質總部位置來區分美國國內的 IPO。我們將 IPO 分為以下兩類：（1）SPAC ——特殊目的收購公司（路孚特 Eikon 資料庫中有一個變數幫助我們辨識這些交易），以及（2）傳統 IPO，也就是資料庫中剩下的其他 IPO。對於每一間 SPAC，我們都在路孚特 Eikon 資料庫中另行搜尋相關的合併案，以找到它們的收購目標。

在折線圖中，我們標出了兩檔 SPAC，分別是肯辛頓資本收購公司和邱吉爾資本公司 III。兩間公司分別收購量子空間和多重計畫。我們也額外提供標準普爾 500（S&P 500）指數以供參考。文中肯辛頓資本收購公司（收購後更名為量子空間）和邱吉爾資本公司 III（收購後更名為多重計畫）的股價數據，及標準普爾 500 的相關數據，均引用自 Bloomberg。

Information on lawsuits involving MultiPlan and QuantumScape comes from Frankel (2022) and Wille (2022), respectively.

參考資料

Frankel, Alison. 2022. "Multiplan SPAC's Bid to Kill Shareholder Suit? Blame Muddy Waters." Reuters, February 23. https://www.reuters.com/legal/transactional/multiplan-spacs-bid-kill-shareholder-suit-blame-muddy-waters-2022-02-23/

Wille, Jacklyn. 2022. "QuantumScape Must Face Investor Suit Over Electric Car Batteries." Bloomberg Law, January 18. https://news.bloomberglaw.com/litigation/quantumscape-must-face-investor-suit-over-electric-car-batteries

海上風險分擔

註釋

All the accounting data and the details about the journey of the vessel Il Corvo Volante are from the online database AveTransRisk (n.d.), which is part of the research project Average-Transaction Costs and Risk Management during the First Globalization (Sixteenth-Eighteenth Centuries) funded by the European Research Council (ERC).

For more about the general average principle, see Bolanca et al. (2017), Constable (1994), Dreijer (2020), Fusaro et al. (2016), and Harris (2020).

For more on Rhodian Sea Law, see Britannica (2012) and Kruit (2015).

參考資料

AveTransRisk. n.d. "Average-Transaction Costs and Risk Management during the First Globalization." University of Exeter. http://humanities-research.exeter.ac.uk/avetransrisk/

Bolanca, Dragan, Vilma Pezelj, and Petra Amizic. 2017. "General Average—An Ancient Institution of Maritime Law Section III: Private Law." Ius Romanum 2017 (2): 390-401. http://iusromanum.info/wp-content/uploads/2020/10/2_2017_UNIVERSUM_OFF_OFF-f.pdf

Britannica. 2012. "Rhodian Sea Law, Byzantine Law." Updated July 29, 2012. https://www.britannica.com/event/Rhodian-Sea-Law

Constable, Olivia Remie. 1994. "The Problem of Jettison in Medieval Mediterranean Maritime Law." Journal of Medieval History 20 (3): 207-20. https://doi.org/10.1016/0304-4181(94)90001-9

Dreijer, Gijs. 2020. "Maritime Averages and the Complexity of Risk Man-agement in Sixteenth-Century Antwerp." TSEG/Low Countries Journal of Social and Economic History 17 (2): 31. https://doi.org/10.18352/tseg.1101

Fusaro, Maria, Richard J. Blakemore, Benedetta Crivelli, Kate J. Ekama, Tijl Vanneste, Jan Lucassen, Matthias van Rossum, Yoshihiko Okabe, Per Hallén, and Patrick M. Kane. 2016. "Entrepreneurs at Sea: Trading Practices, Legal Opportunities and Early Modern Globalization." International Journal of Maritime History 28 (4): 774-86. https://doi.org/10.1177/0843871416667413

Harris, Ron. 2020. "General Average and All the Rest: The Law and Economics of Early Modern Maritime Risk Mitigation." SSRN, November 29. https://doi.org/10.2139/ssrn.3739491

Kruit, J. A. 2015. "General Average—General Principle plus Varying Practical Application Equals Uniformity?" Journal of International Maritime Law 21 (3): 190-202. https://www.vantraa.nl/media/1416/jolien-kruit-general-average-general-principle-plus-varying-practical-application-equals-uniformity-jiml-21-2015.pdf

哈雷的計算

註釋

For the population data in the bar chart (ages 1-84), we used the reconstruction by Ciecka (2008). We complemented this with data from Bellhouse (2011) for the ages 85-100. The annuity values were calculated based on the formula presented in Bellhouse (2011).

The original article by Edmond Halley (1693) was published in Philosophical Transactions of the Royal Society of London.

The dates of the birth and death of Edmond Halley, Henri Justel, Gottfried von Leibniz, and Caspar Neumann and their biographical details were based on Cotter (1981), Eggen (2023), Look and Belaval (2023), and Wikipedia (2023a, 2023b).

參考資料

Bellhouse, David R. 2011. "A New Look at Halley's Life Table." Journal of the Royal Statistical Society: Series A (Statistics in Society) 174 (3): 823-32. https://doi.org/10.1111/j.1467-985X.2010.00684.x

Ciecka, J. E. 2008. "Edmond Halley's Life Table and Its Uses." Journal of Legal Economics 15 (1): 65-74. https://fac.comtech.depaul.edu/jciecka/Halley.pdf

Cotter, Charles H. 1981. "Biography: Captain Edmond Halley R.N., F.R.S." Notes and Records: The Royal Society Journal of the History of Science 36: 61-77. https://royalsocietypublishing.org/doi/pdf/10.1098/rsnr.1981.0004

Eggen, Olin Jeuck. 2023. "Edmond Halley: British Scientist." Britannica. Updated January 10, 2023. https://www.britannica.com/biography/Edmond-Halley

Halley, Edmond. 1693. "VI. An Estimate of the Degrees of the Mortality of Mankind; Drawn from Curious Tables of the Births and Funerals at the City of Breslaw; with an Attempt to Ascertain the Price of Annuities upon Lives." Philosophical Transactions of the Royal Society of London 17 (196): 596-610. https://doi.org/10.1098/rstl.1693.0007

Look and Belaval. 2023. "Gottfried Wilhelm Leibniz. German Philosopher and Mathematician." Britannica. https://www.britannica.com/biography/Gottfried-Wilhelm-Leibniz

Wikipedia. 2023a. "Caspar Neumann." Updated May 20, 2023. https://en.wikipedia.org/wiki/Caspar_Neumann

———. 2023b. "Henri Justel." Updated May 20, 2023. https://en.wikipedia.org/wiki/Henri_Justel

量化消費者

註釋

Data on subprime-credit population by county for the map was sourced from Equifax and Federal Reserve Bank of New York (2022). To obtain the national average on a longitudinal basis, we calculated the weighted mean of the subprime population, using the adult population of each county as a denominator. Historical data on county population was sourced from Manson et al. (2021). Data on median household income and demographics comes from the 2019 American Community Survey, accessed through the "Tidycensus" R package, which was also used to download geographical boundaries for US counties (Walker and Herman 2022).

In the text, "nearly one in three US consumers" is based on Stolba (2021). "More than one in five Black consumers have FICO scores of 620 or lower, versus one in nineteen white people" is based on

Campisi (2021). The statement "it penalizes several million people" is based on Karger (2007) and Brevoort et al. (2016).

Information regarding FICO scores and the development of scoring methods in the US comes from Marron (2009). To further explore the geography and social structures of credit scoring and subprime lending in the US, see Darden and Wyly (2010), Fuster et al. (2022), Krippner (2017), Ludwig (2015), Poon (2009), Singletary (2020), Wainwright (2009), and Wyly et al. (2009).

參考資料

Brevoort, Kenneth P., Philipp Grimm, and Michelle Kambara. 2016. "Credit Invisibles and the Unscored." *Cityscape* 18 (2): 9-34. http://www.jstor.org/stable/26328254

Campisi, Natalie. 2021. "From Inherent Racial Bias to Incorrect Data—The Problems with Current Credit Scoring Models." *Forbes Advisor*, February 26. https://www.forbes.com/advisor/credit-cards/from-inherent-racial-bias-to-incorrect-data-the-problems-with-current-credit-scoring-models/

Darden, Joe T., and Elvin Wyly. 2010. "Cartographic Editorial—Mapping the Racial/Ethnic Topography of Subprime Inequality in Urban America." *Urban Geography* 31 (4): 425-33. https://doi.org/10.2747/0272-3638.31.4.425

Equifax and Federal Reserve Bank of New York. 2022. "Equifax Subprime Credit Population." *FRED*, Federal Reserve Bank of St. Louis. https://fred.stlouisfed.org/tags/series?t=equifax%3Bsubprime

Fuster, Andreas, Paul Goldsmith-Pinkham, Tarun Ramodarai, and Ansgar Walther. 2022. "Predictably Unequal? The Effects of Machine Learning on Credit Markets." *Journal of Finance* 77 (1): 5-47. https://doi.org/10.1111/jofi.13090

Karger, Howard Jacob. 2007. "The 'Poverty Tax' and America's Low-Income Households." *Families in Society: The Journal of Contemporary Social Services* 88 (3): 413-17. https://doi.org/10.1606/1044-3894.3650

Krippner, Greta R. 2017. "Democracy of Credit: Ownership and the Politics of Credit Access in Late Twentieth-Century America." *American Journal of Sociology* 123 (1): 1-47. https://doi.org/10.1086/692274

Ludwig, Sarah. 2015. "Credit Scores in America Perpetuate Racial Injustice. Here's How." *Guardian*, October 13. https://www.theguardian.com/commentisfree/2015/oct/13/your-credit-score-is-racist-heres-why

Manson, Steven, Jonathan Schroeder, David van Riper, Tracy Kugler, and Steven Ruggles. 2021. IPUMS National Historical Geographic Information System: Version 16.0. [database]. Minneapolis: IPUMS. https://doi.org/http://doi.org/10.18128/D050.V16.0

Marron, Donncha. 2009. *Consumer Credit in the United States*. New York: Palgrave Macmillan US. https://doi.org/10.1057/9780230101517.

Poon, Martha. 2009. "From New Deal Institutions to Capital Markets: Commercial Consumer Risk Scores and the Making of Subprime Mortgage Finance." *Accounting, Organizations and Society* 34 (5): 654-74. https://doi.org/10.1016/j.aos.2009.02.003

Singletary, Michelle. 2020. "Credit Scores Are Supposed to Be Race-Neutral. That's Impossible," *Washington Post*, October 16. https://www.washingtonpost.com/business/2020/10/16/how-race-affects-your-credit-score/

Stolba, Stefan Lembo. 2021. "Fewer Subprime Consumers Across U.S. in 2021." https://www.experian.com/blogs/ask-experian/research/subprime-study/

Wainwright, Thomas A. 2009. "The Geographies of Securitisation and Credit Scoring." PhD diss., University of Nottingham. http://eprints.nottingham.ac.uk/10949/

Walker, Kyle, and Matt Herman. 2022. "Tidycensus." R package. https://walker-data.com/tidycensus/

Wyly, Elvin, Markus Moos, Daniel Hammel, and Emanuel Kabahzi. 2009. "Cartographies of Race and Class: Mapping the Class-Monopoly Rents of American Subprime Mortgage Capital." *International Journal of Urban and Regional Research* 33 (2): 332-54. https://doi.org/10.1111/j.1468-2427.2009.00870.x

追求極速快感

註釋

Data is from the Federal Communications Commission (2021). Jefferson Networks and Pierce Broadband are companies owned by McKay Brothers, which their FCC licenses are filed under. McKay Brothers operates the high-frequency trading (HFT) network and sells access for HFT firms to trade on them. New Line Networks is jointly owned by Virtu (after buying the HFT firm Getco) and Jump Trading. Webline Holdings is owned by the HFT firm Vigilant, which is owned by the larger DRW group.

In the main text, the statement "In 2010, Spread Networks spent $300–$500 million US dollars" is based on Lewis (2015).

In the caption for Chicago, the statement "In 2014, Jump Trading paid $12 million" is based on Louis (2017).

The statements "McKay Brothers came to an agreement," in the caption for Kelleys Island, and "Anova Financial Networks spent over $1 million," in the caption for New York, are based on MacKenzie (2021).

For more information on HFT, see Louis (2017) and MacKenzie (2021).

參考資料

Federal Communications Commission. 2021. "Universal Licensing System." Updated August 26, 2021. https://www.fcc.gov/wireless/universal-licensing-system

Lewis, M. 2015. Flash Boys: A Wall Street Revolt. New York: W. W. Norton. Louis, Brian. 2017. "Trading Fortunes Depend on a Mysterious Antenna in an Empty Field." Bloomberg, May 12. https://www.bloomberg.com/news/articles/2017-05-12/mysterious-antennas-outside-cme-reveal-traders-furious-land-war?leadSource=uverify%20wall

MacKenzie, D. 2021. *Trading at the Speed of Light: How Ultra-Fast Algorithms Are Transforming Financial Markets*. Princeton, NJ: Princeton University Press.

智慧型手機金融

註釋

We used GPS coordinates of mobile money agents and their primary business activities from the Bill and Melinda Gates Foundation et al. (2015).

In the main text, "In the aftermath of the 2008 global financial crisis, Paul Volcker, a former chair of the Federal Reserve of the United States, referred to the ATM as the 'only useful innovation in banking for the past twenty years'" is based on Shepherd-Barron (2017).

"What makes smartphones particularly appealing is their widespread availability in developing countries, where the traditional financial infrastructure of bank branches and ATMs is thinnest" is based on Aron and Muellbauer (2019).

參考資料

Aron, Janine, and John Muellbauer. 2019. "The Economics of Mobile Money: Harnessing the Transformative Power of Technology to Benefit the Global Poor." Policy report, Oxford Martin School, University of Oxford. https://www.oxfordmartin.ox.ac.uk/publications/mobile-money/

Bill and Melinda Gates Foundation, Central Bank of Kenya, and FSD Kenya. 2015. "FinAccess Geospatial Mapping 2015." Edited by Brand Fusion. Harvard Dataverse. https://doi.org/10.7910/DVN/SG589T

Shepherd-Barron, James. 2017. "Meet the True Star of Financial Innovation—the Humble ATM." *Financial Times*, June 22. https://www.ft.com/content/052f9310-5738-11e7-80b6-9bfa4c1f83d2

中央銀行數位貨幣

註釋

For the fan chart, we used data on stages of CBDC development collated by the Atlantic Council (n.d.). We excluded the territories of Montserrat and Anguilla as well as the eurozone from the original dataset prepared by the Atlantic Council. We complemented this data with the USD-denominated value of GDP for each country sourced from the World Bank's World Development Indicators database (https://databank.worldbank.org/source/world-development-indicators) and used the natural logarithm of GDP to order countries by economic size.

In the bar charts, we present data on the technological design of CBDCs collated by the Atlantic Council (n.d.) from the Bank of International Settlements, International Monetary Fund, and John Kiff database. The many countries that are still in the early stages of research on CBDCs and have not yet published some elements of their design are marked as "undecided."

In the main text, "CBDC, also called digital fiat currency or digital base money, is the digital form of fiat money, a currency established as money by government regulation, monetary authority, or law" is based on Prasad (2021). "In October 2020 the Bahamas became the first country in the world to adopt its CBDC as legal tender" is based on Bharathan (2020). "A year later, the Central Bank of Nigeria launched the first CBDC outside of the Caribbean" is based on Ree (2021).

"China, whose CBDC pilot is the largest in scale worldwide . . . 70.85 million transactions had been executed with an aggregate value of US$5.2 billion" is based on Working Group (2021). "According to a 2020 survey by the Bank of International Settlements, about 20 percent of central banks were likely to launch a CBDC sometime in the next six years" is based on Boar and Wehrli (2021).

The statement in the caption in the top right corner, "In a survey on central bank digital currency, advanced economies . . . ," is based on Boar and Wehrli (2021).

參考資料

Atlantic Council. n.d. "Central Bank Digital Currency Tracker." https://www.atlanticcouncil.org/cbdctracker/

Bharathan, Vipin. 2020. "Central Bank Digital Currency: The First Nationwide CBDC in the World Has Been Launched by the Bahamas." *Forbes*, October 21. https://www.forbes.com/sites/vipinbharathan/2020/10/21/central-bank-digital-currency-the-first-nationwide-cbdc-in-the-world-has-been-launched-by-the-bahamas/?sh=323a8c50506e

Boar, Codruta, and Andreas Wehrli. 2021. "Ready, Steady, Go?—Results of the Third BIS Survey on Central Bank Digital Currency." *BIS Papers*, no. 114, Bank for International Settlements, Basel, Switzerland. https://www.bis.org/publ/bppdf/bispap114.pdf

Prasad, Eswar. 2021. *The Future of Money: How the Digital Revolution Is Transforming Currencies and Finance.* Cambridge, MA: Harvard University Press.

Ree, Jack. 2021. "Five Observations on Nigeria's Central Bank Digital Currency." IMF News, November 16. https://www.imf.org/en/News/Articles/2021/11/15/na111621-five-observations-on-nigerias-central-bank-digital-currency

Working Group on E-CNY Research and Development of the People's Bank of China. 2021. "Progress of Research & Development of E-CNY in China." http://www.pbc.gov.cn/en/3688110/3688172/4157443/4293696/2021071614584691871.pdf

推動比特幣

註釋

We calculated average Bitcoin mining hash rate by country (or Chinese province) by using estimates of percentage shares of Bitcoin mining obtained from the Cambridge Centre for Alternative Finance (https://ccaf.io/cbeci/mining_map) and multiplying them by the average hash rate for the entire Bitcoin network for the same period (September 2019–April 2020) obtained from blockchain.com.

In the main text, "A single transaction uses roughly 707.6 kilowatt-hours . . . over twenty-four days" is based on Ponciano (2021).

For an additional discussion of Bitcoin's environmental impact and its use in illegal activities, see Foley et al. (2019), Foteinis (2018), and Stoll et al. (2019).

參考資料

Foley, Sean, Jonathan R. Karlsen, and Tālis J. Putniņš. 2019. "Sex, Drugs, and Bitcoin: How Much Illegal Activity Is Financed through Cryptocurrencies?" *Review of Financial Studies* 32 (5): 1798-1853. https://doi.org/10.1093/rfs/hhz015

Foteinis, Spyros. 2018. "Bitcoin's Alarming Carbon Footprint." Nature 554 (7691): 169. https://doi.org/10.1038/d41586-018-01625-x

Ponciano, Jonathan. 2021. "Bill Gates Sounds Alarm on Bitcoin's Energy Consumption—Here's Why Crypto Is Bad for Climate Change." *Forbes*, March 9. https://www.forbes.com/sites/jonathanponciano/2021/03/09/bill-gates-bitcoin-crypto-climate-change/?sh=70d65c836822

Stoll, Christian, Lena Klaaßen, and Ulrich Gallersdörfer. 2019. "The Carbon Footprint of Bitcoin." *Joule* 3 (7): 1647-61. https://doi.org/10.1016/j.joule.2019.05.012

第五章　城市與金融中心

註釋

The quote is from: Quotefancy. n.d. "Albert Einstein Quotes." https://quotefancy.com/quote/762857/Albert-Einstein-Nothing-happens-until-something-moves-When-something-vibrates-the

從威尼斯到倫敦

註釋

The map and the short history are based on Cassis (2006), Goetzmann (2016), Pye (2021), Roover (1963), and Spufford (2006).

Data on GDP per capita is from Maddison (2007).

Other sources that inform the text are Carlos and Neal (2011), Flandreau et al. (2009), Mosselar (2018), and Roover (1944).

參考資料

Carlos, Ann M., and Larry Neal. 2011. "Amsterdam and London as Financial Centers in the Eighteenth Century." *Financial History Review* 18 (1): 21-46. https://doi.org/10.1017/S0968565010000338

Cassis, Y. 2006. *Capitals of Capital: A History of International Financial Centers, 1780-2005*. Cambridge: Cambridge University Press.

Flandreau, M., C. Galimard, C. Jobst, and P. Nogues-Marco. 2009. "Monetary Geography before the Industrial Revolution." *Cambridge Journal of Regions, Economy and Society* 2 (2): 149-71. https://doi.org/10.1093/cjres/rsp009

Goetzmann, William N. 2016. *Money Changes Everything: How Finance Made Civilization Possible*. Princeton, NJ: Princeton University Press.

Maddison, Angus. 2007. *Contours of the World Economy 1-2030 AD: Essays in Macro-Economic History*. Oxford: Oxford University Press.

Mosselar, Jan Sytze. 2018. *A Concise Financial History of Europe*. Rotterdam: Robeco.

Pye, Michael. 2021. *Antwerp: The Glory Years*. London: Allen Lane.

Roover, Raymond de. 1963. *The Rise and Decline of the Medici Bank, 1397-1494*. Cambridge, MA: Harvard University Press.

———. 1944. "Early Accounting Problems of Foreign Exchange." *Accounting Review* 19 (4): 381-407. http://www.jstor.org/stable/240200

Spufford, Peter. 2006. "From Antwerp and Amsterdam to London: The Decline of Financial Centres in Europe." *De Economist* 154 (2): 143-75. https://doi.org/10.1007/s10645-006-9000-7

區位優勢

註釋

Data on the number of banks present in each city was collected by the CityNet project (2022). The data includes both domestic and foreign banks. Each bank counts once irrespective of the number of branches in a given city. The data was collected from the Banking Almanac (a.k.a. Bankers Almanac) from 1880 onwards. For 2020 we used SWIFTBIC (2023).

Data on the population of each city was also collected by the CityNet project (2022) based on historical and contemporary statistical sources.

Data on travel times by air in 2020 was based on the flight time calculator at https://flighttimecalculator.org, while that on travel by sea and rail (when necessary for inland destinations) in 1880 was based on "Mass Migration as a Travel Business" at https://www.business-of-migration.com/data/other-data/vessel-size-and-speed-1873-1913/

Additional sources that informed the text are Bain (2007), Cassis (2006), Contel and Wójcik (2019), Polèse and Shearmur (2009), and Porteous (1995).

參考資料

Bain, J. 2007. *A Financial Tale of Two Cities: Sydney and Melbourne's Remarkable Contest for Commercial Supremacy.* Sydney: New South Publishing.

Cassis, Y. 2006. *Capitals of Capital: A History of International Financial Centers, 1780-2005*. Cambridge: Cambridge University Press.

CityNet. n.d. Cities in Global Financial Networks: Financial and Business Services in the 21st Century [website]. https://www.citynet21.org/

Contel, Fabio Betioli, and Dariusz Wójcik. 2019. "Brazil's Financial Centers in the Twenty-First Century: Hierarchy, Specialization, and Concentration." *Professional Geographer* 71 (4): 681-91. https://doi.org/10.1080/00330124.2019.1578980

Polèse, Mario, and Richard Shearmur. 2009. "Culture, Language, and the Location of High-Order Service Functions: The Case of Montreal and Toronto." *Economic Geography* 80 (4): 329-50. https://doi.org/10.1111/j.1944-8287.2004.tb00241.x

Porteous, David J. 1995. *The Geography of Finance: Spatial Dimensions of Intermediary Behaviour*. Aldershot, UK: Avebury.

SWIFTBIC. 2023. [Website]. Updated July 27, 2023. https://www.swiftbic.com/countries-with-A.html

金融中心

註釋

城市網絡計畫（CityNet，2022）蒐集了以下 11 個金融和銀行服務分類中，國內外前十大公司的辦公室位置資料：會計、顧問、銀行、金融科技、公司法、資產管理、保險、避險基金、私募股權公司、不動產，以及其他分類（包含證券交易、中央銀行、評分機構，以及其他金融媒體公司）。如果沒有公司的實際體量和排名（營收、資產或員工數）可供參考，則將範圍擴展至該分類中的所有知名公司。根據這些分類和選擇標準，這個計畫總共蒐集了 142 處在紐約的場所和 130 處在倫敦的場所。

Other sources consulted are Campbell (1977), Cohen (2011), Beard (2008), Ellis (2001), Goldman Sachs (n.d.), Kynaston (2002), Morgan Stanley (n.d.), and Prokesh (1990).

參考資料

Beard, P. 2008. *Blue Blood and Mutiny: The Fight for the Soul of Morgan Stanley*. New York: HarperCollins.

Campbell, M. 1977. "Morgan Stanley Opens in London." *Financial Times*, April 19.

CityNet. n.d. Cities in Global Financial Networks: Financial and Business Services in the 21st Century [website]. https://www.citynet21.org/

Cohen, W. D. 2011. *Money and Power: How Goldman Sachs Came to Rule the World*. New York: Penguin.

Ellis, C. 2001. *Wall Street People: True Stories of Today's Masters and Moghuls*. New York: Wiley.

Goldman Sachs. n.d. "History." https://www.goldmansachs.com/our-firm/history/

Kynaston, D. 2002. *The City of London*. Vol. 4. London: Pimlico.

Morgan Stanley. n.d. "Our History." https://ourhistory.morganstanley.com/stories/new-horizons-with-new-challenges/story-1977-london?linkId=116685253

Prokesh, S. 1990. "London Betting on Itself and on Canary Wharf." *New York Times*, November 13.

飛龍在天

註釋

金融中心的規模、網絡連結，及承銷收入的演變資料，皆來自 Pažitka 等（2021）對 Dealogic 資料的分析。為了衡量金融中心的規模，我們使用了證券承銷收入和債券發行收入。初步樣本來自 1993 至 2016 年間 Dealogic 股權資本市場（Equity Capital Market, ECM）和債務資本市場（Debt Capital Market, DCM）的所有資本市場交易。在總計 584,680 筆交易當中，有 100,777 筆 ECM 交易和 483,903 筆 DCM 交易。針對每一筆交易，我們都列出了其發行商和承銷商組合成員的銀行公司層級。我們的資料涵蓋了 15,032 間銀行業相關企業和 9,1879 間發行商，並記錄了它們之間的 1,727,111 次市場互動。Dealogic ECM 和 DCM 資料庫中的收入數據根據各銀行的角色和承銷比例分配，能夠代表銀行在特定產業、地理和規模特徵下的收入。Dealogic 擁有專業的數據科學團隊來管理其分配收入的模型，並定期校準，以確保每筆交易的收入估算誤差在 5% 以內。為將銀行業相關企業歸類到金融中心下，我們親手蒐集了其運營總部地址資料。這些資料來源包含 Orbis、Amadeus、FAME、Bloomberg、NexisUK 和各間公司的官方網站。這讓我們能夠獲得 12,827 間銀行業相關企業的地理位置，無法辨別的則有 2,205 間。這些無法辨別的公司通常是每年交易少於 5 筆，且沒有可追蹤線上足跡的小公司。由於 172,7111 筆資料中的 171,6394 市場交易（99.4%）都是由我們具有總部地理位置資料的銀行業相關企業包辦，因此缺失資料的影響可以忽略不計。這讓我們能夠分析 1993 至 2016 年間的 540 個金融中心。在網絡視覺化圖中，我們僅標出了該年年營收至少 1,000 萬美元的金融中心。我們透過將證券承銷商的聯合交易關係按交易中獲得的收入加權，並將這些按價值加權的關係按城市對配來獲取金融中心之間的網絡連結值。

參考資料

Pažitka, Vladimír, Michael Urban, and Dariusz Wójcik. 2021. "Connectivity and Growth: Financial Centres in Investment Banking Networks." *Environment and Planning A: Economy and Space* 53 (7): 1789-1809. https://doi.org/10.1177/0308518X211026318

併購風波

註釋

Data on financial sector mergers and acquisitions is available from Bureau van Dijk's Zephyr database (2020).

For more information on mergers and acquisitions, see Keenan et al. (2022), Wójcik et al. (2022), and Zademach and Rodríguez-Pose (2009).

參考資料

Bureau van Dijk. 2020. "M&A Deals & Rumours Data." Zephyr database. https://www.bvdinfo.com/en-us/our-products/data/greenfield-investment- and-ma/zephyr

Keenan, Liam, Timothy Monteath, and Dariusz Wójcik. 2022. "Financial Discipline through Inter-Sectoral Mergers and Acquisitions: Exploring the Convergence of Global Production Networks and the Global Financial Network." *Environment and Planning A: Economy and Space* 54 (8): 1532-50. https://doi.org/10.1177/0308518X221115739

Wójcik, Dariusz, Liam Keenan, Vladimír Pažitka, Michael Urban, and Wei Wu. 2022. "The Changing Landscape of International Financial Centers in the Twenty-First Century: Cross-Border Mergers and Acquisitions in the Global Financial Network." *Economic Geography* 98 (2): 97-118. https://doi.org/10.1080/00130095.2021.2010535

Zademach, Hans-Martin, and Andrés Rodríguez-Pose. 2009. "Cross-Border M&As and the Changing Economic Geography of Europe." *European Planning Studies* 17 (5): 765-89. https://doi.org/10.1080/09654310902778276

現代金銀島

註釋

Data is from the Land Registry, Overseas Company Ownership Data, and the Energy Performance of Buildings Data from the Department for Communities and Local Government. For more on the history, use, and processing of this data, see Monteath (2021). For an in-depth look at London, the ultrarich, and offshore finance, see Atkinson (2021). For more on family offices, see Glucksberg and Burrows (2016).

In the main text, "London had approximately 4,944 ultra-high-net-worth individuals" is based on Shirley (2019). The statement "bestow anonymity on the ultimate owner through 'closed registers'" is based on Transparency International (2015).

參考資料

Atkinson, Rowland. 2021. *Alpha City: How London Was Captured by the Super-Rich*. London: Verso.

Glucksberg, Luna, and Roger Burrows. 2016. "Family Offices and the Contemporary Infrastructures of Dynastic Wealth." *Sociologica* 10 (2). https://doi.org/10.2383/85289

Monteath, Timothy. 2021. "The Information Infrastructure of Land Registration in England: A Sociology of Real Estate at the Intersection of Elites, Markets and Statistics." PhD thesis, London School of Economics and Political Science. https://doi.org/10.21953/LSE.00004293

Shirley, Andrew, ed. 2019. *The Wealth Report: The Global Perspective on Prime Property and Investment*. 13th ed. Knight Frank. https://content. knightfrank.com/resources/knightfrank.com.my/pdfs/the-wealth-report-2019.pdf

Transparency International. 2015. "Corruption on Your Doorstep: How Corrupt Capital Is Used to Buy Property in the UK." https://www.transparency.org.uk/sites/default/files/pdf/publications/2016CorruptionOnYourDoorstepWeb.pdf

歡迎來到數位金融學園都市

註釋

To select a sample of representative firms in financial services, we used the 2016 list of firms compiled by the Globalization and World Cities Research Network (GaWC) and available at https://www.lboro.ac.uk/gawc/datasets/da28.html

The location of campuses in Bengaluru and the list of customers for outsourcing companies were hand-collected through online searches and then geolocated. To improve the readability of the plot, Bengaluru was divided into six neighborhoods, using existing denominations (Whitefield, Bellandur, Electronic City) or geographical locations (Northeastern, Western, Central).

The data for the phases of urban expansion is from Deb et al. (2020).

The data for the export of the IT-BPM industry was sourced from the annual reports of the National Association of Software and Service Companies, accessible at https://nasscom.in/knowledge-centre/publications

In the main text, "Melbourne-based ANZ was one of the first banks to open an office in Bengaluru" is based on Heitzman (1999). "It caters to 200 corporate clients across 100 countries, serving more than a billion individual customers" is based on Srivats (2019).

To further understand how offshoring has affected the spatial division of labor in finance, and how it both relates to and differs from outsourcing, see Kleibert (2020), Massini and Miozzo (2012), and

Peck (2017).

To learn more about the trajectory of Bengaluru as an IT capital, read Aranya (2008), Didelon (2003), Madon (1997), and Parthasarathy (2004).

參考資料

Aranya, Rolee. 2008. "Location Theory in Reverse? Location for Global Production in the IT Industry of Bangalore." *Environment and Planning A: Economy and Space* 40 (2): 446-63. https://doi.org/10.1068/a38416

Deb, Amartya, Jaya Dhindaw, and Robin King. 2020. "Metropolitan Bangalore: Crossing Boundaries to Integrate Core and Periphery." In *Greater than Parts: A Metropolitan Opportunity*, vol. 2, edited by Shagun Mehrota, Lincoln L. Lewis, Mariana Orloff, and Beth Olberding, Washington, DC: World Bank.

Didelon, Clarisse. 2003. "Bangalore, Ville des Nouvelles Technologies." *Mappemonde* 70 (2): 35-40. https://doi.org/10.3406/mappe.2003.1833

Heitzman, James. 1999. "Corporate Strategy and Planning in the Science City: Bangalore as 'Silicon Valley.'" *Economic and Political Weekly* 34 (5): 2-11. http://www.jstor.org/stable/4407603

Kleibert, Jana M. 2020. "Unbundling Value Chains in Finance." In *The Routledge Handbook of Financial Geography*, edited by Janelle Knox-Hayes and Dariusz Wójcik, 1st ed., 421-39. New York: Routledge. https://doi.org/10.4324/9781351119061-23

Madon, Shirin. 1997. "Information-Based Global Economy and Socio-economic Development: The Case of Bangalore." *Information Society* 13 (3): 227-44. https://doi.org/10.1080/019722497129115

Massini, Silvia, and Marcela Miozzo. 2012. "Outsourcing and Offshoring of Business Services: Challenges to Theory, Management and Geography of Innovation." *Regional Studies* 46 (9): 1219-42. https://doi.org/10.1080/0 0343404.2010.509128

Parthasarathy, Balaji. 2004. "India's Silicon Valley or Silicon Valley's India? Socially Embedding the Computer Software Industry in Bangalore." *International Journal of Urban and Regional Research* 28 (3): 664-85. https://doi.org/10.1111/j.0309-1317.2004.00542.x

Peck, Jamie. 2017. *Offshore: Exploring the Worlds of Global Outsourcing*. Oxford: Oxford University Press.

Srivats, K. R. 2019. "More Banks Will Soon Enter the Platform Business: Rajashekara Maiya." *Hindu Businessline*, September 9. https://www.thehindubusinessline.com/money-and-banking/more-banks-will- soon-enter-the-platform-business-rajashekara-maiya/article29354495.ece

形形色色的伊斯蘭金融世界

註釋

Data on the top 100 Islamic banks is from Asian Banker in 2020.

In the main text, the statement "with Saudi Arabia, Qatar, UAE, Bahrain, and Kuwait housing 31 of the top 100" was calculated by summing the banks in each country (Saudi Arabia = 4; Qatar = 5; UAE = 5; Bahrain = 12; Kuwait = 5). "With Islamic finance expected to grow from $2.9 trillion of assets in 2020 to $3.7 trillion by 2024" is based on ICD-REFINITIV (2020). "As of 2019, Malaysia was also the country with the largest number of Islamic scholars" is based on Statista (2021).

For more discussion on the principles, services, history, and geography of Islamic finance, see Bassens et al. (2010) and Pollard and Samers (2007).

參考資料

Asian Banker. n.d. "Largest Banks Rankings: 2020." https://www.theasianbanker.com/ab500/2018-2019/largest-islamic-banks

Bassens, David, Ben Derudder, and Frank Witlox. 2010. "Searching for the Mecca of Finance: Islamic Financial Services and the World City Network." *Area* 42 (1): 35-46. http://www.jstor.org/stable/27801437.

ICD-REFINITIV. 2020. "Islamic Finance Development Report 2020." https:// icd-ps.org/uploads/files/ICD-Refinitiv IFDI Report 20201607502893_2100.pdf

Pollard, Jane, and Michael Samers. 2007. "Islamic Banking and Finance: Postcolonial Political Economy and the Decentring of Economic Geography." *Transactions of the Institute of British Geographers* 32 (3): 313-30. http://www.jstor.org/stable/4626252

Statista. 2021. "Worldwide: Leading Countries for Shariah Scholars by 2019." https://www.statista.com/statistics/1092291/worldwide-leading- countries-of-shariah-scholars/

倫敦的萬有引力

註釋

Data on the number of firms reallocating part of their business activity and personnel from London to the other European financial centers was retrieved from Hamre and Wright (2021). The employment data on the sectoral composition of financial centers comes from Panitz and Glückler (2022), whereas for the equity trading volumes of London's and other EU exchanges, we used data from Global Financial Data (2022). The quotes from industry professionals come from a pool of over 200 interviews carried out from 2016 to 2019 by researchers of the CityNet project (2022).

參考資料

CityNet. n.d. Cities in Global Financial Networks: Financial and Business Services in the 21st Century [website]. https://www.citynet21.org/

Global Financial Data. 2022. "Stock Market Capitalization." Global Financial Data (GFD) Finaeon. https://globalfinancialdata.com/ gfd-finaeon-overview

Hamre, Eivid Friis, and William Wright. 2021. "Brexit & the City: The Impact So Far: An Updated Analysis of How the Banking & Finance Industry Has Responded to Brexit—And Who Is Moving What to Where." *New Financial*. https://newfinancial.org/brexit-the-city-the-impact-so-far/

Panitz, Robert, and Johannes Glückler. 2022. "Relocation Decisions in Uncertain Times: Brexit and Financial Services." *Economic Geography* 98 (2): 119-44. https://doi.org/10.1080/00130095.2021.2009336

金融科技前瞻

註釋

我們利用 Crunchbase 資料庫，統計了 2007 至 2020 年間各個城市創業投資和私募股權的募資額。針對選定的每座城市，我們也挑選了一間著名的金融科技公司或平台作為例子。圖表中顯示的金融科技投資數據，是全球的總和。依據這些募資數據，我們選出了募資額最高的 30 座城市，作為金融科技中心。根據全球金融中心指數 30（Global Financial Centres Index 30，Z/Yen，2021），我們選出全球排名前 30 的金融中心。圖表中累計的金融科技專利數據來自歐洲專利局（European Patent Office）和美國專利商標局（United States Patent and Trademark Office），這部分參考 Caragea 等（2020）。

For a detailed discussion of the emergence of fintech, see Arner et al. (2016), Cojoianu et al. (2021), and Goldstein (2019).

參考資料

Arner, D. W., J. N. J. E. Barberis, and R. P. Buckley. 2016. "The Evolution of Fintech: A New Post-Crisis Paradigm?" *Georgetown Journal of International Law* 47 (4): 1345-93. https://papers.ssrn.com/sol3/papers. cfm?abstract_id=2676553

Caragea, Doina, Mark Chen, Theodor Cojoianu, Mihai Dobri, Kyle Glandt, and George Mihaila. 2020. "Identifying FinTech Innovations Using BERT." In 2020 IEEE International Conference on Big Data (Big Data), 1117-26. https://doi.org/10.1109/BigData50022.2020.9378169

Cojoianu, Theodor Florian, Gordon L. Clark, Andreas G. F. Hoepner, Vladimir Pažitka, and Dariusz Wójcik. 2021. "Fin vs. Tech: Are Trust and Knowledge Creation Key Ingredients in Fintech Start-up Emergence and Financing?" *Small Business Economics* 57: 1715-31. https://doi.org/10.1007/s11187-020-00367-3

Goldstein, Itay, Wei Jiang, and G. Andrew Karolyi. 2019. "To FinTech and Beyond." *Review of Financial Studies* 32 (5): 1647-61. https://doi.org/10.1093/rfs/hhz025

Z/Yen. 2021. "The Global Financial Centres Index 30." London. https://www. longfinance.net/media/documents/GFCI_30_Report_2021.09.24_v1.0.pdf

第六章　泡沫與危機

註釋

The quote is from: Quotefancy. 2023. "Warren Buffett Quotes." https://quotefancy.com/quote/931421/Warren-Buffett-What-we-learn-from-history-is-that-people-don-t-learn-from-history

危機四起

註釋

For the banking, currency, and debt crises after 1970, we used data from Laeven and Valencia (2018, 30–33). For the banking, currency, and debt crises before 1970, we used data from the following tables and figures in Reinhart and Rogoff (2009): Table 6.1 1. "The early external defaults: Europe, 1300-1799" (p. 87). https://carmenreinhart.com/wp-content/uploads/2020/02/175_data2.xlsx Figure 6.1. "Spain: Defaults and loans to the Crown, 1601-1679" (p. 89). https://carmenreinhart.com/wp-content/uploads/2020/02/151_data1.xlsx Table 6.2. "External default and rescheduling: Africa, Europe, and Latin America, nineteenth century" (p. 91). https://carmenreinhart.com/wp-content/uploads/2020/02/176_data3.1.xlsx Table 6.3. "Default and rescheduling: Africa and Asia, twentieth century to 2008" (p. 95). https://carmenreinhart.com/wp-content/uploads/2020/02/178_data4.xlsx Table 6.4. "Default and rescheduling: Europe and Latin America, twentieth century to 2008" (p. 96). https://carmenreinhart.com/wp-content/uploads/2020/02/179_data5.xlsx Figure 10.1. "Capital mobility and the incidence of banking crises: All countries, 1800-2008" (p. 156). https://carmenreinhart.com/wp-content/uploads/2020/04/126_data1.xlsx Figure 12.3. "Currency crashes: The share of countries with annual depreciation rates greater than 15 percent, 1800-2008" (p. 190). https://carmenreinhart.com/wp-content/uploads/2020/04/114_data3.xlsx

Laeven 與 Valencia（2018, 30-33）所編寫的資料庫中收錄了 1970 至 2017 年間，165 個國家金融危機的相關資料。雖然他們的研究主要聚焦於系統性的銀行危機，但資料庫中也包含貨幣和主權債務危機的相關資料。根據 Laeven 與 Valencia 的研究，系統性銀行危機被定義為「導致顯著財務困境或重要銀行政策介入的事件」。具體來說，他們將顯著財務困境定義為：（1）逾期放款占銀行貸款總額比例超過 20%，或是銀行倒閉事件中，影響超過銀行系統資產的 20%，和／或（2）影響超過 GDP 5% 的財政重整。與之相似，能代表系統性銀行危機出現的政策介入，包括：（1）凍結存款和／或銀行假日、（2）重要銀行國有化、（3）全面的流動性支持、（4）為重要銀行擔保，以及（5）購入重要資產（第 5 頁）。另一方面，他們將貨幣危機定義為本國貨幣匯兌美金，超過 30% 的貶值程度，或是貶值程度比前一年嚴重 10% 以上。針對主權債務危機，Laeven 與 Valencia 透過各種管道蒐集了主權債務違約和債務重組的相關事件（第 10 頁）。

Reinhart 與 Rogoff（2009）以英國 1340 年代主權債務違約為起點開始，深入研究金融危機，並一路分析到 2007 至 2008 年間的美國次級房貸危機。他們將金融危機分為主權債務違約事件、銀行危機、貨幣崩盤和通膨事件。針對主權債務危機，作者們以歷史研究為基礎，分析了還款違約和債務重組個案。針對貨幣危機，他們將貶值閾值設定為相對美元或其他歷史上重要儲備貨幣的 15%。針對銀行危機，他們的定義包含導致「倒閉、合併或由公部門收購一間或更多金融機構」（第 11 頁）的銀行擠兌，或是大規模政府紓困。為求與 Laeven 與 Valencia（2018）研究的共通點和可比性，我們只選擇 1970 年前的金融危機。此外，我們的分析以單一金融事件為主要切入角度，而非整個國家經歷特定金融危機的整個時期。舉例來說，如果一個國家經歷了連續三年的貨幣貶值，我們就把它當成是一個事件。最後，我們從資料中排除了通膨危機事件（因為 Laeven 與 Valencia 的研究中並沒有涵蓋這部分），並將貨幣危機的閾值設為 30%，而非 15%。

參考資料

Laeven, Luc, and Fabian Valencia. 2018. "Systemic Banking Crises Revisited." IMF Working Paper WP/18/206, Washington, DC.

Reinhart, Carmen M., and Kenneth S. Rogoff. 2009. *This Time Is Different: Eight Centuries of Financial Folly*. Princeton, NJ: Princeton University Press.

金融危機眾說紛紜

註釋

為呈現經濟不穩定中四個最重要的理論論述（重貨幣論、債務通縮、金融不穩定假說和從眾行為），我們虛擬了一場辯論。這場辯論由四位著名經濟學家各自代表一個理論，共同討論 1997 至 1998 年的亞洲金融危機。這四位經濟學家分別是安娜・史瓦茲（1915-2012）、歐文・費雪（1867-1947）、海曼・明斯基（1919-1996）和丹尼爾・康納曼（1934-）。雖然這場辯論本身是虛構的，但它能夠反映金融市場的角色、市場對經濟和社會的衝擊，以及探究困境、不穩定和危機根本原因的真實學術爭議。

For the map we relied on PBS coverage of the 1997-98 Asian financial crisis (PBS, n.d.). The percentage fall of stock market indexes in the region was calculated using data from Global Financial Data (2022).

For more information about monetarism, see Friedman and Schwartz (1963). On debt-deflation theory, see Fisher (1933). On Minsky's ideas, see Burger (1969), Minsky (1968, 1994), and Wray (2011). On herd behavior, see Kahneman and Tversky (1974) and Kahneman (2011).

參考資料

Burger, Albert E. 1969. "A Historical Analysis of the Credit Crunch of 1966." *Federal Reserve Bank of St. Louis Review* (September): 13-30. https://doi.org/10.20955/r.51.13-30.hfp

Fisher, Irving. 1933. "The Debt-Deflation Theory of Great Depressions." *Econometrica* 1 (4): 337. https://doi.org/10.2307/1907327

Friedman, Milton, and Anna Jacobsen Schwartz. 1963. *A Monetary*

History of the United States, 1867-1960. Princeton, NJ: Princeton University Press. http://www.jstor.org/stable/j.ctt7s1vp.

Global Financial Data. 2022. "Stock Market Capitalization." Global Financial Data (GFD) Finaeon. https://globalfinancialdata.com/gfd-finaeon-overview

Kahneman, Daniel. 2011. Thinking, Fast and Slow. London: Allen Lane.

Kahneman, Daniel, and Amos Tversky. 1974. "Judgment under Uncertainty." *Science* 185: 1124-31. https://www.science.org/doi/10.1126/science.185.4157.1124

Minsky, Hyman. 1968. "The Crunch of 1966—Model for New Financial Crises?" *Trans-Action* 5 (4): 44-51. https://doi.org/10.1007/BF03180468

Minsky, Hyman Philip. 1994. "Financial Instability Hypothesis." In *The Elgar Companion to Radical Political Economy*, edited by Philip Arestis and Malcom Sawyer, 153-58. Aldershot: Edward Elgar.

PBS. n.d. "Timeline of the Panic." Frontline. https://www.pbs.org/wgbh/pages/frontline/shows/crash/etc/cron.html

Wray, Randall. 2011. "Minsky Crisis." Working Paper no. 659, Levy Economics Institute of Bard College, Annandale-on-Hudson, NY

大賣空

註釋

For the events that led to the demise of Barings Bank, including the financial losses, we used Bhalla (1995), Board of Banking Supervision (1995), and Lim and Tan (1995). Data on the Singapore and Nikkei indexes was retrieved from Global Financial Data (2022).

參考資料

Bhalla, A. S. 1995. "Collapse of Barings Bank: Case of Market Failure." *Economic and Political Weekly* 30 (13): 658-62. http://www.jstor.org/stable/4402560

Board of Banking Supervision. 1995. *Report of the Board of Banking Supervision Inquiry into the Circumstances of the Collapse of Barings*. London: HMSO. https://www.gov.uk/government/publications/report-into-the-collapse-of-barings-bank

Global Financial Data. 2022. "Stock Market Indices." Global Financial Data (GFD) Finaeon. https://globalfinancialdata.com/gfd-finaeon-overview

Lim, C. S. M., and N. K. N. Tan. 1995. *The Report of the Inspectors Appointed by the Minister of Finance*. Singapore: Ministry of Finance.

躍上頭條的金融危機

註釋

For the unfolding of the Argentine crisis, we relied on Hornbeck (2003). Data on GDP growth, interest rate spreads, and real effective exchange rate were retrieved from Global Financial Data (2022). The interest rate spreads are measured in basis points and reflect the difference in interest rates of government bonds between Argentina and the US (treasury bills). The effective exchange rate is an index with 2010 as the base year. For inflation data we used the database of the Argentine Central Bank (Banco Central de la Republica Argentina, n.d.). All economic data are on a quarterly basis.

參考資料

Banco Central de la República Argentina. n.d. Monthly Inflation. https://www.bcra.gob.ar/PublicacionesEstadisticas/Principales_variables_datos_i.asp?serie=7931&detalle=Monthly%20Inflation%A0(%%20change)

Global Financial Data. 2022. "Stock Market Capitalization." Global Financial Data (GFD) Finaeon. https://globalfinancialdata.com/gfd-finaeon-overview

Hornbeck, J. F. 2003. *The Financial Crisis in Argentina*. CRS Report for Congress, Congressional Research Service, Library of Congress, Washington, DC. https://digital.library.unt.edu/ark:/67531/metacrs7071/m1/1/high_res_d/RS21072_2003Jun05.pdf

一夕崩潰

註釋

Data on the turning points and timeline of Northern Rock is based on BBC (2008a, 2008b, 2010); Eley, Moore, and Powley (2012), Guardian (2008a, 2008b), and Independent (2008).

Data on regional GDP growth rates is from the Office for National Statistics. https://www.ons.gov.uk/economy/grossdomesticproductgdp/bulletins/regionaleconomicactivitybygrossdomesticproductuk/1998to2019

Data on financial sector employment is from Nomis through the Office for National Statistics. https://www.nomisweb.co.uk/

In the main text, "With cheap debt freely available, growth was good. Customers were offered 'Together' mortgages, allowing them to borrow 125 percent of a house's value" is based on BBC (2008a).

For more discussion on the case of Northern Rock, see Marshall et al. (2012) and Dawley et al. (2014).

參考資料

BBC. 2008a. "Northern Rock Ends 125% Mortgages." February 21. http://news.bbc.co.uk/1/hi/business/7256903.stm

———. 2008b. "Timeline: Northern Rock Bank Crisis." August 5. http://news.bbc.co.uk/1/hi/business/7007076.stm

———. 2010. "Northern Rock to Cut 650 Jobs by Year End." June 8. https://www.bbc.co.uk/news/10266501

Dawley, Stuart, Neill Marshall, Andy Pike, Jane Pollard, and John Tomaney. 2014. "Continuity and Evolution in an Old Industrial Region: The Labour Market Dynamics of the Rise and Fall of Northern Rock." *Regional Studies* 48 (1): 154-72. https://doi.org/10.1080/00343404.2012.669473

Eley, Jonathan, Elaine Moore, and Tanya Powley. 2012. "Rock Collapse Left Many in a Hard Place." *Financial Times*, September 14. http://ig-legacy.ft.com/content/2abdeb34-fda8-11e1-8e36-00144feabdc0#axzz7JXZy7Qib

Guardian. 2008a. "Northern Rock to Make 800 Compulsory Redundancies." July 31. https://www.theguardian.com/business/2008/jul/31/northernrock.creditcrunch

———. 2008b. "Timeline: The Northern Rock Crisis." March 26. https://www.theguardian.com/business/2008/mar/26/northernrock

Independent. 2008. "Northern Rock: The Timeline." March 26. https://www.independent.co.uk/news/business/news/northern-rock-the-timeline-800709.html

Marshall, J. N., A. Pike, J. S. Pollard, J. Tomaney, S. Dawley, and J. Gray. 2012. "Placing the Run on Northern Rock." *Journal of Economic Geography* 12 (1): 157-81. https://doi.org/10.1093/jeg/

lbq055

次貸風暴

註釋

All data was retrieved from Federal Reserve Bank of St. Louis (2021). The S&P/Case-Shiller U.S. National Home Price Index was used for calculating the annual growth rate of house prices at the national level. Data from the Households and Nonprofit Organizations; One-to-Four-Family Residential Mortgages table was used for calculating the annual growth rate of mortgage debt. The All-Transactions House Price Index was used for calculating the annual growth of house prices at the state level. The unemployment rate describes the number of people aged sixteen and over actively searching for a job, as a percentage of the total labor force. The rate is seasonally adjusted. For more information and discussion about the causes of the US crisis, see Aalbers (2009), Ashton (2009), Dymski (2010), and Martin (2011).

參考資料

Aalbers, Manuel B. 2009. "Geographies of the Financial Crisis." *Area* 41 (1): 34-42. https://doi.org/10.1111/j.1475-4762.2008.00877.x

Ashton, Philip. 2009. "An Appetite for Yield: The Anatomy of the Subprime Mortgage Crisis." *Environment and Planning A: Economy and Space* 41 (6): 1420-41. https://doi.org/10.1068/a40328

Dymski, G. A. 2010. "Why the Subprime Crisis Is Different: A Minskyian Approach." *Cambridge Journal of Economics* 34 (2): 239-55. https://doi.org/10.1093/cje/bep054

Federal Reserve Bank of St. Louis. 2021. "Federal Reserve Economic Data." *Economic Research*. https://fred.stlouisfed.org/

Martin, R. 2011. "The Local Geographies of the Financial Crisis: From the Housing Bubble to Economic Recession and Beyond." *Journal of Economic Geography* 11 (4): 587-618. https://doi.org/10.1093/jeg/lbq024

歐元風暴

註釋

三巨頭指的是國際貨幣基金、歐洲中央銀行和歐盟執行委員會。地圖上的紓困金額的總和與各國和三巨頭協商的結果相符，但並非紓困方案實際支付的金額。歐盟（2021）有提供紓困方案的詳細資料。

Data on current account balances was retrieved from Eurostat (2021a), series code Balance of Payments—International Transactions (BPM6). Sovereign interest rates were also downloaded from Eurostat (2021b), series code EMU Convergence Criterion Bond Yields. As defined by Eurostat, "Maastricht criterion bond yields are long-term interest rates, used as a convergence criterion for the European Monetary Union, based on the Maastricht Treaty. . . . The Maastricht Treaty EMU convergence criterion series relates to interest rates for long-term government bonds denominated in national currencies. Selection guidelines require data to be based on central government bond yields on the secondary market, gross of tax, with a residual maturity of around ten years" (Eurostat 2021b).

For further information and discussion on the eurozone crisis, see Bellofiore (2013), Hein and Dodig (2014), and Lapavitsas et al. (2010).

參考資料

Bellofiore, R. 2013. "'Two or Three Things I Know about Her': Europe in the Global Crisis and Heterodox Economics." *Cambridge Journal of Economics* 37 (3): 497-512. https://doi.org/10.1093/cje/bet002

European Commission. 2021. "EU Financial Assistance." https://ec.europa.eu/info/business-economy-euro/economic-and-fiscal-policy-coordination/financial-assistance-eu_en

Eurostat. 2021a. "Balance of Payments—International Transactions (BPM6) (Bop_6)." https://ec.europa.eu/eurostat/cache/metadata/en/bop_6_esms.htm

———. 2021b. "Maastricht Criterion Interest Rates (Irt_lt_mcby)." https://ec.europa.eu/eurostat/cache/metadata/en/irt_lt_mcby_esms.htm

Hein, Eckhard, and Nina Dodig. 2014. "Financialisation, Distribution, Growth and Crises: Long-Run Tendencies." IPE Working Papers 35/2014. https://econpapers.repec.org/RePEc:zbw:ipewps:352014

Lapavitsas, Costas, A. Kaltenbrunner, Giorgos Lambrinidis, D. Lindo, J. Meadway, J. Michell, J. P. Painceira, et al. 2010. "The Eurozone between Austerity and Default." Research on Money and Finance occasional report, September. https://www.researchgate.net/publication/265451569_The_Eurozone_Between_Austerity_and_Default

名為救濟，實為還債

註釋

Calculation of all incoming and outgoing money flows is based on Bortz (2019), which provides a comprehensive breakdown of the first two bailout programs of Greece (granted in 2010 and 2012). Bortz's analysis is based on data originally provided by the European Commission and the European Central Bank.

The rest of the empirical analysis was conducted as part of CityNet (2022) research. Specifically, we retrieved regional unemployment data for Greece from Eurostat (2021), series lfst_r_lfu2ltu. The series corresponds to long-run unemployment, defined as unemployment for twelve months or more. The regional breakdown is based on NUTS2 (Nomenclature of Territorial Units for Statistics) regions. For the purposes of this map, we calculated the cumulative change in long-run unemployment for the period 2009–13.

For further reading on the Greek crisis, see Laskos and Tsakalotos (2013) and Varoufakis (2011). Other references that support our data analysis are Arslanalp and Takahiro (2012), European Commission (2014), and International Monetary Fund (2010).

參考資料

Arslanalp, Serkan, and Tsuda Takahiro. 2012. "Tracking Global Demand for Advanced Economy Sovereign Debt." IMF Working Paper no. 12/284, Washington, DC. https://www.imf.org/-/media/Websites/IMF/imported-full-text-pdf/external/pubs/ft/wp/2012/_wp12284.ashx

Bortz, Pablo G. 2019. "The Destiny of the First Two Greek 'Rescue' Packages: A Survey." *International Journal of Political Economy* 48 (1): 76-99. https://doi.org/10.1080/08911916.2018.1564493

CityNet. n.d. Cities in Global Financial Networks: Financial and Business Services in the 21st Century [website]. https://www.citynet21.org/European Commission. 2014. "The Second Economic Adjustment Programme for Greece: Fourth Review—April 2014." European Economy: Occasional Papers 192, Brussels, Belgium.

Eurostat. 2021. "Long-Term Unemployment (12 Months and More) by Sex, Age, Educational Attainment Level and NUTS 2 Regions (%)." http://appsso.eurostat.ec.europa.eu/nui/show.do?dataset=lfst_r_lfu2ltu&lang=en

Federal Reserve Bank of St. Louis. 2021. Federal Reserve Economic

Data [database]. https://fred.stlouisfed.org/

International Monetary Fund. 2010. "Greece: Staff Report on Request for Stand-By Arrangement." IMF Staff Country Reports, Washington, DC. https://www.imf.org/en/Publications/CR/Issues/2016/12/31/Greece-Staff-Report-on-Request-for-Stand-By-Arrangement-23839

Laskos, Christos, and Euclid Tsakalotos. 2013. *Crucible of Resistance: Greece, the Eurozone and the World Economic Crisis.* London: Pluto Press.

Varoufakis, Yanis. 2011. *The Global Minotaur: America, the True Origins of the Financial Crisis and the Future of the World Economy.* London: Zed Books.

劇毒貸款

註釋

In the text, "interest rates varying from 12.5 percent to 81 percent" is based on Oldani (2019).

Data on toxic bonds presented on the maps was sourced from Ferlazzo (2018b). Each bond was then geolocated at the entity level, using historical shapefiles of public administrative boundaries, available at https://www.data.gouv.fr/fr/

The population-density layer on the maps is from Institut National de la Statistique et des Études Économiques (2022).

In the "Formula for Disaster" graph, total interest to pay on a €10 million, twenty-five-year loan with two initial years of fixed interest was calculated using the "FinancialMath" R package (Penn and Schmidt, 2016).

For the information depicted in the captions for selected localities, we used the following sources:

Angoulême—Bastien (2011) and Karroum (2011)
Asnières-sur-Seine—Laurent (2012)
Dax—Denis (2015)
Lyon—Sautot (2012)
Saint-Cast-le-Guildo—Bendali (2012)
Saint-Étienne—Gallo Triouleyre (2021)
Sassenage—Pavard (2021)
Trégastel—Monin (2013) and Laurent (2012)

To further explore the crisis of toxic debt in France and the role of Dexia, see Bartolone and Gorges (2011), Ferlazzo (2018a, 2021), and Sauvagnat and Vallee (2021).

參考資料

Bartolone, Claude, and Jean-Pierre Gorges. 2011. "Rapport fait au nom de la commission d'enquête sur les produits financiers à risque souscrits par les acteurs publics locaux." https://www.assemblee-nationale.fr/13/rap-enq/r4030.asp

Bastien, Daniel. 2011. "Emprunts toxiques: le cauchemar d'angoulême." Les Echos, November 23. https://www.lesechos.fr/2011/11/emprunts-toxiques-le-cauchemar-dangouleme-1091887

Bendali, Linda. 2012. "Les villes en faillite." *Envoyé spécial*, France 2. Denis, Frédéric. 2015. "Les impôts locaux augmentent d'un point à Dax en 2015." Ici, April 10. https://www.francebleu.fr/infos/economie-social/les-impots-locaux-augmentent-d-un-point-dax-en-2015-1428658499

Ferlazzo, Edoardo. 2018a. "La financiarisation des gouvernements locaux: Retour sur la gestion de la crise des emprunts « toxiques » par les collectivités locales, l'État et les banques privées." *Actes de la recherche en sciences sociales* 221-22 (1-2): 100-119.

https://doi.org/10.3917/arss.221.0100

———. 2018b. "La forme financiarisée de la relation de crédit des collectivités locales françaises. De la crise à l'institutionnalisation." Thesis, Université de recherche Paris Sciences et Lettres, Paris. http://www.theses.fr/2018PSLEH142/document

———. 2021. "Dexia, ou la faillite d'une régulation du crédit local par le marché." Revue de la régulation 30 (Spring). https://doi.org/10.4000/regulation.18900

Gallo Triouleyre, Stéphanie. 2021. "Comment Saint-Etienne s'est désengagée de son dernier emprunt toxique." *La Tribune*, June 24. https://region-aura.latribune.fr/territoire/politique-publique/2021-06-24/comment-saint-etienne-s-est-desengagee-de-son-dernier-emprunt-toxique-887591.html

Institut National de la Statistique et des Études Économiques (INSEE). 2022. "La grille communale de densité à 4 niveaux." https://www.insee.fr/fr/information/2114627

Karroum, Ismaël. 2011. "Angoulême au bord de la cessation de paiement." *Charente Libre*, August 10. https://www.charentelibre.fr/politique/philippe-lavaud/angouleme-au-bord-de-la-cessation-de-paiement-6483550.php

Laurent, Lionel. 2012. "French Towns Launch Debt Strike over 'Toxic' Dexia Loans." Reuters, October 12. https://www.reuters.com/article/uk-france-dexia-mayors-idUKBRE89B0SI20121012

Monin, Christine. 2013. "Les banques ont ruiné ma ville." *Le Parisien*, March 25. https://www.leparisien.fr/week-end/les-banques-ont-ruine-ma-ville-25-03-2013-2669723.php

Oldani, Chiara. 2019. "On the Perils of Structured Loans Financing in France and Italy." *Global Policy* 10 (3): 391-96. https://doi.org/10.1111/1758-5899.12686

Pavard, Manuel. 2021. "Emprunts toxiques: la Ville de Sassenage finalement déboutée par la cour d'appel, la fin d'une longue bataille judiciaire." Place Gre'Net. October 27. https://www.placegrenet.fr/2021/10/27/emprunts-toxiques-la-ville-de-sassenage-finalement-deboutee-par-la-cour-dappel-la-fin-dune-longue-bataille-judiciaire/549610

Penn, Kameron, and Jack Schmidt. 2016. "Financial mathematics for actuaries." "FinancialMath" R package, Version 0.1.1, December. https://CRAN.R-project.org/package=FinancialMath

Sautot, Emmanuelle. 2012. "Tous pourris … par les prêts toxiques." Lyon Capitale, no. 713. https://www.lyoncapitale.fr/wp-content/uploads/2012/07/260154-ez-LC-713-p.-32-33.png

Sauvagnat, Julien, and Boris Vallee. 2021. "The Effects of Local Government Financial Distress: Evidence from Toxic Loans." *SSRN*, February 9. https://doi.org/10.2139/ssrn.3782619

黑帽駭客

註釋

For the events of the Bangladesh bank robbery, and amounts involved, we used Hammer (2018) and Kehrli (2017).

In the main text, the statement "there is widespread suspicion that a North Korean hacking group was responsible" is based on Frinkle (2017) and Cockery and Goldstein (2017). "Maia Santos-Deguito, who was convicted on eight counts of money laundering" is based on Lema (2019).

參考資料

Cockery, M., and M. Goldstein. 2017. "North Korea Said to Be Target of Inquiry Over $81 Million Cyberheist." *New York Times*, March 22. https://www.nytimes.com/2017/03/22/business/dealbook/north-korea-said-to-be-target-of-inquiry-over-81-million-cyberheist.html

Frinkle, Jim. 2017. "Cyber Security Firm: More Evidence North Korea Linked to Bangladesh Heist." Reuters, April 3. https://www.reuters.com/article/us-cyber-heist-bangladesh-northkorea-idUSKBN1752I4

Hammer, Joshua. 2018. "The Billion-Dollar Bank Job." *New York Times Magazine*, May 3. 43-48. https://www.nytimes.com/interactive/2018/05/03/magazine/money-issue-bangladesh-billion-dollar-bank-heist.html

Kehrli, Jerome. 2017. "Deciphering the Bangladesh Bank Heist." Niceideas.ch (blog). November 15. https://www.niceideas.ch/roller2/badtrash/entry/deciphering-the-bengladesh-bank-heist

Lema, Karen. 2019. "Philippine Court Orders Jail for Former Bank Manager over Bangladesh Central Bank Heist." Reuters, January 10. https://www.reuters.com/article/us-cyber-heist-philippines-idUSKCN1P40AG

第七章　管制與治理

註釋

The quote from Plautus, a comic dramatist from ancient Rome, is from: Oxford Reference. n.d. "Unexpected Always Happens." https://www.oxfordreference.com/display/10.1093/oi/authority.2011080311063831O;jsessionid=E6162A281F2214BF72662CB4188F16B3

警告標示
註釋

The history of the BCBS in the timeline is based on the Bank of International Settlements (n.d.) and the history of VaR on Holton (2002). The formula in the background is based on Danielsson et al. (2016, 89), formula A.1.

The cautionary tale about the case of LTCM is based on Jorion (2000) and Lowenstein (2000).

The statement "reaping returns of over 40 percent in 1995 and 1996" is based on Jorion (2000).

"In early 1998 they estimated that the probabilities of losing 5 to 20 percent were no more than 0.2. For example, a loss of 20 percent was only likely to happen in one out of fifty years" is based on Lowenstein (2000), which provides a detailed history of LTCM's rise and collapse.

參考資料

Bank of International Settlements. n.d. "History of the Basel Committee." https://www.bis.org/bcbs/history.htm

Danielsson, Jon, Kevin R. James, Marcela Valenzuela, and Ilknur Zer. 2016. "Model Risk of Risk Models." *Journal of Financial Stability* 23 (April): 79-91. https://doi.org/10.1016/j.jfs.2016.02.002

Holton, Glyn A. 2002. "History of Value-at-Risk: 1922-1998." Working Paper, Contingency Analysis, Boston, MA. http://stat.wharton.upenn.edu/~steele/Courses/434/434Context/RiskManagement/VaRHistlory.pdf

Jorion, Philippe. 2000. "Risk Management Lessons from Long-Term Capital Management." *European Financial Management* 6 (3): 277-300. https://doi.org/10.1111/1468-036X.00125

Lowenstein, Roger. 2000. *When Genius Failed: The Rise and Fall of Long-Term Capital Management*. New York: Random House.

全球／在地化治理
註釋

We used the IMF website for retrieving data on countries' voting shares in the governance of the fund (2023). For data on GDP and population we used IMF's World Economic Outlook (2021). Our estimates of walking distances between various buildings in Washington, DC, are based on Google Maps. For data and further information, see World Bank (2022, n.d.) and International Monetary Fund (2010, 2020, 2022, 2023).

參考資料

International Monetary Fund. 2001. "World Economic Outlook. Managing Divergent Recoveries." Washington, DC: IMF https://www.imf.org/en/Publications/WEO/Issues/2021/03/23/world-economic-outlook-april-2021

———. 2010. "IMF Board of Governors Approves Major Quota and Governance Reforms." Press release, December 16. https://www.imf.org/en/News/Articles/2015/09/14/01/49/pr10477

———. 2020. "Articles of Agreement of the International Monetary Fund." March. https://www.imf.org/external/pubs/ft/aa/index.htm

———. 2022. "What Is the IMF?" Updated April 2022. https://www.imf.org/en/About/Factsheets/IMF-at-a-Glance

———. 2023. "IMF Members' Quotas and Voting Power, and IMF Board of Governors." Updated July 31, 2023. Data included here was collected from the site in 2021. https://www.imf.org/en/About/executive-board/members-quotas

World Bank. 2022. "Member Countries." Updated December 19, 2022. https://www.worldbank.org/en/about/leadership/members

———. n.d. "Who We Are." https://www.worldbank.org/en/who-we-are

銀行中的銀行
註釋

Data on the years of establishment of central banks was collected from the websites of individual central banks. Data on central bank assets and GDP is from the International Monetary Fund (2021).

如同圖片中的註釋所述，最早成為歐元區的 11 個國家是奧地利、比利時、芬蘭、法國、德國、義大利、愛爾蘭、盧森堡、荷蘭、西班牙和葡萄牙。希臘於 2001 年加入。歐元於 2002 年 1 月 1 日開始在這 12 國間流通。

For the history of central banking we used Bordo and Siklos (2018), Cassis (2006), Federal Reserve Bank of St. Louis (n.d.), Goodhart (2018), Hautcoeur et al. (2014), Roberds and Velde (2014), and Siklos (2020). For a discussion of current political controversies on central banks' policies, see Ioannou et al. (2019).

參考資料

Bordo, Michael D., and Pierre L. Siklos. 2018. "Central Banks: Evolution and Innovation in Historical Perspective." In *Sveriges Riksbank and the History of Central Banking*, edited by R. Edvinsson, T. Jacobson, and D. Waldenström, 26-89. Cambridge: Cambridge University Press. https://doi.org/10.1017/9781108140430.002

Cassis, Y. 2006. *Capitals of Capital: A History of International Financial Centers, 1780-2005*. Cambridge: Cambridge University Press.

Federal Reserve Bank of St. Louis. n.d. "In Plain English—Making Sense of the Federal Reserve." https://www.stlouisfed.org/in-plain-english

Goodhart, Charles. 2018. "The Bank of England, 1694-2017." In *Sveriges Riksbank and the History of Central Banking*, edited by R. Edvinsson, T. Jacobson, and D. Waldenström, 143-71. Cambridge: Cambridge University Press. http://eprints.lse.ac.uk/89064/

Hautcoeur, Pierre-Cyrille, Angelo Riva, and Eugene N. White. 2014. "Floating a 'Lifeboat': *The Banque de France and the Crisis of 1889*." NBER Working Paper 20083. https://www.nber.org/papers/w20083

International Monetary Fund. 2021. International Financial Statistics. https://data.imf.org/?sk=4c514d48-b6ba-49ed-8ab9-52b0c1a0179b

Ioannou, Stefanos, Dariusz Wójcik, and Gary Dymski. 2019. "Too-Big-To-Fail: Why Megabanks Have Not Become Smaller since the Global Financial Crisis?" *Review of Political Economy* 31 (3): 356-81. https://doi.org/10.1080/09538259.2019.1674001

Roberds, William, and François R. Velde. 2014. "The Descent of Central Banks (1400-1815)." Paper written for the Norges Bank 2014 conference "Of the Uses of Central Banks: Lessons from History." https://www. norges-bank.no/contentassets/3fba8b3a3432407d929ae9218db1ffc4/ 11_roberds_and_velde2014.pdf

Siklos, Pierre. 2020. The Changing Face of Central Banking. Evolutionary Trends since World War II. Cambridge: Cambridge University Press.

法律權威

註釋

Data on the prevalence of English common law was based on GlobaLex (2023).

The top ten law firms were identified based on 2020 revenues, as reported on Law.com (2021). Data on their headquarters and office locations was collected manually from corporate websites in September 2021.

For information on the recent split of Dentons with the Chinese law firm Dacheng, see Thomas (2023).

Data on the home countries of litigants most often appearing in London's Commercial Court was based on Portland (2022).

Data on financial centers in non-common law countries that use English common law was based on the following:

Abu Dhabi—Sovereign (n.d.)

Astana—Norton Rose Fulbright (2018) Doha—Dahdal and Botchway (2020) Dubai—Allen (2020)

Shanghai—Great Britain China Centre (2014) Shenzhen—Erie (2020)

The main text was also based on Pistor (2019). For the role of Singapore, see, for example, Norton Rose Fulbright (2015).

參考資料

Allen, Jason Grant. 2020. "A Common Law Archipelago." Blackstone Chambers, October 15. https://www.blackstonechambers.com/news/ common-law-archipelago/

Dahdal, Andrew, and Francis Botchway. 2020. "A Decade of Development: The Civil and Commercial Court of the Qatar Financial Centre." *Arab Law Quarterly* 34: 59-73. doi:10.1163/15730255-12341045

Erie, M. A. 2020. "The New Legal Hubs: The Emergent Landscape of Inter- national Commercial Dispute Resolution." *Virginia Journal of International Law* 60 (2): 226-96. https://www.matthewserie.com/publications.html

GlobaLex. 2023. "International Law Research, Comparative Law Research, Foreign Law Research." Updated June 2023. https://www.nyulawglobal.org/ globalex/index.html?open=FLR

Great Britain China Centre. 2014. "Debate on Free Trade Zone Policy." November 14. https://www.gbcc.org.uk/news-events/2014/debate-on-free- trade-zone-policy

Law.com. 2021. "The 2020 Global 200." https://www.law.com/international-edition/2020/09/21/the-2020-global-200-ranked-by-revenue/ ?slreturn=20221012062506

Norton Rose Fulbright. 2015. "The Singapore International Commercial Court: A Challenge to Arbitration?" November. https:// www. nortonrosefulbright.com/en-gb/knowledge/publications/f65079aa/the- singapore-international-commercial-court-a-challenge-to-arbitration

———. 2018. "Inauguration of Astana's International Financial Centre." April. https://www.nortonrosefulbright.com/en/knowledge/publications/db1c0753/ inauguration-of-astanas-international-financial-centre

Pistor, K. 2019. *The Code of Capital: How the Law Creates Wealth and Inequality*. Princeton, NJ: Princeton University Press.

Portland. 2022. *Commercial Courts Report 2021*. https://portland-communications.com/publications/commercial-courts-report-2021/

Sovereign. n.d. "ADGM Free Zone." https://www.sovereigngroup. com/ abu-dhabi/corporate-services/adgm-free-zone/

Thomas, David. 2023. "Law Firm Dentons Splits with China's Dacheng as Counter-espionage Law Takes Hold." Reuters, August 9. https:// www.reuters.com/legal/legalindustry/law-firm-dentons-splits-with-chinas- dacheng-counter-espionage-law-takes-hold-2023-08-08/

離岸運作

註釋

The spread is inspired by Tørsløv et al. (2023), and the data is also reported on https://missingprofits.world/. Data used for the Sankey plot comes from the replication archive tables available at https:// gabriel-zucman.eu/ missingprofits/. Data for the upper section comes from Table C4; data for the lower section comes from Table C4x. Historical data for corporate tax rates was sourced from the raw data.

In the main text, the statement "In 2017, Google reported $23 billion revenue" is based on missingprofits.world (2022). The statement "such as Baker McKenzie" is based on Bowers (2017) and Freedberg et al. (2021). "In 2018, the US, UK, and China lost $50 billion, $23 billion, and $18 billion of corporate tax, respectively" is based on data available at https://missingprofits.world/. "In 2021, 136 countries agreed" is based on Giles et al. (2021).

To further explore the role of tax havens and the design of tax evasion schemes, see Garcia-Bernardo et al. (2017), Haberly and Wójcik (2015), Hines (2010), Dyreng et al. (2017), Jones et al. (2018), Kleinbard (2022), Phillips (2018), Zucman (2014), and Saez and Zucman (2019).

參考資料

Bowers, Simon. 2017. "Apple's Secret Offshore Island Hop Revealed by Paradise Papers Leak." *ICIJ: International Consortium of Investigative Journalists*, November 6. https://www.icij.org/investigations/ paradise-papers/apples-secret-offshore-island-hop-revealed-by-paradise- papers-leak-icij/

Dyreng, Scott D., Michelle Hanlon, Edward L. Maydew, and Jacob R. Thornock. 2017. "Changes in Corporate Effective Tax Rates over the Past 25 Years." *Journal of Financial Economics* 124 (3): 441-63. https://doi.org/10.1016/j.jfineco.2017.04.001

Freedberg, Sydney P., Agustin Armendariz, and Jesús Escudero. 2021. "How America's Biggest Law Firm Drives Global Wealth into Tax Havens." *ICIJ: International Consortium of Investigative Journalists*, October 4. https://www.icij.org/investigations/pandora-papers/baker- mckenzie-global-law-firm-offshore-tax-dodging/

Garcia-Bernardo, Javier, Jan Fichtner, Frank W. Takes, and Eelke M. Heemskerk. 2017. "Uncovering Offshore Financial Centers: Conduits and Sinks in the Global Corporate Ownership Network." *Scientific Reports* 7 (1): 6246. doi:10.1038/s41598-017-06322-9

Giles, Chris, Emma Agyemang, and Aime Williams. 2021. "136 Nations Agree to Biggest Corporate Tax Deal in a Century." *Financial Times*, October 8. https://www.ft.com/content/5dc4e2d5-d7bd-4000-bf94- 088f17e21936

Haberly, Daniel, and Dariusz Wójcik. 2015. "Tax Havens and the Production of Offshore FDI: An Empirical Analysis." *Journal of Economic Geography* 15 (1): 75-101. https://doi.org/10.1093/jeg/lbu003

Hines, James R. 2010. "Treasure Islands." *Journal of Economic Perspectives* 24 (4): 103-26. https://doi.org/10.1257/jep.24.4.103

Jones, Chris, Yama Temouri, and Alex Cobham. 2018. "Tax Haven Networks and the Role of the Big 4 Accountancy Firms." *Journal of World Business* 53 (2): 177-93. https://doi.org/10.1016/j.jwb.2017.10.004

Kleinbard, Edward D. 2022. "Stateless Income." *Florida Tax Review* 11 (9). https://doi.org/10.5744/ftr.2011.1009

missingprofits.world. 2022. "Close to 40% of Multinational Profits Are Shifted to Tax Havens Each Year." https://missingprofits.world/

Phillips, Tim. 2018. "The Missing Profits of Nations." *VoxTalks Economics* [podcast]. September 21. https://audioboom.com/posts/7009349-the- missing-profits-of-nations

Saez, Emmanuel, and Gabriel Zucman. 2019. *The Triumph of Injustice: How the Rich Dodge Taxes and How to Make Them Pay.* New York: W. W. Norton.

Tørsløv, Thomas, Ludvig Wier, and Gabriel Zucman. 2023. "The Missing Profits of Nations." *Review of Economic Studies* 90 (3): 1499-1534. https://doi.org/10.1093/restud/rdac049

Zucman, Gabriel. 2014. "Taxing across Borders: Tracking Personal Wealth and Corporate Profits." *Journal of Economic Perspectives* 28 (4): 121-48. https://doi.org/10.1257/jep.28.4.121

全世界的洗錢地

註釋

All data on anti–money laundering, financial secrecy, banking secrecy, and international legal cooperation is available from the Tax Justice

In the main text, "The term money laundering is said to have originated with Al Capone" is based on Debczak and Thompson (2021). "While many methods exist, the normal cycle has three stages" is based on the Financial Action Task Force (n.d.). "While its inherent nature makes it difficult to detect, the UN estimates that laundered money equates to 2 to 5 percent of global GDP each year" is based on the United Nations (n.d.). "For example, despite the UK being one of the most transparent countries, London is often described as the world's laundromat" is based on Thomas et

al. (2022).

More information on money laundering in Norway is available from the OECD (2014), on Moldova from the Organized Crime and Corruption Reporting Project (n.d.), on Tanzania from Mniwasa (2019), and on money laundering in the UK from the National Crime Agency (n.d.). On change in financial secrecy, see Janský et al. (2023).

參考資料

Debczak, Michele, and Austin Thompson. 2021. "The Myth of How Al Capone Gave Us the Term 'Money Laundering.'" Mental Floss, June 18. https://www.mentalfloss.com/article/502449/myth-how-al-capone- gave-us-term-money-laundering

Financial Action Task Force—GAFI. n.d. "Financial Action Task Force (FATF)." https://www.fatf-gafi.org/

Janský, Petr, Miroslav Palanský, and Dariusz Wójcik. 2023. "Shallow and Uneven Progress towards Global Financial Transparency: Evidence from the Financial Secrecy Index." *Geoforum* 141: 103728. https://doi.org/10.1016/j.geoforum.2023.103728

Mniwasa, Eugene E. 2019. "Money Laundering Control in Tanzania." *Journal of Money Laundering Control* 22 (4): 796-835. https://doi.org/10.1108/JMLC-10-2018-0064

National Crime Agency. n.d. "Money Laundering and Illicit Finance." https://www.nationalcrimeagency.gov.uk/what-we-do/crime-threats/money-laundering-and-illicit-finance

Organisation for Economic Co-operation and Development (OECD). 2014. "Norway Has Some Good Measures to Combat Money Laundering and Terrorist Financing, but Significant Weaknesses Undermine Overall Effectiveness, Says FATF." December 18. https://web-archive.oecd.org/ 2014-12-18/333640-norway-significant-weaknesses-undermine-overall- effectiveness-to-combat-money-laundering-and-terrorist-financing.htm

Organized Crime and Corruption Reporting Project. n.d. "Moldova Laundromat." https://www.occrp.org/en/component/tags/tag/moldova-laundromat

Tax Justice Network. 2020. "Financial Secrecy Index 2020 Reports Progress on Global Transparency—but Backsliding from US, Cayman and UK Prompts Call for Sanctions." February 18. https://taxjustice.net/press/financial-secrecy-index-2020-reports-progress-on-global-transparency-but-backsliding-from-us-cayman-and-uk-prompts- call-for-sanctions/

Thomas, Daniel, Laura Hughes, George Hammond, Stephen Morris, and Kate Beioley. 2022. "The 'London Laundromat': Will Britain Wean Itself off Russian Money?" *Financial Times*, March 4. https://www.ft.com/ content/cfb74ef3-13d2-492a-b8da-c70b6340ccdd

United Nations. n.d. "Money Laundering." UN Office on Drugs and Crime. https://www.unodc.org/unodc/en/money-laundering/overview.html

全球金融服務巨擘

註釋

The quantitative data used in this spread was hand-collected from corporate websites and annual reports (Deloitte, PwC, EY, KPMG), news articles, and special reports from various sources as part of the CityNet project (2022). Details about specific business services provided by the Big Four firms to private- and public-sector clients were found in ProPublica (n.d.a; n.d.b), PepsiCo. (2021), and Ernst & Young (n.d.).

參考資料

CityNet. n.d. Cities in Global Financial Networks: Financial and Business Services in the 21st Century [website]. https://www.citynet21.org/

Ernst & Young. n.d. "EY Law Deals." Ernst & Young official German website. https://ey-law.de/de_de/deals

PepsiCo. 2021. *PepsiCo Annual Report 2021: Winning with pep+ PepsiCo Positive.* https://www.pepsico.com/docs/default-source/annual-reports/ 2021-annual-report.pdf?sfvrsn=e04eec5e_0

ProPublica. n.d.a. "COVID-19 Vaccine Distribution and Administration Tracking." Tracking Federal Purchases to Fight the Coronavirus, Coronavirus Contracts. https://projects.propublica.org/coronavirus-contracts/contracts/ 75D30120C08239

———. n.d.b. "VAMS." Tracking Federal Purchases to Fight the Coronavirus, Coronavirus Contracts. https://projects.propublica.org/coronavirus- contracts/contracts/ 75D30121C10087

遠端評等

註釋

We use Moody's as an example of the three leading credit rating agencies. Locations of the lead rating analysts are accurate as of February 2021. All data was collected from the ratings page of each country on Moody's website (free and available upon subscription). The map would be similar, though not identical, if we used S&P or Fitch data instead. Sovereign credit ratings are indicators of creditworthiness (or else of likelihood of default) of national governments. Their importance lies in the fact that they usually provide a ceiling for ratings of all other entities in a country (e.g., subnational governments, banks, private and public firms). Empirical literature has shown that sovereign ratings exercise a significant impact on international capital flows (Ioannou 2017), banking stability (Gibson et al. 2017), and interest rates (Reisen and von Maltzan 1999; De Santis 2012).

For further information and discussion on credit rating agencies, see De Santis (2012), Fuchs and Gehring (2017), Gibson et al. (2017), Ioannou (2016, 2017), Ioannou et al. (2021), Reisen and von Maltzan (1999), Sinclair (2008), U.S. Securities and Exchange Commission (2018), and Sylla (2002).

參考資料

De Santis, Roberto. 2012. "The Euro Area Sovereign Debt Crisis: Safe Haven, Credit Rating Agencies and the Spread of the Fever from Greece, Ireland and Portugal." *European Central Bank Working Paper Series*, no. 1419. https://www.ecb.europa.eu//pub/pdf/scpwps/ecbwp1419.pdf

Fuchs, Andreas, and Kai Gehring. 2017. "The Home Bias in Sovereign Ratings." *Journal of the European Economic Association* 15 (6): 1386-1423. https://doi.org/10.1093/jeea/jvx009

Gibson, Heather D., Stephen G. Hall, and George S. Tavlas. 2017. "Self-Fulfilling Dynamics: The Interactions of Sovereign Spreads, Sovereign Ratings and Bank Ratings during the Euro Financial Crisis." *Journal of International Money and Finance* 73 (May): 371-85. https://doi.org/10.1016/j.jimonfin.2017.03.006

Ioannou, Stefanos. 2016. "The Political Economy of Credit Rating Agencies. The Case of Sovereign Ratings." PhD dissertation, University of Leeds.

———. 2017. "Credit Rating Downgrades and Sudden Stops of Capital Flows in the Eurozone." *Journal of International Commerce, Economics and Policy* 8 (3): 1750016. https://doi.org/10.1142/S1793993317500168

Ioannou, Stefanos, Dariusz Wójcik, and Vladimír Pažitka. 2021. "Financial Centre Bias in Sub-Sovereign Credit Ratings." *Journal of International Financial Markets, Institutions and Money* 70 (January): 101261. https://doi.org/10.1016/j.intfin.2020.101261

Reisen, Helmut, and Julia von Maltzan. 1999. "Boom and Bust and Sovereign Ratings." *International Finance* 2 (2): 273-93. https://doi.org/10.1111/1468-2362.00028

Sinclair, Timothy J. 2008. *The New Masters of Capital: American Bond Rating Agencies and the Politics of Creditworthiness.* Ithaca, NY: Cornell University Press.

Sylla, Richard. 2002. "An Historical Primer on the Business of Credit Rating." In *Ratings, Rating Agencies and the Global Financial System*, edited by Richard M. Levich, Giovanni Majnoni, and Carmen M. Reinhart, 19-40. New York: Springer. https://doi.org/10.1007/978-1-4615-0999-8_2

U.S. Securities and Exchange Commission (SEC). 2018. "Annual Report on Nationally Recognized Statistical Rating Organizations." Washington, DC.

高層變革

註釋

The spreads focus on the leaders of the top 275 financial and business services companies in the world, comprising the 100 largest banks and 25 largest companies from insurance, asset management, real estate, accounting, law, consulting, and fintech sectors each. Banking has a bigger representation as the sector most central to finance. The largest companies in each subsector were identified based on the following sources (all as of the end of March 2021): Banking—https://en.wikipedia.org/wiki/List_of_largest_banks Insurance—https://en.wikipedia.org/wiki/List_of_largest_insurance_companies Asset management—https://www.advratings.com/top-asset-managementfirms Real estate—https://www.forbes.com/sites/samanthasharf/2020/05/13/the-worlds-largest-public-real-estate-companies-2020/?sh=9dedc1762f46 Accounting—http://www.crowe.ie/wp-content/uploads/2017/02/IAB-2017_World-Survey.pdf Corporate law—https://en.wikipedia.org/wiki/List_of_largest_law_firms_by_revenue Consulting—https://www.consulting.com/top-consulting-firms Fintech—https://assets.kpmg/content/dam/kpmg/ch/pdf/fintech100-report-2019-en.pdf

For each company, information regarding the location of the operational headquarters and CEO (or equivalent) name, gender, and year of appointment was hand-collected from their official website.

人民的力量？

註釋

這張圖表著重展示那些歷史上著名的社會抗爭運動，這些運動明確或暗中反對全球金融力量的影響。我們從中選擇四種運動，在我們眼中，這些運動最能代表人民力量和金融力量之間的衝突，是最有代表性的。

第一類是債務減免運動，在這類運動團結了社會運動人士、學者和民權組織，希望能在 2000 年達成對窮國的無條件債務減免。在 1998 年的伯明罕 G7 高峰會上，超過 70,000 人組成一條長達 10 公里的人龍，高呼「打破債務的枷鎖」，圍繞會議場所，高呼「打破債務的枷鎖」。同年，千禧年 2000（Jubilee 2000）國際會議首次在羅馬召開，千禧年非洲（Jubilee Afrika）也在迦納阿克拉啟動，這象徵著這類運動在全球南方的開始。1999 年的科隆 G7 高峰會上，超過 40,000 名社會運動人士參加抗議。同年，運動開始向外擴展，在南非有千禧年南非（Jubilee South Africa）、亞洲有千禧年亞太（Jubilee Asia-Pacific），在拉丁美洲則有德古西加巴宣言（Declaration of Tegucigalpa）（Baillot 2021; Collins 1999）。

第二類著重於 1997-1998 年金融危機期間，東南亞的社會政治發展。1997 年，一家泰國銀行倒閉，引發了全東南亞的金融危機。泰國、南韓、印尼、寮國、馬來西亞和菲律賓，這類強勁、開放市場，且有韌性的經濟體，都受到企業倒閉和 IMF 緊縮措施的嚴重打擊（Crotty and Lee 2006）。在南韓，基層運動和工會抗議 IMF 協議，並呼籲建立社會安全網。泰國在實施 IMF 設計的緊縮政策六個月後，失業人數增加了 160 萬。在農村地區，連農民組織都在尋求債務減免，而城市中的失業者、貧困人口和工人階級則紛紛走上街頭（PBS n.d.; Mydans 1997; Sharma 2003）。

第三類著重於拉丁美洲的社會運動。在 1980 和 1990 年代，這些地區面臨了沉重的債務問題和外債危機。IMF、世界銀行和美洲開發銀行等國際機構介入，迫使拉丁美洲國家實施緊縮政策、私有化、金融自由化和勞動市場改革。這些改革通常以減薪和打擊工會的方式進行。1992 年，烏拉圭爆發了大規模示威，促使政府舉辦一場全國性公投，公投結果以 72% 的反對票，擋下了公共電信公司安特爾（ANTEL）的私有化（Harding 1992）。1999 年，玻利維亞和哥斯大黎加民眾，反對政府私有化供水系統和公共電力及電信公司的計畫（Almeida 2007; Alphandary 2000）。幾年後，阿根廷政府因貨幣貶值、資本出走和經濟衰退的多重壓力倒台，超過三分之二的城市居民失去了工作。IMF 此時推動財政審慎（fiscal prudency）和市場自由化。2001 年 12 月，勞工和失業者開始在布宜諾斯艾利斯和其他地區的街頭敲打鍋碗瓢盆，抗議政府的緊縮政策（Almeida 2007; Vilas 2006）。同年，瓜地馬拉人民組織了大規模抗議，反對 IMF 的加稅建議。2004 年，哥倫比亞人上街示威，公開反對總統烏里韋（Uribe）實施的 IMF 主導的緊縮措施。同年的巴西，無地農民運動組織（Movimento dos Trabalhadores Rurais Sem Terra, MST）開始爭取土地改革，要求實現土地和食物生產手段的平等和民主化（Latin America Data Base staff 2004; Navarro 2010）。最近，IMF 強迫阿根廷、厄瓜多和哥斯大黎加數千民眾起身反抗緊縮政策、反勞工改革和加稅，這標誌著拉丁美洲地區新一波社會動盪的開始。

第四類描述 2007 至 2009 全球金融危機之後的事件。全球經濟體系遭到國際金融系統信貸緊縮的重創後，長時間籠罩在經濟倒退、政治和社會動盪的陰霾中。2009 年，冰島人民經過一年的大規模示威後，政府終於決定舉行公投，詢問冰島人是否應該將冰島 GDP 的 90%，用來拯救快要倒閉的銀行。93% 的冰島人投下了反對票，公投遭到否決（Wade and Sigurgeirsdottir 2011）。2011 年初，威斯康辛州州長試圖通過一項取消公部門職員集體談判權的法案，而引起了大規模抗爭。數千名勞工、社運人士及支持者占領了州議會，這成為稍後全美各地占領運動的開端（Acar et al. 2011）。數個月後，超過 800 名抗爭者佔領了祖可蒂公園（Zuccotti Park），高舉「我們是 99%，你們才 1%」的標語（Earle 2012; Loucaides 2021; Lubin 2012）。與此同時，歐元區經歷了首次主權債務危機，希臘、愛爾蘭、葡萄牙、西班牙和意大利陷入了經濟通縮、緊縮政策和政治不穩定的螺旋中。首先在西班牙，接著希臘、葡萄牙、義大利、德國和比利時，數百萬憤怒的民眾占領公共空間，對抗銀行和三駕馬車。三駕馬車不僅強加了嚴苛的緊縮措施，還干涉了許多國家的民主進程，甚至推動銀行家擔任政府首腦（Gerbaudo 2017; Mew 2013）。

2011 年 10 月 15 日，「為 # 全球改變團結在一起」（United for #GlobalChange Intiative）啓動。全世界各地都爆發了示威和抗議活動，聲援那些受到危機影響的國家，要求實現真正的民主和對社會負責的金融系統改革。當天，全球共有 345 場示威活動。這些抗議活動地點的資料來自英國《衛報》（2011）。麥加・懷特對「占領華爾街」運動的評論出自加拿大《環球郵報》（Griffiths 2016）採訪時的發言。

參考資料

Acar, Taylan, Robert Chiles, Garrett Grainger, Aliza Luft, Rahul Mahajan, João Peschanski, Chelsea Schelly, Jason Turowetz, and Ian F. Wall. 2011. "Inside the Wisconsin Occupation." *Contexts* 10 (3): 50-55. https://doi.org/10.1177/1536504211418455

Almeida, Paul D. 2007. "Defensive Mobilization: Popular Movements against Economic Adjustment Policies in Latin America." *Latin American Perspectives* 34 (3): 123-39. https://doi.org/10.1177/0094582X07300942

Alphandary, Kim. 2000. "Report from Costa Rica on Mass Protests against Privatization of State-Owned Utilities." World Socialist Web Site, April 15. https://www.wsws.org/en/articles/2000/04/cr-a15.html

Baillot, Hélène. 2021. "A Well-Adjusted Debt: How the International Anti-Debt Movement Failed to Delink Debt Relief and Structural Adjustment." *International Review of Social History* 66 (S29): 215-38. https://doi.org/10.1017/S0020859021000146

Collins, Carole. 1999. "'Break the Chains of Debt!' International Jubilee 2000 Campaign Demands Deeper Debt Relief." *Review of African Political Economy* 26 (81): 419-22. http://www.jstor.org/stable/4006470

Crotty, James, and Kang-Kook Lee. 2006. "The Effects of Neoliberal 'Reforms' on the Postcrisis Korean Economy." *Review of Radical Political Economics* 38 (3): 381-87. https://doi.org/10.1177/0486613406290903

Earle, Ethan. 2012. "A Brief History of Occupy Wall Street." Rosa Luxemburg Stiftung, New York. http://crmintler.com/WWS/wp-content/uploads/2020/01/History-of-Occupy-Wall-Street-Earle.pdf

Gerbaudo, Paolo. 2017. "The Indignant Citizen: Anti-Austerity Movements in Southern Europe and the Anti-Oligarchic Reclaiming of Citizenship." *Social Movement Studies* 16 (1): 36-50. https://doi.org/10.1080/14742837.2016.1194749

Griffiths, Rudyard. 2016. "Micah White: 'Occupy Wall Street Was a Constructive Failure.'" *Globe and Mail*, March 18. https://www.theglobeandmail.com/opinion/munk-debates/micah-white-occupy-wall-street-was-a-constructive-failure/article29294222/

Guardian. 2011. "Occupy Protests around the World: Full List Visualised." https://www.theguardian.com/news/datablog/2011/oct/17/occupy-protests-world-list-map

Harding, Erika. 1992. "Uruguay: Upcoming Plebiscite on 'Privatization Law' Could Trigger Political Crisis." Albuquerque, NM. https://digitalrepository.unm.edu/notisur/10672

Latin America Data Base (LADB) staff. 2004. "Marches against President Uribe." October 22, Albuquerque, NM. https://digitalrepository.unm.edu/notisur/13311

Loucaides, Darren. 2021. "Did Occupy Wall Street Mean Anything at All?" Financial Times, September 17. https://www.ft.com/content/761f5219-f35e-43e6-88a2-4634f25fd1a9

Lubin, Judy. 2012. "The 'Occupy' Movement: Emerging Protest Forms and Contested Urban Spaces." *Berkeley Planning Journal* 25 (1): 184-97. https://doi.org/10.5070/BP325111760

Mew, Sue. 2013. "Contentious Politics: Financial Crisis, Political-Economic Conflict, and Collective Struggles—A Commentary." *Social Justice* 39 (1 [127]): 99-114. https://www.jstor.org/stable/41940970

Mydans, Seth. 1997. "Thousands of Thais Protest Bangkok's Inaction in Crisis." *New York Times*, October 22.

Navarro, Zander. 2010. "The Brazilian Landless Movement (MST): Critical Times." *REDES (Santa Cruz do Sul)* 15 (1): 196-223. https://www.redalyc.org/pdf/5520/552056847010.pdf

PBS. n.d. "Timeline of the Panic." *Frontline*. https://www.pbs.org/wgbh/pages/frontline/shows/crash/etc/cron.html

Sharma, Shalendra D. 2003. *The Asian Financial Crisis: Crisis, Reform and Recovery*. Manchester: Manchester University Press.

Vilas, Carlos M. 2006. "Neoliberal Meltdown and Social Protest: Argentina 2001-2002." *Critical Sociology* 32 (1): 163-86. https://doi.org/10.1163/156916306776150331

Wade, Robert H., and Silla Sigurgeirsdottir. 2011. "Iceland's Meltdown: The Rise and Fall of International Banking in the North Atlantic." *Revista de Economia Política* 31 (5): 684-97. https://doi.org/10.1590/S0101-31572011000500001

第八章　社會與環境

註釋

The quote is from: Mooney, Annabelle. 2018. The Language of Money. London: Taylor and Francis, p. 59.

不可跨越的紅線

註釋

圖表中的房市價格數據來自法國高等教育暨研究院（Ministère de l'Enseignement Supérieur et de la Recherche, MESR）資助的博士研究專案。當中收集了 2017 年開普敦市的 260 萬份地契原始數據，這些地契包含交易日期和交易價格的產權資料，並經過開普敦估價署的地籍圖形文件進行地理定位，並依住宅、商業物業等分類。最終資料樣本內包含 1984 至 2016 年間的 893,964 筆住宅物業交易資料和地理定位。房價已按 2016 年的蘭特價值進行通膨調整。

計算和繪製中位數房價所使用的空間單位，是根據南非統計局在 2011 年全國人口普查中的畫分（Statistics South Africa 2011）。有些單位經過人工調整，以更好地考慮未城市化的地區。對於每個空間單位，我們使用 Houssay-Holzschuch（1999）、Graham（2007）、Saff（1998）和 Western（1981）的地圖重現了《群體地區法》的分區情況。

後種族隔離時代的區域畫分，引用的是 Adrian Frith（2015）網站上的開普敦歷史拓樸地圖。在他的地圖中，印度人區域與有色人種區域被劃分在一起，原因是開普敦保留給印度人的區域非常稀少，而且兩個族群在開普敦殖民地的歷史中關係非常緊密，如同 Cape Malays 的例子所示。更多相關資料和方法論可參考 Migozzi（2020a）。

For more information on how real estate professionals participate in the production of unequal housing landscapes and racial segregation, see Aalbers (2011), Korver-Glenn (2021), and Taylor (2019). For more discussion on the relationships between segregation, lending policies, and housing markets in Cape Town and South Africa during and after apartheid, see Kotze and Van Huyssteen (1991), Lemanski (2011), Mabin and Parnell (1983), Marais and Cloete (2017), and Migozzi (2020b).

參考資料

Aalbers, Manuel B. 2011. Place, Exclusion, and Mortgage Markets. Sussex, UK: Wiley-Blackwell.

Frith, Adrian. 2015. "Historical Topographic Maps of Cape Town." https://adrian.frith.dev/historical-maps-of-ct/

Graham, Nancy. 2007. "Race and the Post-Fordist Spatial Order in Cape Town." Master's thesis, University of Cape Town, Cape Town, South Africa. http://hdl.handle.net/11427/7470

Houssay-Holzschuch, Myriam. 1999. *Le Cap, Ville Sud-Africaine: Ville Blanche, Vies Noires*. Paris: L'Harmattan.

Korver-Glenn, Elizabeth. 2021. *Race Brokers: Housing Markets and Segregation in 21st Century Urban America*. New York: Oxford University Press.

Kotze, N. J., and Van Huyssteen. 1991. "Redlining in the Housing Market of Cape Town." South African Geographer/Suid-Afrikaanse Geograaf 18 (1-2): 97-122.

Lemanski, Charlotte. 2011. "Moving up the Ladder or Stuck on the Bottom Rung? Homeownership as a Solution to Poverty in Urban South Africa." *International Journal of Urban and Regional Research* 35 (1): 57-77. https://doi.org/10.1111/j.1468-2427.2010.00945.x

Mabin, Alan, and Sue Parnell. 1983. "Recommodification and Working-Class Home Ownership." *South African Geographical Journal* 65 (2): 148-66. https://doi.org/10.1080/03736245.1983.10559681

Marais, Lochner, and Jan Cloete. 2017. "Housing Policy and Private Sector Housing Finance: Policy Intent and Market Directions in South Africa." *Habitat International* 61 (March): 22-30. https://doi.org/10.1016/j.habitatint.2017.01.004

Migozzi, Julien. 2020a. "A City to Sell: Digitalization and Financialization of the Housing Market in Cape Town: Stratification & Segregation in the Emerging Global City." PhD thesis, Université Grenoble Alpes. https://halshs.archives-ouvertes.fr/tel-03130133

———. 2020b. "Selecting Spaces, Classifying People: The Financialization of Housing in the South African City." *Housing Policy Debate* 30 (4): 640-60. https://doi.org/10.1080/10511482.2019.1684335

Saff, Grant R. 1998. *Changing Cape Town: Urban Dynamics, Policy and Planning During the Political Transition in South Africa*. New York: University Press of America.

Statistics South Africa. 2011. "2011 Census." http://www.statssa.gov.za/?page_id=3839

Taylor, Keeanga-Yamahtta. 2019. *Race for Profit: How Banks and the Real Estate Industry Undermined Black Homeownership*. Chapel Hill: University of North Carolina Press.

Western, John. 1981. *Outcast Cape Town*. London: Allen & Unwin.

是貴人？還是吸血鬼？

註釋

Data on the location of MFI headquarters comes from the World Bank (2020b). Data on the location of self-help groups comes from the National Rural Livelihood Mission (2020). The number of self-help groups per 1,000 women was calculated using population data from the Indian government (Population Census, 2011).

In the main text, the quote "liberate people's dreams and help the poorest of the poor to achieve dignity" is based on BNP Paribas (2017). The statement "His idea was simple: lend small amounts of interest-free money to women there to improve their lives—roughly the equivalent of US$27 each" is based on Munir (2014).

Stories around the map have the following sources:

Palamaner, Andhra Pradesh—Paul and John (2010)
Yavatmal, Maharashtra—Global Round Media (2020)
Kerala—World Bank (2020a)
Harhua, Uttar Pradesh—International Finance Corporation (n.d.)
Kolkata, West Bengal—Hindu (2013)
Bhubaneshwar, Odisha—ANI News (2021)

For more discussion on microfinance in India, see Nichols (2022) and

Sarkar and Chattopadhyay (2021).

參考資料

ANI New. 2021. "Mission Shakti Self Help Groups in Forefront of Urban Development in Odisha." https://www.aninews.in/news/

national/general-news/mission-shakti-self-help-groups-in-forefront-of-urban-development-in-odisha20210913101032/

BNP Paribas. 2017. "History of Microfinance: Small Loans, Big Revolution." https://group.bnpparibas/en/news/history-microfinance-small-loans-big-revolution

Global Round Media. 2020. "The Role of Lenders and Loans in Maharashtra's Farmer Suicides." https://www.globalgroundmedia.com/2020/02/06/the-role-of-lenders-and-loans-in-maharashtras-farmer-suicides/

Hindu. 2013. "Cheat Funds, Again." Editorial, April 26. Updated December 4, 2021. https://www.thehindu.com/opinion/editorial/cheat-funds-again/article4654467.ece

International Finance Corporation. n.d. "For Women in India, Small Loans Have a Big Impact." https://pressroom.ifc.org/all/pages/PressDetail.aspx?ID=15678

Munir, Kamal A. 2014. "How Microfinance Disappointed the Developing World." Conversation, February 17. https://theconversation.com/how-microfinance-disappointed-the-developing-world-23206

National Rural Livelihood Mission. 2020. SHG Report. https://nrlm.gov.in/shgReport.do?methodName=showIntensiveStateWiseReport

Nichols, Carly E. 2022. "The Politics of Mobility and Empowerment: The Case of Self-help Groups in India." *Transactions of the Institute of British Geographers* 47 (2): 470-83. https://doi.org/10.1111/tran.12509

Paul, George, and Sara John. 2010. "Comparative Analysis of MFI and SHG-Banking Models." Paper submitted for manager traineeship segment, Institute of Rural Management, Anand.

Population Census. 2011. *Indian Census for 2011*. https://www.census2011.co.in/

Sarkar, Suparna, and Subhra Chattopadhyay. 2021. "Significance of the Microcredit Delivery Models for Livelihood Upgradation: A Comparison Between SHGs-Bank Linkage Model and Micro Finance Institutions Model with Case Studies from Rural West Bengal, India." *SEDME (Small Enterprises Development, Management & Extension Journal): A Worldwide Window on MSME Studies* 48 (2): 192-202. https://doi.org/10.1177/09708464211068085

World Bank. 2020a. "In India, Women's Self-Help Groups Combat the COVID-19 (Coronavirus) Pandemic." April 11. https://www.worldbank.org/en/news/feature/2020/04/11/women-self-help-groups-combat-covid19-coronavirus-pandemic-india

———. 2020b. "MIX Market." World Bank Data Catalog. https://datacatalog.worldbank.org/search/dataset/0038647

培養金錢觀

註釋

For the rates of financial literacy around the world, we relied on Klapper et al. (2016). The data on the Human Development Index (HDI) comes from the United Nations Development Programme (n.d.). The HDI is a composite index that incorporates information about the human development of a country with respect to three dimensions: (1) long and healthy life, (2) knowledge, and (3) decent standard of living. The dimension of a long and healthy life is measured by the indicator of life expectancy at birth, whereas knowledge is quantified by the mean and expected years of schooling. Finally, the dimension of a decent standard of living is measured through the gross national income per capita in

purchasing power parity (PPP) dollars. Data on population per country was taken from the World Bank (2019). For academic studies that investigate the introduction of financial education programs in Africa and Asia, see Fatoki and Oni (2014), Grohmann (2018), Lyons et al. (2020), Messy and Monticone (2012), Organisation for Economic Co-operation and Development (2019), Refera et al. (2016), and Yoshino and Morgan (2016).

Fatoki and Oni (2014), Grohmann (2018), Lyons et al. (2020), Messy and Monticone (2012), Organisation for Economic Co-operation and Development (2019), Refera et al. (2016), and Yoshino and Morgan (2016).

參考資料

Fatoki, Olawale, and Olabanji Oni. 2014. "Financial Literacy Studies in South Africa: Current Literature and Research Opportunities." *Mediterranean Journal of Social Sciences* 5 (20): 409. https://doi.org/10.5901/mjss.2014.v5n20p409

Grohmann, Antonia. 2018. "Financial Literacy and Financial Behavior: Evidence from the Emerging Asian Middle Class." *Pacific-Basin Finance Journal* 48 (April): 129-43. https://doi.org/10.1016/j.pacfin.2018.01.007

Klapper, Leora, Annamaria Lusardi, and Peter van Oudheusden. 2016. "Financial Literacy Around the World: Insights from the Standard & Poor's Ratings Services Global Financial Literacy Survey." https://responsiblefinanceforum.org/wp-content/uploads/2015/12/2015-Finlit_paper_17_F3_SINGLES.pdf

Lyons, Angela C., Josephine Kass-Hanna, Fan Liu, Andrew J. Greenlee, and Lianyun Zeng. 2020. "Building Financial Resilience through Financial and Digital Literacy in South Asia and Sub-Saharan Africa." 1098.

ADBI Working Paper Series. Tokyo, Japan. https://www.adb.org/sites/default/files/publication/574821/adbi-wp1098.pdf

Messy, Flore-Anne, and Chiara Monticone. 2012. "The Status of Financial Education in Africa." 25. OECD Working Papers on Finance, Insurance and Private Pensions. https://www.oecd-ilibrary.org/docserver/5k94cqqx90wl-en.pdf

Organisation for Economic Co-operation and Development (OECD). 2019. *OECD/INFE Report on Financial Education in APEC Economies: Policy and Practice in a Digital World*. Paris. http://www.oecd.org/financial/education/2019-financial-education-in-apec-economies.pdf

Refera, Matewos Kebede, Navkiranjit Kaur Dhaliwal, and Jasmindeep Kaur. 2016. "Financial Literacy for Developing Countries in Africa: A Review of Concept, Significance and Research Opportunities." *Journal of African Studies and Development* 8 (1): 1-12. https://doi.org/10.5897/JASD2015.0331

United Nations Development Programme. n.d. "Human Development Reports." http://hdr.undp.org/en/content/download-data

World Bank. 2022. "Population, Total." https://data.worldbank.org/indicator/SP.POP.TOTL. Data for this spread is from the 2019 version of this page.

Yoshino, Naoyuki, and Peter Morgan. 2016. "Overview of Financial Inclusion, Regulation, and Education." ADBI Working Paper, no. 591. http://www.adb.org/publications/overview-financial-inclusion-regulation-and-education/%0A

經濟制裁

註釋

Data on financial sanctions is available from the Global Sanctions

Data Base (2021).

For more information on financial sanctions, see Arnold (2016), Drezner (2015), Felbermayr et al. (2020), Kirilakha et al. (2021), and Syropoulos et al. (2022).

參考資料

Arnold, Aaron. 2016. "The True Costs of Financial Sanctions." *Survival* 58 (3): 77-100. https://doi.org/10.1080/00396338.2016.1186981

Drezner, Daniel W. 2015. "Targeted Sanctions in a World of Global Finance." *International Interactions* 41 (4): 755-64. https://doi.org/10.1080/03050629.2015.1041297

Felbermayr, G., A. Kirilakha, C. Syropoulos, E. Yalcin, and V. Yotov. 2020. "The Global Sanctions Data Base." School of Economics Working Paper Series, 2020-02, LeBow College of Business, Drexel University.

Global Sanctions Data Base (GSDB). 2021. Data for this spread is from the 2019 version. https://www.globalsanctionsdatabase.com/

Kirilakha, Aleksandra, Gabriel Felbermayr, Constantinos Syropoulos, Erdal Yalcin, and Yoto Yotov. 2021. "The Global Sanctions Data Base: An Update that Includes the Years of the Trump Presidency." School of Economics Working Paper Series, 2021-10, LeBow College of Business, Drexel University.

Syropoulos, C., G. Felbermayr, A. Kirilakha, E. Yalcin, and Y. V. Yotov. 2022. "The Global Sanctions Data Base—Release 3: COVID-19, Russia, and Multilateral Sanctions." School of Economics Working Paper Series, 2022-11, LeBow College of Business, Drexel University. https://ideas.repec.org/p/ris/drxlwp/2022_011.html

探勘未來

註釋

主要圖表和地圖中的貿易資料來自 OEC（Observatory of Economic Complexity 2022）。各國每種礦物的貿易值以美元貿易價值加總，以計算該國在全球六種礦物貿易中的世界貿易額度占比。 顏色代表一個國家進口或出口額最高的礦物。舉例來說，中國的石墨出口額占比最大，鈷的進口額占比最大。

澳洲是世界最大的鋰生產國，主要以濃縮鋰的形式出口到其他地方進行精煉。由於 OEC 的資料只顯示碳酸鋰和氧化鋰的數據，因此 OEC 沒有澳洲的資料。我們把濃縮鋰加入全球貿易額的計算，推估出澳洲的鋰出口貿易額為 11 億澳元（Industry Australia，2021），並按 2020 年 6 月 30 日的匯率換算成美元。

倉儲和貿易資料參考城市網絡計畫（n.d.），計畫中記錄了電動汽車相關的金屬貿易資料。截至 2022 年 4 月，石墨和錳仍未在金屬交易所進行交易，其他四種礦物則已經在國際交易所上進行交易。在倫敦進行實物和期貨交易的金屬有銅、鈷和鎳。紐約僅提供鈷的期貨交易，但提供銅和鎳的實物及期貨交易（CME Group 2020）。鋰在中國無錫交易所以實物結算（Reuters 2021），但在倫敦和紐約只能以期貨交易（CME Group 2021; LME 2021）。亞洲市場對鋰的需求，決定了倫敦和紐約的鋰期貨價格。這些價格由進入中國、韓國和日本港口的即期價格決定。鹿特丹負責管理倫敦金屬交易所的鈷庫存，因此荷蘭在全球鈷出口市場占比非常大。此外，倫敦和紐約交易的鈷期貨價格，也是依照鹿特丹庫存價格計算。LME 認證倉庫資訊，參考 LME（2022）。

For reserves and production of minerals on the six smaller heatmaps, we use USGS (2022). Reserves are the identified geological deposits that can be extracted at a profit.

The statement "Glencore and Trafigura are key to the electric economy, trading EV minerals out of their headquarters in Switzerland" is based on Glencore (2021), Trafigura (2018), and Dobler and Kesselring (2019).

For more information, see the World Bank (2017) on the key role for minerals in the transition to a low-carbon future, the International Energy Agency (2021) highlighting that mineral production for EV batteries is more geographically concentrated than for fossil fuels, Economist (2022) on the geography of strategic minerals, Sovacool et al. (2020) on methods to develop sustainable minerals and metals for our low-carbon future, and Krauss (2021) and Narins (2017) on lithium in Bolivia.

參考資料

CityNet. n.d. Cities in Global Financial Networks: Financial and Business Services in the 21st Century [website]. https://www.citynet21.org/

CME Group. 2020. "Cobalt (Fastmarkets) Futures: A New Way to Manage Cobalt Price Risk." https://www.cmegroup.com/markets/metals/battery-metals/cobalt-metal-fastmarkets.html

———. 2021. "Lithium Futures: Take Charge of Price Risks Associated with Manufacturing Lithium-Ion Batteries." https://www.cmegroup.com/trading/metals/other/lithium-futures.html

Dobler, Gregor, and Rita Kesselring. 2019. "Swiss Extractivism: Switzerland's Role in Zambia's Copper Sector." *Journal of Modern African Studies* 57 (2): 223-45. https://doi.org/10.1017/S0022278X19000089

Economist. 2022. "The Transition to Clean Energy Will Mint New Commodity Superpowers. We Look at Who Wins and Loses." March 26. https://www.economist.com/finance-and-economics/2022/03/26/the-transition-to-clean-energy-will-mint-new-commodity-superpowers

Glencore. 2021. *Glencore Annual Report 2021*. https://www.glencore.com/.rest/api/v1/documents/ce4fec31fc81d6049d076b15db35d45d/GLEN-2021-annual-report-.pdf

Industry Australia. 2021. "Lithium. Resources and Energy Quarterly." June. https://publications.industry.gov.au/publications/resourcesandenergyquarterlyjune2021/infographics/June21-Lithium-hr.png

International Energy Agency (IEA). 2021. "The Role of Critical Minerals in Clean Energy Transitions." https://iea.bloh.core.windows.net/assets/ffd2a83b-8c30-4e9d-980a-52b6d9a86fdc/TheRoleofCriticalMineralsinCleanEnergyTransitions.pdf

Krauss, Clifford. 2021. "Green-Energy Race Draws an American Underdog to Bolivia's Lithium." *New York Times*, December 16. https://www.nytimes.com/2021/12/16/business/energy-environment/bolivia-lithium-electric-cars.html

LME. 2021. "LME Lithium Hydroxide CIF (Fastmarkets MB)." https://www.lme.com/en/Metals/EV/LME-Lithium-Hydroxide-CIF-Fastmarkets-MB#Trading+day+summary

———. 2022. "Warehouse Rents April 1, 2022-March 31, 2023." https://www.lme.com/Physical-services/Warehousing/Warehouse-charges

Narins, Thomas P. 2017. "The Battery Business: Lithium Availability and the Growth of the Global Electric Car Industry." *Extractive Industries and Society* 4 (2): 321-28. https://doi.org/10.1016/j.exis.2017.01.013

Observatory of Economic Complexity. 2022. "Trade Data for 2020." March 25. https://oec.world/en/profile/hs92

Reuters. 2021. "China's First Exchange-Traded Lithium Contract to Launch on July 5." July 2. https://www.reuters.com/article/us-china-lithium-contract-idUSKCN2E812U

Sovacool, Benjamin K., Saleem H. Ali, Morgan Bazilian, Ben Radley, Benoit Nemery, Julia Okatz, and Dustin Mulvaney. 2020. "Sustainable Minerals and Metals for a Low-Carbon Future." *Science* 367 (6473): 30-33. https://doi.org/10.1126/science.aaz6003

Trafigura. 2018. *Meeting the EV Challenge: Responsible Sourcing in the Electric Vehicle Battery Supply Chain.* November 13. https://www.trafigura.com/brochure/meeting-the-ev-challenge-responsible-sourcing-in-the-electric-vehicle-battery-supply-chain

USGS. 2022. *Mineral Commodity Summaries 2022.* https://doi.org/10.3133/mcs2022

World Bank. 2017. "The Growing Role of Minerals and Metals for a Low Carbon Future." Washington, DC. https://documents1.worldbank.org/curated/en/207371500386458722/pdf/117581-WP-P159838-PUBLIC-ClimateSmartMiningJuly.pdf

海哭的聲音

註釋

地圖使用 2019 年 7 月 26 日的衛星影像。為方便判讀，影像已經過人為編輯去除雲層。營養物排放量出自 Helcom（n.d.）。圖中介紹的各個北歐波羅的海藍色債券計畫出自北歐投資銀行（n.d.）。

Sources for the blue-bonds table are as follows:

Republic of Seychelles 2018—World Bank (2018) and McFarland (2021)
Nordic Investment Bank 2019—Nordic Investment Bank (2019)
World Bank 2019—Credit Suisse (2019) and World Bank (2019)
Bank of China 2020—Crédit Agricole (n.d.a)
Nordic Investment Bank 2020—Nordic Investment Bank (2020)
Qingdao Water Group 2020—Cbonds (2021)
Seaspan Corporation (Hong Kong) 2021—Atlas Corp. (2021)
Industrial Bank of China 2021—Crédit Agricole (n.d.b)
Belize Blue Investment Company 2021—Maki (2021)
Asian Development Bank 2021—ADB (2021)
BDO Unibank Philippines 2022—BDO Unibank (2022)
Banco Internacional Ecuador 2022—Symbiotics Investments (2022)
Government of Barbados 2022—Credit Suisse (2022)

圖表中的資料以美元計價。使用歷史外匯轉換資料計算時，依照債券發行日期將各地幣值轉換成美元。

In the main text, the statement "in 2010 generated an annual economic value of US$1.5 trillion" is based on World Bank (2023). "After their first bond was twice oversubscribed in 2019, the bank issued a second bond in 2020" is based on Nordic Investment Bank (2019, 2020).

For information on the Green Bond Principles, see International Capital Markets Association (2021). On the economic benefits of reducing eutrophication, see Roth et al. (2019) and Ahtiainen et al. (2014). On natural capital, see Nuveen (2022).

參考資料

ADB. 2021. "ADB Issues First Blue Bond for Ocean Investments." News release, September 10. https://www.adb.org/news/adb-issues-first-blue-bond-ocean-investments

Ahtiainen, Heini, Janne Artell, Mikołaj Czajkowski, Berit Hasler, Linus Hasselström, Anni Huhtala, Jürgen Meyerhoff, et al. 2014. "Benefits of Meeting Nutrient Reduction Targets for the Baltic Sea—a Contingent Valuation Study in the Nine Coastal States." *Journal of Environmental Economics and Policy* 3 (3): 278-305. https://doi.org/10.1080/21606544.2014.901923

Atlas Corp. 2021. "Seaspan Completes Significantly Upsized $750 Million Offering of Blue Transition Bonds." July 14. https://www.seaspancorp.com/wp-content/uploads/2021/07/2021-07-14-Seaspan-Completes-Significantly-Upsized-750-Million-Offering-of-Blue-Transition-Bonds.pdf

BDO Unibank. 2022. "BDO Issues First Blue Bond for US$100 Million." May. https://www.bdo.com.ph/news-and-articles/BDO-Unibank-Blue-Bond-USD-100-million-first-private-sector-issuance-southeast-asia-IFC-marine-pollution-prevention-clear-water-climate-goals-sustainability

Cbonds. 2021. "Domestic Bonds: Qingdao Water Group, 3.3%." https://cbonds.com/bonds/1040745/

Crédit Agricole. n.d.a. "Bank of China Issues Asia's Very First Blue Bonds." https://www.ca-cib.com/pressroom/news/bank-china-issues-asias-very-first-blue-bonds

———. n.d.b. "Inaugural Blue Bond and Covid-19 Resilience Bond Priced by the China Industrial Bank." https://www.ca-cib.com/pressroom/news/inau-gural-blue-bond-and-covid-19-resilience-bond-priced-china-industrial-bank

Credit Suisse. 2019. "World Bank and Credit Suisse Partner to Focus Attention on Sustainable Use of Oceans and Coastal Areas—the 'Blue Economy.'" November 21. https://www.credit-suisse.com/about-us-news/en/articles/media-releases/world-bank-blue-economy-201911.html

———. 2022. "Credit Suisse Finances Debt Conversion for Marine Conservation in Barbados." Press release, September 21. https://www.credit-suisse.com/about-us-news/en/articles/media-releases/cs-finances-debt-conversion-for-marine-conservation-in-barbados-202209.html

Helcom. n.d. "Thematic Assessment of Eutrophication, 2011-2016." http://stateofthebalticsea.helcom.fi/pressures-and-their-status/eutrophication/

International Capital Markets Association. 2021. "Green Bond Principles Voluntary Process Guidelines for Issuing Green Bonds." https://www.icmagroup.org/assets/documents/Sustainable-finance/2021-updates/Green-Bond-Principles-June-2021-100621.pdf

Maki, Sydney. 2021. "Belize Cures $553 Million Default with a Plan to Save Its Ocean." Bloomberg, November 5. https://www.bloomberg.com/news/articles/2021-11-05/belize-cures-553-million-default-with-a-plan-to-save-its-ocean

McFarland, Brian Joseph. 2021. "Blue Bonds and Seascape Bonds." In *Conservation of Tropical Coral Reefs*, 621-48. Cham: Palgrave Macmillan. https://doi.org/10.1007/978-3-030-57012-5_15

Nordic Investment Bank. 2019. "NIB Issues First Nordic-Baltic Blue Bond." Press release, January 24. https://www.nib.int/releases/nib-issues-first-nordic-baltic-blue-bond

———. 2020. "NIB Launches Five-Year SEK 1.5 Billion Nordic-Baltic Blue Bond." October 7. https://www.nib.int/releases/nib-launches-five-year-sek-1-5-billion-nordic-baltic-blue-bond

———. n.d. "NIB Environmental Bonds." https://www.nib.int/investors/environmental-bonds#blue_bonds

Nuveen. 2022. "Alternatives: Investing in Natural Capital." https://www.nuveen.com/global/insights/alternatives/investing-in-natural-capital

敲敲手指種棵樹

註釋

Data in the table on the right-hand side is based on the Policy

Research Center for Environment and Economy (2019). Data for the map on the left-hand side is sourced from the same report from the Policy Research Center for Environment and Economy (2019) as well as Ant (Financial) Group Sustainability Reports 2016, 2019, and 2020 (Ant Financial 2017; Ant Group 2020, 2021), China Green Carbon Foundation (2020), the IUCN Ant Forest GEP accounting report (Chinese Academy of Sciences and International Union for Conservation of Nature, 2021), and several newspaper articles (Phoenix Public Welfare, 2017; Shengnan and Hong, 2019; T. Chen, 2018; Yinuo, 2020).

In the caption next to the digital tablet, "the equivalent of total emissions over this period by countries like Iceland or Namibia" is based on Worldometer (n.d.).

In the caption under the digital tablet, "since a real one absorbs 17,900

grams of carbon dioxide in its lifetime"—The Ant Forest energy calculation formula is a scientific algorithm provided by the Beijing Environmental Exchange certification, which is equal to the reduction of carbon dioxide emissions. The Nature Conservancy (n.d.) was involved in the design of the energy calculations for the app.

For caption above the map, "the scheme also creates employment opportunities and contributes to incomes, including those in remote rural areas"—According to Zhang et al. (2021), Ant Forest has created 730,000 rural jobs, adding to the gross economic product. Projects that can provide secondary agricultural produce are often selected. Sea buckthorn has been planted by Ant Forest since 2018, producing berries that are turned into juice, providing additional economic benefits to farmers.

In the main text, we used the following sources: "600 million Alipay users have participated"—based on Pi (2019). "which awarded Ant Forest the UN Champions of the Earth prize in 2019"—based on the press review by the United Nations (2019).

For more information on Ant Forest, see Chen et al. (2020), Yang et al. (2018), and Zhang et al. (2021).

參考資料

Ant Financial. 2017. Ant Financial 2016 Sustainability Report: Moving Towards a Better Society for the Future. https://www.antgroup.com/en/news-media/media-library?type=Sustainability%20Report

Ant Group. 2020. Sustainability Report 2019: Towards a Better Society for the Future. https://www.antgroup.com/en/news-media/media-library?type=Sustainability%20Report

———. 2021. 2020 Sustainability Report: Digital Responsibility and Green Development Building a Better World Together. https://www.antgroup.com/en/news-media/media-library?type=Sustainability%20Report

Chen, Bo, Yi Feng, Jinlu Sun, and Jingwen Yan. 2020. "Motivation Analysis of Online Green Users: Evidence from Chinese 'Ant Forest.'" Frontiers in Psychology 11 (June): 1-9. https://doi.org/10.3389/fpsyg.2020.01335

Chen, Tingyu. 2018. "Ant Forest Wins the 2018 China Corporate Social Responsibility Summit Green Award." Sohu, December 28. https://www.sohu.com/a/285203255_267106

China Green Carbon Foundation. 2020. Annual Report. http://www.forestry.gov.cn/html/thjj/thjj_4929/20210412224012277833125/file/20210412224209990119619.pdf

Chinese Academy of Sciences and International Union for Conservation of Nature. 2021. Ant Forest 2016-2020 Gross Ecosystem Product (GEP) Accounting Report of Afforestation Projects. 螞蟻森林 2016-2020 年造林項目生態系統生產總值 (GEP) 核算報告。

Nature Conservancy. n.d. Natural Climate Solutions: Unlocking the Potential of the Land Sector in China. https://www.nature.org/content/dam/tnc/nature/en/documents/TNC_Natural_Climate_Solutions_CHINA.pdf

Phoenix Public Welfare. 2017. "'Ant Forest' Was Shortlisted for the 'Annual Charity Creativity' of the 2017 Charity Ceremony of the Activist Alliance." ifeng.com, November 15. https://gongyi.ifeng.com/a/20171115/44762391_0.shtml

Pi, Lei. 2019. "Internet Tree Planting Has Been Recognized by the State. Nearly 2 Million Netizens Have Received Certificates of Voluntary Tree Planting for the Whole People." China Philanthropy Times, January 7. http://www.gongyishibao.com/html/gongyizixun/15830.html

Policy Research Center for Environment and Economy. 2019. "Research Report on Low-Carbon Lifestyle of the Public under the Background of Internet Platform." http://www.prcee.org/yjcg/yjbg/201909/W020190909692854952540.pdf

Shengnan, Wang, and Huang Hong. 2019. "In 2019, the 'Ant Forest' Public Welfare Afforestation Project Passed the Review." China Green Times, January 18. http://grassland.china.com.cn/2019-01-18/content_40647896.html

United Nations. 2019. "Champion of the Earth 2019—Ant Forest." Video. UN Environment Programme. https://www.unep.org/championsofearth/laureates/2019/ant-forest

Worldometer. n.d. "CO2 Emissions by Country." https://www.worldometers.info/co2-emissions/co2-emissions-by-country/

Yang, Zhaojun, Xiangchun Kong, Jun Sun, and Yali Zhang. 2018. "Switching to Green Lifestyles: Behavior Change of Ant Forest Users." International Journal of Environmental Research and Public Health 15 (9): 1819. https://doi.org/10.3390/ijerph15091819

Yinuo, Liu. 2020. "In Addition to Planting Trees, the Carbon Trading Market behind the Ant Forest." OFweek, July 17. https://mp.ofweek.com/ecep/a656714090027

Zhang, Yufei, Jiayin Chen, Yi Han, Mengxi Qian, Xiaona Guo, Ruishan Chen, Di Xu, and Yi Chen. 2021. "The Contribution of Fintech to Sustainable Development in the Digital Age: Ant Forest and Land Restoration in China." Land Use Policy 103 (April): 105306. https://doi.org/10.1016/j.landusepol.2021.105306

你的投資組合著火了嗎？

註釋

All data on the carbon footprint and the temperature for individual companies and sectors is based on a proprietary methodology developed by Lombard Odier. For further details on the methodology, see Portfolio Alignment Team (2020).

碳足跡（圖表中的 Y 軸）衡量該投資組合與氣候變遷之間的關聯程度。碳足跡可以分為三個範疇。範疇一是所有該公司或旗下機構活動產生的直接排放量。範疇二包括由公司直接運營產生的發電、蒸汽，或其他能源消耗所產生的間接排放。範疇三指的是所有來自公司活動，但不是由公司擁有或控制的排放源所產生的間接排放。範疇三的排放包括公司供應鏈中的多個間接排放源（上游排放），及公司擁有或控制運營的下游排放（公司產品或服務使用階段的排放，例如使用汽車製造商生產的卡車時，所產生的排放）。

氣溫控制（Temperature alignment）衡量的是公司碳排放量的預期變化，而不是公司的當前排放總量。當前排放總量是由碳足跡來衡量的。換句話說，氣溫控制衡量評估排放量的變化趨勢，碳足跡只測量當前的排放量。舉例來說，氣溫控制研究方法讓我們可以預估福斯汽車會造成 2.0°C 的氣候改變。這代表如果經濟體中其他企業也都追求與福斯汽車類似的減碳措施，全球氣溫到 2100 年將上升 2.0°C。

隆奧銀行的分析方法結合了碳足跡和氣溫控制評估。如果只考量碳足跡，會使得投資人集中在低碳產業和投資上，但這樣的作法會忽略了在碳排放量較高的行業中尋找解決方案的必要性。這些高碳產業才是更急迫需要轉型，且他們的減碳影響最大。透過隆奧銀行的分析方法，我們將不再忽視對氣候最具影響的高碳產業，因為這些高碳產業既是經濟的重要支柱，也最迫切需要減碳的。這些公司屬於難以減排的行業，如農業、水泥、鋼鐵、化工、能源、材料、建築和運輸。隆奧銀行將這些高碳產業稱為「冰磚」，這是因為他們了解轉型緊迫性，追求淨零排放，只要這些產業達成目標，那麼一個經濟體或投資組合的綜合溫度就會具體下降。隆奧銀行也同時追蹤那些沒有在努力達成淨零排放的高碳產業。該銀行標記他們為「火中柴薪」，因為正是這些公司在「碳化」，也就是產生大量排放，而且沒有採取轉型措施。這些公司尚未承諾為氣候變遷做出轉型，可能面臨擱淺資產之類的重大風險，或無法在碳管制的世界中繼續運營。如果今天投資這些公司，除非進行有效的積極參與來鼓勵其改變軌跡，否則會不成比例地提高投資組合的溫度。

For a detailed methodological discussion and an empirical demonstration of temperature alignment, see Lombard Odier (2021).

此圖（包含圖表）的提供僅供參考，且不應被當作法律、財務、金融、經濟或任何其他領域專業建議，並且請勿將此圖或圖表當成投資決策參考素材。

參考資料

Lombard Odier. 2021. "Designing Temperature Alignment Metrics to Invest in Net Zero: An Empirical Illustration of Best Practices." https://am.lombardodier.com/sg/en/contents/news/white-papers/2021/july/designing-temperature-alignment.html

Portfolio Alignment Team. 2020. *Measuring Portfolio Alignment: Assessing the Position of Companies and Portfolios on the Path to Net Zero.* https://www.tcfdhub.org/wp-content/uploads/2020/10/PAT-Report-20201109-Final.pdf

崇高的目標
註釋

The main source of data for this spread is the Public Development Banks Database (https://www.nse.pku.edu.cn/dfidatabase/index.htm), which was compiled by the Finance in Common initiative (https://financeincommon.org/) with the collaboration of the Institute of New Structural Economics of Beijing University and the French Development Agency. A research study, Xu et al. (2021), acts as the reference point of this project. The estimates for the annual financing needs for achieving the sustainable development goals by 2030 and net-zero emissions by 2050 were made by the Force for Good Foundation (2021) and the International Energy Agency (2021), respectively. For the indicators of world GDP, we used the World Economic Outlook Database from the IMF (n.d.), and for global credit and global financial assets, we relied on estimates from the Financial Stability Board (2020).

參考資料

Financial Stability Board. 2020. *Global Monitoring Report on Non-Bank Financial Intermediation.* https://www.fsb.org/2020/12/global-monitoring-report-on-non-bank-financial-intermediation-2020/

Force for Good Foundation. 2021. Capital as a Force for Good: Capitalism for a Sustainable Future. https://www.forcegood.org/frontend/img/2021_report/pdf/final_report_2021_Capital_as_a_Force_for_Good_Report_v_F2.pdf

International Energy Agency. 2021. *Net Zero by 2050: A Roadmap for the Global Energy Sector.* https://iea.blob.core.windows.net/assets/20959e2e-7ab8-4f2a-b1c6-4e63387f03a1/NetZeroby2050-ARoadmapfortheGlobalEnergySector_CORR.pdf

International Monetary Fund. n.d. World Economic Outlook database. https://www.imf.org/en/Publications/SPROLLs/world-economic-outlook-databases#sort=%40imfdate%20descending

Xu, J., R. Marodon, X. Ru, X. Ren, and X. Wu. 2021. "What Are Public Development Banks and Development Financing Institutions?—Qualification Criteria, Stylized Facts and Development Trends." *China Economic Quarterly International* 1 (4), 271-94. https://doi.org/10.1016/j.ceqi.2021.10.001

錢都去哪裡了？
註釋

Data on the distribution of satellites comes from the Union of Concerned Scientists (2005). Data on equity investments in the space economy is from Space Capital (2023).

More information on the Gaofen satellites is available from Jones (2022), on the Greenhouse Gases Observing Satellite from the GOSAT Project (n.d.), on the Cyclone Global Navigation Satellite System from NASA (2019). More information on spatial finance is available from the Spatial Finance Initiative (2021).

參考資料

GOSAT Project. n.d. "Instruments and Observational Methods." https://www.gosat.nies.go.jp/en/about_%ef%bc%92_observe.html

Jones, Andrew. 2022. "China Launches New Gaofen 12 Earth Observation Satellite." Space.com, July 1. https://www.space.com/china-launches-gaofen-12-satellite

NASA. 2019. "Cyclone Global Navigation Satellite System (CYGNSS)." Updated December 12. https://www.nasa.gov/cygnss

Space Capital. 2023. "Space Investment Quarterly Reports." *Space Investment Quarterly.* https://www.spacecapital.com/quarterly

Spatial Finance Initiative. 2021. *Report: State and Trends of Spatial Finance 2021.* https://www.cgfi.ac.uk/wp-content/uploads/2021/07/SpatialFinance_Report.pdf

Union of Concerned Scientists. 2005. "UCS Satellite Database." Reports & Multimedia. Updated January 1, 2023. https://www.ucsusa.org/resources/satellite-database

----

製圖參考

製圖上的細節內容（公路、河川、國界等）我們以 Natural Earth 作為主要參考來源，必要時進行微調。更為精緻細節的地圖，我們參考 OpenStreetMap。這兩項資源難能可貴，我們非常感謝製作和維持它們的人們。此外，我們的地形資料部分取自 NASA 的 SRTM。其他地圖參考資料詳見備註和參考資料章節。

人類一路走來，都與金錢相伴、相依，讓我們一起掌握金融的力量，建構地球美好的未來。

謝辭

《金錢大地圖》能夠成書，必須感謝許多人們和組織。達里烏什·沃伊西克爭取到歐洲研究院主持的歐盟展望2020（Horizon 2020）「全球金融網絡中的城市：二十一世紀的金融與商業服務發展」計畫資金。本書也牛津大學地理暨環境學院資助。理察·霍爾登（Richard Holden）在管理計畫資金上提供了非常大的幫助。沃伊西克曾受高登·L·克拉克的指導，與丹尼爾·哈伯利（Daniel Haberly）合作，並受到與丹尼·多林（Danny Dorling）、楊偉聰（Henry Yeung）、菲利普·歐尼爾（Phillip O'Neill）、衛武（Wei Wu）、金融地理全球研究網絡社群（Global Network on Financial Geography, FinGeo）和修課學生的對話啓發。沃伊西克在2023年4月擔任洛克斐勒基金會貝拉焦中心駐點研究員（Rockefeller Foundation Bellagio Resident）時，開始著手完成本書的最終稿，並受到帕亞爾·阿羅拉（Payal Arora）、克里斯·本納（Chris Benner）、羅斯·博斯韋爾（Rose Boswell）、格雷格·費雪（Greg Fischer）、瑪麗亞·弗洛羅（Maria Floro）、卡倫·格羅恩（Caren Grown）、瑪麗亞·科茲羅斯基（Maria Kozloski）、謝蘭德拉·庫馬爾（Shailendra Kumar）、愛麗絲·盧佩托（Alice Luperto）、桑吉姆倫蓋亞（Sungi Mlengeya）、皮拉爾·帕拉西亞（Pilar Palacia）、曼努埃爾·帕斯特（Manuel Pastor）、賈斯敏·帕特赫賈（Jasmeen Patheja）、埃米利亞諾·羅德里格斯-諾伊施（Emiliano Rodriguez-Neusch）、迪亞·薩米納西（Diah Saminarsih）、拉吉夫·沙阿（Rajiv Shah）以及莫拉拉·伍德（Molara Wood）的幫助。薇薇安·迪·利奧（Viviana Di Leo）為沃伊西克提供學位升等的建議。在達里烏什花上數千小時編寫本書的過程中，妻子安娜·扎勒夫斯卡（Anna Zalewska）全心全意地支持他。

帕那約提斯·伊利奧普洛斯感謝他的同事兼好友阿肖克·庫馬爾（Ashok Kumar）、喬治·迦樂尼斯（Giorgos Galanis）、喬治·古祖利斯（Giorgos Gouzoulis）和哈里斯·康斯坦丁尼迪斯（Harris Konstantinidis）四人的建議。他也非常感謝這些年來家人的支持和包容，包含他的妻子達娜伊（Danai）、雙親埃利亞斯（Elias）和帕戈納（Pagona）及姐妹特妲（Teta）。

斯特凡諾斯·伊安努感謝指導教授蓋瑞·捷姆斯基（Gary Dymski）。他也感謝雙親亞尼·伊安努（Yanni Ioannou）和瑪莉卡·法蘭加契斯（Marica Frangakis）、妻子伊莎貝拉·貝爾東尼（Isabela Bertoni），以及在本書成書過程中誕生的兒子里昂·伊安努（León Ioannou）。有了妻子的付出，斯特凡諾斯才能每晚安睡。

連恩·基南想要感謝本書共同作者們的創意和溝通，讓他得以享受本書的製作過程。連恩也非常依賴他母親德妮絲（Denise）毫不動搖的支持和溫情。

朱利安·米戈齊感謝本書漫長成書過程中一同努力的所有夥伴，其中包含路德維希·威爾（Ludwig Wier）、艾德瓦多·費拉佐（Edoardo Ferlazzo）和皮耶·羅梅拉（Pierre Romera），與這三人的討論對米戈齊幫助很大。他也感謝索弗拉諾餐廳（Il Sovrano）提供的美味咖啡，和R社群的程式集和關於開放科學的秘訣。如果不是他們，就沒有今天這本書。最後，他希望能表達對家人和朋友的感謝，感謝他們願意聽他分享。

提莫西·孟提斯感謝城市網絡的成員。謝謝他們張開雙臂歡迎他加入金融地理領域，也感謝他們提供的協助。他也想要感謝他的伴侶丹妮爾·克忒絲（Danielle Cutts）的建議、回饋和靈感，這些都成為了他為本書撰稿時的莫大助力。

弗拉迪米爾·帕日特卡感謝他的研究合作夥伴，包含伊莎貝兒·羅蘭（Isabelle Roland）、盧克·米爾森（Luke Milsom）、希奧多·科若亞努（Theodor Cojoianu）、大衛·巴森斯（David Bassens），和麥可·范·密特倫（Michiel van Meeteren）。他們的研究著述都是本書靈感和點子的來源。他也要感謝他的伴侶梅格·巴斯托（Meg Barstow）的美學美感，幫助他審視文中的圖表，以及提醒他能夠擁有這個機會是多麼地幸運。最後，他想要感謝他的雙親弗拉迪米爾（Vladimír）和羅莎莉雅（Rozália），他們是他最忠實的支持者。

莫拉格·托蘭斯受到氣候工作基金會（ClimateWorks）的資助，得以發展本書中經濟永續發展的相關論述。她感謝她的指導教授高登·L·克拉克給予她鼓勵，並感謝她的丈夫柯林·麥克唐諾（Collin McDonald）願意支持她回到經濟地理學的世界。她也要感謝她的孩子們，現在地圖和財務對他們來說是常見的餐桌話題了。

麥可·厄班感謝他的同僚、博士候選人克里斯多福·卡明克（Drs. Christopher Kaminker）和湯瑪士·霍內-斯帕伯斯（Thomas Höhne-Sparborth），以及高登·L·

克拉克，感謝他們願意與分享時間和知識給自己。

詹姆斯·契爾夏和奧利佛·伍博帝感謝沃伊西克願意將夢想託付給他們。能夠有機會設計一本和鈔票一樣美麗的書是個令人開心的體驗。

除了共同作者群以外，我們地圖也受到許多人們的啓發，包含以下：

牛津大學，艾咪·伯賈德（Amy Bogaard）
上海交通大學，陳睿山（Ruishan Chen）
牛津大學阿什莫林博物館，保羅·柯林斯（Paul Collins）
倫敦大英博物館，貝瑞·庫克（Barrie Cook）
劍橋大學賈奇商學院），艾洛伊·迪姆森（Elroy Dimson）
澳洲格里菲斯大學，麥可·E·德魯（Michael E. Drew）
牛津大學，克里斯·豪戈果（Chris Howgego）
牛津大學，馬雷克·揚科維亞克（Marek Jankowiak）
倫敦商學院，保羅·馬許（Paul Marsh）
格拉斯哥大學，史蒂芬·穆倫（Stephen Mullen）
倫敦商學院，邁克·斯丹頓（Mike Staunton）

我們也非常感謝耶魯大學出版社的塞斯·狄奇克（Seth Ditchik）願意信任我們的計畫，感謝亞曼達·吉爾史坦菲爾（Amanda Gerstenfeld）和喬許·帕諾斯（Josh Panos）的幫忙、感謝喬伊斯·伊波里托（Joyce Ippolito）和瑪妮·魏斯（Marnie Wiss）鷹眼般的文案編輯、珍雅·溫雷伯（Jenya Weireb）引導我們製作出版這本書，也感謝達斯汀·基高爾（Dustin Kilgore）為奧利佛精美的地圖集封面設計提供許多建議。我們也要感謝提案和初稿的匿名審查委員們。

我們也受惠於將近兩百名學生出色的工作。他們的能力、專注和創意總是令我們驚艷。牛津大學微型實習計畫的卡勒姆·布坎南（Callum Buchanan）和凱倫·卡拉辛斯卡（Karan Karasinska）協助我們安排這些實習機會。這個計畫是由達里烏什和安娜的朋友寶琳娜·裘絲（Paulina Kewes）介紹給我們的。

我們的專案參與者們

Fatimah Ahmadi, Hacer Akay, M. Ahsan Al Mahir, Vitor Alcalde, Alice Ardis, David Asamoah, Vittoria Baglieri, Bianca Barilla, Leo Bartels, Frederick Bate, Oana Bazavan, Joseph Beaden, Emil Beddari, Paula Bejarano Carbo, Enrico Benassi, Gabriele Brasaite, Catherine Brewer, Amy Brooks, Evangeline Burrowes, Edward Campbell, Matthew Campbell, Lucy Cawkwell, Ka Long Chan, Alexander Charters, Mary Chen, Chunfang Cheng, Ian Cheung, Jay Chitnavis, Madeline Connolly, Charles Croft, Tara Daemi, Alessandra David, Yasaman Davoudzadeh, Anas Dayeh, Ken Deng, Nina Djukanovic, Catherine Downie, Sarah Duffy, Baltazar Dydensborg, Jordan Edwards-Zinger, Jake Elliott, Ozan Erder, Harriet Eyles, Felix Fabricius, Manhon Fan, Chloe Fox-Robertson, Hanbo Gao, Zilin Gao, Hannah Gardner, Khanh Giang, Isabella Godley, Anthony Gosnell, Christopher Grassick, Brooklyn Han, Yang Han, Benjamin Harrison, Oliver Harvey-Rich, Thomas Hazell, Dominic Hill, Krisha Hirani,

Daniel Hoos, Tianjie Huang, Louis Hudson, Yuedan Huo, Polina Ivanova, Leyi Jiang, Yuzhe Jin, Huw Jones, Daisy Joy, Alexa Kaminski, Daniel Kandie, Miles Keat, Edmund Kelly, Robert Kilgour, Halim Kim, Nile Kirke, Tarun Koteeswaran, Pierre Lanaspre, Woon Sing Lau, Nathan Lawson, Kaitlyn Lee, Antoine Levie, Benjamin Lewis, Haibei Li, Tianjin Li, Yu-Yang Lin, Harry Linehan-Hill, Rebecca Liu, Quentin Louis, Anisha Mace, Hamzah Mahmood, Karishma Malhotra, Megan Mantaro, Yingsu Mao, Ebba Mark, Sarah Marshall, Jasper McBride-Owusu, Nathanael McKibbin, Mika Erik Moeser, Samiha Mohsen, Georgi Nedyalkov, Filip Nemecek, Gabriel Ng, Thomas Noe, Natan Ornadel, Ishaan Parikh, Zachary Parsons, Jacobus Petersen, Anja Petrovic, Anna Polensky, Dylan Price, Natalia Puczek, Geoffrey Pugsley, Wei Qiang, Jiahe Qiu, Sunny Ramamurthy, Tanae Rao, Samuel Redding, William Reeves, Viggo Rey,

Simone Rijavec, Phoebe Rodgers, Ifan Rogers, Dillon Roglic, Emily Rosindell, Heather Russell, Ipek Şahbazoğlu, Indrajeet Sahu, Simon Sällström, Mipham Samten, Piotr Sawicki, Avantika Sengupta, Arushi Sharan, Yujie Shen, Yiming Sheng, Junze Shi, Muyang Shi, Amita Singh, Nina Skrzypczak, Lunchen Song, Ruoxi Sun, Sawyer Suzuki, Emma Jiayue Tao, Nayah Thu, Christopher Uren, Beatrice Vernon, Hataipatara Vinaiphat, Natalie Vriend, Yuanjun Wan, Adrian Wang, Andrew Wang, Hanxi Wang, Yiqiao Wang, Yujie Wang, Lucy Weatherill, Moritz Weckbecker, Zhenhao Wen, Lumi Westerlund, Alexander Westwell, Bethan White, Timothy Williams, Hong Wong, Nicholas Wong, Harry Wright, Hung-Jen Wu, Yu Xiao, Qiuyi Xie, Chenhao Xue, Jiaqi Yu, Hanwen Zhang, Hengyi Zhang, Jingwei Zhang, Katie Zhang, Qingyang Zhang, Yang Zhang, Ziyang Zhang, Jiahe Zhu, Guy Zilberman

圖片貢獻 Image Credits

關於作者

這本地圖集由牛津大學地理暨環境學校（School of Geography and the Environment）的跨國研究者團隊共同合著。第一作者是達里烏什・沃伊西克，並由詹姆斯・契爾夏和奧利佛・伍博帝擔任計畫主持人，並同時負責設計本書的地圖和視覺圖。

團隊構成背景橫跨各領域，包含地理學（連恩・基南和朱利安・米戈齊）、經濟學（斯特凡諾斯・伊安努和弗拉迪米爾・帕日特卡）、政治經濟學（帕那約提斯・伊利奧普洛斯），以及社會學（提莫西・孟提斯），此外還有麥可・厄班、莫拉格・托蘭斯為我們帶來金融產業寶貴的實務經驗。

達里烏什・沃伊西克博士是新加坡國立大學金融地理學教授，同時也是牛津大學聖彼得學院地理和環境學校的名譽研究員。他是金融地理全球研究網絡的理事，並且同時擔任研究期刊《金融與空間》（*Finance and Space*）的主編。沃伊西克曾經獲得的獎項包含社會科學院院士獎（Fellowship of the Academy of Social Sciences）以及區域研究協會會士獎（Fellowship of the Regional Studies Association）。

帕那約提斯・伊利奧普洛斯博士是比利時荷語天主教魯汶大學商業與經濟學院（Faculty of Economics and Business at K. U. Leuven）的博士後研究員。他在倫敦大學柏貝克學院（Birkbeck College）完成了博士學位，研究領域包含國際經濟、政治經濟，以及金融地理學。

斯特凡諾斯・伊安努博士是牛津布魯克斯大學（Oxford Brookes University）的資深講師。他於 2016 年在英國里茲大學（University of Leeds）蓋瑞・捷姆斯基和馬爾科姆・索耶（Malcolm Sawyer）的指導下，完成了博士學位。他的研究領域包含總體經濟學、經濟地理，以及銀行和金融。

連恩・基南博士是諾丁罕大學地理學院（School of Geography, University of Nottingham）的經濟地理學助理教授。他在紐卡索大學（University of Newcastle）安迪・派克（Andy Pike）、珍・波拉德（Jane Pollard）、尼爾・馬歇爾（Neill Marshall），以及保羅・蘭里（Paul Langley）的指導下完成了人文地理學的博士學位。

朱利安・米戈齊博士是牛津大學地理暨環境學院都市研究基金會（Urban Studies Foundation）的博士後研究員。他曾於巴黎高等師範學院（École Normale Supérieure, Paris）擔任資深講師，也曾在里昂高等師範學校（École Normale Supérieure de Lyon）進行研究，並於格勒諾柏阿爾卑斯大學（Grenoble Alpes University）完成地理學博士學位。他的研究領域包含金融地理學、都市研究，以及經濟社會學的跨領域結合。

提莫西・孟提斯博士是英國華瑞克大學跨領域研究中心（Centre of Interdisciplinary Methodologies, Warwick University）的助理教授。他在倫敦政治經濟學院（London School of Economics and Political Science）完成了博士學位。他的研究領域包含土地所有權和登記、金融和房地產，以及社會科學中的大數據使用和新型資料研究方法。

弗拉迪米爾・帕日特卡博士是英國里茲大學商學院（Leeds University Business School）的銀行與金融助理教授。他在牛津大學地理和環境學校完成了博士學位。他的研究領域包含金融科技、投資銀行網絡、金融服務中的全球貿易、創業投資以及私募股權。

莫拉格・托蘭斯博士是牛津大學地理暨環境學校的研究員，並且具有經濟地理學城市基礎建設金融化的博士學位。她曾服務於阿姆斯特丹、倫敦、紐約和雪梨。在她的著述中，她總是試著促進學界和私領域之間的合作，共同尋找對社會有益的可行方案。

麥可・厄班博士是隆奧銀行集團（Lombard Odier Group）的首席永續發展策略長，負責支援集團管理層設計和實施全球永續投資計畫。麥可同時也是牛津大學史密斯企業與環境學院（Smith School of Enterprise and the Environment）的榮譽研究員，以及牛津大學奧里爾學院（Oriel College）的成員。

詹姆斯・契爾夏是英國倫敦大學學院（University College London）的地理資訊和製圖學博士。

奧利佛・伍博帝曾任《國家地理雜誌》（*National Geographic*）資深設計編輯，並且熱心幫助科學家將他們的研究轉化成令人印相深刻的視覺圖。

詹姆斯和奧利佛已經共事超過十年了。

Horizon 視野 010

金錢大地圖：100 張彩圖，掌握錢規則，綜覽世界大局
ATLAS OF FINANCE: Mapping the Global Story of Money

作者	達里烏什·沃伊西克（Dariusz Wójcik）、詹姆斯·契爾夏（James Cheshire）、奧利佛·伍博帝（Oliver Uberti）、帕那約提斯·伊利奧普洛斯（Panagiotis Iliopoulos）、斯特凡諾斯·伊安努（Stefanos Ioannou）、連恩·基南（Liam Keenan）、朱利安·米戈齊（Julien Migozzi）、提莫西·孟提斯（Timothy Monteath）、弗拉迪米爾·帕日特卡（Vladimír Pažitka）、莫拉格·托蘭斯（Morag Torrance）、麥可·厄班（Michael Urban）
譯者	耿存濬

明白文化事業有限公司

社長暨總編輯	林奇伯
責任編輯	楊鎮魁
文字編輯	李宗洋
文稿校對	李宗洋、楊鎮魁、耿存濬
封面設計	奧利佛·伍博帝、Atelier Design Ours
插圖繪製	詹姆斯·契爾夏、奧利佛·伍博帝
內文排版	大光華印務部

出　版	明白文化事業有限公司
	地址：231 新北市新店區民權路 108-3 號 6 樓
	電話：02-2218-1417　傳真：02- 8667-2166
發　行	遠足文化事業股份有限公司（讀書共和國出版集團）
	地址：231 新北市新店區民權路 108-2 號 9 樓
	郵撥帳號：19504465 遠足文化事業股份有限公司
	電話：02-2218-1417
	讀書共和國客服信箱：service@bookrep.com.tw
	讀書共和國網路書店：https://www.bookrep.com.tw
	團體訂購請洽業務部：02-2218-1417 分機 1124
法律顧問	華洋法律事務所 蘇文生律師
印　製	凱林彩印股份有限公司
出版日期	2025 年 1 月初版
	2025 年 2 月初版二刷
定　價	880 元
ＩＳＢＮ	978-626-98658-7-1（平裝）
	9786269865888（EPUB）
書　號	3JHR0010

ATLAS OF FINANCE: Mapping the Global Story of Money
Copyright © 2024 by Dariusz Wójcik, James Cheshire, Oliver Uberti,
Panagiotis Iliopoulos, Stefanos Ioannou, Liam Keenan, Julien Migozzi,
Timothy Monteath, Vladimír Pažitka, Morag Torrance, and Michael Urban
Chinese Complex translation copyright © 2024 by Crystal Press Ltd.
Published by arrangement with Yale University Press, through Bardon-
Chinese Media Agency（博達著作權代理有限公司）.

國家圖書館出版品預行編目 (CIP) 資料

金錢大地圖：100 張彩圖，掌握錢規則，綜覽世界大局 / 達里烏什·沃伊西克 (Dariusz Wójcik), 帕那約提斯·伊利奧普洛斯 (Panagiotis Iliopoulos), 斯特凡諾斯·伊安努 (Stefanos Ioannou), 連恩·基南 (Liam Keenan), 朱利安·米戈齊 (Julien Migozzi), 提莫西·孟提斯 (Timothy Monteath), 弗拉迪米爾·帕日特卡 (Vladimír Pažitka), 莫拉格·托蘭斯 (Morag Torrance), 麥可·厄班 (Michael Urban), 詹姆斯·契爾夏 (James Cheshire), 奧利佛·伍博帝 (Oliver Uberti) 著；耿存濬譯 . -- 初版 . -- 新北市：明白文化事業有限公司出版：遠足文化事業股份有限公司發行, 2025.1
　面；　公分 . -- (Horizon 視野 ; 10)
譯自：Atlas of finance : mapping the global story of money
ISBN 978-626-98658-7-1(平裝)

1.CST: 金融 2.CST: 國際金融市場 3.CST: 國際關係

561

113017139